教育部人文社会科学重点研究基地重大项目
（编号18JJD880004）的阶段性成果

高等学校分类发展与质量卓越机制研究

史秋衡 主编

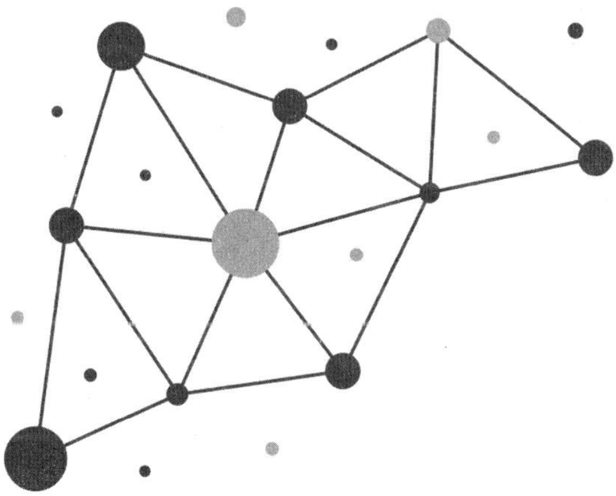

厦门大学出版社
XIAMEN UNIVERSITY PRESS
国家一级出版社
全国百佳图书出版单位

图书在版编目(CIP)数据

高等学校分类发展与质量卓越机制研究/史秋衡主编.—厦门:厦门大学出版社,2019.12

ISBN 978-7-5615-7408-9

Ⅰ.①高… Ⅱ.①史… Ⅲ.①地方高校—发展—陕西—文集 Ⅳ.①G649.21-53

中国版本图书馆 CIP 数据核字(2019)第 086738 号

出 版 人 郑文礼
责任编辑 曾妍妍

出版发行 厦门大学出版社
社　　址 厦门市软件园二期望海路 39 号
邮政编码 361008
总　　机 0592-2181111　0592-2181406(传真)
营销中心 0592-2184458　0592-2181365
网　　址 http://www.xmupress.com
邮　　箱 xmup@xmupress.com
印　　刷 厦门兴立通印刷设计有限公司

开本 787 mm×1 092 mm　1/16
印张 22
字数 522 千字
版次 2019 年 12 月第 1 版
印次 2019 年 12 月第 1 次印刷
定价 80.00 元

厦门大学出版社
微信二维码

厦门大学出版社
微博二维码

序

Preface

高等学校分类综合改革与质量提升

首先，应该说我们的改革发展到今天，已经到了关键时期。改革发展的重要节点，通常为 30 年或者 40 年。虽然这一观点比较粗糙，但应该说到了三四十年是非要大改不可，所以现在正是改革的关键期。我们一直在谈分类发展，但是分类发展并没有得到很好的执行。我们现在有了重大的变化，那就是 2017 年 1 月真正提出了高校分类设置及分类发展。在此之前，各种各样的分类，不是从院校分类设置角度来提的，而是从各种各样目的来分化的。比如说 1978 年刚开始改革开放的时候，需要有些学校重点发展，为什么？因为资源有限，没办法"撒胡椒面"，所以搞了一些重点院校。很快，就有了学位条例，在座的很多人都受惠于学位条例。这个条例是很关键的，因为学位条例可以说是我们通向世界很重要的一个通道性的里程碑文件，否则我们出去难以让其他国家确认自己的学历。大家可以发现，学校分化和学位分层的形式、称号，基本上是从纵向拉伸的。在《高等教育法》里面，实际上刻意强调了横向和纵向两个方面，我们一直在做纵向这种区分，但是横向这方面一直做得不足。目前我们依法治教往前大大进了一步，也应该是国务院《普通高校设置暂行条例》要修订的时候，所以在 2017 年 1 月出了分类设置文件《教育部关于"十三五"时期高等学校设置工作的意见》，高校设置条例修订工作还将持续进行。1986 年，《普通高校设置暂行条例》颁布，到了 2017 年已经有 31 年了，高等教育发展已经取得了这么大的进步，高校分类设置确实需要跟进，以服务不同院校的发展需要。如果想要院校发展得好，首先在管理的体制机制平台上要做出重大调整。原来只是注重量的增加，比如说像刚才成文教授说的，只要挖几个院士过来，挖一些人过来，这个学校排名很容易就上去了，这些实际上更多的是量的东西。因为这是很简单的道理，比如说把北京所有的高校的数据统计在一起，给它取一个虚名叫作"北京最高联合大学"，那么这所学校可以把世界上任何学校都比下去。但是这种数据的累加是没有意义的。那更多的质的问题是什么？我相信大家听完晓宇院长和成文教授的发言以后，从里面体会了很多。我们学校最有质的东西是什么？每个学校一校一方案的特色、重点在什么地方？如何一听就知道是哪个学校？我们看到很多学校真是非常可惜。中西部不少历史上的名校，大批毕业生很优秀，然而现在发展动力及后劲不足。实际上问题到底出在什么地方，很值得大家去思考。我们怎么建设好这些历史上的名校和大批地方院校？这些院校支撑起了地方的经济社会发展，是国家重要的栋梁。这不是量的问题，而是质的问题。我们怎么样能够为这些历史上在地方以至于全国，甚至是在国际上都很有名的院校留出它们可以作为标杆的生存空间？不然的话，“双一流”建设很有可能重点建设了百余所学校，趴下了2000多所本专科院校。因此在资源有限的发展空间里，我们怎么样逐步转化到结构性的内涵发展，很值得大家思考。

2017年出台的这个院校设置文件，同时也表明了一个基本精神，就是严控增量，进行内涵建设和结构性调整。那么我们的改革是不是有成效？我想我们的改革成效是很大的，可以从我们最弱的弱者——学生看出。从年份变化看处于持续走高的形势，也就是说，从我们学生身上可以看得出，我们高等教育的发展和学校的发展取得了长足进步。学生的反应发出了一个积极的信号，即我们现在高等教育的发展一直在不断上行，这是目前的基本状态。虽然外部有些不认可的声音，但也需要肯定自己的长处，肯定自己的优势所在，我们确实发展得不错。同时我们也要反思，为什么还有一些根本性的问题继续存在？因此，在政策上我们要做很多的工作，例如怎么从不同类型、不同层次去促进学校发展，怎么样去优化结构和资源配置。这是非常重要的工作。我们现在在做的这些事情，无论中央还是各个省，都有内涵发展这个比较深层的问题。还有一个直接的问题，就是资源配置遇到了“瓶颈”，资源该怎么分配？以前只认学校“名头”，那么现在恐怕就不能随便去认学校“名头”，要拿出内涵式的东西来说明资源到底要往哪里配。经费确实很重要，也确实是个好东西。但我们现在真的很缺钱，该怎么配置更好，学校拿这些钱该怎么去谋求更好的发展，这个值得我们去研究。怎么样能够用好经费，这是高校需要重视的事。那么从2017年1月的《关于“十三五”时期高等学校设置工作的意见》，大家也可以看到，在这里面提到“科学定位，各安其位，内涵发展办出特色”，从院校设置和分类来说，分三类的目的还是为了每一类院校在更好的轨道上跑。甚至在2017年9月，中央深改组还专门出台了文件，强调院校分类设置研究的重要性，因为它是所有院校成长和发展的新起点。这个起点总能让高校改革事半功倍。很多院校都是从专科到专升本，然后再申请、硕博士点，之后再搞重点、一流。现在已经可以不这么做了，有些院校直接就申请研究型的学校。所以大家也发现，我们新批的一些学校直接就是研究型的，可以办博士点，做很多事情。因此在这种情况下，我们怎样去做好这些关键的节点，很值得大家一起去探讨。

院校设置发展到今天应该说是非常不容易的，可以看到前面摸索了很多年，摸索到现在，距最初的院校设置条例版本已经有30多年，是非常不容易的一件事情。因此在总体指向改革方面，我们已经完成积淀。包括机制体制方面的改革，20世纪80年代就启动整体改革，现在是在深化综合阶段。很多事情按照法律常规做起来没问题，但实际上从不同层面去看就有问题，那问题到底出在哪里？这值得研究者去研究。我们现在应该说重点指向已经开始越来越明朗，有很多很细致的工作正在逐步推进。我相信大家感触比较深，前些年教授很难当，课题拿来了，大家都不想要，为什么？因为要了(钱)也花不出去。那么大家也可以看到，现在有很多重点指向的改革，包括国务院总理的讲话，虽然当下实行不了，但是一两年内配套政策慢慢地实施到位了以后，事情也相对好做一些了。我想这都是积极的改进。

晓宇院长刚才的讲座里面提到了很多数据，我在跟教育部和各教育厅合作时也发现，现在实际上行政部门也做了很多大数据分析这方面的工作。这些数据涉及面很广，包括人口数据、经济数据、教育数据，教育部已不仅仅关心自己的数据，各种数据都在里面，而且测算的手段也是科学的。现在怎么样优化高等教育结构，实际上很多工作要研究，而我们这些研究者也要去处理这种实际问题。怎么样去更好地提出建设性意见？就要像晓宇院长、成文教授一样去做很多实际调查，拿出实际的数据，拿出很多很有见地的思想，把这些结合起来，我们才能够去做好这些工作。

在院校的分类里面，我们也发现在不同的院校，实际上它只是在不同的位置上做着同样伟大的事情。我相信北大在建伟大的大学，那么西南政法大学能不能建伟大的大学呢？我觉得它现在就是个伟大的大学。其他的院校可不可以建伟大的大学呢？我曾经看到一所职业院校的研究经费占整个学校经费的70%以上，我们研究性大学都做不到。所以实际上并不是只有我们研究型大学能够做伟大的事，很多类型的院校都在努力地做事。研究型大学该怎么发展？应用型院校该怎么发展？应用型院校也做了很多有价值的事情。因此不同类高校的质量提升，应该说是多渠道的，可以从分类调整、深化存量的综合改革入手，可以从评估入手，可以从一体化的体系入手，可以从社会的需求入手，还可以从提高创新的角度入手。当然，我们高校培养人才并不是全为了就业，因为学生也是自主的，学生不就业，天天在家想问题不可以吗？当然也是可以的。实际上我们现在实施的专业教育很多是对着市场的，外部企业和社会组织的相当一些用户认为学校培养的毕业生有着这样那样的问题，在校大学生有没有问题呢？大学生实际上也是有问题的。我们对大学生学习情况调查已经做了8年了，发现大学生是有问题的。我们可以看到大量的大学生的学情数据大多指标是逐年单调上升的，说明我们学校的校情确实是好转了，校长厉害了，老师水平也高了，很多设备也先进了，甚至国际名校的教授都说中国院校的设备比他们的好。是，我们确实厉害，指标确实在上行，学生们也认可。但是学生里有一些很重要的话题，很值得我们探讨。例如我们问他们重新选择的时候，还会不会再选择母校？选择母校和不会选择母校的学生比例几乎持平。那这里面的问题是什么？说明学生有不满之处，是因为我们有些核心的问题没注意到。所以实际上高校要反思的问题有很多，从我们调查的数据来看也好，从我们的体验感觉也好，有很多问题值得大家关注。

最后总结一下。大学应立德树人，我们的德树起来了吗？我们的人树起来了没有？当外部说还有大量的毕业生是要“返工”的时候，当我们的毕业生说，如果再选择就不会选择母校，那么立德树人的核心问题我们肯定没注意到。问题到底出在哪里？我在探讨，也值得大家探讨。如果我们的专业或者说专业教育做得不够好，可能就会给学生、社会留下一个不好的印象。对一个学校印象不好，我们整个国家的立德树人这个高尚的目标就很难做好。再说到一流。没有自身特长和优势的一流，那是靠不住的，那就是只有一种模式没有第二种模式。但实际上我们国家的发展需要结构的发展，而不是除了第一其他的全都不要，只有北大和清华拼谁是第一。我认为不能这样。大家很重视大学排名，但实际上不能太把大学排名当回事，难道清华和北大谁第一很重要，其他学校就不重要了吗？但实际上其他学校都是很重要的。在资源配置方面，从体制机制上怎么平稳地发展和转型，很多学校的发展与转型都遇到了这方面的“瓶颈”，包括怎么扩展各自的职能，怎样进行控制过程，怎么把握一些重要环节，哪些要重点突破，哪些内涵要提升，都值得我们关注。整体上来说，在大学里，教学过程很重要，我们所有的东西都跟它相关。如果能搞好教学过程，我想我们的立德树人、我们老师所做的事情，才是真正有价值的事情。关注人才培养，更应关注成长体验，设计优良教学过程是育人之道。谢谢大家。

史秋衡

2018 年 8 月

目　录

Contents

第一部分　高等学校综合改革

第二部分　高等学校分类发展

第三部分　高等教育质量提升

第四部分　案例分析

Part 1

第一部分

高等学校综合改革

主题报告:“双一流”时代的转型

——超越指标导向,实现内涵发展

陈晓宇[*]

(北京大学 教育学院,北京 100871)

今天我跟大家分享的主要内容,第一个是一流大学建设这件事情的源起,第二个是我们中国代表性高校在一流大学建设中的表现,第三个就是世界一流大学的特征。后面还有一些问题希望跟大家讨论。

一、“世界一流大学”:一场由中国发起的世界性运动

“世界一流大学”是一场由中国人发起的世界性运动。在这件事上,中国人可以说又一次引领了世界潮流。我们都知道去年“世界一流大学”的这个概念又重新热起来了,原因是9月中央部委公布了“双一流”的名单,这是继“211工程”和“985工程”之后,我国的世界一流大学建设的第三个阶段,是“世界一流大学建设计划”3.0版。这个计划的主要指导思想是加快一流大学、一流学科建设,实现高等教育的内涵发展。把一流学科纳入一流大学建设的概念中来,然后提出要实现内涵发展。习近平总书记在2015年中央深改组的讲话,实际上奠定了后来国务院的这个一流大学实施方案的主基调。那么世界一流大学这个目标,是怎么从我国到全世界范围变成一个热词的?最早能找到的官方记载文献是1985年清华大学第七次党代会报告中的一段话:从1985年开始的十年是清华大学要建成世界一流的具有中国特色社会主义大学的重要阶段。然后在1986年,《光明日报》发表一篇对北大当时校长丁石孙的访谈,丁校长明确提出要把北京大学办成世界一流大学。因为没有加上社会主义这个定语,之后他的言论承受了来自政府和社会舆论很大的压力。在1986年之后相当长的一段时间里,关于究竟是世界第一流,还是社会主义的世界第一流,在学界有不同的观点和不同的看法。到了1998年,江泽民在北大百年校庆庆典大会上提出来,为了实现现代化,中国要有若干所世界先进水平的一流大学。实际上我们了解到当时在北大百年校庆给他准备发言稿里头,一流大学前面是加了“社会主义”这个定语的,但是后来江泽民总书记特意把“社会主义”这个定语划掉了,从此,“世界一流大学”就成了我国整个高等教育的战略目标。

刚才我一开始就提到一个观点:世界一流大学是由中国引领的一场世界性运动。这里有一个证据,就是在中文文献和外文文献究竟是谁先开始讨论和研究世界一流大学的。我们可以看到,在知网和谷歌学术文献搜索中,研究世界一流大学的中文文献在

---

[*] 作者简介:陈晓宇,北京大学教育学院院长,教授,博士生导师。

1998 年前后数量开始猛增，在这之后，外文文献开始慢慢增长，到了 2008 年，外文文献也开始暴增。从中外文献对于世界一流大学关注的频率来看，很清楚的是，我们中国人对世界一流大学的关注早了西方人 10 年左右。比较有意思的是，到了 2010 年以后，对于世界一流大学的概念的关注度有所下降。但是到了 2014 年、2015 年，我们开始讨论“双一流”方案的时候，它的热度又开始增长。目前我还没有去找 2017 年的文献，有可能 2017 年文献热度都冲破天花板了。在中国，1993 年“211 工程”、1998 年“985 工程”、2016 年“双一流”建设，这是我国建设“一流大学”的三个阶段。那么其他国家和地区也有类似的计划。日本 2001 年提出“大学结构改革的方针”，提出 TOP 30 方案；2002 年实施“21 世纪 COE 计划”；2014 年启动“超级国际化大学计划”。2006 年开始，德国推行“卓越大学计划”，投入资金 19 亿欧元提升大学竞争力；第二期刚结束，第三期开始了，投入的资金相当可观。2006 年，我国台湾地区“迈向顶尖大学计划”，分两期，投资 500 亿新台币，支持 12 所大学。泰国的高等教育委员会启动了国家研究型大学项目。菲律宾公布了公立高等教育改革的路线图，即在 2016 年使其 3 所公立大学位列世界排名前 500。俄罗斯在 2013 年提出了“俄罗斯大学竞争力增强计划”，也就是说，在 2020 年前至少使 5 所俄罗斯大学进入世界排名前 100。因此我得到的一个结论是：世界一流大学建设是一场由中国高校和政府发起的，是后发国家高校追赶西方精英大学的竞赛。各国政府和社会寄希望于世界一流大学的建设，成为国家竞争力提高的途径和标志，其价值具有实质性和标志性两个方面。在我国，标志性价值尤其突出。

二、一流大学的理想与大学排名

什么是一流大学？人人都想建设世界一流大学，但问题是没有人确切知道什么是一流大学；一流大学是什么样子，更没有人知道。这是一个非常有意思的现象。原因是这个目标是我们中国人提出并炒热的，但是那是在我们自己心目中想象西方高水平大学应该有的样子，我们要追赶它们。在西方学者眼里，一流大学究竟是一个什么样的特点、什么样的概念，他们自己也不清楚。我们说的时候是一种想象，具体是什么样子，不是很清楚。当时就有很多文献在讨论一流大学应该是什么样子的。首先当然是从概念理想上来说，它应该是精英人才高度集聚，生源和师资都特别优秀，然后国际化程度高，资源充分，一流大学从来都是不便宜的，都是“贵校”。其治理优良，还有很多研究成果。比方说从产出成效方面来看，世界一流大学需要有高质量的毕业生，有前沿研究成果，还有成果的转化；大师云集、人才辈出、科研创新等，当然其不仅是靠经费就能实现的，主要还是一种制度文化的产物。

在世界一流大学建设的过程中，大家不可避免且越来越多地关注评估和排名。可以说在世界大学排名上，中国人又是引领了世界潮流与趋势。我们的上海交大那个排名是世界上最早，影响也是最大的。ARWU①、QS②、US News③、THE④ 这是最常用的四个大学排名。如果要把一个大学用明确的量化指标进行比较，那么首先得有一个指标体系，而且这个指标体系总数是能够简单相加的。所以从上海交大的学科排名，我总结了三方面的特点：其一是 90%权重跟规模有关；其二是主观评价的指标没有，上海交大的排名用的数据全部都是客观数据；其三是将近 90%权重与科研相关。至于 QS，它的指标都是雇主调查，教师人均等相关，所以说也跟规模有一些关系，但是没有直接相关。有 60%的权重是来源于雇主和同行的主观评价，还有 60%的权重是跟科研相关的。THE 是 41%跟规模相关，33%来源于主观评价，60%与科研相关。USMNEWS 是 80%与科研相关，40%跟规模有关。总的来说，大学的评估和排名首先包含客观指标和主观指标，然后这些指标会被赋权加总，最后采用文献计量的方法得出结论。科研产出是能够计量的，大家知道教学质量在一个人身上的效果是长期的，是没有很好的办法计量的，这就是为什么大家采取了一种简化的可操作的办法，用科研产出和引用次数来衡量它的数量和质量。然后还有就是和规模相关。一般情况下，如果你要累积数量的话，规模大的大学数量会大一点，这就会出现一种规模失真的现象。如果要是用职能来划分的话，在教学方面，QS 和 THE 的人才培养占比最高，但也不到 1/3。在科研方面大家都超过了 60%，最高的是上海交大 ARWU 的指标，应该说全部都是科研指标。有人也对这些指标排名进行了分析，就是在这些排名中比较靠前的学校应该具备些什么特质，如充足的经费、适当的规模、完整的领域、生师比比较低。生师比的潜台词实际上还是比较“贵”、成本高。大学管理者认为应该考虑教学质量、学生就业情况、学生教师比、科研活动、发表数据以及经费收入，对教学和人才培养给予了更多的关注。但是在实际操作中，人才培养和教学质量难以评价，这个大家还是用科研作为主要的指标。

三、我国一流大学的建设

观察国内一些大学在过去 20 年时间里的一些发展和变化，从一部分大学在科学网(Web of Science)上英文论文的产出数量来看，我们可以发现在 2000 年的时候，北大和清华这两所学校的英文论文发表量都不到 2000 篇，这个时候哈佛大学是 14000 篇。所以说在一流大学目标刚刚提出来的时候，不少人认为这是一个很遥远的梦想，不是那么容易实现的，或者根本就实现不了。但在过去的 20 年时间里，我们国家的大学在追赶西方一流大学的道路上一路狂奔。现在我们的英文论文发表量，北大和清华都已经上万篇了，已经超过了东京大学、加州伯克利大学，在 2000 年之后超过了香港大学。哈佛大学在整个大学中是一个比较奇特的存在，它的增长速度也比较快，它能够在很多方面比其他大学保持很大的优势。大家可能会问，我们数量增加了，质量有没有得到提高？这个

---

① 上海交通大学高等教育研究院世界一流大学研究中心所做的大学排行榜：软科世界大学学术排名，简称 ARWU。

② 英国一家国际教育市场咨询公司所发表的世界大学排名，简称 QS。

③ 美国权威的《美国新闻与世界报道》发布的 US News。

④ 世界大学英国《泰晤士高等教育》杂志 THE 世界大学排名 Times Higher Eduation，简称 THE。

我们可以看看论文被引用情况——北大和清华的论文被引用的次数也是在逐渐增长，甚至到了后来已经超越了东京大学论文被引的次数，当然跟西方的哈佛和伯克利大学还有显著的差距。最近这几年，我和我的学生们很关注一流大学建设，所以我们做了一些宏观的分析。我们可以看到，在“211 工程”、“985 工程”实施前后，“211 工程”院校和“985 工程”院校的论文发表数量突飞猛进，增长的速度非常快。这是怎么造成的呢？其中一个很重要的原因是政府很慷慨，投入了巨额经费，从 20 世纪 90 年代初期到 2014 年这 20 多年时间里，从几个代表性高校的经费收入增长情况都可以看出。应该说这 20 多年时间，这些高校经费收入增长不止 20 倍。实际上，在 1998 年到 2000 年这两年时间，它们的经费就翻倍了。还有一个原因是规模膨胀。看北大和清华各年度的在校生人数，在本科生方面，这两个学校还都是比较稳定的。比如说北大在 10 年时间里本科生规模没有变化，清华大学也一样没有什么显著的增加。但是硕士生则是大规模地扩招，北大从三千人增长到 2 万人，清华从 6000 人增长到 2 万人。再看博士生，北大从 3000 人扩大到了 1 万人，清华大学从不到 3000 人扩大到了 1.2 万人。现在我在跟国际同行说我们北大清华的博士生的在校生数时，大家都会特别吃惊，有上万名博士生，大约是世界同类大学中最多的了。既然我们研究生的数量增长这么快速，论文数量也增长快速，那么我就把这两个学校的论文发表数量和在校博士生数量这两个数据联系起来看，大家看一下趋势。我不能够特别确切地知道论文有多少是博士生写的，但博士生一定是做了相当大的贡献。这是北大的数据，这条曲线是论文发表，柱子是博士生在校生数。(参见图 1)我们看清华的趋势就更明显了，当博士生数增长缓慢的时候，论文增长的速度也放慢了；论文增长速度快的时候，博士生数增长速度也加快。(参见图 2)这是北大、清华的情况。现在看全国的高校，我们把主要的本科高校的数据都拿过来看，非常明显的就是论文发表多的就是人员投入多、经费投入多的高校，规模膨胀能够促进科研产出数量的增加。所以这时候我就关注这些研究性大学，“985 工程”从哪个方面改变了研究型大学。首先在投入上，我们看文科投入，包括经费投入和人员投入。在“985 工程”之前和之后，经费投入增速提高了，但是文科人员的增速反而放缓了。(参见图 3)相反，理工科的人员和经费都在快速膨胀，尤其是人员，在“985 工程”之前是缓慢下降的，到了“985 工程”之后快速提升，经费提升的速度更快。(参见图 4)将“双一流”中确定的一流学科的数量，如材料科学 30 所、化学 25 所，和我们中国大陆的学科排名在 ESI 前 1%和前 1‰做对比，发现这两个数据高度吻合。这个数量指标是特别能够说明他们选择一流学科的标准，就是一定要有世界领先的水平。如果要是把这 465 个“双一流”的学科做大类的划分，我们可以看到，自然科学工程技术占了 2/3 以上，农林医占 77 个，人文学科占了 10%，社会科学占了 10%多一点，非常清楚地看出重理轻文的现象与趋势。那么有了投入和产出的数据，我们可以用经济学的方法去计算科研的生产率。在“985”工程前后，我们的科研生产率情况怎么样呢？“211 工程”和“985 工程”并没有显著地提升全要素生产率，有波动、有提升，这是把“985 工程”作为一个刺激的事件来看它对文理科在中英论文产出率中起的作用。(参见图 5)实际上“985 工程”前后，除了文科的外文发表生产率有所提升之外，理工科的中外文发表的生产效率都在下降，文科的中文论文产出率也没有显著提升。回顾过去几十年一流大学建设的历程，我们发现过去 20 年我国高校科研产出的快速增加主要得益于投入要素的大幅度增加，当然文科人员投入除外，因为文科人员的投入是下降的。在大学发展中出现了这几个现象:规模过度膨胀,北京大学如果按这个数字来算的话,1.5 万名本科生,2 万名硕士生,1 万名博士生,在那样一个小小校园里有 4.5 名万学生,大部分还都是研究生。当然,今年北京大学开始全校缩减学术型硕士的招生,这件事恐怕在其他高校里也没有见到过;重研轻教、重理轻文都体现出外部评估和排名这些指标导向对研究型大学发展的影响。实际上,如果任由这种趋势继续下去或者说愈演愈烈的话,会危害相关高校的可持续健康发展。

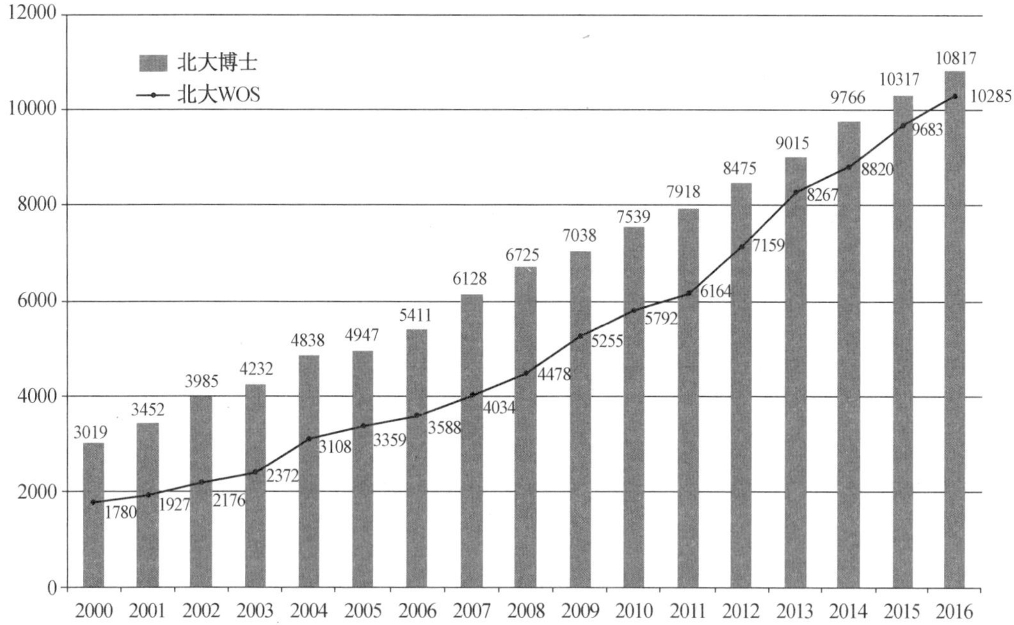

图 1　北京大学在校博士生规模与发表

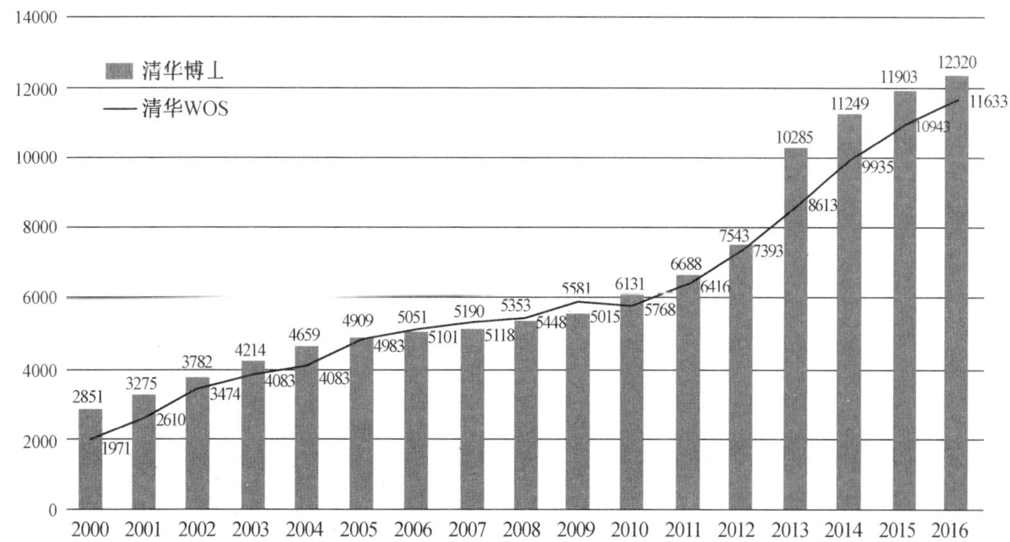

图 2　清华大学在校博士生规模与发表

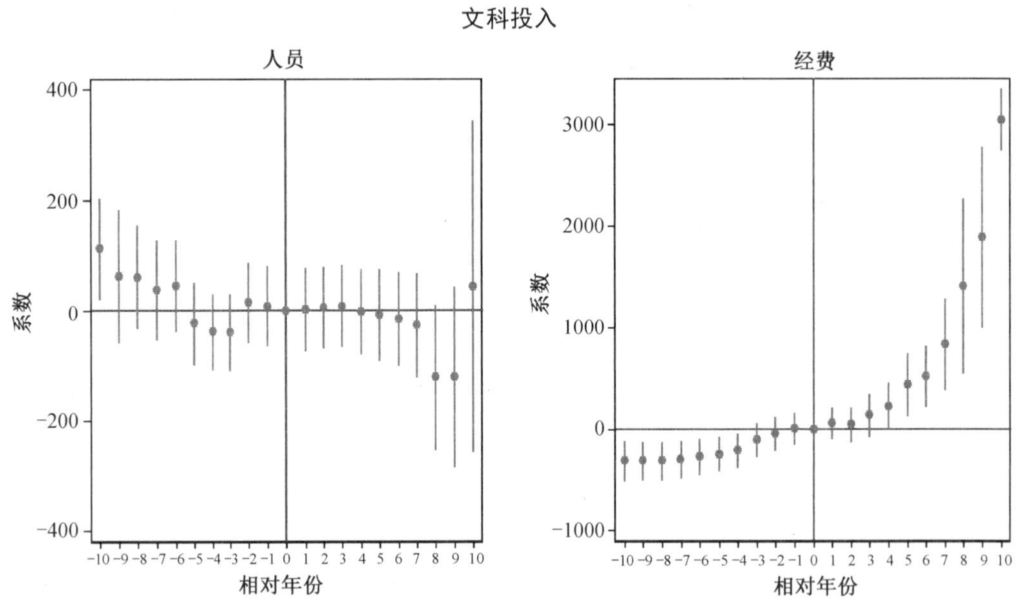

图 3　“985 工程”前后高校科研投入的变化：文科

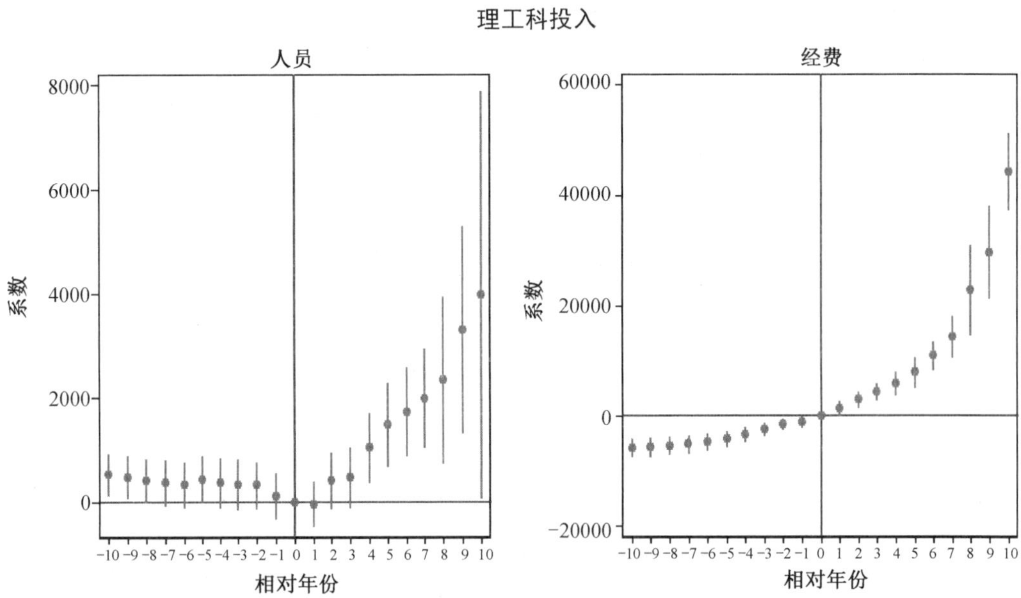

图 4　“985 工程”前后高校科研投入的变化：理工科

四、一流大学的数量特征

到了新阶段，面对新目标，我们研究型大学应该怎么办？我们可以真正高水平的世界一流大学普遍数量上有什么特征。首先我们看世界上规模最大的大学——印度的孟加拉国立大学，其有 200 万名在校生，巴基斯坦的旁遮普大学有 45 万名在校生，还有布宜诺斯艾利斯大学、开罗大学都是二三十万名在校生。发展中国家的大学可以说规模都非常巨大，但是我们看其学术表现的排名，应该就不是我们一流大学建设想要达到的目标。综合起来看，在四个排名中名次比较靠前的前 50 所学校，分析它们的学生数、教师数、发表论文数和经费数，结果发现并不是规模越大的大学，它的排名就越靠前；相反，那

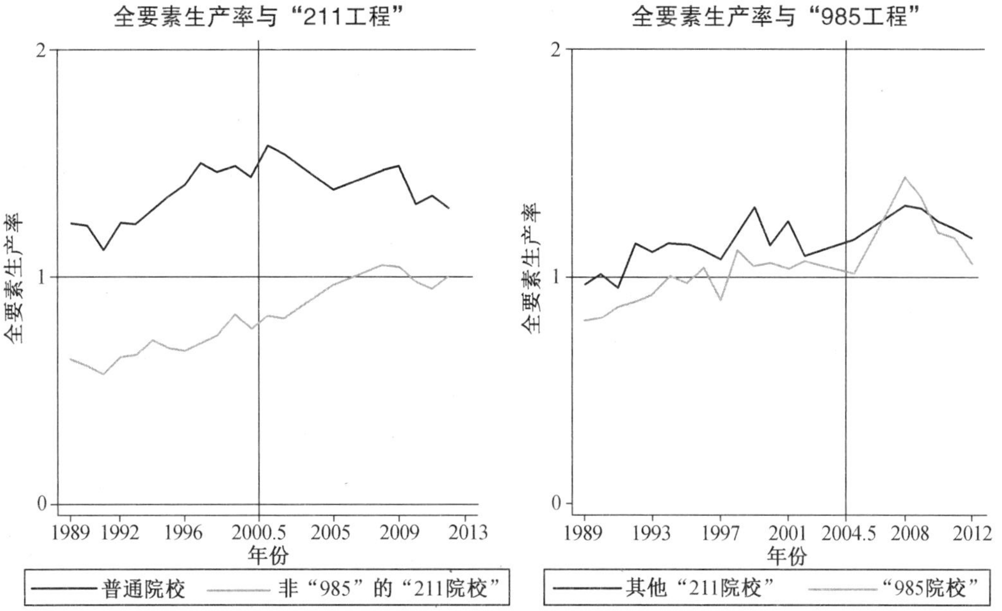

图5 “211工程”、“985工程”科研投入-产出效率：全要素生产率

些排名最高的学校的在校生数量反而偏少。比如说平均排名在40名左右、40名以下的学校，学校排名跟在校生规模是正向相关的，但是更高排名的时候，它的排名跟规模是负向相关的。学生教师比这个没有意外，排名越好的学校，学生教师比越低。科研发表也没有例外，越好的学校，其科研论文发表越多。论文质量这个因素也是这样，没有意外。在生均支出上差异非常大，排名高的学校生均支出远远高于排名低一些的学校。我们还把这个做了一个逐步回归的分析，可以看出总排名的解释变量被排除的有：学生、教职员数、WOS论文数等，这在统计上检验是没有通过的。通过的是这几个：第一个是生均成本，第二个是科研论文发表，第三个是篇均被引，第四是国际生占比。就是说，我们从表面上或者说直观印象中认为的影响学校声誉和地位的因素不一定能够得到验证，在现实中不一定存在。

五、新时代，新思考

新的发展阶段我们是不是要有一些思考，每次到新思考的时候我都会给它打个问号，这个究竟是新思考还是老思考？中国大学要建设更高水平的一流大学的目标，真正实现内涵发展，需要处理好几个方面的关系：第一是规模扩张和质量效率提高之间的关系；第二是在建设重点方面，教学和科研的关系以及理科和文科的关系；第三就是在整个大学发展激励机制上，外部评价排名和学校内在价值的动力机制不一样，关系要处理好。规模和质量这件事，实际上是个老问题，社会、政府、学校内部都会有膨胀的冲动，但是有比较好的治理传统的学校，会约束自己的规模，使学校尽量不去响应外部的扩张压力。如果规模过度扩张会导致生源的选择性降低、管理的复杂性提高、培养成本上升，当然还有空间和资源的约束。所以说在这个问题上应该从机制入手来抑制扩张冲动，扭转过度膨胀的趋势。其次是教学与科研这件事。通过我的研究发现，轻教学重科研这个现象，实际上就是在建设一流大学过程中出现的，在这之前中国没有严格意义上的研究型大学。因为中国最早的博士学位是1982年授予的，90年代之前，科研对高校教师来说是一个自主选择的行为，没有科研评价的压力。“211工程”和“985工程”非常明确地加强了科研职能。这是一个数据，从2000年到2010年，科研拨款在北大、清华、上交大、浙大这几所学校占它们经费总收入的比例从10%提高到30%，这还只是政府科研拨款，如果要是考虑到横向科研经费，这个比例会更高。但是同时，基于学生、面向教学职能的资源，占比就持续下降。学费从2002年开始固定不变，然后生均拨款的水平基本上保持很低。所以对于北大、清华这样的学校来说，基于教学的资源占比远远低于10%。但是我们看国际上的高校，不管是美国的全国平均水平还是各个学校的个别情况，在他们的收入和支出中，教学经费都是最主要的经费。所以说这又是一个高等教育老问题、根本问题，即大学的教学和科研之间究竟是什么关系、大学的教授究竟是研究人员还是老师。现在应该有更清楚的认识了，尤其是在我们一流大学建设过程中，过度强调科研之后，人们更清楚地认识到教授首先应该是个老师。如果还是按照重理轻文、重研轻教这个趋势发展下去，北大、清华可以办成中科院北大所、清华所，大学里的教授可以认定是中科院的研究员了。还有一个就是未来可以预见的是大学排名的影响度会下降。北大校长林建华提出了一个“伟大大学”的概念，可能有很多同行不是特别理解这个概念。但是我们身处其中，知道这个背景，就是希望把注意力从所谓的一流大学和排名、评估转移到自己学校的核心价值和核心使命上，摆脱被评估和评价牵引的被动局面。在这件事上，习近平总书记也有深刻的论述，他认为不要太过在意那些国内外大学的排行榜，不能干巴巴地用这些指标来评定人们心目中最好的大学。

总的来说，我有这么几个想法，就是中国的高水平研究型大学，如果想进一步提升自己的水平和地位，首先要抑制过度膨胀，控制规模，提高质量和效率；其次是要回归到“学”字上来，大学是一个培养人的地方，要理顺教学和科研、文科和理科之间的关系；最后就是要实现大学社会价值的内在驱动的转型。谢谢大家，我就跟大家分享到这。

主题报告:“双一流”建设背景下西部高等教育的挑战与政策供给

陈 鹏 李 威*

(陕西师范大学 教育学院,陕西 西安 710062)

作为高等教育后发型国家,我国高等教育从1898年京师大学堂算起已跨越百年历程。西部高等教育发轫稍晚,如果以光绪二十八年(1902年)陕西高等学堂为起点,它也历经百年沧桑巨变。回眸百年,西部高等教育生存的特殊环境和承担的特殊使命,使其成为中国历届政府高度重视的国家战略。作为一种独特的高等教育现象,西部高等教育始终遵循高等教育的发展逻辑,①在岁月的遗迹和大师的身影中,激荡着中国高等教育百年强国梦。没有国家对西部高等教育持续的支持,没有西部高等教育的繁荣,就难以实现高等教育的现代化。

一、改革开放以来西部高等教育的振兴历程

随着1977年高考制度的恢复,中国高等教育进入新阶段。效率优先成为高等教育政策的主要价值取向,并深刻地影响着西部高等教育的发展。同时,国家在推进高等教育现代化进程中,积极支持西部高等教育发展与振兴。“七五”、“八五”计划优先支持的15所重点学校中,西安交通大学、西北工业大学名列其中;112所“211工程”建设高校中西部占24席,其中新疆、青海、内蒙古、云南、广西、贵州、西藏等西部省份至少都拥有一所“211工程”高校,这些省份的“211工程”高校大多数是后期确立的,展现了国家有意识地促进西部高等教育发展政策导向。在38所“985工程”建设高校中,西部地区也占有7席。

1978年《关于恢复和办好全国重点高等学校的意见》的出台,表明重点学校发展策略的恢复与确定。具有标志性的是世纪之交政府相继推出的“211工程”、“985工程”、“2011协同创新中心”、“双一流”建设等一系列高等教育政策,标志着以效率为导向的政策成为改革开放乃至今后国家高等教育发展的价值定位。在此背景下,国家为加快西部高等教育的发展,也配套制定了《对口支援西部地区高等学校计划》、《2004—2010年西部地区教育事业发展规划》、《教育部关于进一步推进对口支援西部地区高等学校工作的意见》、《中西部高等教育振兴计划(2012—2020年)》等政策,旨在促进西部高等教育发展,遏止东西部区域高等教育严重失衡的格局。

---

* 作者简介:陈鹏,陕西师范大学教育学院院长、教授、博士生导师;李威,陕西师范大学教育学院高等教育学博士研究生。

① 布鲁贝克.高等教育哲学[M].杭州:浙江教育出版社,2001:15.

二、"双一流"背景下西部高等教育的现实挑战

伯顿·克拉克在其《高等教育新论——多学科的研究》中指出，高等教育的分层结构实际上反映了两种不同的逻辑：一种是以各个院校相互竞争为基础，即各个院校通过在市场上竞争获得有助于提高学术名望的条件，从而提高院校地位；另一种是由政府分配给各院校和高等教育各部门的职能、权利、特权和资源决定的，即通过政府政策和措施来控制由其提供经费的院校的地位。① 在中国高等教育体系分层结构的嬗变中，这两种逻辑交互作用、此消彼长，影响着东西部高等教育或各级各类高等学校在高等教育系统的学术地位、社会声誉和吸引力。

改革开放以来，高等教育领域重点政策的恢复与强化，尤其是在以一流为目标、以绩效为核心、以学科为基础的"双一流"高等教育政策的推进，使东西部高等教育的差距有进一步加剧的可能性。虽然此过程中，政府不断加大行政干预力度与范围，力图尽力消解市场对西部高等教育的负面影响，但现实是市场在高等教育资源配置中的作用显然更为强势，西部高等教育在这场博弈中明显处于不利的地位。

从 2015 年 9 月国务院《统筹推进世界一流大学和一流学科建设总体方案》到 2017 年教育部等三部委《统筹推进世界一流大学和一流学科建设实施办法(暂行)》、《教育部、财政部、国家发展改革委关于公布世界一流大学和一流学科建设高校及建设学科名单的通知》的公布，特别是党的十九大关于"加快一流大学和一流学科建设，实现高等教育内涵式发展"的决定，"双一流"建设无疑将深刻影响不同区域、不同类别的高等学校在未来中国高等教育系统中的地位，因此，西部高等教育必将面临更严峻的挑战。

在 2017 年公布第一轮"双一流"高校建设名单中，全国有 137 所高校入选，占高校总数的 5%，其中"985 工程"高校(39 所)、"211 工程"高校(112 所)全部入选。新增 25 所"双非"高校，即非"985 工程"高校和非"211 工程"高校。

42 所一流大学中，西部仅有 9 所，占总数的 21.4%，其中 3 所属于 B 类。就一流大学的省域分布来看，42 所一流大学分布在 21 个省市自治区，备受关注的是河北、山西、江西、海南、贵州、青海、内蒙古、广西、西藏、宁夏 10 省自治区没有一所一流大学建设高校，其中西部省份就占据 6 席。

从"一流学科"建设高校分析，西部地区占总数的 20%。从学科区域分布看，东中西部的区域差异更加凸显，东西部差距尤其显著。一流学科全国共计 465 个，其中东部 331 个，占总数的 71.2%；西部仅为 51 个，占总数的 11%。更进一步分析，东部一流学科建设高校平均入选学科为 3.8 个，中部为 3.32 个，而西部仅有 1.82 个。从一流学科到一流大学的建设道路上，拥有更多一流学科的大学更易于实现一流大学的目标，由此，东部一流学科建设高校相对于西部而言，更有可能尽快实现一流大学的目标，在未来国家新一轮的学科评估中，比较优势将进一步显现，而西部高校将面临更加严峻的考验。

---

① 伯顿·克拉克.高等教育新论——多学科的研究[M].杭州：浙江教育出版社，2001:169.

表 1 “双一流”建设中东中西部地区高校和学科区域分布情况

地区	高校数量(所)	高校占比(%)	学科数量(个)	学科占比(%)	校均入选学科(个)
东部地区	87	62.1	331	71.2	3.8
中部地区	25	17.9	83	17.8	3.32
西部地区	28	20	51	11	1.82

资料来源：根据“双一流”建设高校名单和“双一流”建设学科名单整理所得。

深入一流学科建设的类别分析，本轮“双一流”建设涉及自定学科与非自定学科之分。① 自定学科是指在第四轮学科评估当中，尚未达到一流学科建设标准，由具有一流学科建设资格的高校自己确定的并报国家批准的学科。这类学科共有 44 个，涉及 38 所高校，其中西部高校占比达到 50%。简言之，自定学科由于学科建设水平偏低，在未来“双一流”建设中将面临更大的建设压力，甚至出局。在新增的 25 所“双非”高校中，东部占 84%，西部仅为 12%，这说明，近年来西部优质高等教育资源的储备远不及东部地区，其竞争力也难以与东部“双非”高校匹敌。

表 2 “双一流”建设高校中自定学科和新增高校的区域分布情况

地区	自定学科高校(所)	自定学科数量(个)	自定高校占比(%)	新增高校数量(所)	学科数量(个)	高校占比(%)
东部地区	16	16	18.34	21	28	84
中部地区	8	10	32	1	1	4
西部地区	14	18	50	3	3	12

资料来源：根据“双一流”建设高校名单和“双一流”建设学科名单整理所得。

从“双一流”建设的总体情况分析，可以非常清晰地看到西部高校处于非常不利的境地，这种严峻挑战更进一步体现在高校的师资队伍和资源、人才培养、科学研究、办学经费、国际大学排行榜等差距上。

在两院全职院士、“万人计划”、长江学者奖励计划等各领域高层次人才计划中，西部高校所占比例不到 25%，其中西部高校中全职院士在全国高校的占比更低，甚至不到 10%。从 1998 年到 2011 年我国共产生 1801 位长江学者，西部高校仅占 27%；2012 年国家提出，长江学者评选将进一步向中西部高校倾斜，特聘教授由过去的 100 名增加到 150 名，其增量主要用于中西部地区。② 然而 2012 年至 2016 年新产生的 1000 名长江学者中，西部高校仅占总量的 20.8%，③情况并没有根本性改观。兰州大学、西安交通大学、四

① 自定学科是根据“双一流”建设专家委员会建议由高校自主确定的学科，高校建设方案中的自主建设学科按照专家委员会的咨询建议修改后由高校自行公布。非自定学科是根据“双一流”建设专家委员会确定的标准而认定的学科。

② 堵力.新“长江计划”向中西部高校倾斜[N].中国青年报，2012-03-10(03).

③ 在长江学者向西部倾斜政策推出之后，2011 年后西部长江学者总量反而少于东部。自 2015 年起，长江学者奖励计划开始实施“青年学者”项目，两年共产生 440 名青年学者，其中西部地区占比 9.3%。

川大学、西南政法大学等西部代表性高校的人才流失尤为严重。

一级学科博士点、国家重点学科、重点实验室、教育部重点研究基地等标志性的学科平台也呈现出显著的东西部差异。就国家重点实验室而言，2015 年西部地区仅占全国总数的 19.2%，西藏、青海、宁夏、内蒙古等省份未有分布。① 这种差异也体现在学术期刊的地域分布上，2017—2018 年 CSSCI 收录来源期刊目录的区域分布中，西部地区的 CSSCI 仅占 12.5%。

精品资源课程、优博论文等是衡量高校人才培养水平的重要指标，东西部高校差距十分显著。2017 年国家精品在线开放课程中，东部有 274 门，占比 58.5%；西部仅有 77 门，占比 16.5%。② 从 1999 年到 2013 年共产生 1171 篇优秀博士学位论文，其中东部 889 篇，占比 75.9%；西部 122 篇，占比 10.4%。③

从 2018 年国家自然科学基金的立项数量、经费来分析，东西部高校的差距一目了然。尽管设置了地区基金以促进西部科学研究的发展，但是仍然未能有效改变西部科学研究的不利处境。

表 3　国家自然科学基金立项数量与经费的区域情况

	总体情况		一般项目		重要项目		立项经费(亿元)	
	立项数	各省平均立项	立项数	各省平均立项	立项数	各省平均立项	总经费	各省平均经费
东部	25655	2332.27	23876	2170.55	997	90.6	133.52	12.138
中部	8624	1078	8226	1028.25	214	26.75	41.06	5.1325
西部	7771	647.58	7480	623.33	128	10.7	34.03	2.8358

资料来源：2018 年国家自然科学基金委员会官方网站。

2017 年教育部决算经费中，东部 2611.19 亿元，西部仅有 513.5 亿元，东部经费是西部的 5 倍之多。近三年主要一流建设高校预算经费统计表明，西部高校明显投入偏少。从地方高校的财政投入分析，更能够清晰地反映出各地高等教育的投入差距，2018 年广东省 10 所地方院校预算经费达到 173.04 亿元，其中深圳大学预算近 50 亿元，而西部内陆省份甘肃为 33.53 亿元，仅约为广东的 1/5。④

① 科学技术部.国家重点实验室 2015 年度报告[DB/OL].(2017-04-07)/[2017-04-21]. http://www.most.gov.cn/kjbgz/2 01704/P0201704 07584316401535.pdf.

② 据教育部《关于 2017 年国家精品在线开放课程认定结果的公示》中的名单统计所得。

③ 根据学位研究生网站上 1999 年到 2013 年公布的全国优秀百篇博士论文名单统计所得。

④ 青塔.中国各省地方高校经费投入，差距到底有多大？[EB/OL].(2018-01-13)[2018-07-19].https://www.cingta.com/detail/5184.

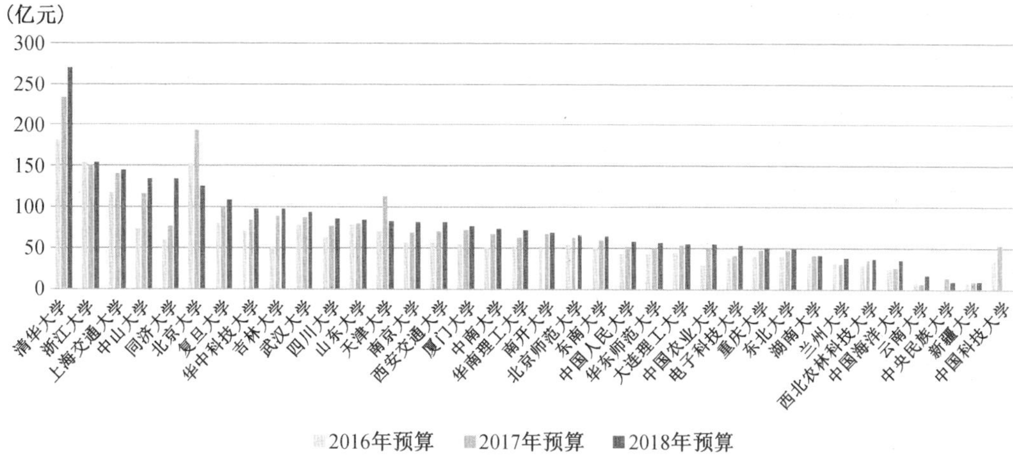

图 1 2016—2018 年主要一流大学建设高校预算经费情况

资料来源：各高校信息公开网站，其中中央民族大学 2016 年、中国科学技术大学 2018 年、工信部 4 所高校，以及国防科技大学近 3 年数据缺失。

2016/2017 年的 THE 世界大学排名、QS 世界大学排名、US News 世界大学排名以及 ARWU 世界大学学术排名榜中，西部仅有少数高校登榜。世界大学排名的前 300 位次几乎没有西部高校。

表 4 2016/2017 年世界大学排名中国内地区域分布概况

	东部	中部	西部	总数
QS 世界大学排名(700 所)	25	5	3	33
ARWU 世界大学学术排名(500 所)	27	10	4	41
THE 世界大学排名(987 所)	32	12	8	52
U. S. News 世界大学排名(1000 所)	57	17	13	87

资料来源：QS World University Rankings、Academic Ranking of World Universities、THE World University Rankings & US News 官网。

三、“双一流”背景下西部高等教育的政策供给

基于西部高等教育的独特功能定位，和“双一流”建设中的不利处境，国家应该坚持合埋布局、优先建设、公平补偿的原则，为西部高等教育的内生发展进行战略性、持续性和针对性的政策供给。

（一）制定西部高校“双一流”建设规划

西部高等教育关乎国家稳定、社会经济发展、民族团结、多元文化融合等重大战略和核心利益。正是因此，无论是民国时期国立兰州大学建立，还是 50 年代的交大西迁，历代政府都是从国家战略高度来规划西部高等教育发展。历史表明，西部高等教育的繁荣离不开国家的强力支持，政策优势是西部高校摆脱落后局面和克服不利条件的关键因素。所以，在推进“双一流”建设中，国家应该从战略的高度，制定西部高校“双一流”建设规划，这既是对当前效率优先的高等教育政策的反思与深化，也是解决西部高等教育高

水平特色发展的现实选择。

虽然在当前政策背景与现实条件下，我们很难复制中华人民共和国成立初期院系调整方案，让东部高水平大学整体西迁，但从国家决策层面上讲，可以通过一系列政策工具，鼓励支持东部高水平大学在西部设立分校，缓解当前东西部高等学校布局不合理现象。如果说今天北京、上海等高水平大学落户深圳等沿海开放城市是市场激励的结果，那么在中国西部，特别是新疆、西藏等边陲地区，通过自上而下行政推动，实施名校建分校工程，也不妨是一种解决高校布局严重失衡的有益尝试。同时，国务院教育行政主管部门在继续加大对西部已有高校建设力度的情况下，在新一轮"双一流"建设进程中，要确保西部每一个省区至少有一所教育部直属高水平大学，每一所高水平大学至少重点建设一个一流学科或学科群。通过国家规划，在遴选条件上注重西部高校的地缘特征，重点支持优势特色、国家急需、与区域经济社会契合的学科专业，引导西部高校把地域特点转化为学科特色，把区域劣势转化为科研优势；在遴选程序上，"双一流"建设专家委员会中要有足够数量的西部地区高校、科研机构、行业组织人员参与，保证西部高校在"双一流"建设的话语权；在支持方式上，应该设立西部"双一流"建设专项基金，尤其是纳入"双一流"建设的西部高校，在中央财政和地方财政配套资金中，中央财政应该予以大幅度倾斜；在动态管理上，以高校投入产出的实际绩效为准，重视边际效益在评估体系中的权重，强化分类管理基础上的多元主体参与，在统筹考虑各区域高校的实际情况下，充分体现西部高校特殊性，避免一刀切。

（二）鼓励东部"双一流"高校对西部高校实施对口学科帮扶

国家应在进一步实施《对口支援西部高校计划》和《中西部高等教育振兴计划(2012—2020)》的基础上，进一步做好东部"双一流"高校对西部高校实施对口学科帮扶。结合目前东西部高校对口支援计划，将对口支援的重点转向对西部高校的学科建设上，尤其是对西部自定学科和区域经济社会发展的特色优势学科的支持与帮扶，从学科建设规划及实施方案制定、学位点建设和培育、学科平台建设、学科带头人培养、合作科研、人才培养等学科要素上，全方位支持对口帮扶高校的学科建设，实现西部高校特色学科与东部高峰学科共享与繁荣。

鼓励东部高校一流学科学术带头人到西部挂职，带领西部高校一流学科开展实质性的工作，在挂职期间优先享有申请西部专项各类人才称号的权利；在学科平台建设中，应重视学术平台的共享共创，扭转西部高校学科平台建设不利处境；推动西部高校一流学科在相关领域与东部高校的合作科研，产出高质量科研成果；加强西部高校学位点建设，针对西部高校学科发展的需求，重点培养西部高校的学科带头人与青年骨干教师，在国家政策的支持下，有计划地实施西部高校博士研究生的培养；充分利用互联网技术，实现区域间优质学术资源的共享和人才培养质量的提升。

（三）建立西部高校人才岗位制度和特殊津贴制度

依法规范人才市场，明确各方的权利和义务，有利于学术市场中双方合法权益，形成合理有序的人才流动机制。因此，国家应加强立法，营造良性的人才成长环境，在重视学术职业者的职业发展需求的同时，也要关注西部高等教育在国家发展战略的特殊地位与作用，运用法治思维、法治方式把人才留在西部。而建立西部高校人才岗位制度和特殊津贴制度，也是解决目前人才市场无序流动的有效举措。

从政策文本中，近年来国家各类高层次人才计划都已经向西部倾斜。2018年新颁布的《"长江学者奖励计划"管理办法》以及教育部人事司负责人答记者问，明确长江学者人才岗位向中西部、东北地区倾斜政策导向。但从现实分析，这些人才称号多是一种身份而非岗位。因此，国家应依据西部高等教育发展需求设置特殊人才岗位，这种岗位只在西部高校或科研单位设置，面向国内外招聘，其岗位聘任条件与东部地区高校不同，鼓励人才向西部流动；在合同期限内，获得人才称号的高校教师必须履行相关学科建设、科学研究、人才培养等义务，且在规定年限内在西部履职。同时，建立西部人才特殊津贴制度，使西部高校人才的薪酬待遇显著高于东部高校，保障西部高校人才岗位的吸引力。在西部地区地方财政支持有限的情况下，可考虑由中央财政设立西部人才特殊津贴专项基金，通过转移支付等方式支持西部高校人才队伍建设；西部地方政府和高校也要转变观念，不断提高西部高校教师薪酬待遇，让其安心从教，志于学术。

（四）建设西部高校国家级学科平台

学科平台是学科建设的重要抓手，也是衡量学科水平的客观指标。改革开放以来，在重点政策的指导下，我国重要的学科平台多数建立在东部地区，尤其是北京、上海等高等学校密集的地区，西部高校学科平台的数量与水平均难以与东部高校匹敌。因此，在"双一流"建设中，国家应该统筹规划，积极设立围绕国家需求和区域特色的新兴交叉学科平台，明确以优势急需学科为基础的办学特色，新建一批体现西部区域学科集群优势和特色的国家实验室和学科创新引智基地。

结合西部现有学科的布局，国家应加强以农林科学为核心的作物遗传育种。作物栽培耕作、畜牧、动物遗传繁殖、农药学等西部农学学科群建设，服务西部农业发展；引导以航天航空航海为核心的铸造、航空宇航制造、飞行力学、航空发动机制造、兵器制造、火箭发动机制造等军工学科以及军事医学和高原医学服务人民，全面推动国防和军队现代化建设在经济、科技、教育、人力资源等各个领域的军民融合；注重交通运输、机械制造、电子信息科技等全国领先的优势学科建设；在人文社会科学领域，重视丝路文明、汉唐文史、少数民族语言文学历史、非物质文化遗产保护与传承等涉及保护和弘扬优秀民族文化及西部地域文化、边疆文化、古都文化等特色文化的专业学科；基于西部丰富的自然资源和地理地质资源，积极展开地矿、石油、新能源等能源矿产国家战略产业相关的学科建设和人才培养，服务民生。同时以学科平台为基础，加强东西部人员交流和学术合作，建立学术联盟；积极争取国家社会科学基金和自然科学基金的资助，出版一批具有西部地域特色的刊物、著作等，争取在学术评价中的话语权。

（五）加快西部高等学校国际化进程

在国家大力推进"一带一路"倡议的政策环境下，处于丝路沿线的西部高校应充分利用其地缘优势，抓住机遇主动作为，积极推进国际化进程。以开展与丝路沿线国家法人或非法人间的合作办学为抓手，弥补西部高校对外合作办学的短板，提升学科的国际化水平；在本科、硕士和博士阶段全方位开展人才培养合作，结合国家留学基金委的政策，开展优秀本科交换项目，吸引更多的丝路沿线国家留学生来西部高校学习；推动对"一带一路"沿线国家高等学校的科学研究，建立国别和区域研究中心等智库，举办"一带一路"的高端学术论坛，与丝路沿线国家高等学校合作开展人文社会科学等领域的学术研究，对具有全球和地区影响的经济发展、国际政治、资源开发、生态保护等沿线国家均面临的重大问题建立区域间合作研究组织，为国家决策提供咨询建议；制定“一带一路”沿线国家高层次人才引进的相关政策，吸引更多的丝路沿线国家高层次人才到西部高校开展人才培养和科学研究。

组织视角下高校品牌的特性与管理策略

刘明维*

(厦门大学 教育研究院,福建 厦门 361005)

摘要: 随着高等教育的快速发展,高校品牌引起人们的广泛关注。高校作为承担人才培养、科学研究以及社会服务的社会组织和机构,品牌建设与管理是在实现其社会职能基础上展开的。本文从宏观、中观和微观层面探讨了高校品牌管理的必要性,在分析高校品牌特性的基础上提出了管理策略。笔者认为,高校品牌是在与社会的互动和市场竞争中产生的,但如果从组织的长远发展考虑,品牌管理应该是高校组织对高等教育质量和人才培养质量的自觉追求。品牌是具有时间性和阶段性的;其组织要素中的学科专业、教师和学生具有双重属性,品牌建设中具有明显的整体性和局部效应。基于这些特性,笔者认为,高校品牌管理必须以实现其社会职能为基础,其中以提高人才培养质量为核心;更应当明确高校定位,凝练学科专业特色,注重品牌形成的阶段性、局部与整体效应,应当建立和完善形象识别系统,以此赢得社会公众的广泛认可,形成品牌管理的系统和长效机制。

关键词: 组织视角;高校品牌;特性;管理策略

品牌是市场经济发展的必然产物,首先在商品市场营销中得以兴起。自 20 世纪 50 年代美国广告大师大卫·奥格威首次提出品牌概念,到进入 21 世纪世界经济全球化后,品牌日益显现出对经济发展的标志性意义。随着改革开放后高等教育的迅速发展,高校品牌研究逐渐引起了高等教育研究学界的关注。20 世纪 90 年代,部分学者在对大学形象和校园文化建设的研究中体现出对高校品牌进行相关研究。进入 21 世纪,学者们主要从管理学、传播学等学科,运用利益相关者理论以及企业识别系统(Corporate Identity System)原理对高校品牌建设与管理进行研究,部分学者将品牌融入大学校园文化建设中进行研究,其研究内容主要关注高校品牌创建、战略体系建构,也有学者专门研究了地方高校品牌的建设,研究方法以定性研究为主,部分研究辅之以案例进行阐述和分析。总体而言,高校品牌引起了部分学者的关注,学者对高校品牌的内涵、意义和路径方面的问题进行了深入研究,研究取得了一定成果,产生了一定数量和质量的学术论著,研究方法逐渐多样,跨学科研究、多学科研究趋势明显。但还存在一定的不足之处:(1)当前研

---

* 作者简介:刘明维,厦门大学教育研究院博士研究生。

究对高校品牌管理的概念尚未达成共识。例如将“大学声誉”、“大学形象”、“高校品牌”等概念混用或者等同。(2)对高校建设与发展的外部环境探讨尚不充分。(3)对高校品牌特性缺乏充分探讨。针对以上三个问题,笔者尝试在已有研究成果的基础上,以组织的视角着重阐述高校品牌的特性和管理策略。

一、高校品牌管理的内涵

“品牌”一词在英语中的对应词语是“brand”,来源于古挪威语的“brandr”。[①] 最早出现于大约300年前的英国农村,当时的农场主给牛马打上烙印(brand),以此做法(branding)标示其财产权和所有权。[②] 品牌主要强调与其他同类商品的区别。目前在市场营销领域形成了数种关于“品牌”的经典诠释。例如著名广告大师大卫·奥格威将“品牌”定义为:品牌是一种错综复杂的象征——它是产品属性、名称、包装、价格、历史声誉、广告方式的无形总和,同时也因消费者对其使用的印象以及自身的经验而有所界定。[③] 当前对于高校品牌的研究主要有“高校品牌”和“大学品牌”两种提法。综观两种提法的相关研究,笔者认为,“高校品牌”主要强调高校的社会组织属性,强调以人才培养质量作为品牌核心;“大学品牌”则更多强调大学精神(理念)为品牌核心。[④] 靳希斌等认为,高校品牌是学校的一种无形资产,是学校经营者在长期教育实践过程中提供给教育消费者的名称、术语、符号、标记或者其组合,其主要功能是将不同学校提供的教育产品与服务区别开来。[⑤] 张宗伟认为,高校品牌是地方高校的名称、标志和为受教育者提供的服务,包括师资、校园文化、教学设施等培养教育者消费的各个方面。高校品牌就是具有较高知名度、良好美誉度和强大信任度的商品符号。高校品牌的产生,既受到外部环境的影响,也存在着一定的内部推动力。[⑥] 结合以上学者对高校品牌的界定,笔者将“高校品牌”理解为:高校品牌是指在高校创立与办学实践过程中,以提高人才培养质量为核心,充分实现其社会职能,获得师生及社会公众认可,使学校具有较强的知名度、良好的美誉度以及坚实的信任度。高校品牌是学校名称、符号、标识及其声誉的综合集成。

二、高校品牌建设与管理的必要性

(一)从宏观层面来看,国家对品牌文化的广泛重视促使高校关注品牌建设与管理

随着我国经济发展,人们的物质财富和经济收入逐渐增多,消费结构不断升级,更加注重产品和服务的质量,讲求品牌消费。2016年6月10日,国务院办公厅发布《关于发挥引领作用推动供需结构升级的意见》指出:“品牌是企业乃至国家竞争力的综合体现,代表着供给结构和需求结构的升级方向……发挥品牌引领作用,推动供给结构和需求结构升级,是深入贯彻落实创新、协调、绿色、开放、共享发展理念的必然要求,是今后一段

① 曹辉.大学品牌经营:内涵、特征与发展前景[J].教育研究,2014(04):100.
② 彼得·切维顿.品牌实施要点[M].李志宏,林珏,译.李志宏,校.北京:北京大学出版社,2005:3.
③ 舒咏平.品牌传播与管理[M].北京:首都经济贸易大学出版社,2008:2.
④ 余明阳.大学品牌[M].广州:广东经济出版社,2004:25.
⑤ 靳希斌,刘林,魏真.民办高校发展与策略研究[M].石家庄:河北教育出版社,2010:109-110.
⑥ 张宗伟.地方高校品牌的创建研究[M].南昌:江西人民出版社,2014:1.

时期加快经济发展方式由外延扩张型向内涵集约型转变、由规模速度型向质量效率型转变的重要举措。”①自 2017 年 4 月 24 日，国务院决定将每年 5 月 10 日设立为“中国品牌日”，可见国家层面已将品牌提上议程。教育部制定的《2003—2007 年教育振兴行动计划》中针对来华留学生工作提出“实施中国教育品牌战略”，其原则是“扩大规模、提高层次、保证质量、规范管理”。② 这是教育品牌概念第一次见诸国家政策性文件。③ 当前我国正处于经济社会发展转型的重要时期，正在从经济大国向经济强国迈进，由“制造大国”向“智造大国”转变，高校作为社会提供智力支持的重要组织机构，其发展也受到经济社会的深刻影响。通过政府的强力主推以及社会各界力量的积极支持，我国高等教育在短期内步入大众化阶段，现在正向普及化阶段迈进。当前我国已然成为高等教育大国，正向高等教育强国迈进，更应当把高校品牌建设与管理早日提上议程。

（二）从中观层面来看，高校面临着严峻的区域和同类高校的竞争，适龄青年人口的持续下降也迫使高校必须注重品牌的建设与管理

1.高校面临剧烈的区域竞争和同类高校的竞争

改革开放以来，随着我国社会经济体制的转变以及国家对科教事业的高度重视，高等教育也获得了迅速发展。从全国范围来看，1949 年，全国高校 205 所，到 2017 年，全国高校数量达到 2914 所，其中普通高校达到 2631 所（见图 1）。从 2000 年至 2017 年，高校总量增加了 1100 所，平均每年增加近 60 所，其增长速度迅猛。根据《2015 年中国教育统计年鉴》的相关数据，2015 年，全国普通高等学校校均规模达到 10197 人，本科高校校均规模达到 14444 人，高等职业（专科）院校校均规模达到 6336 人。根据 2015 年《中国教育统计年鉴》和《国家教育事业发展“十三五”规划》统计，1990 年，高等教育毛入学率为 3.4%，2016 年，毛入学率达到 42.7%，预计在 2020 年将达到 50%，开始迈向普及化阶段。

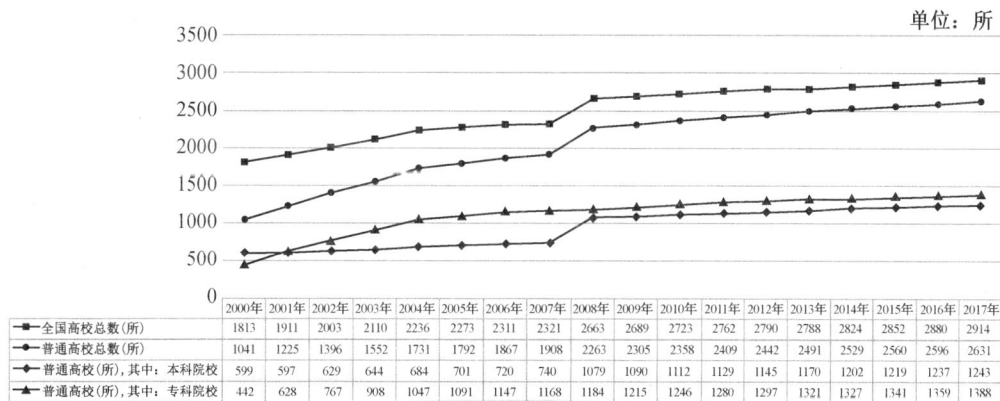

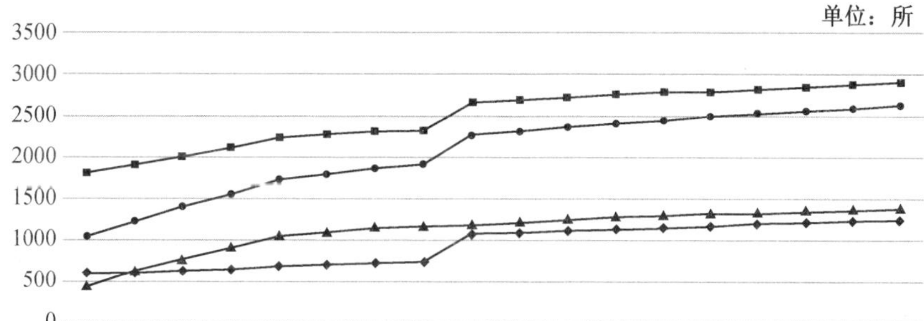

	2000年	2001年	2002年	2003年	2004年	2005年	2006年	2007年	2008年	2009年	2010年	2011年	2012年	2013年	2014年	2015年	2016年	2017年
全国高校总数（所）	1813	1911	2003	2110	2236	2273	2311	2321	2663	2689	2723	2762	2790	2788	2824	2852	2880	2914
普通高校总数（所）	1041	1225	1396	1552	1731	1792	1867	1908	2263	2305	2358	2409	2442	2491	2529	2560	2596	2631
普通高校（所），其中：本科院校	599	597	629	644	684	701	720	740	1079	1090	1112	1129	1145	1170	1202	1219	1237	1243
普通高校（所），其中：专科院校	442	628	767	908	1047	1091	1147	1168	1184	1215	1246	1280	1297	1321	1327	1341	1359	1388

图 1 2000—2017 年我国普通高等学校数量

资料来源：根据历年中国教育统计年鉴整理，2017 年数据根据教育部于 2017 年 6 月公布的《2017 年全国高等学校名单》数据整理。

---

① 关于发挥引领作用推动供需结构升级的意见[EB/OL].(2016-06-10)[2018 05-11].http://www.gov.cn/zhengce/content/2016-06/20/content_5083778.html.

② 2003—2007 年教育振兴行动计划[EB/OL].(2017-04-24)[2018-05-18].http://www.moe.edu.cn/jyb_xxgk/moe_1777/moe_1778/tnull_27717.html.

③ 徐爱华.论高校品牌及其战略管理[J].高等农业教育,2007(05):13.

从区域范围来看，随着高等教育地方化趋势不断加强，全国各省份的高校数量也呈现出较快的增长趋势。笔者选取了1986年、1997年和2016年三个年份作为时间节点，对全国31个省、自治区、直辖市(不含港澳台地区)的高等学校数量变化情况进行统计分析(见图2)，从如图2可以看出，1986年至1997年间高校数量基本没有较大变化；但在1997年至2016年间，各地区的高校数量均有增长，增长数量在30所(含30所)以下的有8个省，增长数量在31～50所以上的有9个省份，增长数量在51～90所的有11个省份，其中以山东、江苏、广东的增长速度较快，分别增加了96所、101所、105所。区域内高校如此快速的增长速度势必加剧高校之间的竞争。

单位：所

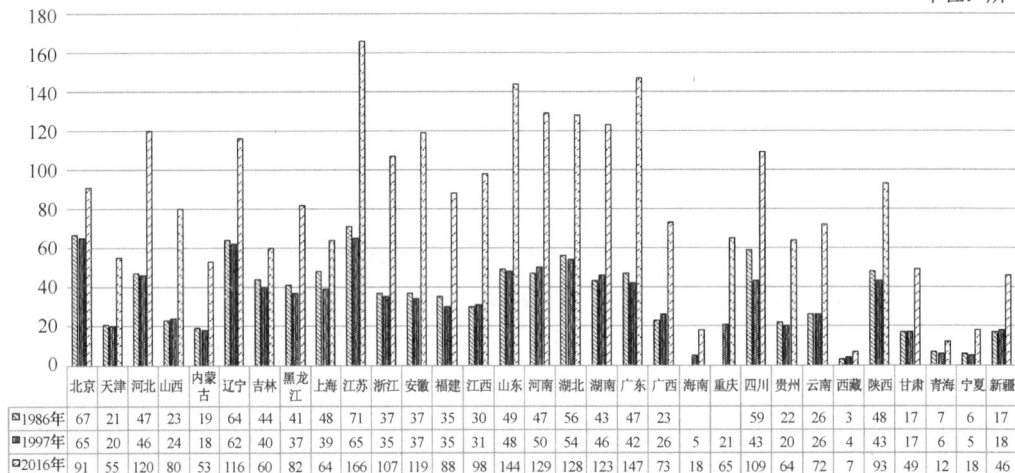

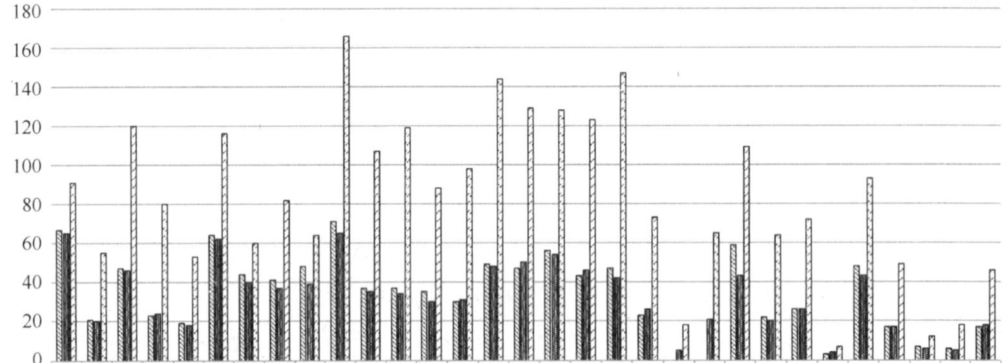

	北京	天津	河北	山西	内蒙古	辽宁	吉林	黑龙江	上海	江苏	浙江	安徽	福建	江西	山东	河南
1986年	67	21	47	23	19	64	44	41	48	71	37	37	35	30	49	47
1997年	65	20	46	24	18	62	40	37	39	65	35	37	35	31	48	50
2016年	91	55	120	80	53	116	60	82	64	166	107	119	88	98	144	129

	湖北	湖南	广东	广西	海南	重庆	四川	贵州	云南	西藏	陕西	甘肃	青海	宁夏	新疆
1986年	56	43	47	23			59	22	26	3	48	17	7	6	17
1997年	54	46	42	26	5	21	43	20	26	4	43	17	6	5	18
2016年	128	123	147	73	18	65	109	64	72	7	93	49	12	18	46

图2　1986年、1997年、2016年全国各地区高等学校分布情况

资料来源：根据《1987年中国统计年鉴》、《2017年中国统计年鉴》整理。全国31个省、市、自治区（不含港澳台地区）中，海南省1988年4月建省，重庆市于1997年3月挂牌为直辖市。

除了区域之间的高校竞争，同类别高校之间也存在竞争。从高校类别来看，笔者同样选取了1986年、1997年和2016年三个年份作为时间节点，从图3可以看出，1986年至1997年间，各类别高校数量增长较为平缓；1997年至2016年间，以综合大学(含多科性院校)和理工类院校数量增加迅猛，其中综合大学(含多科性院校)增加了574所，理工类院校增加了682所，财经类院校增加了193所。这主要是由于多数高校由单科性院校向多科性院校发展，以及理工和财经类专业市场需求旺盛而导致的两类院校数量呈现快速增加的形势。

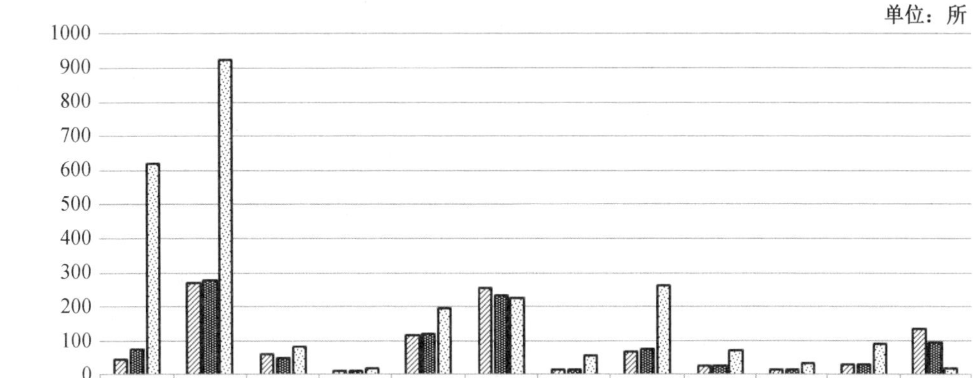

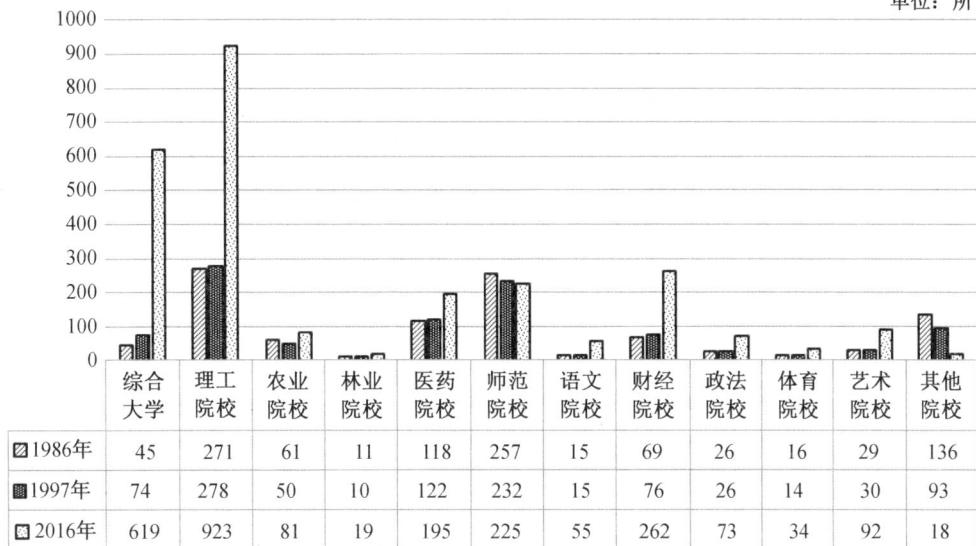

	综合大学	理工院校	农业院校	林业院校	医药院校	师范院校	语文院校	财经院校	政法院校	体育院校	艺术院校	其他院校
1986年	45	271	61	11	118	257	15	69	26	16	29	136
1997年	74	278	50	10	122	232	15	76	26	14	30	93
2016年	619	923	81	19	195	225	55	262	73	34	92	18

图 3　1986 年、1997 年、2016 年各类别高等学校数量

资料说明：1986 年数据来源于《1987 年中国统计年鉴》、1997 年数据来源于《1998 年中国统计年鉴》、2016 年数据来源于《2017 年中国教育统计年鉴》。其中 2016 年综合大学数据中，本科 300 所，高职院校（专科）319 所，该年鉴统计中，将多科性大学、学院，包括职教院校归为“综合大学”。

2.高考报名人数逐年下降对高校未来生源造成压力

扩招政策在高等教育大众化初期显示出了强有力的效果。从 2000 年至 2008 年，高考报名人数逐年增加，从 375 万人上升到 1050 万人，达到 1977 年以来的峰值。但从 2009 年开始，便呈现出下降趋势，至 2017 年，全国高考报名人数下降到 940 万人（见图 4）。结合前文高校数量增加情况来看，全国范围和区域范围内高校数量都呈现出上升趋势，但参加高考的人数逐年下降，这势必导致高校之间在生源数量和质量方面展开激烈竞争，品牌高校将会在竞争中赢得优势。

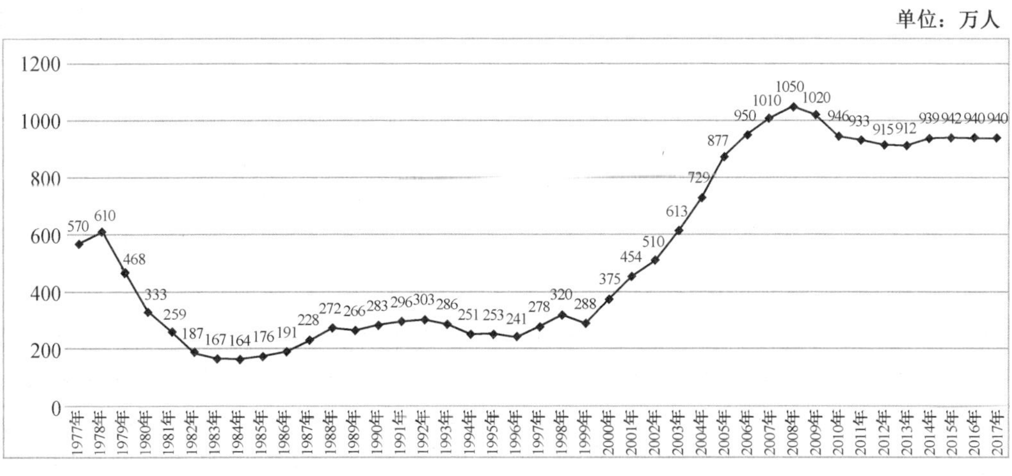

图 4　1977—2017 年全国高考报名人数

资料来源：搜狐教育，http://www.sohu.com/a/230618280_100142877。

单位：元

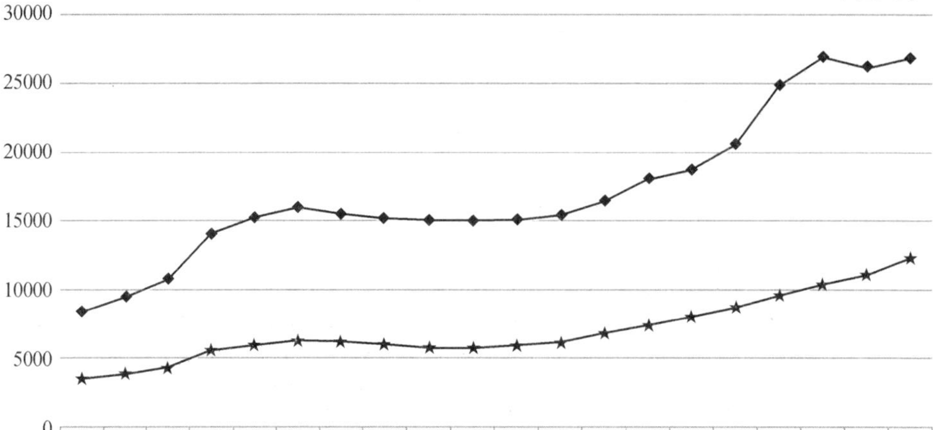

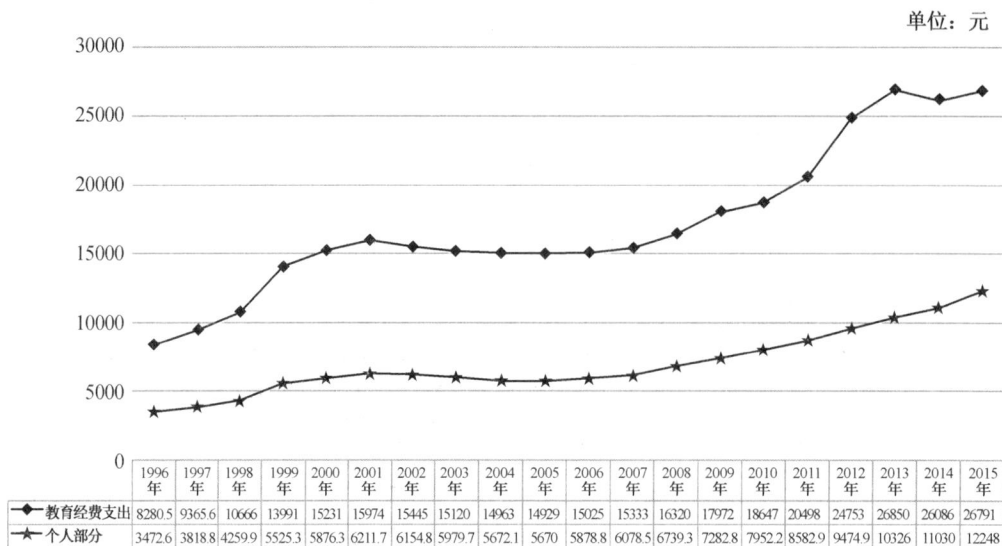

	1996年	1997年	1998年	1999年	2000年	2001年	2002年	2003年	2004年	2005年	2006年	2007年	2008年	2009年	2010年	2011年	2012年	2013年	2014年	2015年
教育经费支出	8280.5	9365.6	10666	13991	15231	15974	15445	15120	14963	14929	15025	15333	16320	17972	18647	20498	24753	26850	26086	26791
个人部分	3472.6	3818.8	4259.9	5525.3	5876.3	6211.7	6154.8	5979.7	5672.1	5670	5878.8	6078.5	6739.3	7282.8	7952.2	8582.9	9474.9	10326	11030	12248

图 5　1996—2015 年全国普通高等学校生均教育经费支出情况

资料来源：根据 1996—2015 年《中国教育经费统计年鉴》整理。

从图 5 可以看出，从 1996 年至 2015 年，全国普通高等学校生均教育经费支出中的“个人部分”呈现出明显的上升趋势，从 3472.6 元增加至 12248 元，在这种情况下，社会公众必然会考虑教育的成本与收益问题，在成本不断提高的情况下，品牌高校将会成为社会公众（学生和家长）优先考虑的选择。从世界范围来看，THE、QS 等世界著名大学排行榜对学生选择学校和社会公众认同产生了深刻的品牌效应。从世界范围来看，THE、QS 等世界著名大学排行榜对学生选择学校和社会公众认同产生了深刻的品牌效应。再从国内来看，我国从 20 世纪 50 年代初期拉开了由政府主导自上而下进行“重点大学”建设的序幕，其建设传统一直延续至今。从 1993 年国家教委根据《关于重点建设一批高等学校和重点学科点的若干意见》确定的“211 工程”大学，到 1998 年后教育部根据《面向 21 世纪教育振兴行动计划》先后确立的 39 所“985 工程”大学，再到 2015 年 10 月国务院印发《统筹推进世界一流大学和一流学科建设总体方案》推进“双一流”建设，教育部、财政部、国家发展改革委印发《关于公布世界一流大学和一流学科建设高校及建设学科名单的通知》，公布世界一流大学和一流学科（简称“双一流”）建设高校及建设学科名单，其中，世界一流大学 42 所，一流学科建设高校 95 所，“重点大学”建设路线一直贯穿其中。由于先天优势和后天资源投入的累积效应，社会公众无形之中把这些由国家通过行政手段进行身份认定的高校视为当前国内的品牌高校或者著名学府。国家通过法律法规规定有些高校“优于”其他高校：它们有其他院校所没有的权力或特权，通常包括较多的高校自治，可以控制自己的预算，拥有授予某些学位和证书的权利。它们比其他高校拥有更多的资源和物质资助；它们的招生标准和学位要求一般来说也比较高。在未来很长的一段时间内，我国高等教育系统的竞争依然是在政府的控制下进行的，高等教育各部分内部的竞争比各部分之间的竞争更大。① 此外，由于政府财政投入和生源质量等因素导

① 周光礼.从同型竞争到错位竞争：高校品牌形成机制研究[J].中国高教研究，2017(10)：5-6.

致的较大差距，在公办和民办高校之间也将展开生源的激烈竞争。从世界范围来看，在经过了20世纪50年代后期到60年代的扩招之后，美国高等学校面临的内外部环境开始恶化，高等教育进入“危机时代”，许多学校被迫关门。从1969—1970学年到1974—1975学年，有132所高校被迫关门，其中104所为私立院校。① 卢彩晨博士在其学位论文中从民办高校倒闭研究和分析民办高等教育发展，专门探讨了我国民办高校的危机与转机。② 由此可见，地方院校和民办高校对于品牌的建立和管理显得尤为必要，唯有提早树立品牌并精心维护，才能赢得学生、家长和用人单位的青睐，才能在竞争中免遭淘汰。

（三）高校品牌应是一种内涵发展的组织自觉

美国加州大学前校长克拉克·科尔(Clark Kerr)曾经做过一个统计，发现在1520年以前，全世界建立的组织中，现在仍然用同样的名字、以同样的方式做着同样事情的只剩下85个，这85个之中有70个就是大学，另外15个是宗教团体。就是说，大学和其他宗教团体这样的非营利性机构的寿命是非常长的。张维迎教授认为，大学作为非营利性组织能够基业长青主要有五个原因，首要因素之一就是大学具有最为忠诚的客户和品牌。③ 正如伯顿·克拉克所说：“作为组织知识群体的一种方式，院校吸引了所有人的注意并闻名遐迩……院校是最先引起人们注意的组织模式。”④一个品牌要想获得长期的成功，就必须在目标顾客心目中找到或者创造出一个适当的位置，并把这个品牌的定义和价值深植于此。如果此后顾客的思想发生变化，品牌也应随之而变化。⑤ 在激烈的市场竞争和高等教育内涵发展的双重力量驱动下，高校品牌建设与管理显得更加必要。但更重要的是，品牌管理的强大动力应当来自高校的内生动力，高校应当始终坚守其作为人才培养、科学研究和社会服务的职能，始终保持人才培养质量，为学生提供优质的教育教学服务。高等教育由规模和速度发展转向内涵式发展，开始注重高校的教育教学质量和人才培养质量。

高校品牌的建设与管理受到多重因素的影响，既有外部的动力，又有自身的要求，是外部动力和内在要求共同作用的结果。由以上分析可以看出，国家经济社会转型发展要求和高校之间的激烈竞争可以视为高校品牌建设与管理的外部动因，更重要的是，高校品牌应当出于内在的力量，形成组织自觉，这样才能确保学校能够持续发展。

三、高校品牌的特性

（一）品牌创建必须以高校社会职能为基础，品牌是在与社会的互动中形成的

高等学校与其他社会机构的本质区别主要是由其社会职能决定的。职能主要指机构的职责和能力。从中世纪大学到近现代大学，经过漫长的发展历程，高等学校先后形

---

① 黄福涛.外国高等教育史[M].上海：上海教育出版社，2002：315.

② 卢彩晨.危机与转机：从民办高校倒闭看民办高等教育发展[D].厦门：厦门大学，2009.

③ 张维迎.大学的逻辑[M].北京：北京大学出版社，2004：125-126，6.

④ 伯顿·克拉克.高等教育新论：学术组织的跨国研究[M].王承绪，等译.杭州：浙江教育出版社，1994.34.

⑤ 彼得·切维顿.品牌实施要点[M].李志宏，林珏，译.李志宏，校.北京：北京大学出版社，2005：103.

成培养专门人才、发展科学以及为社会服务等社会职能，其中培养专门人才是其基本职能。高校品牌的创建必须以高校的社会职能为基础，只有通过在人才培养、科学研究以及社会服务活动来树立公众形象，并在此基础上形成品牌效应。此外，品牌是在与社会的互动中形成的。高校处于政府部门、学生及家长、用人单位、教师群体等复杂的社会关系网络之中，高校依赖政府获得财政拨款和政策支持，依赖学生及其家长获得学费和优质生源，依赖教师培养优秀人才和产出优秀科研成果，依赖用人单位接收毕业生。[①] 品牌的形成需要在一系列的社会关系互动中实现。

（二）高校组织要素的双重属性较为明显

1.学生具有“消费者”和“产品”的双重属性

在一个大众化的体系中，学生不再是手工制作出来的学者，而是作为工业生产中的“实体”。[②] 一般的企业有产品、有客户，其产品和客户是相互独立的。大学与企业不一样，大学的产品就是它的客户，它的客户就是它的产品。一方面，我们招来的学生是我们的客户，我们要为他们提供服务；另一方面，这些学生成为什么样的一种人才，能创造什么样的价值，又取决于大学教育，因此，他们本身又是我们的产品。[③] 如图 6 所示，在企业品牌形成过程中，企业生产的产品或提供的服务与消费者是相互分离的，二者不具有重合性。高等教育是人才的增值过程，与人类生产过程一样，高等教育的人才培养过程，同样是一个“投入—产—输出”的生产增值过程，高等学校把有教育潜能的“原材料”——学生招进学校，通过教育和教学这个生产加工过程，使之成为符合一定规格的人才，再输送到社会生活各个领域。在这个过程中，一方面由于教育者的物化作用，另一方面由于受教育者的能动作用，使过程结束时的“产品”在体质、知识、智能、道德诸方面都得到增值，从而成为对社会有价值的人才。[④] 在高校品牌的形成过程中，学生向学校支付学费，以此获得学校提供的教育教学活动，毕业后流向社会用人单位或者继续深造，毕业生相当于学校的“产品”。在此过程中，学生既是消费者，又是学校的“产品”，见图 7。当学生作为“产品”时，其承载的是高校的人才培养质量。此处特别声明，“产品”一词仅是与商业产品类比，并不绝对或完全等同。一方面，高校在具有品牌效应的基础上，吸引学生报考；另一方面，通过一定阶段和方式的培养，学生学有所成，对学校具有高度认同感，如果毕业生受到社会用人单位的肯定与认可，此时学校的品牌效应便得到进一步扩大。因此，学生具有高校“消费者”和“产品”的双重属性。事实上，一所大学时常标榜的院士、重点学科、重点实验室、科研论文的数量，无论是社会还是学生和家长都不会给予太多的关注，因为那些都是“中介性”指标或“中间产品”（服务供给的主体结构和形式），他们关注的“最终产品”，即他们从大学得到的或感受到的服务水平与质量。[⑤]

---

① 周光礼.从同型竞争到错位竞争：高校品牌形成机制研究[J].中国高教研究，2017(10)：5-6.

② 路易斯莫利.高等教育的质量与权力[M].罗慧芳，译.北京：北京师范大学出版社，2008：132.

③ 张维迎.大学的逻辑[M].北京：北京大学出版社，2004：125-126，6.

④ 胡建华，陈列，周川，等.高等教育新论[M].南京：江苏教育出版社，2005：378.

⑤ 董云川，罗志敏.高水平大学建设：一种新框架和路径[J].高等教育研究，2015，36(06)：51.

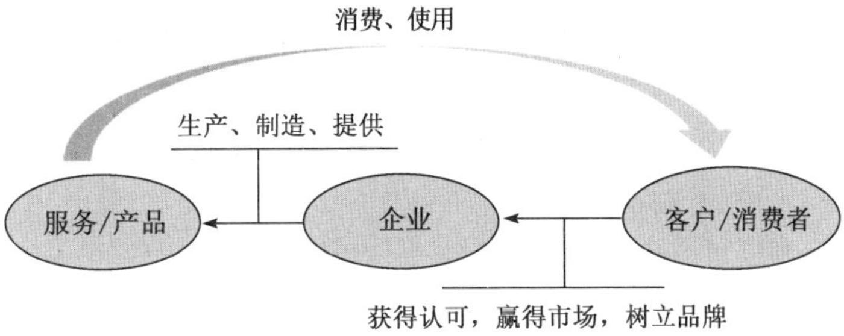

图6 企业品牌形成路线

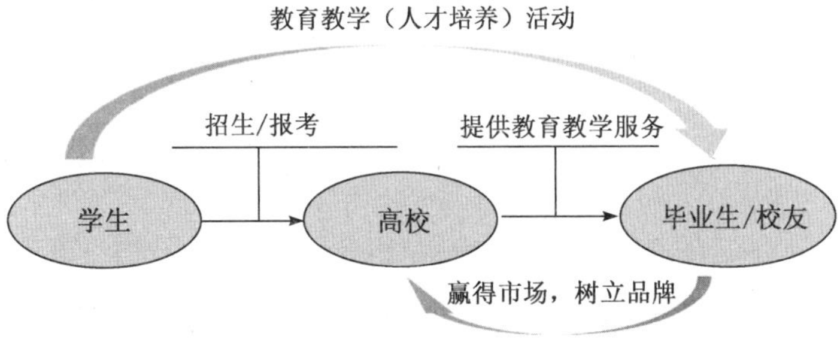

图7 高校品牌形成路线

2.学科和教师既是高校组织的构成要素，又是高校品牌的构成要素

学科专业是高等学校的基本组成要素。其一，一所高等学校之所以称之为高等学校，首要的、最直接的不在于其有多少教师、有多少学生、有多少校舍，而在于其有多少学科专业。学科专业是使高等学校能够区别于其他事物、其他组织的内在规定性，能够揭示高等学校的本质特征。其二，学科专业是高等学校的基本工作单位。高等学校的成员从事教学、科研等工作，都是以一定的学科专业为单位进行的，都是在一定的学科专业范围内开展的。如同工厂里的生产线一样，一条生产线生产一种特定的产品，高等学校里的一个学科专业产出一种特定的高级专门人才和研究成果。其三，学科专业是高等学校成员的基本身份单元。在高等学校中，学科专业就是教师与学生的存在方式，就是教师与学生个人生存价值和意义的寄托。① 从学者或教师等组织成员的角度来看，主要是因为这所学校的某一些(个)学科专业建设得较好，人才培养和科研产出质量较高，从而使学校的知名度和美誉度得以提升。此外，教师是高校的重要成员，没有教师就没有教育教学活动，没有教师就没有科学研究活动。1931年12月2日，梅贻琦在出任清华大学校长就职演讲中提出“所谓大学者，非谓有大楼之谓也，有大师之谓也”。综观国内外著名高校，其知名度和吸引力均与大师、名师有着密切关联。因此，学科和教师既是高校的组织要素，也是高校品牌的要素，二者具有双重属性，这一点与企业的部门和员工有着明显不同。

① 周川.高等教育事理蠡测[M].青岛：中国海洋大学出版社，2009：182-183.

（三）高校品牌具有整体和局部效应，局部对整体的影响力通常大于整体对局部的包容力

高校处于高等教育系统之中，是高等教育系统的重要组成部分，一个高等教育系统中包含着成千上百所甚至更多的高校。而对于某一所高校而言，其自身也是一个系统，高校各要素都不是孤立存在、单独发挥作用的，而是以一定的结构形式，系统地、相互包容、相互支撑而整体发挥作用的。它们以不同形式的组合形成符合大学自身资源和环境特征以及发展需要的结构，使大学组织在激烈的同场竞争中立于不败之地。① 高校品牌是社会公众对学校的名称、标识、办学水平和人才培养质量、科研成果以及社会服务水平的总体认识和感知。高校的所有组织要素发挥的作用，共同构成了学校品牌，因此高校品牌具有整体性。但是当高校发生一些危机事件时，如果处理不当，则会对学校整体的品牌造成严重的负面影响，社会公众可能因为某一个危机事件而降低对学校的良好印象。在信息发达的现代社会，危机事件信息将会在短时间内迅速传播和蔓延，对学校品牌造成更大范围内的影响，而这种负面影响往往需要高校耗费较长的时间和精力来逐渐消解。因此，高校品牌局部对整体的影响力通常大于整体对局部的包容力。

（四）高校品牌的形成具有时间性和阶段性

品牌的形成并非即时的，也非无序的。一方面，高校品牌的形成具有一定的时间性。综观国内外名校，其显著特点就是具有悠久的历史，有的学校历史长达数百年，有的学校也在百年左右，因此，品牌是经过漫长的历史积淀而形成的，其中凝聚着每一代学人的奋斗、革新与苦心经营。2017 年 12 月 28 日，世界品牌实验室在北京发布了 2017 年第十四届“世界品牌 500 强”排行榜，这一排行榜从品牌影响力、市场占有率、品牌忠诚度和全球领导力四个维度进行了排名，其中共有 11 所大学进入世界 500 强，英国有 2 所，分别是剑桥大学和牛津大学；美国有斯坦福大学、哈佛大学、麻省理工学院等 9 所（见表 1）。世界一流大学在漫长的历史积淀中逐步形成自己的传统和特色，具有显著的品牌效应。这些学校的历史均在 100 年以上，大学文化和精神在漫长悠远的历史中代代相传，培养了一批又一批莘莘学子，这是保证大学得以基业长青的关键所在。另一方面，高校品牌的形成是具有阶段性的。在最初阶段，办学者满怀志向创建了学校，通过招生和办学活动进入公众视野，形成一定的公众形象。十年树木，百年树人。通过数十年的办学活动，最初树立的公众形象得到巩固和深化，形成更广泛的社会认知，如果学校在此期间为学生、家长提供了满意的服务和教育教学质量，毕业生得到用人单位的充分肯定，这将有助于学校树立知名度、美誉度和信任度，从而形成一定的品牌效应。在形成品牌的基础上，再优化、升级，形成品质自觉，增强核心竞争力，扩大品牌影响力，最终形成知名品牌。因此从理论上说，高校品牌的形成并非一蹴而就，而是要有序地经历“学校建立”、“树立公众形象”、“树立品牌”和“形成名牌”四个主要阶段。当然，在这四个阶段中，后一个阶段是对前一个阶段的包含和升级。

---

① 张卫良.大学核心竞争力理论与实践研究[M].青岛：中国海洋大学出版社，2006：69-70.

表 1　2017 年世界品牌 500 强大学排名情况

序号	大学名称	排名	品牌年龄	品牌影响力	市场占有率	品牌忠诚度	全球领导力	官方网站	所属国家
1	斯坦福大学（Stanford University）	20	126	5	4	5	5	stanford.edu	美国
2	哈佛大学（Harvard University）	34	381	5	4	5	5	harvard.edu	美国
3	麻省理工学院（MIT，Massachusetts Institute of Technology）	53	156	5	4	5	5	mit.edu	美国
4	剑桥大学（University of Cambridge）	97	808	5	4	5	4	cam.ac.uk	英国
5	牛津大学（University of Oxford）	104	921	5	4	4	4	ox.ac.uk	英国
6	加州理工大学（California Institute of Technology）	235	126	4	2	4	4	caitech.edu	美国
7	普林斯顿大学（Princeton University）	276	271	3	3	4	3	princeton.edu	美国
8	芝加哥大学（University of Chicago）	279	127	3	3	4	3	uchicago.edu	美国
9	哥伦比亚大学（Columbia University）	414	263	2	2	2	3	columbia.edu	美国
10	耶鲁大学（Yale University）	440	316	2	2	3	2	yale.edu	美国
11	加州大学伯克利分校（University of California Berkeley）	494	149	2	2	2	2	berkeley.edu	美国

资料说明：根据世界品牌实验室发布的 2017 年第十四届“世界品牌 500 强”排行榜（http://www.worldbrandlab.com/world/2017/）整理而得。

四、高校品牌管理的策略

（一）树立品牌意识，建立高校识别系统（UIS）

如前文所述，由于社会适龄青年人口逐渐下降，参加高考的报名人数也呈现减少趋势，而高校数量仍在继续增加，当前我国高校已经开始面临来自于高等教育组织系统内的各类激烈竞争，例如“双一流”高校与地方普通高校之间的竞争、公办高校与民办高校之间的竞争、普通老本科与地方新建院校之间的竞争、本科高校与高职高专院校的竞争等，未来的竞争将更为激烈。因此，高校必须树立品牌意识，并且将这种意识和理念传达至每一位师生员工，获得全体成员的共同认可，形成组织共同体。当然，品牌意识并非喊口号，而是通过办学者在明确使命和理想的基础上感召全体教师认真教学和钻研，努力提高人才培养质量，为学校赢得良好声誉。应当达到这样一种境界，即决定创办这所学校时，就要考虑到这个组织将长远地存在和发展下去。赫伯特·卡夫曼（Herbert Kaufman）提出，组织是由五种纽带维系的，它们是物理的、习惯的、利益的、道德的和情感的纽带。其中，情感的纽带常常最强有力，是由人们的共同的象征和共同的观念的情感以及对共同领袖的爱或各人对一切人的互爱铸造而成的。[①] 只有整个学校全体成员认同其发展理念和目标，才可能为之付诸积极的行动。

此外，由于当前高校所处的社会关系更为复杂，社会活动更加频繁和多样，其形象塑造和传播对于品牌的提升就更加显得重要。近年来，高校形象识别系统逐渐为高校所认识和了解。高校形象识别系统（University Identity System，简称为 UIS）来源于企业形象识别系统（Corporation Identity System，简称为 CIS），主要包括高校理念识别、行为识别和视觉识别三个部分。国际上一些著名学府已经形成了相当完善和成熟的形象识别系统，国内的一些重点大学也逐步建立了形象识别系统，但许多高校可能出于观念或成本的考虑，在形象识别系统的建立方面动作显得相对迟缓。在信息发达时代，尽早建立学校的形象识别系统将有助于高校在社会交往活动中更有效地赢得声誉和口碑，提升品牌的知名度和影响力。

（二）明确学校定位，增强办学特色与个性

品牌定位是高校品牌管理的首要问题。品牌定位实质上就是确定产品的特色并把它与其他竞争者有效区别。[②] 随着“双一流”建设的序幕拉开，入选名单的一流建设高校和一流学科建设高校获得“正式身份”，明确学校定位。一流建设运动在未入选名单的高校中也正如火如荼地进行着。例如，有的高校将未来发展目标定位为“国内一流”，有的高校将其定位为“省内一流”，有的高校将其定位为“地区一流”，绝大多数都向一流看齐。这固然是一个积极的信号，说明高校想要追求卓越，提升品牌。但是短期内是否能建成一流还有待考量。高校一定要立足所处的区位及其产业结构，通过 SWOT 分析，科学定位，避免学科专业的同质化倾向；立足自身所承担的社会职能，用心培养人才，赢得社会公众的广泛认可，只有获得学生及其家长以及社会用人单位的高度满意感，才可能成为“一流”。此外，“一流”并非一日之功，品牌具有阶段性和时序性，世界名校无一不是在坚守大学之道中不断改革与完善，经历数百年的历史和社会的评价后才成为名校，而且改革步伐并未停止过，并未沉浸在自我优越感中止步不前，而是一直在追求精益求精的品牌文化和境界。因此对于我国大多数高校而言，做好定位，精心耕耘，用心办学，方能在时间的推进中彰显品质与个性，源远流长。

（三）做好品牌延伸的前瞻性考虑，对教育对象和教育形式进行调整

当我们将视野限定在传统生源和教育形式来看待高校的竞争时，这样的竞争已经呈现出强劲的势头，而当我们以发展的视角或者以更广阔的视野来看待高校时，高校还有机遇有待把握。对高校而言，适龄青年作为高校的传统生源，是“消费者”的主力军，全日制教育和学历教育占据了主导地位，这在一定意义上可以视为高校的“核心产品”。如果

---

① 伯顿·克拉克.高等教育新论：多学科的研究[M].王承绪，等译.杭州：浙江教育出版社，1994:84.

② 曹汉族.论大学品牌及其经营管理策略[J].湖南师范大学教育科学学报，2011，10(04):41.

我们局限在这样的视野中考虑高校发展问题，地方普通高校、民办高校、新建院校等在竞争中都将处于明显劣势。因此，在这样的形势下，高校必须做好品牌延伸的前瞻性考虑。随着终身教育理念的广泛影响和学习型社会的到来，社会公众对职后教育和非学历教育逐渐表现出需求和意愿。在未来相当长的一段时期内，高校的社会职能在现有职能基础上不会发生重大变化，在考虑学校品牌延伸的问题上，也应当基于其社会职能来进行思考和设计。高校可以在传统教育对象和形式上，面向社会开展职后教育和非学历教育。同时应当为社区的发展提供积极支持，而不是“仅只处于社区内但与社区保持着明显界限的社会组织”。高校品牌是在与社会关系的互动中形成的，而社区是品牌的最近距离的辐射范围。

（四）形成品牌自觉，努力提升人才培养质量，促进学校持续发展

高校品牌的形成由于院校间的激烈市场竞争，高校品牌管理显得尤为重要，但更重要的是，高校应当出于组织自觉，用心办学和培养人才，通过内涵式发展赢得市场，增强其核心竞争力，并保持组织的不断优化。高校品牌的形成是内在因素与外在因素相互作用的结果，但是更主要的动力应当来自于内在动力，这是高等教育内涵式发展的自觉，是高等教育质量文化的集中体现。在当今信息发达时代，自我推广与宣传对于品牌的树立和维护固然重要，但仅靠推广与宣传是远远不够的，更关键的是，高校应当时刻认清作为高等教育机构所承担的社会职能，用心经营，不要盲目跃进，保持其学科专业特色与优势，努力提高教育教学质量，提高人才培养质量，促进学生的全面发展与成长成才，让学生、家长和用人单位满意，以此赢得广泛而持久的社会认可，树立具有强大生命力的品牌。

总之，高校品牌建设与管理在当前高等教育的激烈竞争中受到了普遍关注，作为承担着人才培养、科学研究和社会服务职能的高等教育机构，品牌的树立必须以社会职能为基础。同时也应注意组织要素中学生、教师和学科的双重属性，品牌的建设与形成并非短期内能实现的，也并非通过喊口号就能增强知名度，而是形成自觉，并将这种自觉内化在学校工作的方方面面。科学定位发展目标，保持学科专业特色，用心培养人才，提高人才培养质量，才能促使学校持续健康地发展。

高等教育第三方评估的法律透视

——来自美日的经验和启示

黄　芳*

（厦门大学 教育研究院，厦门 福建，361005）

摘要： 高等教育第三方评估是当前国家推进管评办分离、实现教育治理体系和治理能力现代化的重要力量，但由于其立法的欠缺导致第三方评估停滞不前。通过分析美国、日本和中国在高等教育第三方评估的法律保障体系，发现美、日两国的高等教育第三方评估都建立在扎实的法律基础之上，为其发展创设了良好的法制环境，启示我国应重视高等教育评估立法，使第三方教育机构依法依规开展评估，并接受必要监督，促进其建立、健全和发展。

关键词： 第三方评估；高等教育；法律法规

一、引　言

第三方评估是第三方治理的其中一种实践模式，是国家与社会关系调整的宏观背景下，政府逐步调整自身的权力边界，让企业和社会组织等其他治理主体具体承担公共事务治理责任的表现。① 在教育、科技、环保、立法、公益服务等领域，第三方评估的重要性日渐凸显。第三方评估连续五年成为国务院常务会议议题，2017 年李克强在会上指出"开展第三方评估对提高公共政策绩效具有把脉会诊和促进完善的积极作用，是督查工作的重要补充"。② 在公共管理领域，"第三方评估"指由与评估对象具有弱关系的利益相关者来担任评估活动的组织机构或评估主体的价值判断活动。③ 基于第三方理想状态下"价值无涉"的特性，引入第三方评估能够有效避免政府部门既当"运动员"又当"裁判员"的弊端。第三方评估作为一种外部制衡机制，弥补传统的政府自我评估的缺陷，是推进管评办分离、实现教育治理体系和治理能力现代化的重要力量，是国家治理模式的新探索，会在国家发展中发挥更大作用。

---

* 作者简介：黄芳：厦门在大学教育研究院博士研究生。

① 陈潭．第三方治理：理论范式与实践逻辑[J]．政治学研究，2017(1)：90-98.

② 中华人民共和国中央人民政府．李克强：各部门要充分运用好第三方评估成果[EB/OL]．[2017-09-15](2018-07-10).http://www.gov.cn/guowuyuan/2017-09/15/content_5225396.html.

③ 吴建南，阎波．谁是"最佳"的价值判断者：区县政府绩效评价机制的利益相关主体分析[J]．管理评论，2006，18(4)：46-53.

高等教育领域的第三方评估指的是由与教育活动本身无直接利益关系的第三方组织实施的教育评价活动，广义上，包括研究机构、高等院校、专业组织、民间组织、舆论界与社会公众等；狭义上，主要指在教育评价事务上具有专业性、权威性与公共性的组织或机构，包括具有独立法人资格以及具有行政外部性质的教育评价组织，[①]本文将采用其狭义概念。高等教育第三方评估机构作为评估中介组织，在我国于20世纪80年代末出现，是在改革开放以及公共管理改革的大背景下产生的，是高等教育管理权下放、社会力量参与高等教育治理的表现。然而，与社会舆论和政界对其“热捧”不同的是，教育界学者对第三方评估则有更多的“冷思考”，认为目前高等教育界所谓的教育评估机构并不是严格意义上的“第三方”，要实现第三方教育评估还有很长的路要走。其中，创造良好的法治环境，为评估立法立规，为第三方建立法制保障，为评估活动立规矩、定规范是培育教育第三方评估机构的关键。[②] 高等教育评估不仅仅是一个教育问题，还是个法律问题。明确第三方机构的法律地位是全面深化改革第三方评估制度构建的重要方面。放眼国际，建立完善的法律保障体系是发达国家高等教育质量保障的一条重要经验。因此，本文通过分析美国、日本和中国在高等教育第三方评估的法律保障体系，试图对高等教育第三方评估背后的法律问题有所认识，以对我国建立健全高等教育第三方评估机制有所启示和借鉴。

二、研究述评

根据西方政治学理论，以第三方评估为例的公共行政方式的转变，不仅是政府行事方式的改变，更是治理逻辑与政治观念的变革，是肇基于法理层面来重新考量政府的角色及其与社会、公民之间关系的深刻调整。[③] 然而从高等教育第三方评估的发展现状看，我国教育评价制度缺乏西方“政府—公民（社会）”的二元法理视角，第三方评估更多是在政社一体体制下被建构的，具有行政本位特征。比如，当前教育评估最具影响力的主体都是教育部门下属的评估机构，主要负责官员来自教育部，做事方式也照搬政府部门的一套做法。把那些本来可以是学者的自律组织或者学科的专业组织，变成官本位的组织，结果使得这些组织很难成为构建学科文化、研究学科发展方向、制定学科评价标准的真正的学术组织和影响学科发展的第三方机构。在没有具有公信力的第三方评估机构的情况下，教育部没有制定必要的政策，构建必要的政策环境，促进第三方评估机构的产生，而是反其道而行之，自己建立起评估机构，承担了办学者和评价者的双重角色。[④] 因此，清晰界定第三方评估的法理本质，是突破当前第三方教育评估制度“瓶颈”的关键。

高等教育第三方评估的法理基础薄弱，首先归结于整个社会第三方评估法理的缺失。根据学者研究，我国出台与第三方评估相关的法律法规包括：《社会团体登记管理条

---

① 葛孝亿，谢小金. 第三方教育评价的法理基础与运行机制——委托代理的视角[J].教育学术月刊，2017(3)：54-59.

② 陈学飞等. 中国式学科评估：问题与出路[J]. 探索与争鸣，2016(9)：59-74.

③ 葛孝亿，谢小金. 第三方教育评价的法理基础与运行机制——委托代理的视角[J].教育学术月刊，2017(3)：54-59.

④ 陈学飞等. 中国式学科评估：问题与出路[J]. 探索与争鸣，2016(9)：59-74.

例》、《国有资产评估管理办法》、《中华人民共和国注册会计师法》、《民办非企业组织管理条例》等，都对有关社会中介组织进行了规定，但这些法规都没有对第三方评估机构的性质、地位、功能等作出清晰的界定，也没有对第三方评估活动中各方的权利义务等作出明确的规定。① 承担第三方治理的社会组织无法依照社会组织的管理法律、法规、制度进行运作和监管，尽管依据《社会团体登记管理条例》、《民办非企业单位登记管理暂行条例》和《基金会管理条例》进行公开登记，但由于存在业务主管部门和民政部门的双重管理体制，社会组织的主体资格认证制度尚不完善；同时，第三方治理的监管制度建设相对滞后，监管机构缺位，参与第三方治理的社会组织的专业性和科学性有待提升；此外，第三方治理机构的公信力评价制度、透明的财务制度、专业的服务评价制度等都有待建立和完善。② 由于法律制度和整体环境的欠缺，高等教育第三方评估也存在社会第三方机构的法律困境，如第三方机构的法律角色不明、缺乏规范第三方开展教育评价的法律或条例、缺乏第三方评估发展的法制环境等。

高等教育第三方评估机构自身的缺陷也导致其成长和发展困难重重。有学者将社会组织第三方划分为：专业学者第三方，即高校、研究所等科研机构；专业公司第三方，指由专门的商业运作的评估机构；社会组织第三方，指专门从事评估工作的社会组织。③ 在高等教育领域，第三方评估机构可以细分为：准官方的教育评估机构、学术社团评估组织、高校间的自治性评估组织、民间非营利组织、民间营利性企业等。承担高校重大评估任务的仍是准官方的教育评估机构。从行政法的视角看，这是一种行政权的转移，属于行政委托。④ 绝大部分评估机构的经费来源于政府拨款，形成了对政府的依附，其法律地位与经济地位受到质疑，主体性与评估活动的自主性值得商榷。⑤ 有学者提出，应改造这些准官方的教育评估机构，与教育行政部门剥离，取消编制管理，使其成为独立的非营利法人。⑥ 然而，教育部门直属的评估中心已是独立法人，具有民法上独立的民事主体资格。有学者认为，独立法人、事业单位、专业研究机构等“标签”既不能等同于较强的独立性，更不能等同于高水平的评估信度、效度和公信力，在对比国家自然科学基金国际评估和全国高等学校一级学科评估两个案例后发现，尽管两项评估的主导机构都是具有官方背景的第三方机构，但由于评估整体设计的差异而导致两项评估成效的不同，⑦说明仅仅确立第三方评估机构的身份和法律属性并不能确保评估的独立性和科学性。在法理层面对第三方教育评估进行探讨，不光停留在制度缺失的表象，而是有必要深入现象背后的法理本质，去思考不同社会背景、文化渊源、历史传统、法理体制等差异下的第三方教育评估机构在法律制度建设上的异同。因此，本研究以美国和日本的高等教育第三方评

① 袁莉. 全面深化改革第三方评估的制度构建研究[J]. 江汉论坛，2016(11)：74-77.

② 陈学飞等. 中国式学科评估：问题与出路[J]. 探索与争鸣，2016(9)：59-74.

③ 潘旦，向德彩. 社会组织第三方评估机制建设研究[J]. 华东理工大学学报(社会科学版)，2013，28(1)：16-22.

④ 祁占勇，罗澜，陈鹏.高等教育评估权的行政法透视[J].高等教育研究，2017，38(03)：18-24.

⑤ 张晓书. 我国高等教育评估机构角色失真检讨与重新定位[J]. 江苏高教，2009(5)：45-47.

⑥ 陈学飞等. 中国式学科评估：问题与出路[J]. 探索与争鸣，2016(9)：59-74.

⑦ 阎波. 公共组织第三方评估何以可为？一项双案例比较研究[J]. 经济社会体制比较，2018(03)：125-135.

估机构为研究对象，试图分析其背后的法律保障机制，以期为我国构建高等教育第三方评价制度建设提供一定借鉴和启示。

三、比较与启示

(一)美国：分权制下的民间第三方评估

美国高等教育评估采取认证制度。认证制度在美国历史悠久，早在1885年美国新英格兰地区的大学和中学就建立了“新英格兰院校协会”，标志高等教育认证制度的诞生。从诞生之初，认证制度就分为院校认证和专业认证。院校认证是认定学校能够为学生提供具有资质的教育，专业认证则是和专业职业协会一起为学生的职业预备教育提供质量保证。“二战”后，高等教育认证制度遍及全美，到70年代后形成全国统一的认证制度。美国的高等教育认证机构分为：(1)元认证机构，即依据联邦法及各州法案对认证机构进行认可的组织，有美国联邦教育部(USDE)和美国高等教育认证委员会(CHEA)；(2)区域性院校认证机构，指在一定区域内对高等院校进行认证的机构，共有6大区域性院校认证机构，又细分为8个高等教育委员会，绝大多数大学都需要通过区域认证委员会的认可，是覆盖面最大的认证机构；(3)全国性院校认证机构，共有6所，负责对少数特定的院校，如宗教学院、远程教育学院等没有学位授予权的院校进行认证；(4)专业认证机构，对高校学科专业或学院进行认证的机构，认证机构划分详细，数量较多，认证范围十分宽泛。[①] 区域性院校认证机构、全国性院校认证机构以及专业认证机构都需要经过联邦教育部或高等教育认证委员会的认可，才具备对院校或专业的认证权力。这些非营利的、民间的认证机构构成了美国高等教育第三方评估的主体，美国的分权领导体制与市场调控的主导作用使这些第三方组织具备强烈的民间色彩，而保证大规模第三方组织顺利运行的关键在于高等教育评估的法制化。

作为分权制国家，美国的法律系统分为联邦法和州法。在联邦法层面，1992年的《高等教育法修正案》首次将联邦教育部对认证机构进行认证的标准和程序写入法律；2008年《高等教育机会法案》在认可标准要求、分离性与独立性定义、运作程序要求、认可周期、初始仲裁规则、司法管辖权、认可标准适用范围、认证机构变换、双认证规则、未获认证影响、宗教教育机构规则、认可限制暂停和终止、教育部长权限、评估独立性、规程、制度建设、审查范围变更等17个方面对认证机构的认可程序作出详尽而明确的规定。[②] 这些规定为认证机构保持独立性、履行权利义务提供了保障，如规定了“认证机构或协会的董事会成员不是相关商业协会或会员机构中选举或挑选的”、“认证机构或协会的董事会成员每6人必须有1个利益不相关的公众代表并建立指导规则避免利益冲突”、“认证机构或协会独立编制预算”、“教育部长不得另行建立本节规定之外的认证机构或协会的标准”等。

在州立方案层面，各州的相关法案都对高等教育评估做出相应规定，要求高校必须经过认证机构认证才能获得办学许可，如《马萨诸塞州普通法》规定：“任何在本州范围内

---

① 张琳琳．美国高等教育认证制度研究[D]．长春：东北师范大学，2007．

② 朱永东．美国高等教育认证认可与许可系统的演化机制研究[D]．广州：华南理工大学，2012．

新建的高等教育机构必须在通过本州有权进行资格认证的机构所进行的认证之后，方能获得有效的办学许可。”《伊利诺伊公共法》规定：“新建立的高等教育机构（各类公立、私立、私营大学、学院）需在伊利诺伊州政府及教育委员会批准后，通过权威机构认证，方可获得有效的办学许可。”且获得办学许可后才能取得相应的一系列权利，如《马萨诸塞州普通法》规定：“本州的任何一所高等教育机构需获得认证，并获得相应的纸质证明，才可以获得政府部门的拨款。”《纽约宪法》规定：“只有通过认证，并且获得办学许可的高等教育机构才可以依法授予学位。”在专业认证方面，目前美国大多数州都要求从业人员在进入法律、医疗、卫生等特定行业执业之前，必须在通过教育部认可认证机构认证的高校相关学科（专业）进行学习，否则就不能申请参加职业资格考试进而获得执业资格。①

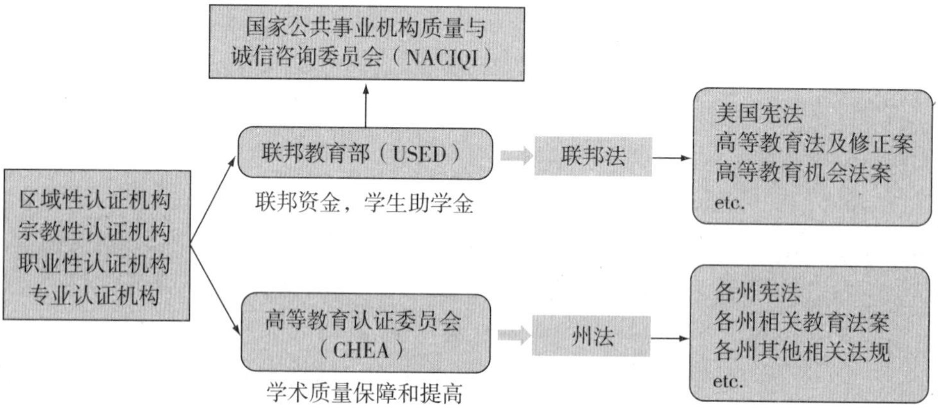

图 1　美国高等教育第三方评估的运行机制

综上，美国高等教育从联邦法到各州的教育法都对第三方评估做出具体明确的规定，第三方评估的认证机构依照高等教育相关法律制定认证标准，联邦教育部和高等教育认证委员会依据上位法对高等教育和高等学校的要求制定相关认证标准和指南。第三方评估机构独立的法人主体地位得到法律确认，在进行评估时不受联邦或各州政府的干涉。第三方评估机构依法成立并享有法律规定的相应权利和义务，与联邦和州政府有明确的责权利划分，切实保证其第三方的合法地位，并在认证过程中有法可依，且能依据法律法规接受元认证机构的监督。

（二）日本：自上而下的第三方评估运行机制

“二战”后，日本受美国政治、经济、文化的深入影响，在高等教育评估方面也实行以美国为模板的认证制度。1947 年，成立大学基准协会，公布《大学基准》，规定了大学使命、学部设置、讲座与教师组织、课程与学分、教师资格与任免、学生入学资格、校舍设备、校资产与经费等基准，实行会员制，效仿美国民间认证机构的形式进行会员资格评估。1956 年，大学设置审议会颁布的《大学设置基准》取代了《大学基准》，标志审批大学设置权力收归政府，民间性质的认证评估机制形同虚设，因此认证制度在日本并没有延续下来。1991 年，《大学设置基准》将大学“自我评估”写入法案，大学进入重视内部质量保障的阶段。1998 年大学审议会《21 世纪的大学与今后的改革方案》提出建立多元化评估体

① 朱永东. 美国高等教育认证认可与许可系统的演化机制研究[D]. 广州：华南理工大学，2012.

系，外部评估再次被提上议程。2002 年中央教育审议会《关于大学质量保障新体系的构建》中提出“鉴于社会强烈要求推行外部评估，大学有实施自我评估，并接收第三方的评估机构进行更具客观性、透明性的评估，力求其教育与研究质量的提高”，于是日本高等教育进入内外部质量保障并行发展的时期，第三方评估开始走进政府和高等教育机构的视野，发挥举足轻重的作用。

日本高等教育的第三方评估是通过立法的形式确立下来的。2002 年《学校教育法》修正案在临时国会进行讨论。修正案要求将大学评估上升到法律高度，并规定所有类型大学都必须接受自我评估和第三方评估，使接受第三方评估成为高校应履行的义务。2004 年通过的《学校教育法》修正案指出，大学必须根据文部省大臣的要求实施自我评价，定期接受认证评价机构实施的评价，评价要求由大学提出，实施机构根据大学评价基准进行评价。申请实施第三者评价的机构必须接受文科大臣的认证，对认证机构的审查包括：1.大学评价基准和评价方法适合开展认证评价；2.具备确保评价公正实施和适当实施的体制；3.要给大学提出异议的机会；4.具备适当开展评价能力和有运营基础的法人；5.不是被取消认证资格两年内的法人；6.不存在妨碍评价公正和顺利实施的因素。日本的全国学位和大学评价协会、大学基准学协会、短期大学基准协会、私立大学联盟、私立大学协会等被规定为第三者评价机关。

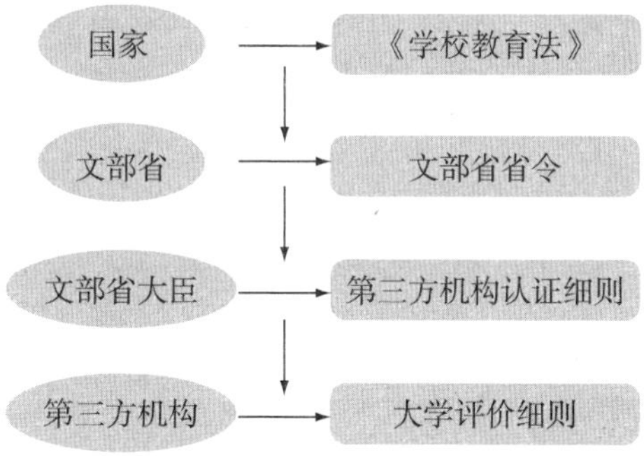

图 2　日本高等教育第三方评估的运行机制

日本高等教育以国家法律条文的形式确立了高校第三方评价制度，以国家立法的形式明确规定高校必须接受认证评价机构的质量评估，第三方机构对高校的评价标准基于高等教育相关法律制定，文部省大臣依据高等教育相关法律制定第三方机构的认证基准，第三方机构依据高等教育相关法律制定大学评价基准，虽然《学校教育法》没有对具体的评价方法作详细规定，但第三方机构的评价方法要符合高等教育相关法律和文部省的基本要求。在有本章看来，日本的第三方评估既不是美国的认证模式，也不是欧洲的特许模式，而是包括了国家力量、高等院校和专业团体的日本模式，在一定程度上充当了文部省官僚机器的一部分，具有典型的日本特色。①

（三）美日经验对中国的启示

根据上述分析，两国高等教育第三方评估的运行机制存在显著的不同。依托大量民间认证机构，美国的第三方评估表现出“底部承重”的模式，并在分权的法律制度下获得

① 有本章．变化中的日本学术评价体系：从自我评价向第三方评价的转换[J]．国家教育行政学院学报，2006(12)：86-89.

良好的制度环境。日本则基于其集权制的教育传统，第三方评估呈现自上而下的等级制模式，在国家法律层次实现第三方评估的强制性推行，并具备足够的制度环境以持续推动。

从法理上而言，高等教育第三方评估机构与政府之间本质上是种委托代理关系，①指的是具有独立法人资格的第三方接受委托并依据契约独立行使教育评价权，不受政府或者其他各类组织的干扰。在美国第三方评估中，第三方机构是独立的第三部门自治组织，在委托关系中独立性较强；日本的第三方组织更倾向于是行政机构的衍生物，依赖政府的资金和制度支持，在委托关系中受政府的影响较大。对比两国的第三方评估机制，美国高等教育第三方评估较为完善的立法体系立足于其较为成熟的第三方评价市场、较发达的第三部门以及分权制衡的传统，而日本高等教育第三方评估的立法体系则与政府将高等教育第三方评估上升到法律层次、新公共管理下的教育公共治理趋势有关。两国第三方评估的发展路径虽然不同，但都呈现了立法在推动第三方教育评估中至关重要的作用。

我国高等教育第三方评估的立法一直处于初步阶段。虽然早在1990年《普通高等学校教育评估暂行规定》已提出“鼓励学术机构、社会团体参与教育评估”，2002年之后的一些法律和政策文件也提出委托社会中介组织对办学水平和教育质量进行评估，但直到2015年新修订的《高等教育法》才明确提出“委托第三方专业机构对高等学校的办学水平、效益和教育质量进行评估”，正式以立法形式为第三方教育评估提供法律依据。此后，也只有山东省发布了《山东省第三方教育评价办法(试行)》，对第三方教育评估进行进一步明确的规定。目前，我国各种形式的第三方教育评估还基本处于无法可依的局面，借鉴美日经验，当前亟须国家法律赋予第三方机构明确的合法地位，规定其权利与义务，为专业机构参与高等教育评估提供法律保障。同时，应为第三方组织的发展创造良好的法律环境、制度环境、舆论环境，提升组织的独立性和专业性，为第三方组织和政府树立权限和边界，使教育治理体系不断发展、完善和健全。此外，中国目前的第三方组织既有半官方性质的教育评估机构，也有完全市场化、民间力量主导的第三方机构，一方面，可借鉴日本政府引导第三方评价及立法的路径，另一方面，可借鉴美国发展第三方评价市场，积极引导民间力量参与高等教育评估。

---

① 葛孝亿，谢小金. 第三方教育评价的法理基础与运行机制——委托代理的视角[J].教育学术月刊，2017(3):54-59.

表 1　我国高等教育第三方评估相关政策及法律法规

时间	政策或法律	内容
1990	《普通高等学校教育评估暂行规定》	在学校自我评估的基础上，以组织党政有关部门和教育界、知识界以及用人部门进行的社会评估为重点，在政策上体现区别对待、奖优罚劣的原则，鼓励学术机构、社会团体参加教育评估。
2002	《中华人民共和国民办教育促进法》	组织或者委托社会中介组织评估办学水平和教育质量，并将评估结果向社会公布
2003	《中外合作办学条例》	教育行政部门及劳动行政部门等其他有关行政部门应当加强对中外合作办学机构的日常监督，组织或委托社会中介组织对中外合作办学机构的办学水平和教育质量，进行评估，并将评估结果向社会公布。
2010	《国家中长期教育改革和发展规划纲要(2010—2020 年)》	推进专业评价。鼓励专门机构和社会中介机构对高等学校学科、专业、课程等水平和质量进行评估。建立科学、规范的评估制度。探索与国际高水平教育评价机构合作，形成中国特色学校评价模式。 积极发挥行业协会、专业学会、基金会等各类社会组织在教育公共治理中的作用。
2011	《关于普通高等学校本科教学评估工作的意见》	建立与“管办评分离”相适应的评估工作组织体系，充分发挥第三方评估的作用，由具备条件的教育评估机构实施相关评估工作
2013	《中共中央关于全面深化改革若干重大问题的决定》	深入推进管办评分离，扩大省级政府教育统筹权和学校办学自主权，完善学校内部治理结构。强化国家教育督导，委托社会组织开展教育评估监测。
2014	《深化教育督导改革转变教育管理方式意见》	培育和扶持一批专业评估机构，引导社会力量参与教育质量评估监测。
2015	《关于深入推进教育管办评分离促进政府职能转变的若干意见》	支持专业机构和社会组织规范开展教育评价。大力培育专业教育服务机构，整合教育质量监测评估机构，完善监测评估体系，定期发布监测评估报告。扩大行业协会、专业学会、基金会等各类社会组织参与教育评价。制定专业机构和社会组织参与教育评价的资质认证标准。引入市场机制，将委托专业机构和社会组织开展教育评价纳入政府购买服务范围，按照公开、公平、公正原则，建立健全招投标制度和绩效管理制度，保证教育评价服务的质量和效益。
2015	《中华人民共和国高等教育法》(新修订)	教育行政部门负责组织专家或者委托第三方专业机构对高等学校的办学水平、效益和教育质量进行评估，评估结果应当向社会公开。
2017	《关于深化教育体制机制改革的意见》	健全第三方评价机制，增强评价的专业性、独立性和客观性。

四、结论与反思

本文通过对美国和日本高等教育第三方评估的法律保障机制进行分析，试图展示两国在第三方评估的运行机制及其法律基础，同时通过比较对两国在第三方评估的不同特征进行总结。本研究发现，无论是欧美法系国家还是大陆法系国家，无论教育体系是扁平式还是等级制，立法对于高等教育第三方评估都具有关键性作用。立法保证了第三方组织的运行，明确了责权利边界，并为评估过程确立了具体的规范要求，使高等教育质量保障在法制环境下有序发展，同时实现为社会组织参与政府公共治理提供现实路径。但需指出的是，各国国情、文化、体制、历史等方面都存在极大差异，不可能将发达国家模式直接移植到中国语境中。在学习国外有益经验时，必须批判性接受，并经过中国国情改造，才能探索出一套适宜我国发展的第三方评估体系。同时，第三方评估背后涉及的因素众多，法律制度只是其中的一个方面，不能涵盖所有，在推进第三方建设过程中也需将行政管理、社会文化、经济发展等因素纳入考量范围，切忌“头痛医头，脚痛医脚”。

大学治理法治化的现实困境与推进路径

杨　冬*

（厦门大学教育研究院 福建，厦门 361005）

摘要： 行政化治理向法治化治理转轨是提升大学治理能力的必然选择，一场大学治理法治化的改革运动在我国方兴未艾。我国大学治理法治化正面临高等教育法治基础建设的滞后、自上而下的行政化治理路径依赖、大学独立法人地位的名实不对称、大学权力格局的僵化和关系的异化以及大学章程的形式制定和不力执行等重重困境。推进我国大学治理法治化的路径在于：以培育和弘扬大学治理的法治理念为前提，以完善和优化大学治理的法治环境为基础，以构建和谐的大学法治权力结构为核心，以强化监督大学章程的修订与执行为保障。

关键词： 大学治理；行政化；法治化；困境；路径

随着依法治国战略的全面推进和实施，法治理念正在社会各个领域取得越来广泛的认同，教育尤其是高等教育亦不例外。近年来，在高等教育规模持续扩张、大学内外部治理问题日趋复杂以及大学功能日益多样化的背景下，传统的以科层化、行政化方式为主要的管理手段和方式开始面临“合法性”危机，无益于甚至严重阻碍着包括现代大学制度建设、世界一流大学建设等为核心的高等教育综合改革的纵深推进。有鉴于此，教育部于 2012 年 11 月下发了《全面推进依法治校实施纲要》，予以依法治校的目标、要求和任务等明确的规定和说明，助力推动高等教育法治化的整体进程。毋庸置疑，大学治理法治化是依法治教和依法治校理念在高等教育领域的直接体现，它强调以法治逻辑和法治方式提升高等教育治理的现代化能力，是高等教育发展到一定阶段的必然产物。发展至今，我国大学治理法治化可谓卓有成效，从《高等教育法》的颁布到重新修订，从大学的“无章办学”到“一校一章”的基本格局形成，大学治理法治化已经朝着快速发展的道路迈进，一场大学治理法治化的改革运动方兴未艾。

一、行政化向法治化转轨：提升大学治理能力的必然选择

追溯大学的兴起和发展的历程发现，毫无疑问，大学在本质上是一个以学术性为根本特征的，以学术自由为基本价值取向的，以践行人才培养、科学研究和社会服务功能的

* 作者简介：杨冬，厦门大学教育研究院硕士研究生。

专业性组织。而在我国,长期以来,关于大学的性质一直饱受争论,质疑颇多,它虽然也以学术组织的身份存在,但更多地被视为一种不具有独立性而附属于政府的“类行政”性质的学术组织,不仅具有了与行政机构相同的等级和属性,而且其管理体制、运行机制和办学模式也受到行政意志和手段的直接干预,大学内部的行政权力更是呈现出一边独大的畸形样态,严重僭越和侵蚀学术权力的行使,大学由外而内地表现出过度的行政化特征,俨然被“化”为一个“准政府机构”。①

所谓大学行政化,归根结底是在反映大学这一学术机构因受行政外在力量的强管控和强约束而逐渐异化抑或失真的一个基本客观事实。换言之,大学行政化主要包括管理大学的行政化与大学管理的行政化两个层面,②前者意指政府与大学之间的行政从属关系,后者意指大学行政权力凌驾于学术权力之上而严重失衡的关系,特别是后者更为突出,它是大学本体性危机产生的直接推力。不可否认的是,时下的大学变得越来越庞大和复杂,行政组织存在于其中固然有其合理性。如贝弗莉·伯里斯所指,“随着高等教育的扩张和事务的日益复杂,如财务核算、运作效率等,需要专业化的人员来管理教育事务”,③以此确保大学的诸多事务得以在专业组织和专业人员的支持下顺畅运转。但仍需要强调,这一合理性并非是无限度的,对于大学这一学术共同体而言,行政之于学术无疑是下位的,任何排斥和抑制学术发展的行政力量及其作为均需要予以匡正和纠偏,即行政工作必须是在保障大学的根本特性及其有效运转的基础上展开的。问题的关键在于,正是随着大学行政管理部门和人员的增多,大学权力日渐呈现出部门化和个人化的下移和分化趋势,行政管理组织和人员的权力发生异化而日渐固化,大学的学术性随之面临湮没的风险。长此以往,在行政化气息的笼罩下,滋生大学权力关系的处理失当、资源配置的行政主导化、学术自由遭以戕害、大学之道近乎丧失、学术人员功利浮躁、学术活力大受限制等一系列问题,进而导致大学因其核心价值的偏移而严重异质化,诱发学术腐败,阻滞着大学的可持续发展。

纵观当前大学治理实践,行政化之风依旧没有得到根本消解,大学去行政化改革举步维艰、久难奏效。反复斟酌和省思后,大学行政化的形成并非一步到位的,造成大学行政化的原因必然是复杂、综合且多样的,与我国历史上现代大学诞生伊始就具有鲜明的行政化色彩、体制上形成的具有高度计划性、集权性、统一性的高等教育管理制度、文化上沿袭至今的“官本位”价值取向与“官僚化”管理作风以及大学在向多元巨型大学转型中行政管理权力的越界和泛化等皆有关系。如此繁杂的成因决定了大学去行政化改革并不能一蹴而就,必然要经历一个长期的实践过程。同时不难发现,以往的去行政化改革多是行政逻辑主导的,依然坚持以行政力量推动去行政化改革,故而难免陷入因利益冲突、自相矛盾而“偃旗息鼓”的死循环。在此意义上,若要加速推动大学治理现代化进程,提升大学的治理现代化能力,相应地就需要更新传统的治理理路,代之以法治的新思维和新模式,促成大学治理法治化的新的实践样态。如果说较之传统意义上的管理,治理在强调多元利益主体的参与、权力的相互协调与制衡、决策过程的公开性和民主性等

---

① 别敦荣,唐世刚.我国大学行政化的困境与出路[J].清华大学教育研究,2011(1):9-12,24.

② 胡建华.略论大学去行政化[J].中国高教研究,2014(2):1-4.

③ 郄海霞.美国大学的行政化及去行政化改革[J].2014(11):71-80.

方面具有极大的进步意义，那么大学治理的法治化则更加强调用法治的手段和方式将相关权力、责任及运作全过程进行法律意义上的规制，将法治的理念、思维、原则和方式贯穿到与大学办学相关的治理实践中，如厘清大学治理的权力边界、明确大学治理的责任边界、界定大学治理的利益边界①等。显然，大学治理法治化能够在一定程度上避免行政化管理的盲目性、随意性、主观性和强制性，相比之下更具有操作性、规范性和程序性，确保大学在法治框架内形成各组织部门各司其职、各权力主体各谋其位、各责任主体各尽其能、各利益相关者各取其成的规范、协调和平衡的治理关系，最大限度地实现依法治校和依法办学。所以不难得出结论，大学治理法治化的最大价值和意义在于，它不仅是维护大学去行政化改革正当性的重要标志，而且是平衡和协调大学内外部权力关系的有力武器，也是保障大学办学自主权和师生权责的有效途径，还是促进大学内生发展的应有之义，更是完善现代大学内外部治理体系和提升大学治理能力的本质需要。

正如哈佛大学的曾任校长洛韦尔所言："大学的存在时间超过了任何形式的政府，任何传统、法律的变革和科学思想，因为它们满足了人们的永恒需要。在人类的种种创造中，没有任何东西比大学更经受得住漫长的吞没一切实践历程的考验。"②因此，从维系大学的永恒价值出发，需要用法治这一现代治理理念和方法予以大学不受外界力量的干预和束缚而坚守学术和真理的充分保护。唯有持续不断地突出和加强大学治理的法治化，才能使大学冲破刚性僵化的行政化管理藩篱，提升大学的内外部治理能力，最大限度地维护大学的学术自由生态，保障大学的良性运转以及使其功能得以充分且有效的发挥。故而，从行政化向法治化转轨，可以说是确保大学提升其治理能力以及推进大学治理能力现代化的必然选择。

二、大学治理法治化的现实困境

法治是大学治理的基本特征，依法治理是大学治理的重要诉求，大学治理法治化是建设现代大学制度的必要保证。③ 由于我国大学办学长期以来遵照行政规章制度的设计安排执行，法治理念一度是缺位的，导致大学办学陷入了"无法可依"、"无章可循"而任由行政指令和意志主宰的窘境，严重制约着大学的学术创新生态和学术生命力。为了激活高等教育活力，上至政府，下至高校，均不遗余力地推进了依法治教和依法治校战略的实施，从近些年掀起的"章程运动"可见一斑。但遗憾的是，大学治理法治化因面临多重现实困境而进展颇为不顺，无论在认识上，还是在实践上，法治多是"标"存"本"亡的，无从扎稳根基。

（一）高等教育法治基础建设的滞后

现代大学治理就其实质而言，是基于法律的治理，这就要求不断完善高等教育法律体系建设，夯实和巩固高等教育的法治基础，确保在推动依法治校的同时，实现大学治理法治化。也就是说，大学治理法治化能否顺利实现，取决于其是否拥有健全的高等教育外部法治环境和氛围，否则大学治理法治化将成为无源之水、无本之木。然而，我国当前

① 曹叔亮.大学治理法治化的三重边界[N].社会科学报，2017-06-01(005).

② 布鲁贝克.高等教育哲学[M].王承旭，郑继伟，等译.杭州：浙江教育出版社，2001:30.

③ 柯瑞清.大学治理法治化的路径探析[J].东南学术，2015(3):234-238.

的高等教育法治建设尚不能满足大学治理法治化的需求，明显滞后于依法治校的战略要求。一方面，尽管我国已初步形成了以8部教育基本法律和16部教育行政法规为主体，若干地方性法规和规章以及教育规范性文件为架构的教育法律体系，①但在高等教育领域的法律体系尚未完整，还存在大量的立法空白，如广为倡导的《大学法》始终未能问世。况且，仅有的《高等教育法》在一些大学治理相关内容的规定上，存在指向不明、界限不清、表述粗疏等弊端，高等教育立法体系的不尽健全无以为大学治理法治化奠定"先天基础"。另一方面，高等教育立法具有"重实体、轻程序"的历史传统，注重"是什么"的实体性内容规定，而忽略"怎么样"的程序性内容说明，"程序正义"的严重缺失导致法律效力因操作性失当而受到约束，法律的执行力低下，这显然不利于大学治理法治化的实施与推进。非但如此，高等教育立法在相应的配套性法律制度建设上存在不足，执行、监督和问责制度更是缺乏，无从予以权益救济适当的保护，更谈不上对越权和侵权行为施以惩处，执法不严、违法不究、追责不力的法治失位现象比比皆是，势必导致大学治理主体的权益表面化和形式化。一言蔽之，诸如此类，皆表明我国高等教育法治基础建设较为滞后，尚不能同步跟进大学治理法治化的实践要求，大学治理法治化不免因失去高等教育"法治土壤"的滋养而举步维艰。

（二）自上而下的行政化治理路径依赖

路径依赖是指制度变迁若确定走上某一路径，便会因自我强化机制的作用以及自我积累放大效应而产生依赖，一直沿着既定的方向和路径演进并发展。如道格拉斯·诺斯认为："制度变迁中的自我维系机制可能会导致路径依赖。也就是说，一些小的事件或随机环境的结果而决定某一些特定的解，而这些特定的解一旦形成，就导致一种特定的制度变迁路径。"②可见，路径依赖主要用来阐释一贯的历史传统对制度及组织具有强大的惯性束缚作用。而如我们所知，我国目前的高等教育体制仍然沿袭传统的自上而下的行政化治理方式来对大学各项事务进行垂直管理，政府成为主导和监管大学办学的主体，大学包括其设立、经费来源及配置、专业设置、招生计划、人才引进以及基本建设等在内的一系列事项，一律以国家或教育主管部门的行政指令为遵循依据。③ 这就决定了政府在行政控制上的弹性和空间较大，容易有意或无意地对大学进行大包大揽，以致在举办、管理和评价大学过程中，出现权责不清、政事不分、管办评杂糅等不良情况。不仅如此，大学与政府之间的"同构性"逻辑依然发挥着重要作用，政府赋予大学以科层属性，对大学内部的包括学术组织在内的各组织机构也进行了科层和级别划分，行政化无孔不入地蔓延至大学各个角落。久而久之，这种自上而下的行政化治理在某种意义上取得了政府庇护下的正当性和合法性，行政权力也随之愈发地一边独大，沿着其固有的逻辑和路径，习惯性地依靠行政文件、指令、法规、意见与手段对大学办学施加影响，抑或是决定大学办学诸事项。由于大学治理法治化意味着大学制度的变迁，意味着大学治理方式的彻底

① 苏春景，张济洲.《高等教育法》修改亮点和大学治理法治化[J].中国高等教育，2017(21)：51-53.

② 道格拉斯·诺思.制度、制度变迁与经济绩效[M].刘守英，译.上海：上海三联书店，1994：131.

③ 江颖.大学治理法治化的逻辑及内外发展路径探究[J].黑龙江高教研究，2016(4)：20-24.

改革，意味着相关利益主体和权力关系的重新规制和分配，而我国大学治理法治化的起步晚、基础不稳，总体上还处在初级阶段，行政化治理制度的累积效应异常强大，自上而下的行政化治理成为一种“惯习”和普遍现象，大学势必因一时难以消解历史惯性作用而陷入“行政化”治理路径依赖的困境之中。

（三）大学独立法人地位的名实不对称

目前，法人制度已发展为众多发达国家在高等教育领域广泛应用的一项法律制度。较之其他制度而言，法人制度在彰显大学自治、保障学术自由、平衡内外部治理关系等方面具有无可比拟的优势，它是促进大学治理法治化不可或缺的重要法律制度支撑。一般而言，法人是依法享有民事权利能力及民事行为能力，并能独立承担民事责任的社会组织，[①]而大学法人的实质是对大学的社会身份进行明确，它既具有法人的一般属性，也具有其固有的特殊性。这是因为大学法人不仅包含有相对稳定而自主的内部治理结构、能够生成相对独立的法人意志和固定的意志表达方式，而且具有独立的权利能力、行为能力和责任能力。[②] 但一直以来，受我国传统的高等教育管理体制的影响，大学以事业单位的形式存在，犹如一个附属性的行政机构，不具有法律意义上的独立法人地位。得益于高等教育体制机制改革的稳步推进和法治化建设的日趋完善，大学逐渐开始从既有的行政体制中剥离出来，继而步入了法治化建设的正轨，基于“法人化”改革的大学治理模式也由此正式起步。毋庸讳言，大学治理法治化须以大学享有明确的独立法人资格和法人地位为基本前提，否则必将失去其承载根基而不具有长久性和可持续性。我国《高等教育法》对此作出明确规定：“高等学校自批准设立之日取得法人资格，高等学校的校长为高等学校的法定代表人。”这是在法律层面确认了大学的法人资格和地位。然而，这一法人地位并非完全独立的，在中央和地方两级政府权力的“威慑渗透”下，大学的法人地位在“名”与“实”之间不相对称。比如，《高等教育法》虽明确了大学享有法人地位，但关于大学治理的内外部主体的权利、责任和义务的规定不甚明确，多为原则性的条款，[③]程序性规定相对缺失；在大学外部治理之关键的政府与大学的关系上，政府的行政管理权与大学办学自主权的边界厘定不清，大学的办学自主权多为不完全的自主权；另如，在大学内部治理之关键的行政权力、学术权力与民主权力关系上，各权力间的利益分配不均衡、不充分，在师生及学术权利和权益救济的规定亦上有所欠缺。凡此种种，无疑指明大学的法人地位尚且停留于法律文本规定层面，实践中也并未真正把大学作为独立法人加以对待，其“名”与“实”不相称与不对等的现状必然阻碍大学治理法治化进程。

（四）大学权力格局的僵化和关系的异化

大学作为一个典型的利益相关者机构，决定了其多元的内部权力构成。就我国大学的权力体系而言，存在政治权力、行政权力、学术权力和民主权力等多维权力。这些权力之间彼此交融，相辅相成，其中又以行政权力（含政治权力在内）与学术权力为核心组成，二者的权力关系反映了一所大学的权力重心及其具体运作模式。与西方国家学术权力

---

① 高新平，王传千.公立大学法人化的法理基础与实践进路[J].高教探索，2014(2):68-72.

② 湛中乐，苏宇.论大学法人的法律性质[J].国家教育行政学院学报，2011(9):18-23.

③ 孙霞.中国的大学治理：法治意义及其实现[J].南京师大学报(社会科学版)，2015(2):74-79.

至上的传统不同，我国大学在行政控制型治理模式的作用下，行政权力与学术权力多处于二元失衡的状态，往往是行政权力居于主导地位，而学术权力退居其次抑或被边缘化。其结果是行政权力无限泛化，甚至排挤学术权力，介入干预学术组织、学术事务和学术决策的现象屡见不鲜，致使本属于服务性质的行政权力盖过其他一切权力，造成僵化的权力格局和异化的权力关系。事实上，大学治理的目的归根结底在于形成一个良性的和谐统一的权力关系集合，大学治理法治化则是对行政化治理下的僵化的权力格局进行重新调整，对各个权力进行合理的限定和规制，确保各权力归其正位，实现权力间的良性互动，共同促进大学功能的最优化发展。由于大学治理法治化需要打破既定的权力和利益格局，势必会招致来自各方权力和利益主体的阻力，致使相关的法律条款与规定在落实中被架空而失去法律效力，无法对僵化和异化的权力进行根本性的纠偏，进而使得大学治理法治化的效果大打折扣。

（五）大学章程的形式制定和不力执行

大学章程是现代大学向外宣布独立自治、对内进行自主管理的“宪法”，上承国家教育法律法规，下接各项教育行政规章，不仅能调整大学的内部关系，而且能调整大学的外部关系，[①]是大学依法治校的根本大纲和基本依据。章程作为现代大学治理及其法治化的必需要件，是法治理念、精神和规范在大学的延伸，是大学治理法治化的有机载体。为了全面提升大学治理能力，完善现代大学制度建设，推进依法治校战略的落地实施，我国启动了“一校一章程”建设工作，现已基本实现了预定目标。无疑，我国大学从“无章”到“有章”是大学治理现代化进程中的一大进步，不仅宣布了“行政办学”的非正当性，而且彰显了依法治理大学的坚定决心和意志。然而，仍需要理性地认识到，就我国大学章程而言，无论是其制定主体、过程、内容和核准程序、部门，还是其法律位阶、法律性质及配套的系列制度建设，均不具有强意义层面的法律约束力，更多的是一种“软法”性质的具有象征意义的行政规范性文件，更有甚者是一种标榜现代大学制度要素之完善的制度工具。也正因为如此，出现了广为诟病的“大学章程现象”，即大学章程的趋同化以及章程在大学治理过程中被束之高阁的现象，[②]章程陷入了“失真”、“失位”、“失执”乃至“失效”的尴尬境地，无益于破解现代大学治理的关键难题。由是观之，大学章程作为大学治理法治化的核心要素，本应发挥着至关重要的法治治理作用，却因其象征性的存在以及执行的不力而使效力大受钳制，无法为大学治理法治化的推进“保驾护航”。

三、大学治理法治化的推进路径

如前所述，大学治理法治化是大学治理现代化的题中之意，但在推进过程中面临重重困境，无助于破除行政化治理这一顽疾。这就需要从理念到实践进行全盘整合，系统规划大学治理法治化的推进路径，以培育和弘扬大学治理的法治理念为前提，以完善和优化大学治理的法治环境为基础，以构建和谐的大学法治权力结构为核心，以强化监督大学章程的修订与执行为保障，进而促使大学治理法治化有条不紊地朝着预定轨道向前迈进。

---

① 史秋衡，李玲玲.大学章程的使命在于提高内生发展质量[J].教育研究，2014(7):22-27.

② 刘益东，周作宇，张建锋.论“大学章程现象”[J].中国高教研究，2017(3):21-26.

（一）培育和弘扬大学治理的法治理念

长期以来，受我国高度集权、行政化的高等教育管理模式影响，法治理念在大学治理实践中不甚盛行，无以为大学治理法治化提供行动指南，阻滞着大学治理法治化的总体进路。而现代大学治理在本质上是基于法治理念和法律体系的治理，培育大学治理法治理念乃是大学治理法治化的首要任务。这需要政府和大学共同努力推进。一方面，以法治理念重构大学治理理念，树立依法治理大学的先进理念。教育行政主管部门和大学的领导者与管理者始终要强化认识法律和制度的重要性，贯彻法治理念于办学诸环节和全过程，上至重大事项的改革与决策，下至具体的教学管理实践，无一不需要严格依据法律规章及条文规定进行，自觉主动地成为践行法治的表率。尤其在涉及学校重大战略调整和决策产生过程中，须履行“多元主体参与、合法性审查、专家论证、集体讨论、风险评估”等一系列法定程序。[①] 另一方面，大学治理法治化的践行，离不开必要的法治理念宣传和教育。大学既可以设立法制宣传和教育中心，发挥其法治理念的解释、传播和引导作用，也可以将法治文化纳入为校园文化建设的有机组成部分，以此培养师生的民主法治、平等正义、自由公平等理念，提升师生的守法用法意识、行权履责意识、主动参与意识和监督管理意识以及其法治综合素养，从而夯实师生参与大学治理的重要基础。概言之，只有拥有大学治理法治理念的有效支撑，大学治理法治化的实践才不至于失去前进方向和动力。

（二）完善和优化大学治理的法治环境

法治是大学治理的基本手段，提高大学治理能力和水平，必须加快大学治理法治化进程。而大学治理法治化的实现，亦需要一个能够足以支撑其持续运转的法治环境。这要求：其一，政府继续深化高等教育体制机制改革，深入推进简政放权改革，用法治加以规约大学与政府、社会的关系，实现办学自主权等权力的转移和下放，依法保障大学及其核心主体教师和学生的合法权益，激发大学的自主办学活力。其二，政府要与大学构建起“契约型”关系，不断优化权力归置和责任分配，以法治的理念、思维和方式监督、管理和评价大学办学，努力形成教育行政部门依法行政、大学依法自主办学并依法接受监管的良好法治化治理局面。其三，建立和完善高等教育法律法规，加快教育治理法治的法律制定及修订进程，以良法的确立推动善治的实现。如学者麦基弗所言：“任何一个团体，为了进行正常的活动以达到其目的，都要有一定的规章制度，约束其成员，这就是团体的法律。”[②]因而，在现有教育法律体系的基础上，就外部而言，须大力推动《大学法》的出台，填补立法真空地带；就内部而言，要推动大学章程的系列工作建设，不断健全现有的教育法律体系，以期形成能够为大学内外部治理法治化提供法理依据和基本规范的良善的法律体系。总之，唯有建立起完善的大学治理法治环境，才能使大学治理法治化得以在一个特定的环境场域中推行和实现。

（三）构建和谐的大学法治权力结构

在我国，高等教育治理基本上是政府单向度的管理，市场机制与社会组织等相关利

---

① 王韦丹，史万兵．大学章程与治理法治化重考——基于软法的视角[J].东北大学学报（社会科学版），2017(1)：85-90.

② 邹永贤．现代西方国家学说[M].福州：福建人民出版社，1993：322.

益主体参与治理的渠道不甚畅通，致使多元治理结构较为脆弱。[①] 随着近些年大学越来越多地涉入市场竞争，日益在社会发展中占据轴心位置，市场机制和社会第三方组织对大学施加的影响随之越来越大。与此同时，大学内部治理可谓矛盾重重，行政组织对学术组织的挤压，校院二级机构间的权责失衡，行政权力对学术权力和民主权力的侵蚀，学术权力和民主权力的式微甚至埋没，大学内部治理结构亟待进行新一轮的改革和调整。这种情况下，大学作为多元利益主体和多元权力主体的集合体，不得不通过法治途径对其既有的权力和利益格局进行重新调配，在法治的范围内划分各权力的行使边界和范围，以达到法律框架内的和谐平衡的权力结构。因为一旦触犯法律规定及其底线、打破法律意义上的权力与利益平衡，便会招致法律的制裁。一方面，需要进一步明确大学的法人类型，落实大学的独立法人地位。法人制度作为予以大学这一学术组织的特殊保护的法律制度，能够有效防范其他外源性力量对大学办学的侵犯。故从保障大学办学自主权和促进大学治理法治化的视角来看，我国大学尤其是公立大学需要走公益性法人的道路，这有利于划清大学与政府、社会之间的错综复杂的关系，有利于促进大学内部治理结构的去行政化改革，更有利于建立起各利益相关主体共同参与治理、各权力之间相互制衡的内部治理机制。[②] 同时，需要《高等教育法》等相关国家法律法规对大学外部和内部治理的各个方面作出详实的规定，尤其是要明晰各主体间的权力关系，实现实体性内容和程序性内容兼而有之，形成大学治理法治化所赖以依存的外部权力分配与规约机制，最大限度地落实大学的独立法人地位。另一方面，需要优化大学内部各权力关系的构成，对政治权力、行政权力、学术权力、民主权力的内容、责任和边界等进行细致的法律厘定，重点要予以行政权力如何行使、学术权力如何救济、民主权力如何到位等明确的条款说明。另在摒弃各权力分配的工具性取向的同时，适度地扩大学术权力和民主权力，进而对异化的权力及其所导致的僵化的权力格局进行纠正。唯其如此，方能确保多元主体共治、各方权力和谐共存的内部治理体系，促成大学治理的法治化。

（四）强化监督大学章程的修订与执行

就本质而言，大学章程的制定过程其实是大学“立宪”的过程。章程作为大学治理的“宪法”，其出台固然重要，但相比之下，章程的实施更为重要。可以说，章程能否顺利实施直接决定着大学治理法治化的成败。事实上，我国大学章程建设目前仅仅解决了“有无”的浅层次问题，而关于其内容的合理性、实施的可操作性以及如何确保各项条款真正落地等现实问题还需要深入探讨。面对“大学章程现象”的尴尬处境，大学亟待加强以下几方面的工作：其一，启动大学章程的修订工作。基于大学学术本位的考虑，对大学章程进行必要的增加、删减、更改等工作，如明确各权力的边界与范围、调适与大学办学实际相冲突的条款、添加必要的申诉和权益救济程序条款等，既能够确保大学章程在内容上合理合法，又能够确保各项内容一一落地。其二，上至教育行政部门，下至大学每一位师生，均需要提高章程重要性和权威性的认可度，施之以文化引导。章程并非一份可有可无的行政文件，它是处理和协调大学内外部关系的总纲和蓝本，在大学办学中处于至高

---

① 陈亮，李惠.论教育治理法治化[J].高校教育管理，2016(4)：51-56，65.

② 谭正航，尹珊珊.公立高校内部治理结构去行政化的法治路径[J].高等理科教育，2013(4)：28-32，52.

地位。大学章程问题在某种意义上是大学组织文化问题的反映。这就需要推动章程的解释和宣传工作，提高全校师生和教职员工之于章程的熟悉度和认同度，使治理法治化形成观念上的一致认同。其三，大学章程的实施离不开有效监督，须健全章程的运行监督机制，对大学章程的实施进行专项检查。一方面，需要形成来自教育行政部门、社会和大学全体成员多方力量的监督。另一方面，建立并完善大学章程建设和执行的问责制度，对未能落实章程规定较为严重的大学进行适当问责，敦促章程治理功能的发挥，切实维护大学章程的权威。其四，以章程为基准，配套制定和完善相关的制度建设，如学术委员会规程、教职工代表大会规定等，形成章程为核心的大学内部治理法律规章，从而为大学治理法治化提供制度堡垒。简言之，大学章程作为大学治理法治化的有机载体，提高大学章程的执行力以及保障大学章程的顺畅运行是推动大学治理法治化的关键着力点。

全人教育理论视域下新工科建设的意义探究

田　芬*

（厦门大学 教育研究院，福建 厦门 361005）

摘要： 全人教育理念下，新工科建设具有三大动力：工程教育的人才培养目标从“半人”转向“全人”，体现整体性思维；工程教育的人才培养方式从封闭转向开放，体现开放性思维；工程教育的人才培养主体从单一的学校主体转向多方协同育人，既保证学校自主办学的，同时体现协作思维。全人教育理念下，新工科建设的意义在于工程教育的学科性质从专业性转向专业性与高等性并存，工程教育的人才培养目标从专业人到全面的人。

关键词： 全人教育；新工科；人才培养目标

我国工程教育的变革有着深刻的国际背景和国内背景。国际方面，我国已正式加入WTO，入世对我国的教育产生广泛而深刻的影响，这种影响的实质就是促使我国教育更加开放地面向世界，更加主动地进行国际交流与合作，使得原来有限的开放将变为更多层次的开放，单向开放将转变为双向开放，自主开放将变为国际规则约束下的开放。工程领域也受到不断变化的国际化进程的深刻影响，一个国家关起门来进行自己的工程教育的做法显然不合时宜。国内背景：首先，现代科学技术发展一方面在高度分化基础之上高度综合，另一方面科学技术发展与经济的结合日益密切。这决定了工程教育需要不断地回应新经济带来的新变化。第二点，优化资源配置、提高办学效益，我国原来的条块分割、封闭式发展、自成体系的管理体制是工程教育办学效益低下的一个原因，这些管理体制需要新的管理理念和政策。第三点，工程教育需要通过革新人才培养方式，进一步提升工程教育的人才培养质量。

新工科建设的实质是国家层面对工程教育的管理，从而为工程教育寻求新的发展路径的教育管理，这种教育管理现象的存在本质上是由人的对象化活动决定的。① 新工科建设预示着我国工程教育变革的新动向。全人教育理念为研究当前新工科建设提供新的分析视角，对理解新工科建设的动力及价值提供指导性意见。

---

* 作者简介：田芬，厦门大学教育研究院博士研究生。

① 孙绵涛.论教育管理现象何以可能[J].教育研究，2008(9)：28-33.

一、全人教育理论

19 世纪末 20 世纪初，美国大学在发展迅速的同时，面临着一系列困境：人才培养目标过于空洞、学校气氛过于冷漠、课程过于专业化等。全人教育（holistic education）这一教育思潮逐渐兴起，主要质疑现代工业文明的价值观，反击当时大行其道的功利主义价值取向，认为教育系统不能满足生产和消费为轴心的形态。美国一些教育学家希望纠正现代社会过于看重有用性和技术理性的倾向，强调非理性、非智力的正当性。[①]

全人教育吸收了人文主义、存在主义和人本主义等教育思想，隆·米勒是提出现代意义上“全人教育”的第一人，指出全人教育包括六个必备要素：第一，智能要素，即提出问题、分析问题、解决问题、批判思维、独立思考、持续学习的能力；第二，情感要素，对周围事物的同感体验；第三，身体要素，包括良好的身体素质和承受能力；第四，社会要素，个体对社会构建的道德规则从内心认可；第五，审美要素，具有对美的认知能力和鉴赏能力；第六点，灵性要素。“人的完整发展”的核心理念，具体包括五个方面的内容：其一，培养完整的人的发展；其二，以平等、开放和民主关系为中心；其三，关注生命体验（而不是基本技能）；其四，承认文化由人创造和由人改变；⑤把教育建立在对生命和未知生命来源敬畏的基础上，从而培养人的智能、情感、身体、社会、审美和精神性等素质。[②] 我国学者概括出全人教育理论的几个基本特征：①全人教育强调教育的目的是培养人的整体发展，包括人的智力、情感、社会、身体、创造力、直觉、审美和精神潜能的发展；②全人教育强调联系、关系概念，这其中包括学习者之间、年轻人与成人之间的关系；③全人教育关注人生经验，而不是狭窄的“基本技能”，它强调教育是成长，是发现，是视野的开阔，是参与世界，探寻理解和意义。[③] 全人教育使学习者对他们身处期间的文化、道德、政治环境具有批判性思维，致力于人类文化的创造和改造，而不仅仅是复制现有文化。[④] “全人教育”思想包括利用提升被教育者的学习能力、先天性格、主观意愿、心理需求等主观条件，让受教育者主动配合教学计划和教学过程，从根本上激发受教育者的学习动机，进而形成一种良好的教育氛围。

总之，全人教育理论主张人才培养中有完整的知识结构，注重培养联系、开放、批判性的思维，且倡导求知的精神，即“我们应当追求的，与其说是知识的获取，不如说是求知的精神”[⑤]。全人教育理论提倡通过反思专业教育，认为教育的目的不只是培养掌握技能的理性的人才，而是兼具有情怀的全面的人才。全人教育理论对人才培养目标的调整发出新的要求，为全面审视新工科建设的价值及探究新工科建设的动力提供了视角。

---

① 谢安邦，张东海.全人教育的缘起与思想理路[J].全球教育展望，2007(11)：48-52.

② Ron Miller. Introduction In New Directions in Education: Selections from Holistic Education Review[M]. Brandon, VT: Holistic Education Press, 1991:2-3.

③ 谢安邦，张东海.全人教育的缘起与思想理路[J].全球教育展望，2007(11)：48-52.

④ Ron Miller. Introduction In New Directions in Education: Selections from Holistic Education Review[M]. Brandon, VT: Holistic Education Press, 1991:2-3.

⑤ Woodrow. W, T. The Spirit of Learning[J].Harvard Graduate's Magazine, 1909(9):1-17.

二、新工科的内涵

（一）新工科的提出

为响应“中国制造 2025”、“互联网＋”、“一带一路”等重大战略，我国高等工程教育改革发展已经站在新的历史起点。“中国制造 2025”是我国政府实施制造强国战略的行动纲领，其基本方针是“创新驱动、质量为先、绿色发展、结构优化、以人为本”，其基本原则是“市场主导、政府引导，立足当前、着眼长远、整体推进、重点突破，自主发展、开放合作”，其战略目标是实现我国从“制造大国”转为“制造强国”。① “中国制造 2025”呼唤工程教育输送新型工程人才，“新型工程人才是推动制造业制造能力质变的原动力，是实现智能制造的核心要素”。②

2017 年初，在教育部的推动下，“复旦共识”、“天大行动”和“北京指南”构成了新工科建设的“三部曲”，标志着新工科建设“开工”。新工科建设成为我国工程教育变革的新动向，为各级各类工科高校工科专业的发展提供了行动指南。

“复旦共识”的重要内容有两点：第一点，新工科建设需要外部力量的重视，如政府部门的支持、社会力量的积极参与、国际经验的借鉴及国际合作的加强；第二点，需要围绕工程教育的新理念、学科专业的新结构、人才培养的新模式、教育教学的新质量、分类发展的新体系等内容开展研究和实践……③

“天大行动”主张探索全球工程教育的中国模式，建成工程教育强国，具体包括以下七个内容：①探索建立工科发展的新范式；②问产业需求，建专业，构建工科专业新结构；③问技术发展改内容，更新工程人才知识体系；④问学生志趣变方法，创新工程教育方式与手段；⑤问学校主体推改革，探索新工科自主发展、自我激励机制；⑥问内外资源创条件，打造工程教育开放融合新生态；⑦问国际前沿立标准，增强工程教育国际竞争。④

“北京指南”确定了工程教育改革五项重点工作：①抓理念引领，坚持立德树人、德学兼修，着力培养“精益求精、追求卓越”的工匠精神；②抓结构优化，加快现有工科专业的改造升级和主动布局新兴工科专业建设两个方面；③抓模式创新，完善多主体协同、多学科交叉融合的工程人才培养模式；④抓质量保障，加强工程人才培养质量标准体系建设，建立完善中国特色、国际是指等效的工程教育专业认证制度 ；⑤抓分类发展，促进高校在不同层次不同领域办出特色、办出水平。⑤

“复旦共识”启动了“新工科研究与实践”项目的设想；“天大行动”指明建设方向；“北

---

① 国务院.国务院关于印发《中国制造 2025》的通知[EB/OL].(2015-05-19)[2018-07-11]. http://www.gov.cn/zhengce/content/2015-05/19/content_9784.html.

② 张安富，刘超.“中国制造 2025”背景下的新工科构建[J].中国大学教学，2017(9):21-23,33.

③ 高教司.“新工科”建设复旦共识[EB/OL].(2017-02-23)[2018-05-13].http://www.moe.edu.cn/s78/A08/moe_745/201702/t20170223_297122.html.

④ 高教司. “新工科”建设行动路线(“天大行动”)[EB/OL].(2017-04-12)[2018-05-13]. http://www.moe.edu.cn/s78/A08/moe_745/201704/t20170412_302427.html.

⑤ 教育部.新工科建设形成“北京指南” 心工科研究与实践专家组成立暨第一次工作会议在京召开[EB/OL].(2017-06-10)[2018-05-14]. http://www.moe.edu.cn/jyb_xwfb/gzdt_gzdt/moe_1485/201706/t20170610_306699.html.

京指南”意味着新工科从凝聚共识、付诸行动及其具备准确行动导向。

（二）新工科的要义

从政策延续性上看，新工科是“卓越工程师教育培养计划”的升级版，①主张通过进一步深化工程教育改革，促进我国工程教育培养出面向产业界、面向世界和面向未来的新型工科人才。从专业内涵上看，“新工科”的专业分为两类：第一类是指近年来高校应新产业、新经济的需求而设置的新专业。这些专业具体是：设立的诸如纳米材料与技术、物联网工程、新能源科学与工程、资源循环科学与工程、机器人科学与工程、网络工程、软件工程、微电子工程等紧密结合科技发展前沿的专业。第二类是将原有的传统工科专业按照“新”的要求改造升级为“新工科”。具体是指长期以来培养了大批工科人才的专业，包括对机械工程、电气工程、土木工程、安全工程、测绘工程、冶金工程等专业进行新的调整。②

如何理解新工科的“新”？“复旦共识”中指出，要发展以新经济、新产业为背景，树立工程教育“新理念”，构建学科专业“新结构”，探索人才培养的“新模式”，打造工程教育的“新质量”，建立中国特色工程教育的“新体系”。按照这一思路的启发，有学者认为“新工科”的“新”应该体现在具有新理念、新质量、新内容、新方法和新模式，并且指出“新质量”是指工程教育的专业标准应该高于国际标准、国家标准应该高于国际标准，“新模式”具体是指新工程教育人才培养模式、目标导向一体化培养模式、多学科－交叉学科模式和个性化培养模式。③ 有学者认为“新”具有两种含义：针对第一类工科专业属于新生或新兴工科专业，“新”是指增量补充；针对第二类工科专业属于新型工科专业，“新”是指存量更新。④ 也有学者从“新素养”、“新结构”及“新方法”三个维度，进一步阐释“新工科”中“新”的内涵。⑤ 具体而言，“新素养”包括“形而上”的思维、对“超世界存在”的关注、空间感、关联力、想象力、思维力、宏思维及批判性思维，“新结构”是指新的专业结构、课程及知识体系结构等方面，“新方法”是指关联、非正式学习、去中心化及想象学习。

在新的时代，高等学校处于科技第一生产力、人才第一资源、创新第一动力的结合点，在面对新一代人工智能发展的机遇时，要进一步强化基础研究、学科发展和人才培养方面的优势，要加强应用基础研究和共性关键技术突破，不断推动人工智能与实体经济深度融合，通过不断推动人工智能与教育深度融合，为教育提供新方式，从而引领我国人工智能领域科技创新、人才培养和技术应用示范，带动我国人工智能总体实力提升。⑥ 这意味着高等学校需要承担新的使命，即培养出新型的工科人才。

新工科的提出就在于对工科人才培养的目标做出新的调整，从而适应社会对于新工

---

① 林健.新工科建设：强势打造“卓越计划”升级版[J].高等工程教育研究，2017(3)：7-14.

② 高教司.“新工科”建设复旦共识[EB/OL].(2017-02-23)[2018-05-13].http://www.moe.edu.cn/s78/A08/moe_745/201702/t20170223_297122.html.

③ 顾佩华.新工科与新范式：概念、框架和实施路径[J].高等工程教育研究，2017(6)：1-13.

④ 林健.引领高等教育改革的新工科建设[J].中国高等教育，2017(Z2)：40-43.

⑤ 李培根.工科何以而新[J].高等工程教育研究，2017(4)：1-4.

⑥ 教育部关于印发《高等学校人工智能创新行动计划》的通知[EB/OL].(2018-04-03)[2018-07-20] .http://www.moe.gov.cn/srcsite/A16/s7062/201804/t20180410_332722.html.

科建设依赖于通过变革工程教育，这是将“中国制造”转向“中国智造”奠定基础。

三、全人教育理论下新工科建设：从半人到全人

教育者首先要把学生作为一个人，一个主体的人，一个有情感有智慧的人；同时，力求把他们培养成为一个具有与他们所受教育层次相称的文化积淀与文化教养的人，一个具有与他们所在大学、所学系科相应的知识与视野并获得必要的技能和能力训练的人。一个在生理与心理、智力与非智力、情感与意向诸方向协调发展、具有较高综合素质的人。总之，让他们成为一个完全相对的完善和完美的人，而不是“机器”或者“半个人”。①

通过三个角度，反思工程教育人才培养中需要调整人才培养目标，即从专业人到全面的人。具体而言，从可观测到的数据呈现的工程教育人才培养现状的角度；从工程教育发展的内部范式转换的角度；从工程教育所承担的使命工程教育的人才培养现状的角度。

（一）工程教育人才培养现状

工程教育的数量、人才培养质量在我国高等教育中占据非常重要的地位。

工程教育的数量占比层面：工程教育是我国高等教育的重要组成部分，体量在高等教育体系中比例为“三分天下有其一”。《中国工程教育质量报告（2013年度）》（以下简称《报告》）的数据显示：截至2013年，我国普通高校工科毕业生数达到2876668人，本科工科在校生数达到4953334人，本科工科专业布点数达到15733个，总规模已位居世界第一。② 在国家工业化进程中，对门类齐全、独立完整的工业体系的形成与发展，工程教育发挥了不可替代的作用。

工程教育的人才培养质量层面：《报告》从“工程教育培养目标达成度”、“社会需求适应度”、“办学条件支撑度”、“质量监测保障度”、“学生和用户满意度”共五个分析指标入手，分析我国高等工程教育已经取得的成绩及其存在的问题。

第一点，培养目标达成度方面：我国工科专业人才培养目标基本达到国际实质等效的质量标准要求，用人单位参与培养目标的制定与评价越来越受到重视。但是，人才培养目标的设置存在着前瞻性不足和特色不明显的问题。第二点，社会需求适应度方面：工科毕业生基本满足不同行业和用人单位的发展需求。但是，国际竞争能力、经营管理能力、学科知识交叉融合能力、实际动手能力等需要加强。第三点，办学条件支撑度方面：可以细分为课程体系、师资队伍、支持条件等各类办学条件，基本上满足工科专业的人才培养。但是，课程体系存在行业参与课程设置的广度和深度不够、工程综合能力训练比较薄弱，师资队伍方面存在着教师工程实践的制度建设不足，支持条件方面存在着各类专业实验室和工程训练场所对学生实践能力培养的有效支撑有待提高的问题。第四点，质量监测方面：我国工科人才培养兼具国际通行和学校专业自评的内外部质量保障体系，但是存在着缺乏比较完备的持续改进机制的问题。第五点，学生和用户满意度

---

① 文辅相.文化素质教育应确立全人教育理念[J].高等教育研究，2002(1)：27-30.

② 教育部.第一份《中国工程教育质量报告》“问世”[EB/OL].(2014-11-13)[2018-07-11].http://old.moe.gov.cn/publicfiles/business/htmlfiles/moe/s5987/201411/178168.html.

方面：用人单位对工程教育总体质量基本满意，对工科毕业生的专业基本理论知识、获取信息能力、学习和适应能力、职业道德较为满意。但是，工程设计综合意识和能力、国际交流能力、社会责任感等方面需要加强。

从《报告》的以上分析可以看出，我国工程教育人才培养方面目前已经取得了很好的成绩，但是总体上仍然存在一定的问题。《报告》中也分析到，对工程人才的考察不仅仅要从工程综合能力入手，也要关注工程人才的职业道德、适应能力及社会责任感等方面的素质。这表明社会对工程人才不仅仅是专业方面单一角度的考查，更是从素质教育等更全面的角度发出要求。从工程教育学科的性质角度，不仅是专业教育，更重要的是高等教育。工程教育应兼具专业性和高等性。从这方面而言，工程教育不仅要承担专业教育的功能，更需要承担高等教育的一般功能，即“建构知性公民群体，并从中寻找未来的国家精英”①。

（二）工程教育内部范式转换

我国工程教育在改革开放后，取得重大发展，有学者总结为三个发展阶段，②具体如下：第一阶段（1978 年—1985 年），工程教育的结构调整时期；第二阶段（1985—1999 年），工程教育的体制改革期；第三阶段（2000 年至今），工程教育的质量提升时期。工程教育发展的三个阶段中，第二阶段中有着非常重要的地位。工程教育有两点最大的变化：宏观管理体制上扩大了办学自主权；办学体制上改变工程教育条块分割、行业办学的情况。在这三个阶段中，都是由国家逻辑、院校逻辑和个人逻辑相互作用形塑，国家逻辑在演变过程中一直处于主导地位。

2005 年以来，我国开始构建工程教育专业认证体系，逐步开展专业认证工作，并把实现国际互认作为重要目标。在“十二五”期间，国家通过积极推出“卓越工程师教育培养计划”、“国家大学生创新创业训练计划”、“高等学校创新能力提升计划”等系列质量建设中国方案，逐步引导中国工程教育走内涵式发展道路，这为建设新工科奠定了基础。但是，我国工科毕业生存在规模与结构、质量内涵与支撑要素、顶层设计与动态调整等方面的问题，质量建设的“最后一公里”有待真正落地。③ 目前，在对标《中国制造 2025》战略布局中，我国工程教育需要应对构建工科人才培养新体系、新结构、新模式、新机制的新要求，同时也面临着工科人才培养新理念、新标准和新质量的挑战。经过 11 年的努力，2016 年国际工程联盟大会一致同意我国加入《华盛顿协议》，这标志着我国成为该协议的第 18 个正式成员。④ 为进一步应对新兴经济和新兴产业的发展，进一步提高工程教育人才培养的质量，2017 年初教育部积极推进新工科建设。

① 邓磊.培养整全之人：大变革时代的美国大学理念焕新及其启示[J].高等教育研究，2017(3)：97-103.

② 陈敏，李瑾.30 年来中国工程教育模式改革背景研究——基于多重制度逻辑的分析[J].高等工程教育研究，2012(6)：59-67.

③ 面对中国制造 2025，工程教育准备好了吗？——《中国工程教育质量报告》解读[EB/OL].(2017-10-16)[2018-07-11].http://edu.people.com.cn/n1/2017/1016/c367001-29588555.html.

④ 中国科协代表我国正式加入《华盛顿协议》[EB/OL].(2016-06-02)[2018-05-13].http://tech.gmw.cn/2016-06/02/content_20391631.htm.

我国工程教育发展的现状需要工程教育的范式转换。1999年以来，工程教育界意识到工程教育的质量下降问题严重，即工程教育科学化严重，越来越脱离"工程"轨道的问题。因此，主张通过引进"大工程观"，力图实现让我国工程教育回归工程的目的。具体而言，工程教育的内部范式经历了两次转换：从"技术范式"转向"科学范式"，再从"科学范式"转向"工程范式"，每一次范式转换都对工程教育整体发展具有极其重要的意义。具体而言：从"技术范式"转向"科学范式"，使工程教育从经验水平提升到科学水平；从"科学范式"转向"工程范式"，推动工程教育回归"工"的本质，注重工程教育人才培养的实践能力。在全人教育理念的透视下，新工科建设的提出必将引导工程教育进行一次新的范式转换，将工程教育的人才培养从专业性的动手能力强，转向高素质的全面发展的工程人才。

（三）工程教育的使命

工程教育的学科发展水平及国际竞争方面，具有非常强的竞争力。2018年"软科世界一流学科排名"覆盖的54个学科，涉及理学、工学、生命科学、医学和社会科学五大领域。美国高校在35个学科中获得冠军，占比约65%。我国内地共有八所高校的学科排在了世界首位，分别是：清华大学通信工程专业；哈尔滨工业大学的仪器科学专业；同济大学的土木工程专业；上海交通大学的船舶与海洋工程专业；武汉大学的遥感专业；北京科技大学冶金工程；北京航空航天大学专业；北京交通大学的交通运输工程专业。① 这八个学科都是工学专业，一方面体现我国工程教育学科的实力，另一方面也表明工程教育在我国高等教育学科中所需要承担的使命。

2018年"软科世界一流学科排名"共有五项指标：论文总数（PUB），即大学在排名学科发表的论文总数；论文标准化引文影响力（CNCI），大学在排名学科的论文标准化篇均被引次数；国际合作论文比例（IC），大学在排名学科发表的论文中国际合作的论文比例；顶尖期刊论文数（TOP），大学在排名学科的顶尖期刊上发表的论文数；教师获权威奖项数（AWARD），大学教师获得本学科最重要的国际奖项的折合数。从以上列举的指标情况，可以看出世界一流学科目前的评选主要是论文和获奖的数量及被引量等量化指标。真正的一流学科，最重要的在于培养出一流的人才。在总结工程教育获得8个冠军学科的喜人成绩的同时，需要不断强化工程教育人才培养的本质。

教育要培养什么样的人？有学者指出，教育要培养兼具知识和教养的人，"我们不仅要培养学生成为一个有知识的人，而且要使他们成为有知识、有智慧、有教养的人，让他们的知识得以不断充实，智慧得以不断激发，文化品位和精神境界得以不断提升"②。类似观点是，有学者认为最佳的教育应该培养出超越专业教育所赋予能力的人，即"最佳教育不仅应有助于我们在专业领域内更具创造性，它还应该使我们变得更善于深思熟虑，更有追求的理想和洞察力，成为更完美、更成功的人"③。

---

① 2018上海软科世界大学一流学科排名榜单出炉[EB/OL].(2018-07-18)[2018-07-19]. http://www.sohu.com/a/241988603_99945202.

② 文辅相.文化素质教育应确立全人教育理念.高等教育研究，2002(1):27-31.

③ 尼尔·陆登庭，刘莉莉.21世纪高等教育面临的挑战.高等教育研究，1998(4).

总之，全人教育对传统教育只重视知识传授和技能习得的培养目标提出批评，倡导教育培养完整的人，使人在身体、知识、技能、道德、智力、精神、灵魂、创造性等方面都得到发展，成为一个真正的人、一个具有尊严和价值的人，一个作为人的人，而不仅仅是一个雇员、一个国家的人力资源、一个政治或经济的工具。[①] 通过全人教育审视新工科建设的意义，对于新工科建设具有非常重要的理论导向作用。

① 刘保存.全人教育思潮的兴起与教育目标的转变[J].比较教育研究，2004(9):17-22.

英国高校招生综合素质评价组织管理探究

林思雨*

（厦门大学 教育研究院，福建厦门 361005）

摘要： 综合素质评价是英国高校招生的一大特色，主要通过课程作业、拓展项目资格和综合评定录取等方式来实现。本文主要分析了英国综合素质评价的管理机构和职能，探究其在任务设置、任务执行和任务评分三个阶段的管理过程与监控机制，启示我国应综合全面评价学生，关注完整具体生动的人；吸引多方主体参与评价，促进评价的完整性真实性；完善组织管理制度，保障考试公平有效；充分考虑文化传统的影响，结合国情具体分析。

关键词： 英国；高校招生；A-level；综合素质评价；考试管理

从看“冷冰冰的分”到关注“活生生的人”，转变以考试成绩为唯一标准评价学生的做法，将综合素质评价纳入高校招生录取参考是我国新高考改革的重要内容。由于其高利害性和高竞争性，在实践过程中容易出现虚化、模糊化、形式化等诸多问题，如何进行组织管理，有效保障综合素质评价得以顺利实施便显得尤为重要。英国高校招生考试制度历史悠久、富有特色，强调以多样的评价形式来考查学生全面发展的核心素养。本文通过分析英国高校招生的综合素质评价，探讨其组织管理运行模式，以期为突破我国高考改革困局提供启示和思考。

一、综合素质评价：英国高校招生的一大特色

英国被誉为西方考试的源头，具有深厚的考试传统和悠久的历史。若以公元12世纪到13世纪牛津大学、剑桥大学的创立为起点，在8个多世纪的历史演变中，英国高校招生考试制度经历了从以宗教测试、口头问答、学术辩论活动为早期的主要形式，到从口头考试迈向书面考试的发展阶段，从条块分割、互不统一走向协调合作，形成了统一性与多样性并存的资格证书与综合考评相结合的高校招生录取制度。综合素质评价早已渗透入英国高校招生录取的血液之中，在程度和形式上伴随历史发展而产生变化，成为英国高校招生的一大特色。

英国普通教育证书高级水平考试（GCE A-level）是英国申请大学入学所需要的最重

---

* 作者简介：林思雨，厦门大学教育研究院硕士研究生。

要和最具价值性的考试，自1951年开展以来，应社会之需，经历了数次改革。《1992年高等教育改革议案》中明确规定了A-level考试是英国高等教育机构录取学生的最重要参考，其受社会关注度之高类似于我国的高考，其中具有综合素质评价理念的内容成为本研究的重点分析对象。

（一）综合素质评价的含义

2014年12月16日，我国教育部公布了《关于加强和改进普通高中学生综合素质评价的意见》（以下简称《意见》）。《意见》中指出，综合素质评价是对学生全面发展状况的观察、记录、分析，是发现和培育学生良好个性的重要手段，是深入推进素质教育的一项重要制度，将思想品德、学业水平、身心健康、艺术素养、社会实践作为重要的评价内容，反映学生全面发展情况和个性特长，注重考查学生社会责任感、创新精神和实践能力。英国实际上没有"综合素质评价"一词，但有包含综合素质评价理念和内容做法的非传统考试评价（Non-exam Assessments）等，在A-level考试最新改革之前通常又称作受控评价（Controlled Assessment）或者课程作业（Coursework）①，可以将其看作是具有英国特色的综合素质评价，即利用多元的评价方法，以考察通过传统纸笔测验不能、不便测试和考查的但关系到学生全面发展的诸多基础和核心素养的人才评价方式，尤其是针对实践能力、知识体系与理解判断能力（skills, knowledge and understanding）的考察。②

（二）综合素质评价的主要形式

A-level证书考试评分采用内部与外部结合、过程性评价与终结性评价相结合的方式。证书考试课程的评价采用校内教师与考试机构外部评价结合的方式，校内教师实施的是"课程作业"评定，分值一般为25%～30%之间（一般最高限是30%），属过程性评价；外部公共考试机构的终结性考试分值一般为70%～75%。③ 课程作业（Coursework）、拓展项目资格（Extended Project Qualification）、综合评定等是英国高校招生录取采用的主要综合素质评价形式。

1.课程作业（Coursework）

课程作业是一种由评估中心根据课程计划（或教学大纲）制定的反映学生实际表现的评价手段，它是A-level考试的重要组成部分，由教师进行评价，并按一定的比重纳入各个科目A-level考试的最后总分中。课程作业可以有很多不同的形式，包括演讲汇报、表演、视频、录音、采访记录、信件、手工作品、艺术作品、随笔、实验等。这种多样性将反映在授证机构颁发的任何特定科目的要求上。课程作业能够有效记录学生的学习获得技能和知识的掌握进程，是一种过程性综合评价的有效途径，有助于帮助评估学生各方面的综合素质与能力。

---

① Regulating GCSEs, AS and A levels: guide for schools and colleges[EB/OL].(2016-12-01)[2018-07-10].https://www.gov.uk/guidance/regulating－gcses－as－and－A-levels－guide－for－schools－and－colleges/assessment.

② Coursework, controlled assessment and non-exam assessment (NEA)[EB/OL].(2016-02-24)[2018-06-25].https://qualifications.pearson.com/ en/ support/support－topics/assessment－and－verification/coursework－and－controlled－assessment.html.

③ 李木洲.高考改革的历史反思——基于制度变迁的视角[M].武汉：华中师范大学出版社，2014:81-82.

2.拓展项目资格(Extended Project Qualification)

拓展项目资格是A-level考试中新增设的一个独立拓展项目,2008年11月被首次实施,[①]主要是通过鼓励学生在个人兴趣的基础上开展独立的研究工作,对自己的学习表现进行批判、反思和独立的审视,也可以开展团队合作,进一步评价其问题解决能力和组织协调能力,培养创造能力和奉献责任精神。评价指标主要包括:第一,管理(Manage)。确定、设计、计划和执行一个项目,应用一系列的技能、策略和方法来实现目标。第二,利用资源(Use Resources)。研究、批判性地选择、组织和使用信息,并选择和使用一系列的资源,应用分析数据来展示与主题相关的联系和增强复杂性的理解。第三,开发和实现(Develop and Realise)。选择并使用一系列的技能,包括适当的新技术和解决问题的能力,以批判的方式做出决定并达到计划的预期效果。第四,评论(Review)。评估拓展项目的所有方面,包括与既定目标相关的结果,以及自己的学习和表现。选择并使用一系列的沟通技巧和媒体手段,以适当的格式展示项目成果和结论。

3.综合评定

英国高校选拔录取学生比较注重对学生进行综合评定,其中包括学生的兴趣爱好与个性特长,特别是对所修课程表现出的兴趣;推荐人的意见,对学生在中学的学业表现、未来发展潜力等综合素质的评价;个人陈述,了解学生的工作经历情况、参加课外活动情况等;学生的成长条件、家庭环境和教育背景,考虑学生是否来自贫困弱势群体家庭与是否参加了大学开展的相关活动,在什么样的条件下获得了现有的学业成绩;还需要考察学生的学习动机、学术潜力、实践动手能力、问题解决能力、逻辑推理能力、批判性思维能力、创新创造能力与情商等。同时,有的高校辅以面试的手段,以便对学生进行综合考察,真正选拔出符合高校办学理念的学生。

二、综合素质评价的管理机构与职能

英国教育行政管理体制在历史的演进中形成了自己的特点,即表现为中央、地方、教师以及民间团体相互形成的"伙伴关系",被称为"地方管理的国家制度"。[②] 进入20世纪,到1944年前,英国已建立中央、郡(郡自治会议)教育局和自治市(城区)教育局三级教育行政管理体制。现行的教育行政管理机构主要由中央教育行政管理机构(教育与技能部)和地方教育行政组织管理机构(地方教育局)构成。[③] 与英国的教育行政管理体制类似,当代英国高校招生考试形成政府、大学、中学和其他利益相关者间"伙伴关系"的管理和运行机制,体现出分权式的特点,经过长期的改革演变,目前已形成了一套成熟的高校招生考试公共服务管理体系,主要由政府机构、非官方的实施机构和半官方的监督机构组成。[④] 英国高校招生涉及综合素质评价的管理机构主要分为资格认证与考试管理机

---

① Level 3 Extended Project Qualification [EB/OL]. (2017-09-12) [2018-06-25]. http://filestore.aqa.org.uk/subjects/AQA－W－7993－SP－15.pdf.

② 王立科.英国高校招生考试制度研究[M].武汉:华中师范大学出版社,2016:29.

③ 王立科.英国高校招生考试制度研究[M].武汉:华中师范大学出版社,2016:30.

④ 李木洲.高考改革的历史反思——基于制度变迁的视角[M].武汉:华中师范大学出版社,2014:84.

构和招生录取管理机构，通过这种分权式的职能分工，英国高校的考试、招生、录取呈现出相对分离但又密切合作的格局。[①]

（一）资格认证与考试管理机构

政府的主要职能是制定宏观的招生考试法规、政策及标准，对招生考试有一定的控制权，但并不直接涉及具体的综合素质评价事务，主要进行间接管理。非官方的实施机构主要是资格认证委员会（The Joint Council for Qualifications，JCQ），由英国8个最大的资格认证机构组成，具有非营利性质，被政府批准而成立。这8个成员机构分别是评价与资格证书联盟（AQA），北爱尔兰课程、考试与评价委员会（Northern Ireland Council for Curriculum, Examinations and Assessment，CCEA），英国伦敦城市行业协会（City & Guilds），英国国家继续教育委员会（NCFE），牛津大学、剑桥大学、皇家艺术联合考试委员会（Oxford Cambridge and RSA Examinations，OCR），培生教育集团（Pearson），苏格兰学历管理委员会（Scottish Qualifications Authority，SQA），威尔士联合教育委员会（WJEC）。[②] 综合素质评价由种类繁多的考试委员会具体负责组织管理和实施。资格认证委员会旨在减少学校和学院的官僚作风，为考试提供便利和共同的管理安排，提供一个进行战略辩论、信息交流和表达共同利益诉求的平台。除此之外，资格与考试管理办公室（the Office of Qualifications and Examinations Regulation，Ofqual）是独立于政府并直接向议会报告的管理机构，主要负责管理资格、考试和评估，有责任确保受监管的资格证书可靠地表明学生已经获得的知识、技能、理解能力和成就，保持对资格认证和评价标准的信心，让学生和教师掌握资格认证考试的全部信息，以便更明确地开展综合素质评价。[③]

为了确保资格认证与考试管理规范有序，政府通过半官方的监督机构对考试活动进行监督，履行监督职能的机构主要有：资格证书与课程局（QCA）、考试申诉委员会（The Examination Appeals Board，EAB）和教育水准办公室（Office for Standards in Education）。[④] 资格证书与课程局统一制定、实施综合素质评价标准和相关政策，维护和开发国家课程及相关的评估与考试，规定保障评价的原则和规程，监督相关条例的执行和操作流程的规范化，确保评价的一致、公正和准确。之后高中学校或大学评估中心再根据课程计划、教学大纲和相关政策进行目标设计和任务设计，制定一系列评价学生实际表现的具体手段。[⑤] 考试申诉委员会的主要职能是对考生评价结果不满意的案例进行审查，并有权责成有关考试委员会进行审查；教育水准办公室对各地区的学校进行督导，并对每所学校都做出及时详细的报告，以便对学校进行考查和评价。

---

① 李木洲.高考改革的历史反思——基于制度变迁的视角[M].武汉：华中师范大学出版社，2014：85.

② JCQ.Our Members[EB/OL].(2017-01-18)[2018-07-17].https://www.jcq.org.uk/about—us/our—members.

③ Ofqual.Aboutus[EB/OL].(2017-01-18)[2018-07-17].https://www.gov.uk/government/organisations/ofqual/about.

④ 王立科.英国高校招生考试制度研究[M].武汉：华中师范大学出版社，2016：341.

⑤ 王小明.普通高中学生综合素质评价机制的现状及启示——基于美、英、日、韩等四国的比较研究[J].教育探索，2017(01)：114-121.

（二）招生录取管理机构

英国高等院校招生服务处(Universities and Colleges Admissions Service,UCAS)主要进行招生录取的协调运作和管理,它并非政府官方机构,而是正式注册的财团法人,具有非营利性质,其成员是通过 UCAS 进行招生录取的各大高等院校。它的主要职能是处理学生的入学申请,提供与高校招生相关的广泛的服务,收集、处理、公布有关高校入学的信息和数据,为申请人提供尽可能充分的信息供其做决定时参考,使申请人能够利用自己所需要的信息,成功申请进入大学学习。① 其操作流程大致是:首先,由申请人通过 UCAS 网上填报系统填报申请表。申请表通常涵盖高等院校用以考虑是否录取的个人资料,如考试成绩、申请的专业及个人陈述等。其次,UCAS 将收到的申请材料进行分组、编号、核对、将资料输入资料库后,复印并分别寄往有关大学。再次,高校收到 UCAS 转来的申请人资料后,按照学校的招生政策和录取要求,分析申请人的学业成绩、技能及学习潜力,同时综合考量申请人的中学学习情况、教师推荐信、个人陈述信息以及生源多样化需求。最后,根据综合审查,初步挑选高校录取的申请人,再通过 UCAS 向申请人发出录取通知书。② 2017 年,UCAS 本科招生服务处理了来自 699850 名英国学生、欧盟和国际学生的 285 万份申请,既为学生提供服务,同时也确保大学和学院能够有效地招收和选择他们想要的学生。对招生录取负有监督责任的半官方监督机构主要有公平入学办公室、高等教育拨款委员会等,以确保评价录取过程的公平、公正和质量。

三、综合素质评价的管理过程与监控

资格与考试管理办公室(Ofqual)发布的《2017 年夏季 GCSE 与 A Level 考试舞弊行为数据统计》显示,该考试季共有 2715 例舞弊处罚案例,占到 5 大考试机构(Exam board)考试单元总数(Unit entries)的 0.015%,其中综合素质评价舞弊行为发生率保持着极低的比例。③ 以 GCE A-level 中的综合素质评价为例,主要包括任务设置(Task Setting)、任务执行(Task Taking)、任务评分(Task Marking)三个阶段④,虽然综合素质评价的主观倾向容易引发舞弊失范行为,但英国高校招生通过严密的管理过程和监控,可以保障综合素质评价的有效有序运行。

（一）任务设置阶段(Task Setting)

授证机构负责任务的设置,并提供特定主题的总体任务内容与要求。考试中心负责任务的具体安排,可以从授证机构提供的一些可比较的任务中进行选择,也可以在允许

---

① 王立科.英国高校招生考试制度研究[M].武汉:华中师范大学出版社,2016:335.

② 李木洲.高考改革的历史反思——基于制度变迁的视角[M].武汉:华中师范大学出版社,2014:86.

③ Ofqual.Malpractice for GCSE and A Level:Summer 2017 Exam Series[EB/OL].(2017-09-12)[2018-06-25]. https://assets. publishing. service. gov. uk/government/uploads/system/uploads/attachment_data/file/671697/Background_Information_－_Malpractice_for_GCSE_ and_A-level_summer_2017.pdf.

④ Instructions for conducting non-examination assessments 2018—2019[EB/OL].(2018-01-12)[2018-07-17]. https://www. jcq. org. uk/exams － office/non-examination-assessments/instructions-for-conducting-non-examination-assessments.

的情况下，使用规范中规定的标准设计他们自己的任务。任务设置要符合规范中详细说明的评价标准，充分考虑学生的可行能力。学生应该对评价标准有明确的意识，才能更好地实施和操作规范详细所描述的评分标准。考试中心必须参考授证机构的规范。比如在 A-level 地理科目的考试中，资格与考试管理办公室在学科水平考试（Subject-Level）条件和要求中规定每个应试者都要根据自己确定和形成的问题开展独立的调查。规定考试中心可以提供一般性的指导，但不能为应试者提供确切的主题和任务，这需要应试者自己独立完成。考生需要查阅相关授证机构的规范，以获得执行任务的日期。授证机构提前设置好任务，以便考试中心有时间进行规划、查阅资料和进行教学。教师要特别注意区分传统规范要求和新的规范要求的不同，以便给予学生针对性的指导。在任务设置阶段，授证机构会尽可能保护考生的兴趣，为避免分配到不恰当的任务，考试中心必须小心谨慎安排考生开展恰当的任务工作。

（二）**任务执行阶段**（Task Taking）

由于综合素质评价的特殊性，考生不会在任何时候都受到像传统纸笔测验一样的直接监督，包括互联网在内的资源利用，并不是严格限制的。考试中心必须严格审查由授证机构发出的关于特定科目和主题的要求。考试中心必须确保对每个应试者都有充分的监督，以使作品得以进行认证；个人应试者提交评价的作品必须是自己完成的。当应试者进行小组合作时，教师应该记录每个考生的贡献和表现，要单独标注考生在任务项目执行过程中所发挥的作用。当一个综合素质评价项目需要书面作业时，每个考生必须写出自己对作业的描述。该小组的所有成员都可以记录相同的数据，但每个考生必须使用自己的语言来描述数据是如何获得的，并得出自己的结论。在需要手工制品或表演的地方，考生可以合作，但过程反应必须是他们自己的，个人贡献必须从工作本身和可使用的记录表格中清楚明了地展现出来。小组合作是允许的，但每个成员的工作必须单独评估。特别是各考试中心必须确保考生理解研究的规范性，接受关于参考文献注释的指导，引导考生学会正确引用已发表的资料和信息；考生提交评估的作品时必须包括相应的参考资料，每位考生应详细记录自己的研究、计划、资源等，尤其包括所有使用的资料如书籍、网站和视听资源等，避免剽窃行为的出现。“明确告诉考生如果引用别人的话语或话语之后，而未在资料来源和参考书目中标注出来，这将被认为是作弊(Cheating)。”① 考生在提交作业时需要签署诚信声明，教师也需要签署认证声明，以确保任务执行过程的真实性。

如果考生出现了失范违规行为，授证机构将会根据情形的严重程度给予处罚：第一，书面警告；第二，取消失范章节(Section)、组成部分(Component)或单元(Unit)的分数；第三，取消获得证书认定的资格，剥夺一门或多门资格证书获得的权利，考生无法最终取得资格证书。第四，禁止在一段时间内参与评价或考试。惩戒处罚行为会被记录在册，在学生档案中予以呈现，在综合素质评价中舞弊的行为将会带来严重的不良影响。对考试中心及其职员的舞弊行为，授证机构也会采取分级惩罚措施，如给予警告，对其进行培

① Information for candidates - non-examination assessments 2018—2019[EB/OL]. (2018-01-12)[2018-07-17]. https://www.jcq.org.uk/exams-office/information-for-candidates-documents/information-for-candidates--non-examination-assessments.

训和教育，对评价权力进行限制和约束，加大监测力度，甚至取消考试中心的评价权和资格认证权，撤销对考试中心的批准，并予以公示。

（三）任务评分阶段（Task Marking）

1.内部评价(Internally Assessed Components)

内部评价主要由教师进行，需要根据相关规范和主题文件中详细说明的评价标准进行评分工作。按照流程规定，教师必须在考生的作品封面上注明工作日期；在课程作业的早期阶段获得参考资料；在评分前进行初步试验估分，所有参与评估的教师通过对一小部分作品进行预评估来比较标准，从而达到对评价标准的一致理解；在评分期间进行注释，从而能够提供证据和理由来对分数层级进行说明；在大多数评分完成之后，召开进一步的会议，将评估结果进行比较；在提交成绩之前对评价结果进行最后的调整，并保留评价的证据，这有助于考试中心后期检查分数是否符合评价标准，确保评分与规定的统一评价标准相一致，从而实现评价的公平公正。如果评价者与考生有亲属关系，必须提交利益冲突的声明，无论是否是评价的一部分都需要提交审查。

2.外部评价(Externally Assessed Components)

外部评价部分主要由授证机构进行，其形式主要参照授证机构发布的规范或管理指南，因规定不同而有所区别。例如，一些评价部分可能有一个访问检查人员（Visiting Examiner），一些评价部分会要求考生把作品发送给审查员或通过电子方式上传。考勤登记是参加评估的考生过程表现的一个关键部分。考试中心必须密切注意出勤记录的考核，要清楚地标明考生的参加或缺席情况，必须在审查结果的截止日期之前保留考勤登记册，否则将会影响授证机构对结果判断的准确性。第三方考试中心的外部审核和复查，将对考生提交的材料进行再次审议和评估，对于不恰当的分数将进行调整，以便建立一种外部监督机制和申诉反馈机制，确保结果的可靠性，能够全面真实地反映考生的综合素质表现情况。

四、启示与思考

考试管理作为公共管理的重要组成部分，安全有效的组织运行有助于保障考试公平和维护社会稳定。考试管理是一个系统工程，只有政府、考试监管机构、考试授证机构、考试申诉委员会等部门各司其职，相互协调，密切配合，才能实现考试的有效管理。[①] 英国高校招生综合素质评价有着复杂而严密的管理运行机制，运用恰当的程序、方法、手段及行为规范，合理调配人、财、物、信息等资源，对综合素质评价运行实行有效控制，对我国新高考进一步落实综合素质评价具有启示意义。

（一）综合全面评价学生，关注完整具体生动的人

综合素质评价应突出学生的个性特征，弥补传统纸笔测试平均化、标准化的不足，关注学生学业成绩背后的故事，对学生的成长环境、家庭背景进行充分的考量。管理过程中要关注具体完整生动的人，给予学生充分展示自己的机会。回归人的本性，弘扬个性和尊重个体，不仅在于遵循教育本质，也在于回应社会发展对于人才的多元需求。

---

① 王立科.英国高校招生考试制度研究[M].武汉：华中师范大学出版社，2016：135.

（二）吸引多方主体参与评价，促进评价的完整性真实性

大学招生具有引领基础教育健康发展的社会功能和责任，既需要社会提供基本条件，也需要大学主动提高招生选才能力，更好地履行大学培养高质量人才的职能。加强高校招生自主权，建立健全的综合评价标准是建设世界一流大学在招生方面的核心使命。因此需要充分调动各方主体参与综合素质评价的积极性，促进综合素质评价机构协调配合、联动互助、信息共享，促进评价的完整性和真实性。

（三）完善组织管理制度，保障考试公平有效

建立完善的组织管理制度，注重招生工作的法制化建设，以制度化和法制化来保障考试的公平有效。建立公示制度、诚信制度、申诉制度、监督制度、复议制度、责任追究制度等，尤其要建立严密的舞弊防范机制，在综合素质评价过程中达到不想作弊、不敢作弊、不能作弊的效果。同时要做好综合素质评价的社会宣传工作，积极引导社会公众诚信意识，逐步营造诚实守信的社会氛围。

（四）充分考虑文化传统的影响，结合国情具体分析

任何社会政策的建立与其特有的文化传统和风俗习惯是密不可分的。文化是特定的普遍价值，这个普遍价值可以充当稳定的社会基础。英国具有精英教育和绅士教育的文化传统，其精英大学强调学术性而非职业性，因而同层次的职业教育证书和成绩一般不视为有效入学资格。在精英大学更加强调综合素质评价，通过多维度的测评考察，以选拔学科基础宽广、主要学科优异、善于研究问题、人格品质健全的优秀学生。[①] 因此，精英传统在高等教育大众化、普及化进程中也面临矛盾和冲击，我国要结合实际情况进行改革，不能机械照搬，在注重人情关系的中国社会如何保障综合素质评价的真实可靠性，在高等教育大众化普及化的背景下如何在庞大的入学群体中有效落实综合素质评价等问题都是需要思考的。当我们审视自身实际情况时，需要充分考虑所身处的评价文化和所面临的社会环境，真正对症下药，建立符合我国国情的综合素质评价机制，保障评价的科学和公平性。

---

① 李木洲.高考改革的历史反思——基于制度变迁的视角[M].武汉：华中师范大学出版社，2014:84.

美国教师网络言论的自由与限度

刘玲姗*

（厦门大学 教育研究院，福建 厦门 361005）

摘要： 当下，随着媒体技术特别是互联网技术的迅猛发展，尤其是博客、微博、微信等自媒体的广泛普及，让公民得以在使用更为便捷、管理更为宽松的平台上充分行使自己的言论自由权，公民的言论表达欲望得到了极大的释放和满足。在美国，基于判例制度的司法实践背景下，法院严格保障教师的言论自由，并在判例中注意区分教师的公职言论和非公职言论。对于教师在网络上的公职言论与非公职言论，美国联邦法院依据政府行为原则和公职人员言论自由原则，确保教师的权益保障与公共利益之间取得平衡。

关键词： 美国；判例；教师；网络；言论自由

一、问题的提出

事件一：中国传媒大学动画学院教师薛燕平在自己的微博上连发两条微博，认为北京服装学院毕业作品展台前摆上鲜花像上坟，并称“带研究生观摩毕业展，研究生眼睛都看瞎了”。这两条微博“点燃”了北服学生，认为“上坟”、“死”、“看瞎”这样的字眼是对北服学生作品的否定，更是对北服的不尊重，不少学生通过微博、微信等网络平台进行“反攻”。

事件二：2015 年 6 月 5 日，一名复旦大学博士生称，他偶然发现同校老师刘清平的微博，“出于好奇上去看了一眼，不看则已，看完简直觉得三观尽毁”。原来，刘清平教授用“下流低劣字眼”谩骂先贤，引起不少人用激烈的言辞要求将刘清平驱逐出复旦大学。

事件三：2017 年 1 月，北外副教授乔木发表名为《男教授面试女生那些事》的博文，毫不避讳地指出自己面试研究生时除了能力和表现，还会看女学生的相貌：“我的审美是一看胸、二看脸、三看屁股、四看腿”，引发网友热议。该校就此表示，该名教授早已调离教学岗位，并将对他在网上的言论展开调查，依规处理。

这三起事件均在社会上引起了巨大的反响，引发了广泛的争议和论辩。反对者认为，薛燕平、刘清平、乔木身为高校教师，公开发表不适当言论，已超出正常学术讨论和言论自由的范围，是师德败坏的行为，违背了教师职业道德，应取消其教师资格；支持者认为，教师享有言论自由权，不能对教师进行道德绑架。

---

* 作者简介：刘玲姗，厦门大学教育研究院硕士研究生。

互联网在我国得以迅速发展和普及，广泛而又深刻地影响着人们的生活，极大地扩展了人们的活动空间和行为能力，使得更多的人能够自由地发布和传播信息。但自由从来就不是绝对的，而是相对的。尤其是教师职业的特殊性，由于中华尊师重道、为人师表等传统文化的影响，人们往往对教师在言行上寄予了更高的期望。那么，是否可以认为教师构成了言论自由的一个特殊主体，从而在言论自由上应该受到较多的限制呢？要如何确定这个边界呢？这是亟待解决的问题。

二、言论自由与网络言论自由

言论自由(也被称为表达自由)是人的一项基本权利，也是伴随人类历史前进不断开拓和解放的话题。现代意义的言论自由是现代宪政理念发展的产物。在法国大革命和美国独立运动中，言论自由成为资产阶级登上历史舞台的政治标志。当今世界上大多数民主国家都将言论自由作为一项基本权利写进宪法，如美国宪法第一修正案规定："国会不得制定关于下列事项的法律：确立国教或禁止信教自由；剥夺言论自由或出版自由；剥夺人民和平集会和向政府请愿申冤的自由。"《世界人权宣言》第 19 条规定："人人有权享有主张和发表意见的自由；此项权利包括持有主张和不受干涉的自由，和通过任何媒介和不论国界寻求、接受和传递消息和思想的自由。"我国宪法第 35 条则规定："中华人民共和国公民有言论、出版、集会、结社、游行、示威的自由。"言论自由进入宪法、法律，是人类社会的一大进步。总体来说，言论自由是人们说话的权利和自由，但又不仅仅是说话。言论涵盖了说话、写作出版、新闻等各种表达方式，即凡是能够表达出自己的思想见解、观点立场、愿望诉求的方式都是言论自由所应加以保护的。

言论自由是宪法明确规定的权利和自由，被人视为公民的首要权利。互联网的兴起和发展拓展了人们行使言论自由的空间，提升了言论自由的高度，逐渐诞生出网络言论自由这一概念。网络言论自由是网络环境下言论自由的新的表现形式，是宪法规定的言论自由在网络空间的自然延伸和发展。利用网络表达自己的思想、观点和诉求同样也是言论自由，只是相对于传统言论自由，网络言论自由有其自身独特的法律特性。言论自由是宪法保护的一项基本权利。网络作为一种新型的交流平台，其不仅为普通民众参与公共事件提供了更为快捷、方便的场所，也在事实上扩大了公民言论影响的范围。网络虚拟世界让一种现实社会不能实现的绝对自由环境得以形成——言论自由且公开，言论发表者匿名且身份隐蔽。但因网络言论自由而引起的现实争议却不断增加。因而，与传统的言论表达自由相比，网络言论应当受到更为严格的限制。

那么，对于高校教师这个群体，是否可以随意在网络上发表言论？有必要了解美国对高校教师网络言论相关的政策规定，给我国提供一些参考与借鉴。

三、美国教师网络言论的自由与边界

1892 年，美国最高法院大法官奥利弗·温德尔·霍姆斯在"麦考利夫诉新贝德福德市长案"中曾写下著名判词："原告也许有议政的宪法权利，但他出任警察时则失去了这项宪法权利。"此判词开创了公职人员言论自由原则审判的先河，也是迄今为止最形象明了的阐释：当公职人员履行公务职责时，他们就不属于第一修正案所保护的普通公民了。之后，法院对涉及公职人员言论自由案件的司法解释，都是在这个判词基础上不断发展而来的。

美国公立高校教师与政府公务员都被称作“政府受雇人”，不过教师是专门从事教学科研的专业人员，与普通政府人员的行政人员身份有所不同。但是，规范公职人员的言论自由原则也自动适用在公立高校教师身上。公立大学教师的本职工作是从事教学或研究，但也难免会卷入其他校内事务之中，因此公立大学教师在发表职务相关言论的同时也可能会以公民身份发表一些非职务相关的言论，这就使得公立大学教师学术自由司法保护变得复杂。通过对一系列有关教师网络言论自由案例的分析可以发现，辨明学术案件中的公言论和公职言论逐渐成为法院做出判决的一个重要依据。

（一）职务相关的言论

1.出于个人观点的公职言论不受保护

2013 年 6 月，正在纽约大学做客座教授的新墨西哥大学心理学终身教授杰弗里・米勒惹怒了网友。或许是由于米勒教授带的博士生中的大多数肥胖者无法完成论文，或许是他对肥胖学生的表现感到失望，他在 Twitter 上发布了这样一条推文：“亲爱的过度肥胖的博士项目申请人，如果你们没有意志力停止吃碳水化合物，你们是不会有意志力完成博士论文的。这是真相。”推文中隐含的对肥胖申请人的歧视激怒了纽约大学和新墨西哥大学。虽然米勒教授辩解称这则推文是他研究项目的一部分，但两校的机构审查委员会的调查结果显示，这条推文根本不能被作为一项研究，而且这项研究并未被该机构批准。新墨西哥大学在 8 月 6 日发布的内部通知中通报了对米勒教授的处理结果。他被永久逐出所有有关心理学研究生录取的委员会，同时他需要向受到牵连的心理学系和所有同事道歉。当教师所发表的言论是出于个人观点，但与学术研究相关，很大程度上这种言论不受保护。

2.对校内事务发表意见的公言论受到保护

2012 年末，佛罗里达州的一位教授在其博客上发表了一篇有争议的声明，对当年在康涅狄格州桑迪胡克小学遇害学生的罪名表示怀疑。博客中包括了这样一段话：“这里公布的所有项目都代表教授的观点，并不代表大学。”然而，管理部门声称，即使提到教授，也未能区分个人观点和大学的观点，从而损害了该机构。结果，这个教师被严厉地谴责。后来，美国大学教授协会（AAUP）在给大学校长的一封信中，工作人员写道，这位教授“可能确实在他的网站上发表了高度争议的声明；但这种言论尤其需要保护学术自由……在我们这个时代，当互联网已经成为世界范围内越来越重要的手段时，如果允许，大学行政部门的行动确立了一个先例，可能会激发想法的活跃交流。尽管不受欢迎，无礼的或有争议的，学术界有特殊的保护责任”。然而，如果教师作为参与大学公共治理的决策者，在校内发表的行政管理言论不属于专业论断，一般无法得到宪法的保护。

（二）非职务相关的言论

1.对损害机构利益的公言论不受保护

2013 年 9 月 16 日，华盛顿海军基地发生枪击案，共造成包括疑犯在内的 13 人死亡。在这样的悲剧阴影下，堪萨斯大学新闻与大众传播学院副教授大卫・W.古思在 Twitter 上发出这样一条推文：“美国步枪协会手上染满鲜血，希望下次死去的是你们的子女。真可耻，愿上帝诅咒你。”推文中“你们”两个字还被着重强调。2013 年 9 月 19 日，躺着也中枪的堪萨斯大学发布了名为“堪萨斯大学谴责冒犯性评论”的官方声明。在声明中，新闻与大众传播学院的布里尔院长义正词严地表示:“尽管美国宪法第一修正案允许任何人表达意见,但这一权益并不是无条件的,它必须要与其他人的权益相平衡……古思教授的观点并不代表我们学院,我们并不提倡针对任何团体或个人的暴力行为。”9月20日,堪萨斯大学再发声明,宣布古思教授开始行政休假,以接受对整件事情的调查。他教授的课程也将由其他教师代替。事情并未到此结束,由于古思教授的推文给堪萨斯大学带来恶劣的社会影响,2013年12月18日,堪萨斯州校董会一致通过了修订有关暂停、中止或解雇教职工的规定。经过修订,新修版本中加入了有关社交媒体的规定:当教职工不当使用社交媒体时,学校有权暂停、解雇或终止与教职工的雇佣关系。

2.对学校行政决策发表意见的公言论受到保护

2014年,科罗拉多州的一位教职人员发送了一封电子邮件,抗议他所在机构的教师裁员计划,该计划提供了与1914年拉德罗大屠杀科罗拉多矿工的比较。该大学迅速终止了该教授访问该机构的电子邮件系统,并指控该消息构成暴力威胁。虽然政府后来恢复了访问权限,但教师成员在邮件列表服务上分发邮件的能力仍受到严格限制。美国大学教授协会(AAUP)维护了教师成员自由地谈论内部学院或大学事务的权利,表示这是学术自由的一项基本原则,同样适用于在网络通信上的言论。然而,当教师作为参与大学公共治理的决策者,在校内发表的行政管理言论不属于专业论断,一般无法得到宪法的保护。

3.发表有争议的公言论不受保护

2010年,一位宾夕法尼亚州教授在学生向政府报告她的Facebook状态更新后(“今天过得很愉快,不想杀死一个学生”),被警察暂停离开校园,并被警察护送出校园。在另一个例子中,2010年,一个天主教神学院的行政当局立即驳回了一位教堂历史和语言助理教授的职务,他曾是图书馆馆长,据报道他曾在一个月前发布在前学生的Facebook页面上发表评论,预测“有一天天主教会会……批准公开同性恋的牧师”。还有,2013年6月,一位进化心理学教授告诉他的Twitter追随者说,超重的学生不会因为博士课程而被拒绝。教授很快删除了推文,但他面临相当多的批评,尤其是在他试图通过声称它是一个研究项目的一部分来证明他的评论之后。行政部门对他所写的内容进行了严格的纪律处分。

四、结论

通过对美国一系列教授网络言论案件的分析可以发现,新时期法院对公立大学教师网络言论自由案件的判决主要体现出以下几个特点。

第一,相对而言,公言论较公职言论受到更多的保护。宪法第一修正案的保护原则从未改变,而从一系列法院的判决及无数大法官的分析中可见,第一修正案中的言论自由所指的主要是公言论。这里的公言论主要是指公民出于对公共利益的关切而发表的公共事务相关的言论。对公言论的绝对保护是实现民主的前提,是对公民积极参政议政的维护,是建设法治国家的保障。而公职言论主要是指公民所发出的职务相关的言论,与公民从事的职业密切相关。公言论的范围较公职言论的范围要广,涉及公共事务的可能性会更大,所以会受到更多的保护。由此可见,教师所发表的公言论与公职言论相比会收到更多的保护。

第二，公共利益的公言论较私人利益的公言论受到更多的保护。有学者依照言论发出者的身份判定言论保护的力度，即大学教师以公民身份发表的言论较以教师身份发表的言论受到更多的保护。以上论断的依据是大学教师以公民身份发表的言论更接近于公言论。随着学术自由司法保护的日渐成熟，法院对公言论的保护变得保守起来，法院开始对公言论背后的利益关系进行分析，对一些以私人利益为出发点的公言论采取不保护的态度，而倾向于保护公共利益目的的公言论。由此可见，教师在网络上发表的公言论受保护的程度与是否是公共利益还是私人利益密切相关。

第三，教学与学术言论受到特殊的保护。公立大学教师的本职工作是教学和研究，法院有理由相信他们在本职业内发表的言论具有更高的权威性。公立大学教师专业性的言论离真理的距离更近一些，法院也会通过案例的判决鼓励公立大学教师对公共事务发表意见，这些意见中通常会散发着智慧的光芒。在许多判例中通过公职言论削减第一修正案对学术自由的保护时，也不忘加一句“教学与学术言论例外”。作为学术自由保护核心的教学和学术言论受到特殊的保护，也理应受到第一修正案更多的关照。

教师是一个特殊的公民群体，教师言论也是公民言论领域一个极其复杂和重要的部分。对教师言论的限制和保护很难说有一个既定的范式和明晰的界限，这既是言论本身的高度主观性使然，也与一定的文化属性和时代背景有关。美国对教师言论自由保护程度的演变与现状表明，其对教师言论自由的保障之基准和力度从来就不是整齐划一、一成不变的，而是在有意或无意中体现着宽严相济的精神与恪守中立的情操。尽管美国法院在保护教师言论自由过程中因事易时移而发生理念变迁，但其最终还是彰显出对言论自由的重视，并注重在教师权益保障与公共利益间进行精微调适。但是，由于判决结果的趋异，所带来的负面效应导致无法形成严密的规则体系来保护教师的言论自由，以致不能为公立中小学教师的宪法权利提供明确的、最终的保障。相对而言，我国在法制高度统一的状况下，自然不存在判决结果出现太大差异的情形，其权利保障也是明确如一的，但是长期以来理论基础的薄弱和制度保障的缺失，使我们在教师言论自由保护这一领域略显不力和不济。对此，我们可以借鉴域外经验，对这一领域进行专门理论探讨和制度构建，以期使教师言论自由得到长足的保障，并力求塑造和维护一个和谐有序的民主社会和良性发展的政治文明。

参考文献：

[1]TOTH M.Out of Balance：Wrong Turns in Public Employe Spech Law [J]. University of Mas-sachusets Law Review，2015(10)：348，367-369，349.

[2]龚钰淋.行政法视野下的公立高校教师法律地位研究——以法律身份及法律关系为核心[D].北京：中国政法大学，2011.

风险管理视角下高校文化安全管理思考

李安迪*

(厦门大学 教育研究院,福建 厦门 361005)

摘要: 高校文化是学校建设中无法忽视的精神内核,是高校培养优质人才的动力,更是构建完整大学、提高高校管理水平的必要方面。随着国家、民族、地区跨文化的不断深入,新媒体信息交流的普及化和片面盲目性,网络信息的不稳定性等原因,使高校文化安全面临了多种挑战与影响。本文从风险管理的视角思考高校文化安全管理,进行对高校文化安全的风险识别、风险控制和风险规避,提出对高校大学生的价值观和生活方式的负面影响风险、对中国传统文化的忽视风险、高校在社会公众中的评价负面化的风险和影响师生价值观和舆情的负面化高校文化安全风险识别。并提出对此些的风险控制如在完善中创新对培养高校学生正确向上价值观、对中国传统文化继承和创新等的文化安全教育体系;加强网络文化安全的管理,高校文化安全管理者应重视对师生网络、新媒体文化安全意识的培养;加强学校管理层面的信息文化安全意识培养,重视管理层的处理文化安全应急事件的能力锻炼,加强高校公关能力的培养,在舆论导向中占据有利形势。

关键词: 高校文化安全;高校文化安全管理;风险管理

近年来,全国各高校接连发生各类重大校园安全事件,相关新闻报道关注度颇高。寝室投毒、校园借贷事件、校园交通不安全事件、实验室安全事件、心理健康安全事件(如:4名女大学生为减肥而吸毒被逮捕、女子读博6年未毕业患精神分裂撞死1岁养女、大学生掉进电信诈骗陷阱被骗6000余元、复旦投毒案……)等,无一不成为引起社会关注的焦点话题。教育部2017年6月14日公布《全国普通高等学校名单》,全国高等学校共计2914所,全国普通本科高校招生规模405万,在校生规模突破1613万。随着高校数量、在校人数越来越多,在管理方面则是有着越来越重要的要求,就目前而言,高校的安全工作压力很大,应该是所有工作中最重要的环节。① 确保校园安全是高校开展所有关注的前提,如果校园安全得不到保障,人才培养、科研和社会服务高校的三大职能是无法得到实现的。高校安全管理是高校发展工作的前提条件,是高校管理工作的重要部分,

---

* 作者简介:李安迪,厦门大学教育研究院硕士研究生。

① 李彬.学校安全风险管理呼唤"校园安全条例"出台[N].中国保险报,2015-01-15(005).

更是社会安全管理不可忽视的内容。

高校文化安全不仅是高校安全管理的一个重要部分，更是我国社会、民族、国家文化安全的重要支柱。文化是高校建设中无法忽视的精神内核，是高校培养优质人才的动力，更是构建完整大学、提高高校管理水平的必要方面。随着国家、民族、地区跨文化的不断深入，新媒体信息交流的普及化和片面盲目性，网络信息的不稳定性等，使高校文化安全面临多种挑战与影响，高校文化在此形势下也更应当加强管理和引导来面对挑战与困境。高校是科研发展的前沿阵地，是知识创新的生产领域，是引领社会思想传播主要先锋，保障高校的文化安全尤为重要。

全面风险管理是现代大学管理的必然取向，应实现内外部整合，塑造高校全面风险管理运行环境，要建构大学全面风险管理系统。① 校园风险包括涉及校园的人身风险、财产风险和责任风险等，②在本文中引入了对高校文化安全的风险管理，"防患于未然"，面对校园文化安全的问题所在，不应只等到发生了之后再去寻求解决方案，也要有基于风险管理下的识别与防范举措。基于安全稳定管理的现实需求，高校应该对各类文化安全风险进行识别、分析和评价，针对风险的发生频率及结果的损害程度制定相应的处置方案。建立风险评估机制，能够真实反映高校的整体风险水平和状况，有助于高校的管理者全面认识潜在的风险隐患，选择风险管理方案，做到全面防范和重点控制相结合，从而促进高校安全稳定管理能力的整体提升。③

一、高校文化安全相关概念界定与研究现状

（一）高校文化安全

要说清楚高校文化安全的概念涵盖，必须要先界定好高校文化安全的概念，因为高校文化概念是高校文化安全概念的基石。高校校园文化作为大学生吸取文化知识，养成思想价值观念以及培养能力素质的重要外部环境，是高等教育的重要组成部分；④是高校校园物质和精神文化的总和；本质属性在于促进学生的全面发展。⑤ 高校文化强调高校自身的文化特性，强调自主性独立性，不受外来因素的干扰、支配和同化。⑥

高校文化安全概念是建立在高校文化概念基础上的，高校文化安全是指高等学校在校园管理实践中，经过长期积淀和工作中不断总结完善形成的，使全体师生员工始终保持正确健康的人生观、价值观，并用以指导师生员工的情感和行为的一种安全稳定的状态；⑦也是对大学生吸取文化知识，养成积极正确的思想价值观念以及能力素质培养的重要保障；更是保障高校自身文化特性独立发展的管理机制，是高校学生面对文化挑战时

① 李名梁.全面风险管理：现代大学管理的必然取向[J].西南交通大学学报（社会科学版），2009，10(04)：76-79.

② 苗娣.校园风险管理研究[D].武汉：武汉大学，2012.

③ 侯晓舟.高校校园安全风险管理研究[D].广州：暨南大学，2017.

④ 刘海春.论朋辈教育和高校校园文化建设的耦合与运用[J].高教探索，2015(02)：36-39.

⑤ 侯长林.高校校园文化的理论研究[J].中国高等教育，2013(23)：23-25.

⑥ 张俊杰.当前高校文化安全的挑战与对策[J].教育评论，2015(08)：95-98.

⑦ 唐世刚，谭黎玲.当前我国高校校园文化安全面临的挑战及对策分析[J].大众文艺（理论），2008(10)：148-149.

的应对策略和高校对突发事件的应急举措。

（二）风险管理

风险，故而言之即“可能发生的危险”。风险管理是管理者用以降低风险消极结果的决策过程，通过风险识别、风险估测、风险评价等初期阶段，在此基础上选择与优化组合各种风险管理技术，对风险进行控制和规避，有效和合适地处理风险所导致的后果，从而以最小的成本达到最优化的安全保障。[①]

校园安全风险管理是将现代风险管理的理论、方法等应用于现代教育管理领域，运用各种途径如法律、行政管理和市场运行途径等，进行校园安全风险识别与防范、风险控制、风险规避、风险转移等现代风险管理，以最优方式和最大限度地降低校园安全风险。[②]本文试将风险管理运用至高校文化安全管理，试对高校文化风险识别、防范、控制与转移进行思考。

（三）高校文化安全研究现状

我国对高校文化的研究自20世纪80年代开始的“文化热”起，已有许多学者研究演技UI高校的文化方面，贡献了许多研究成果，包括在对大学校园文化和高校文化安全的基础理论研究、对高校文化安全与思想政治教育关系和途径研究、对构建高校文化安全的目标和途径研究、对高校文化内涵创新发展、对高校文化安全与其他方面相互关系研究等方面。

1.对当前高校文化安全面临的挑战与对策研究最多且趋于完善

多数学者在研究高校文化安全方面均对当前高校文化安全面临的挑战做了细致的论述和归类。总的来说，有以下几种挑战：“文化帝国主义”的挑战、当代资本主义新变化的挑战、经济交往中产生文化认同的挑战、信息交流网络化的挑战、高校宗教文化蔓延的挑战、[③]中国传统文化缺失的挑战。对这些存在的问题也做了细致的论述，如资本主义国家的文化输出、经济交往中的商品消费文化认同和移植等是使地当代大学生的价值观和生活方式深深地被西方消费主义文化影响的重要成因；[④]传统文化价值观念的缺失和不受重视则是高校文化安全的另一重大挑战，出现了对我国传统文化和伦理道德规范的“认同困难”；[⑤]对信息交流网络化和新媒体普及化下的高校文化安全研究则集中在因为信息的虚假和片面影响，使高校学生无法形成积极正确的思想、价值观念和看待问题的全面观。

对高校文化安全挑战与困境的对策研究则是根据现存的挑战来探讨维护高校文化安全的措施，如面对中国传统文化缺失的挑战，提出要重视民族传统文化的教育，要重视

---

① 卓志.风险管理理论研究[M].北京：中国金融出版社，2006：12.

② 王伟法.校园安全风险管理[M].北京：海洋出版社，2013：1.

③ 隋成竹.高校文化安全面临的挑战与对策[J].青岛农业大学学报（社会科学版），2011，23（01）：85-89.

④ 于滨.略论文化安全视域下的高校校园文化建设[J].学校党建与思想教育，2011（05）：75-76.

⑤ 唐踔，陈勇.文化全球化背景下我国高校文化安全建设论略[J].教育文化论坛，2011，3（04）：18-23.

以大学语文为主的汉语教育，重拾美德教育，建立起高校传统文化教育体系等；[①]面对新媒体环境下高校文化安全面临的挑战，提出要构建校园网络文化体系，在平时的工作中加强对高校的文化建设，特别是在突发情况下积极组织动员师生有针对性、有效性地实施舆情引导行动。[②] 不同的学者从不同的方面和视角研究高校文化安全的相关内容，如从文化安全视域下的路径探讨、马克思主义文化观视角下的教育探讨等，大多都非常具有针对性和可实施性。

2.对高校文化安全研究的另一重点在高校意识形态安全建设和思想政治教育研究

现有研究表明，高校校园文化是社会文化的重要组成部分，是意识形态安全建设的着力点，必须以社会主义核心价值体系来引领校园文化建设，充分发挥文化育人的功能；[③]党和国家应当在高校文化阵地进行马克思主义思想和共产党理想的思想政治建设，要在"思政课"课堂上紧密联系实际，有针对性地加强文化安全教育，才能加强民族传统文化的认同和建设；[④]要统一思想认识，始终坚持马克思主义意识形态领域的指导地位等；在这方面大多是党建和思想政治教育工作者从国家文化安全的高度来进行探讨。

3.对不同地区高校文化安全建构研究是我国西部地区高校文化安全研究的重点之一

新疆安全问题已是明显的国家政治问题，新疆高校文化安全面临的威胁与挑战也具有特殊性，一是西方反华势力的文化渗透，二是境内外"三股势力"的文化渗透。[⑤] 所以在新疆等西部地区的高校文化安全建构是重点之一，提出要坚持用社会主义核心价值观引领高校文化建设、培养高校大学生的安全感、文化创新、强化高校大学生在意识形态领域的教育，推动新疆高校文化安全建设等应对措施。[⑥] 也有针对某个学校个例的建设研究，如基于西南石油大学周边复杂的社会环境对安全领域的高校文化建设与教育研究，[⑦]并提出一系列针对该校的文化建设的途径，也可供其他研究者对其他高校环境参考。

在其他研究方面，也有学者就高校文化安全和安全文化区分，已有的研究显示，研究高校校园安全文化方面集中在对高校校园安全文化的重要性、功能以及如何建设高校校园安全文化方面。高等学校所处的特殊社会地位，决定了高校安全文化既源于安全文化，又要先导于安全文化，[⑧]认为高校校园安全文化对高校安全管理起着导向功能、对师生人文素质的育人方面起着提升功能、对安全系统有效性方面起着协调功能等。提出的建议包括倡导校园安全文化，树立师生员工的安全意识和责任意识，有效强化校园安全管理，完善校园安全的规章制度，积极开展安全教育活动，营造充满生机的校园环境，以

---

① 周燕莉.我国高校文化安全存在的问题、原因及对策研究[D].太原：中北大学，2016.

② 郑云.新媒体环境下高校文化安全面临的挑战和对策[J].学校党建与思想教育，2014(10)：82-83.

③ 邓国林.高校意识形态安全建设研究[D].苏州：苏州大学，2013.

④ 刘春梅.网络给高校文化安全带来的挑战与原因分析[J].北京教育(德育)，2009(02)：34-36.

⑤ 王梅.新疆高校文化安全略论[J].四川警察学院学报，2014，26(02)：123-126.

⑥ 李慧娟，陈善才.新疆高校文化安全建设刍议[J].塔里木大学学报，2014，26(03)：101-105.

⑦ 李泽波.安全领域的高校文化建设与教育研究——基于西南石油大学周边复杂的社会环境[J].西南石油大学学报(社会科学版)，2014，16(01)：111-116.

⑧ 邓国林，朱蓉蓉.试论高校校园安全文化建设[J].江苏高教，2008(02)：88-89.

安全教育为先导等。[①] 从现有的对高校校园安全文化的研究就可看出，高校安全文化是指对高校校园安全管理的物质方面的措施和思想方面的引导。

从文献梳理中可以看出，基于风险管理的高校校园安全管理研究也不少，但大多是聚焦于有哪些风险、如何应对这些风险这样的结构上；也已有完整的硕士论文研究高校校园安全风险管理研究，聚焦于某一具体的学校为例来研究为高校校园安全风险管理工作提供借鉴；但还未有独立的用风险管理来探讨高校文化安全管理的研究。

随着风险管理理论研究的进展和融合，风险管理的基本要素缩小为风险的识别、评估和处理，这同样适用于高校风险管理领域。所以在已有研究的基础上，本文将具体内容聚焦在现在大约已定的基本三要素上，从风险的识别、控制和规避这三方面试来对高校文化安全风险管理进行一个初步的探讨。能够促进高校师生人生观、价值观、世界观的建构；促使高校形成共有自身文化特性的管理机制；推动大学生养成积极正确的思想、价值观念，提高学生素质能力培养；加强高校学生面对文化挑战时的应对策略，强化高校对突发事件的应急举措。

二、高校文化安全风险管理途径

随着风险管理理论研究的进展和融合，将风险管理的基本要素缩小为风险的识别、控制和规避，这同样适用于校园风险管理领域。

（一）风险识别

风险识别是确定何种风险可能会对机构产生影响，最重要的是量化不确定性的程度和每个风险可能造成损失的程度。[②] 高校文化安全的重视主体应是学生与教师，因此在对文化安全风险进行识别的落脚点在于师生之上，但也不仅仅是师生，因为高校文化安全不只是与本校相关，也与社会、民族和国家密切相关。且高校文化安全的风险识别具有特殊性，安全系数可以衡量，但安全风险可能造成损失的程度不容易估量，因此在本次研究中，只关注风险识别的前一个目的，即确定何种文化风险会产生影响。

(1)资本主义国家的文化输出、经济交往中的商品消费文化认同等因素，对高校大学生的价值观和生活方式的负面影响风险。资本主义对我国的文化冲击主要是通过在我国创造一个消费社会和消费文化来实现的，这样的消费文化明显已经渗入高校中。近年来，大学生金融产品在各大高校中十分畅销，分期购物、p2p 贷款在高校学生中甚为流行，直到如今，女大学生校园“裸贷”、从借 1000 元到最后欠下数万债务这样的事情似乎成为见怪不怪的事情之后，及时行乐、过度超前消费已是不少一部分人的消费文化，当代大学生的价值观和生活方式深深地被西方消费主义文化影响，高校大学生的价值观和生活方式的负面影响风险已为程度严重的风险。

(2)随着国家、民族、地区跨文化的不断深入，存在对中国传统文化的忽视风险。我国自改革开放以来，和外国的交流越来越多，也参与了很多不同国家、民族、地区的跨文化交流。但是直到目前，我国始终没能成为文化输出大国，多年来如美国等少数国家大规模地向我国输入精神文化产品，多数国人仍存在着“国外的月亮比较圆”的心理。通过

① 邓浩，王国华.高校校园安全文化建设研究[J].思想政治教育研究，2014，30(05)：117-119.

② 卓志.风险管理理论研究[M].北京：中国金融出版社，2006：12.

实证研究表明，当代大学生普遍缺乏对传统文化全面深入的了解和掌握，在书籍阅读、语言学习、节日元素和生活方式等方面的西化倾向十分严重，存在对民族文化认同的危机；①高校学生对传统文化知识认知表现为储备匮乏、观念淡薄，甚至在不同程度上有弱化的趋势，学习氛围不浓厚。②

(3)新媒体交流的普及化和信息片面盲目性，高校在社会公众中的评价负面化的风险。在新媒体自媒体交流的普及化的现在，大学生的文化安全意识不强，往往会因为新的信息而造成轰动的影响，尽管这些信息很大程度上是片面的。很大一部分的风险来源于还未考证就进行转载转发，这在客观上造成了高校在社会公众中的评价负面化风险增大的推波助澜的作用。也需要承认，在新媒体和自媒体的普及化下，高校的文化安全也能得到反馈和监管。

(4)网络、信息的不稳定性影响师生价值观和舆情的负面化的风险。细数近些年关于高校事件的报道会发现，若高校群体类事件一发生，包括教师和学生维权活动如集体非法集会、请愿、游行、示威，集体罢课等事件，网络的信息就会铺天盖地，而这些网络信息不够稳定也不够完全真实和全面，这些信息会增加对高校评价和舆情的负面化风险。③网络文化对师生价值观的不利影响则不用多说，许多文章都已细致论述，如网络文化挑战主流意识形态、网络文化安全意识不强、网络文化的不健康覆盖面广等，都增加了高校文化安全的风险系数。④

（二）风险控制——用积极的措施来控制风险

控制风险的最有效方法就是制定切实可行的应急方案，编制多个备选的方案，最大限度地对所面临的风险做好充分的准备，或是通过降低其损失发生的概率，缩小其损失程度来达到控制目的。⑤ 当风险发生后，按照预先的方案实施，可将损失控制在最低限度，高校文化安全在识别其风险的情况下更应当加强管理和引导来面对挑战与困境。

(1)对培养高校学生正确向上价值观、对中国传统文化继承等的文化安全教育体系进行完善并创新。引导学生树立正确的三观是一直不变的议题，但风险系数还是如此之高，究其原因是对学生的文化安全教育不够“动人心弦”。例如在不正确的消费文化引导下的悲剧出现的时候，高校文化安全管理者可组织学生搜集或讨论新闻事件，也可组织辩论赛这样较为新颖的形式，而不是一味地发通知阅读文本。

目前对于高校传统文化的学习大多融入了思想政治教育，有部分学校也通过建设通识教育中心开课来为全校师生进行传统文化的教育。应在高校加强对中国传统文化的学习和认知。研究表明，大部分学生都希望教师能经常举办传统文化讲座、开设经典导读课程等。⑥

---

① 樊娟.新生代大学生文化认同危机及其应对[J].中国青年研究，2009(7)：36-42.

② 陈龙涛，李佳，张爽，尤世红，刘玉平.当前高校传统文化教育探析[J].沈阳大学学报(社会科学版)，2015，17(05)：651-653.

③ 侯晓舟.高校校园安全风险管理研究[D].广州：暨南大学，2017.

④ 于东江，王建林.网络文化背景下的高校校园文化安全建设[J].西南石油大学学报(社会科学版)，2010，3(06)：69-73，134.

⑤ 卓志.风险管理理论研究[M].北京：中国金融出版社，2006：12.

⑥ 吴薇.大学教师发展与传统文化教育[J].煤炭高等教育，2007(6)：51-53.

(2)加强网络文化安全的管理,高校文化安全管理者应重视对师生网络、新媒体文化安全意识的培养。新媒体包括网络作为媒介,具有传播多元化、个性化、交互性、快速性、广泛性和全球性、开放性、丰富性等重要特点,[①]使其与高校师生联系密切,不可否认的是,也为高校文化建设做出了一定贡献,但也存在着舆情负面化风险、师生煽动性强等风险系数增加的情况。正是由于此,高校管理者应加强本校的网络文化安全宣传和落实,应重视师生网络、新媒体文化文化安全意识的培养,在一定程度上减少盲目跟风的概率。

(3)加强学校管理层面的信息文化安全意识培养,重视管理层的处理文化安全应急事件的能力锻炼,加强高校公关能力的培养,在舆论导向中占据有利形势。在"沈阳事件"中,南京大学文学院及时发布官方消息,直面社会舆论并实施正确的决议,建议沈阳辞去教职一事,有力地扭转了当时网络对于南京大学的负面舆论,这就是一个正确的关于高校在社会公众中评价负面化的风险控制的案例。但这只是面对舆论的一种手段,最根本的还是学校要坚持自身的文化建设,坚持正确的学术和道德立场,不可因小失大。

(三)规避风险

在既定目标不变的情况下,改变方案的实施路径,从根本上消除特定的风险因素。[②]例如设立现代激励机制、培训方案、做好人才备份工作等,可以降低知识员工流失的风险。在对高校文化安全风险方面,有一部分是没法规避的,下面就能在一定程度上能规避风险的情况做一些说明。

(1)制定强制政策文件,从根本上不允许学生使用有利息的借贷产品,能有效地规避高校学生由于不正确的消费文化产生的风险。也可以采取其他的规避手段,比如向高校学生提供合法的适当的校园借贷等。

(2)完善高校自身的各种管理体系,从源头避免能引起公众舆论导向的负面事件的发生。或是构建明确的处理制度,能高效、明确地对突发事件进行解决、处理并进行公告。

类似这样的方法还很多,不管是什么类型的高校文化安全风险,高校文化安全管理会成为越来越重要的一部分,是高校和谐稳健发展的重要基石。从风险管理视角来把握高校的文化安全管理,有利于"防患于未然",使高校更好地发展。

---

① 王婉妮.网络新媒体特点及其现状分析[J].今传媒,2014,22(12):123-124.

② 卓志.风险管理理论研究[M].北京:中国金融出版社,2006:12.

供给侧改革视角下拔尖创新人才培养新思路

孔苓兰*

（厦门大学教育研究院，福建 厦门 361005）

摘要：我国目前拔尖创新人才培养遭遇到了培养过程重视数据心急功近利、培养模式照搬欧美千篇一律、培养变革亦步亦趋缺乏自主等问题。与此同时，正在进行的供给侧改革对高等教育发展提出了注重结构、质量、效益和创新的新方向，并高校人才培养提出了优化结构、去库存、提高质量、提前预判等要求。供给侧改革对人才培养的新要求正好为拔尖创新人才培养改革提供了新思路：注重向团队进行供给、注重学生兴趣能力与素质的积累、注重前瞻性培养、注重特色培养思路的制定。

关键词：供给侧改革；拔尖创新人才培养；新思路

一、供给侧改革对高校人才培养的新要求

（一）供给侧改革在高等教育领域中的内涵

供给侧改革并非教育学领域内产生的概念，而是从经济学领域引出的概念。2015 年 11 月 10 日，在中央财经领导小组第十一次会议上，国家领导人提出“在适度扩大总需求的同时，着力加强供给侧结构性改革，着力提高供给体系质量和效率，增强经济持续增长动力”①，从而开启了经济领域供给侧改革的序幕。

在经济学领域中，供给侧改革是和需求侧改革相对应的概念。需求侧改革主要反映了改革开放后，尤其是加入 WTO 后中国经济的主要发展方式，体现为政府对自由市场的强力干预，通过货币和财政政策，加大投入、刺激消费、扩大出口，以投资、消费、出口“三驾马车”来拉动经济的迅速增长。与此相对的供给侧改革，则主要将“调节的手”交给市场，充分发挥劳动力、土地、资本和技术更新等要素的交错作用，以产品质量的提升来促进经济的高质量发展，这正是目前中国经济寻求转型的方向。②

由于目前高等教育与劳动力市场、资本市场、各产业部门等联系紧密，因此经济领域强调由需求侧转向供给侧的改革，其影响势必会波及高等教育领域。在过去，我国高等教育的发展方式与经济发展模式呈现出许多相同的特点，政府与高校都想通过加大财政

---

* 作者简介：孔苓兰，厦门大学教育研究院硕士生。

① 新华网.习近平主持召开中央财经领导小组第十一次会议[EB/OL].(2015-11-10)[2018-07-17].http://www.xinhuanet.com/politics/2015-11/10/c_1117099915.html.

② 姜朝晖.以供给侧改革引领高等教育发展[J].重庆高教研究，2016(1)：123-127.

拨款力度、银行借贷额度、校友捐赠意愿程度来获得更多的投资，通过发展教育与学生生活相关附带产业来拉动学生消费，通过支持在校生与应届毕业生出国深造与鼓励外国学生来华留学来促进进出口，依然是靠投资、消费、出口三条主要途径来促进高等教育发展。在此阶段，高等教育虽然发展速度较快，但也呈现出一些需求侧改革中的特点。第一，高等教育呈现出外延式发展，注重规模与数量的增长，这里的规模指毛入学率、在校生数、教职工数、占地面积、开课数、科研项目数等人、财、物各种意义上的规模；第二，高等教育发展的大方向与速度由政府把控，高校没有太多办学自主权，依赖政策红利从而轻松获得发展；第三，高等教育体制框架是有层级梯度的，各高校按照政府规划与建设工程循规蹈矩地发展，竞争意识不强，高校阶层较为固化。从上世纪末高校大规模扩招开始，不少高校确实有较快的发展，但是过程肤浅、浮躁，追求表面数据，忽视高等教育内外部发展规律，发展质量总体不高。

结合经济领域由需求侧转向供给侧改革的启示，且考虑到高等教育与市场经济的联系之紧密，高等教育必须改变目前的发展方式，从注重规模、数量的发展转变到注重结构、质量、效益和创新上来。

（二）高等教育供给侧改革的特殊性

高等教育领域的供给侧改革，与当前经济领域的供给侧改革，既有许多相似之处，又有诸多不同点，既与其他领域的供给侧改革有共性，也有其特殊性。其中，高等教育领域供给侧改革的特殊性主要体现在供给侧主体与供给产品这两方面。

第一，在供给侧主体方面，由于目前我国高等教育处在中国特色政治经济特制的大环境下，同时因为其准公共产品的性质，其供给侧主体与需求侧主体都不是单一主体。一方面，在需求一侧，高等教育的需求主体并不只是接受高等教育的个体，大学生或准大学生固然是高等教育的直接需求者，他们需要高等教育给自身带来更好的人生成长与价值实现。但与此同时，政府与社会是间接的需求主体，政府与社会的需求是通过接受高等教育的个体间接被满足的。政府需要通过更多人接受高等教育来提升国民素质国家软实力、刺激经济发展、培养执政储备人才，社会需要通过接受过高等教育的个体促进阶层之间的流动、维护自身的和谐稳定、满足自身发展与更新的需求。另一方面，在供给一侧的主体也不是传统意义上的单一的主体——高等学校，而是由政府、社会和高校共同组成的复合供给主体。[①] 高校是高等教育的直接供给主体，向其他各部门提供规格层次不一的毕业生与高深知识，同时政府通过政策引领与财政拨款等方式、社会通过舆论导向与交流合作等方式，间接地影响高校供给的质量与规模。因此学生是需求侧的直接主体，高校是供给侧的直接主体，政府与社会则是需求与供给双方共同的间接主体，因此高等教育的供需主体关系错综复杂，很难理清。这种供给侧多重复合型主体是高等教育领域内供给侧改革的特性之一，也给高等教育供给侧改革的顺利实施带来了不小的挑战。

第二，在供给产品方面，高等教育领域与其他领域不同的是，其他生产部门所供给的产品一般是有实体的物质，而高等教育所供给的产品首先是人，其次是高深知识，最后是道德、风气等精神方面的内容。同时，高等教育产品所供给的对象要兼顾个体与群体，一方面面向整个人类群体与国家社会，另一方面面向所有在校学生个人，与一般生产部门

① 武毅英，童顺平.高等教育供给侧改革的动因、链条与思路[J].江苏高教，2017(4)：1-6.

面向下游企业或面向消费者有所不同，因此从供给的产品这个角度来看，高等教育的供给侧改革又具有高度特殊性。

（三）供给侧改革对高校人才培养的新要求

高校的三大职能为人才培养、科学研究与社会服务，其中又以人才培养为其根本职能，高等教育供给的产品也以“人”为先，因此高等教育领域的供给侧改革最关键的是人才培养方面的改革。目前，我国高等教育在供给人才方面出现了一系列严重的问题。首先体现在同质化严重上。我国高等教育在扩大规模的同时并没有有效地实现多样化发展，很多院校都以高水平综合性大学为自己的建设目标，导致产生开设专业重复率高、培养模式雷同、课程设置与教学方式大同小异等情况，进而引起相同类型毕业生过多、拔尖创新人才缺失、培养结构失衡等问题。其次体现在库存过大、供给人才过多上，我国高校在高速扩招之后，本硕博各层次毕业生人数均急剧增加，但是就业情况不容乐观，出现“毕业即失业”等现象。最后体现在供给质量下降上。许多高校近几年培养模式陈旧、培养资源利用效率不高、课堂教学效果下滑、学生学习动机偏向功利，毕业生的综合素质整体不容乐观，尤其是拔尖创新人才培养效果不佳。

面对这一系列人才培养供给侧问题，高校也需要作出相应的供给侧改革调整。在面向国家社会群体的人才供给这个层面上，高校的人才培养应当具有较为准确的前瞻性，提前预测学生毕业后乃至毕业后十年、二十年的社会发展状况，制定针对未来中国社会的人才需求来规划专业设置、制定培养方案，以解决人才供给结构错位的问题，尤其对于成才期较长的拔尖创新人才培养而言，前瞻性预测性培养更是至关重要；在面向在校学生的资源供给层面上，高校应当提供能够切实提高学生各项综合素质基础上，根据培养目标有侧重的培养某几项能力的培养方案，拿拔尖创新人才培养举例，学校应当为学生们提供利于激发创新热情、扎实学科基本功、乐于团队合作等培养措施，使得学生在毕业时能够具备过硬的综合素质和浓厚的研究兴趣，为以后成长为真正的拔尖创新人才奠定良好的基础。

二、拔尖创新人才培养目前遇到的瓶颈

《国家中长期教育改革与发展规划纲要（2010—2020年）》中对拔尖创新人才的要求是“信念执着、品德优良、知识丰富、本领过硬”，[①]胡锦涛总书记在清华大学建校100周年讲话中提到，拔尖创新人才应该是“新知识的创造者、新技术的发明者、新学科的创建者”，[②]已有文献中大部分在对拔尖创新人才进行定义时都提到科学研究、领军人物、理想信念、创新能力等词汇，可见社会各界对于拔尖创新人才的期待相对统一，是指具有强大的领导能力、创新能力与理想信念的各行业引领者，尤其是顶尖的学术职业者。

拔尖创新人才在人才强国战略中处于核心地位，他们的所思所为引领着国家发展的

---

① 教育部.国家中长期教育改革与发展规划纲要（2010—2020年）[EB/OL].（2010-07-29）[2018-07-17]. http://old.moe.gov.cn/publicfiles/business/htmlfiles/moe/info_list/201407/xxgk_171904.html.

② 新华社.胡锦涛在庆祝清华大学建校100周年大会上的讲话[EB/OL].（2011-04-24）[2018-07-17].http://www.gov.cn/ldhd/2011－04/24/content_1851436.html.

方向，将深刻影响社会前进的进程，因此在一定意义上，拔尖创新人才才是当前高校最应该向社会供给的，然而因为种种原因高校未能进行有效的供给。从20世纪70年代末80年代初起，一些院校如浙大、中科大就开始组建试点班级，开始了培养拔尖创新人才的尝试。进入21世纪后，尤其是在《国家中长期教育改革与发展规划纲要(2010～2020年)》提出后，各高校纷纷试点培养拔尖创新人才，但是三四十年过去了，现在的各学科带头人、各行各业的引路人很少有出身于这类培养计划的，仍然没有任何一种培养模式的毕业生能够通过劳动力市场，尤其是学术职业劳动力市场的检验。目前高校拔尖创新人才培养计划都或多或少存在以下三点缺陷。

（一）培养过程重视数据心，急功近利

目前，各高校在拔尖创新人才的培养方面确实有做出一些改革措施，积累了一些经验，在教育理念、培养模式还有教学管理模式等方面均有不同程度的创新，但是都存在着缺乏耐心、急功近利、看重表面数据等问题。

各高校目前的拔尖创新人才培养计划，囿于优质师资缺乏、教学管理体制全面改革难度很大、学生缺乏了解持观望态度等因素，也因为拔尖人才自带的精英、小众化、个性强等特性，基本是以从全校几千名本科新生中挑选几十名至几百名进行试点培养的模式。被选入拔尖创新人才培养计划的学生，在国内深造率、出国深造率、参加科研项目的比例、拥有国际化经历的比例、发表过学术文章的比例等一系列代表“学业优秀”的数据上，与比普通本科班级的学生相比较而言，确实有了不小的提升，各高校也以各项数据的突破作为自己拔尖创新计划培养成果的例证进行宣传，但这其中存在着两点值得商榷的地方：首先，这些被选入拔尖创新培养计划的学生，在入学之初就比其他学生在学业方面要更为优秀，在一定程度上代表着这些学生的天赋能力或学习态度比其他学生要更为突出，在这种情况下，这些学生拥有更令人满意的数据，也很难完全归功于这种培养模式的功劳，焉知这些学生放在普通班级培养会不会有相同优秀乃至更为拔尖的表现；更为重要的是，仅从这些浅层数据中，能否看出学生的创新能力、领导能力、科研实力有没有得到切实的提升，能否看出学生的学术兴趣、研究志向、人生包袱到底有没有被激发出来甚至确定下来，能否看出学生的学习动机、学习目标有没有脱离功利的精致利己主义或庸俗的低级趣味而迈向自发主动乃至崇高利他，答案当然都是否定的。

对于表面数据的喜好体现了此前高等教育注重外延发展与规模扩张的特征，这些数据虽然浮于表面，但易于统计、能够显示出差距，并让人感觉到投入有所回报，因此得到了管理人员的偏好。管理人员希望这些学生在校期间就能够成为“拔尖创新人才”，希望他们在各项活动上的表现都能够独领风骚，但这显然违背人才的成长规律，与其他各类人才相比，拔尖创新人才有着更长的成才周期，他们可能要到四十岁以后才能够称得上是“拔尖创新人才”，校方希望他们能够速成培养拔尖创新人才的愿望显然是不切实际的，学校对拔尖创新人才的培养缺乏耐心，希望投入的资源能够尽快看到成果，存在急功近利的心态。在此情况下，学生的学习体验、能力与素质的增长等内在、核心的衡量指标，并没有引起足够的重视。一项调查显示某高校拔尖创新计划的学生教育满意度要低于传统专业模式学生，学生普遍感觉接受的拔尖创新人才教育没有达到自己入学时的期望值。[①]

（二）培养模式照搬欧美，千篇一律

各高校的拔尖创新人才培养模式基本都以欧美顶尖大学创新人才培养模式为蓝本，借鉴修改而成的，因此存在大同小异、千篇一律的局面。在此情况下，我国大部分高校的拔尖创新人才培养模式呈现出以下一些共性特征：在培养规模上，优中选优，选拔极少数的学生组建实验班或进入试点学院，进行小班化、精英化培养；在学科方面，各校试点学院（班级）集中于文理基础学科与制造型工科；在课程方面，重视通识性课程的开设，试图建立通专结合的课程体系；在教学方面，注重研究性教学，通常采用问题式、研讨式、合作式教学方法；在国际化方面，强调聘请外教进行英文授课，并尽力为学生提供出国出境交流机会；在科研方面，为学生配备科研导师，鼓励学生参与导师课题与大学生创新创业项目等科研训练机会，鼓励学生在学术期刊上发表文章；在管理方面，试点学院（班级）备受校领导重视，在资源使用等方面拥有比校内其他单位更高的优先级。即使各校的拔尖创新人才培养模式在学习年限、学生管理机制、退出机制等方面略有差别，但仍然呈现出较高的同质性。拔尖创新学生相比较一般学生，应该呈现出更强烈的个性与更丰富的多样性，但目前各高校显然未能根据社会需求与个人发展需求，相应地供给多样化的拔尖创新人才教育。

在欧美高校的培养模式中，通识课程、开放性研究性互动教学与导师制被中国高校借鉴最多，这些创新人才培养举措在英美等国取得了较大的成功，培养了多位诺贝尔奖得主，也推动了欧美科技进步与经济繁荣，但是这些培养举措能否在中国的环境下取得成功，还有待商榷。这些照搬欧美的千篇一律的培养模式，无论是对学生本人还是社会来说，都是极不负责的表现，各高校纷纷学习欧美后又相互交流简介，并没有真正承担起因地制宜培养拔尖创新人才的责任。

另外，按照欧美模式培养出来的学生能否经得起中国劳动力市场检验仍然是一个问题。在这样的体系里培养出来的优秀人才，基本都以去欧美等国深造为成功标准，高校很多管理人员、高校拔尖创新计划的策划者负责人也都以向国外输出所谓的优秀创新人才为培养目标，以出国深造率这一指标来评价自己的培养模式是否成功。在这样的风气影响下，很多高校拔尖创新人才培养实际上是面向欧美而非面向国内的，有很大一部分毕业生在国外深造后即定居国外工作，并未回国成长为设想中的领导人才与创新人才。这种按照欧美模式培养、毕业后向欧美输送的培养方式，使得拔尖创新人才培养并未在本土落地生根，向中国社会实现有效供给，反而给人一种“为他人作嫁衣裳”的既视感。

（三）培养变革亦步亦趋，缺乏自主

根据拔尖创新人才培养的规模与内涵，我国拔尖创新人才培养地探索大致可以分为以上三个阶段，每个阶段的培养目标与培养方式都有不同程度的变革与进化，但是不变的是，这三个阶段创新人才培养的发展形势都是跟当时的政策密切相关的，我国拔尖创新人才培养的变革是跟着政策亦步亦趋地探索，缺乏独立自主性。第一阶段始于20世纪70年代末80年代初，这一时期的探索是乘着改革开放的东风开展的，部分高校在接触欧美人才培养模式后决定改革，在基础学科方面1978年由中科大首办少年班，随后在

① 许小雯等.元培模式教育满意度实证分析[J].中国大学教学，2012(5)：77-81.

1984 年教育部下文《关于请北京大学等校举办少年班的通知》，在试水的中科大以外批准 12 所重点高校开办少年班；在应用学科方面浙大首开风气，于 1984 年在综合分析麻省理工和哈佛等世界一流大学优秀人才培养方案的基础上，率先创办以培养工科拔尖创新人才目标的混合班。[①] 第二阶段的探索从 90 年代初开始，受当时社会主义市场经济的影响，应用学科报考火热，基础学科受冷，因此原国家教委于 1990 年召开了全国高等理科教育座谈会，在高校广设"国家理科基础科学研究和教学人才培养基地"，设立"国家基础学科人才培养基金"，各个高校纷纷重视理科基础学科拔尖创新人才培养，开设基地班。[②] 第三阶段则以 2009 年教育部"基础学科拔尖学生培养试验计划"启动与《国家中长期教育改革与发展规划纲要（2010—2020 年）》颁布为起始节点，这是面向高等教育大规模扩招、向大众化转型的现实情况的举措，也是为了回应"科教兴国"、"人才强国"等基本国策。在国家顶层规划明确提及要开始拔尖创新人才教育时，越来越多的高校加入进拔尖创新人才的培育队伍中来，掀起了一波更猛烈的试验高潮。

我们可以看到，高校探索拔尖创新人才培养的步伐更多是由政策推动的，高校在这一过程中缺乏自主性与主观能动性。不少学校是因为政府部门的委托与要求，方开始了拔尖创新人才培养计划的制定，另外一些学校则是在相应政策的鼓励下，看见兄弟院校纷纷开始了试点工作，因此自己也感觉到必要紧跟步伐，跟风建构起了拔尖创新人才培养体系。在此过程中，很少有高校着眼于学生需求、社会需求、劳动力市场需求，自己不断主动调整，以保证自己一直是供给适合的创新人才。

三、供给侧改革给拔尖创新人才培养提供的新思路

当下供给侧改革对高等教育人才培养提出了不少新要求新方向，这些新理念正是突破拔尖创新人才教育目前遇到的"瓶颈"的良方，在供给侧改革的视域下，今后的拔尖创新人才培养应当尽力做到以下几点。

（一）注重向团队进行供给

纵观近几十年来科学成果取得者的变化，我们可以看出，单枪匹马作战取得惊人发现的越来越少，团队合作取得突破性发现的却越来越多，而且这股潮流已经逐渐从自然科学领域蔓延到人文社科领域。针对这一趋势，我们在培养拔尖创新人才时，也要适当放松对单个拔尖学生的关照，注意团队型人才的培养，注重向科研团队进行供给。

一个成熟的科研团队，围绕一个核心研究领域与若干个分支议题，必然有一位学术领袖、少数中坚骨干、若干位青年学者以及更多位学生后备力量在进行研究活动，这样才能够构成相对稳定的年龄与职称梯度，那么我们本科阶段的拔尖创新人才培养，直接供给的产物应当是整个团队的储备力量，间接供给的产物则是科研团队带头人。

为了满足这一供给要求，高校应当首先给学生配备一个合适的科研导师，让学生能够在本科阶段得到就加入科研团队的机会，当学生能够在这个团队中待上两三年，从最基础的事情做起，逐渐熟悉科研团队的运作模式、科研项目从申报到结项的流程、团队成

---

① 邹晓东等.从混合班到竺可桢学院——浙江大学培养拔尖创新人才的探索之路[J].高等工程教育研究，2010(1)：64-74.

② 叶俊飞.南京大学"大理科人才培养模式"研究[D].南京：南京大学，2014：3-10.

员之间的合作方式，明晰自己在团队中的位置以及哪些是自己该做的事，这样到毕业时学生自然能够成为较为合格的科研团队储备力量。现在不少高校在拔尖创新人才培养计划中也有实施本科生导师制，但是普遍面临学生专业兴趣与导师研究领域不符、导师与学生之间缺乏沟通、导师与学生对导师制缺乏热情等诸多问题，首要的解决之策还属提升学生与导师之间的适配性，学生与导师的匹配不仅体现在相同的学术兴趣上，还体现在三观相合、性格相契、爱好相同等各个方面，师生之间合得来，学生自然能在科研团队中得到更多的成长。同时，培养方案中还应当注意学生团队型、协作型人格的培养，通过各种团队合作活动，如课上进行小组合作式教学、以班级或寝室为单位进行综合素质拓展活动，营造和谐互助的班级氛围，能够在很大程度上避免学生形成封闭自我的性格，利于他们在团队中贡献力量。

（二）注重学生兴趣、能力与素质的积累

拔尖创新人才的成才期、积累期较长，往往要到中年才能真正产出创新型成果，属于厚积薄发性人才。这种人才的培养与普通技术人员、文职人员的培养所有不同，他们无法在毕业后就实现培养目标。拔尖创新人才的培养自本科起，但绝非到本科终，拔尖创新人才的培养应该贯穿整个本硕博阶段，甚至延续到职后若干年。因此本科阶段只是拔尖创新人才培养的基础，如果想让一个本科生真正做出有创新性的成果，除非遇到真正的天才，否则几乎是不可能的事，因此在本科阶段，最重要的是学生兴趣的激发、能力的增长与素质的积累，尤其是学术兴趣的确立，这是拔尖创新人才一切素质的根本，一旦学术兴趣能够被确立下来，学生就能够自发主动地汲取身边一切可用资源，帮助自己提升其他方面的知识与能力储备。因此，要想成为拔尖创新人才，对于学术就必须热爱并付出努力进行钻研，还要有克服学术探索中的艰难险阻的决心与勇气。“当今我国科技精英教育应当首要重视学生的‘志趣’”①。

在此情况下，我们必须针对这些“璞玉”的特点，与拔尖创新人才培养的规律，注重供给能够切实帮助学生确立学术理想与志趣的培养措施。首先在教师资源上应当一方面用知名学者的魅力感召学生，知名学者是本学科带头人，科研成果丰硕著作等身，为人治学也有其独特的魅力与风度，广受尊敬，这一类教师尽管可能做不到了解每一个学生，但是他们能在学生周围存在，对学生们而言就是一种莫大的感召与吸引；另一方面用青年学者的经历激励学生，青年教师与学生年纪相近，容易与学生建立起亦师亦友的亲密关系，青年教师也乐意让学生参与到自己职后成长中来，能够让学生们对学术生涯产生兴趣。其次，在课程方面，成体系且难度适中的课程对学术兴趣的养成同样至关重要，课程设置应当注重知识体系的构建，精炼内容而不一味求难、求多，让学生感受到知识之间的连接点，从而促使学生能够融会贯通活学活用，体会到学科背后的意义，并能让学生感受到学习这一学科具有一定挑战度，从而被激发出更浓厚的兴趣。最后，就科研训练方面，学生参与创造科研成果的过程这一体验也十分关键，学生在项目中的参与感、获得感、归属感、荣誉感远比他们做出看似“创新”的成果更重要，它们能使学生真正明白自己所从事的专业研究、为之奋斗奉献的事业，对于自己实现人生价值的意义和对于促进国家发展、人民幸福的重要性，能够激励学生坚定自己的学术理想，确定自己的学术兴趣，在学

① 陆一，史静寰.志趣：大学拔尖创新人才培养的基础[J].教育研究，2014(3)：48-54.

术道路上走得更远。

（三）注重前瞻性培养

供给侧改革对人才培养提出的要求是符合社会与劳动力市场的形势，不要有过多的同质性溢出，也不要有结构性人才缺失，因此高校应当根据劳动力市场的情况来调整人才培养方案。社会目前的需求在人才培养过程中是非常重要的考量因素，是调整拔尖创新人才培养模式时一定要去调研的。

但是仅仅局限于市场目前的需求又是远远不够的。普通本科生从入学到最后毕业，需要进行四年的培养时间，因此高校在制定普通本科学生培养模式时至少应当着眼于四五年后的劳动力市场形势，才能够对社会形成有效供给。对于拔尖创新人才而言，前瞻性更是尤为重要，原因有三：第一，正如前文所提，拔尖创新人才的成才期很长，除非个别天才，大多数学生要真正成为领军人物，做出具有创新性突破性的成果，得在毕业二三十年后，尤其在强调积累沉淀人文社科领域更是如此。如果说普通人才培养要将眼光放在五年后、十年后，那么拔尖创新人才的培养则要将眼光放在三十年后、五十年后。第二，拔尖创新人才应当是在毕业后能够引领整个时代往前走的人才，他们的个人发展的速度将超前于整个社会的发展的步伐，因此虽然他们将在毕业二三十年后的社会中成为领导者创新者，但是他们的实际才能应当比这个时间更超前一些。第三，当前我们正处在知识爆炸的时代，人类文明日新月异，社会更新换代异常活跃，因此未来二三十年的社会状况将与我们现在迥然不同，做出明智准确的前瞻性判断相当关键。因此，要想培养出出色的拔尖创新人才，“风物长宜放眼量”，“不可沽名学霸王”，不要太过在意这些学生在校时的表现，而要用前瞻性思维与眼光帮助他们做好准备。

要做到前瞻性培养，首先高校应该主动出击，面向市场进行调研，瞄准拔尖创新人才供职较多的高新技术产业部门与学术职业部门，积极收集去向单位对本校拔尖创新计划毕业生的反馈，以及他们对理想中的拔尖创新人才的需求、意向和要求，根据服务对象的意见和建议不断进行调整与修订，保证供给的质量。同时，要让学生习惯走在前列而不是跟从人后的感觉，让他们习惯做敢为人先的事，一方面给学生提供相关学科最前沿的知识，另一方面也要让相关学科最前沿的研究者来引导、感染学生，用开拓进取的环境氛围熏陶学生。

（四）注重特色培养思路的制定

要解决千校一模式的现状，高校必须把握好办学自主权，根据自身办学特色，真正担起用心培养拔尖创新人才的决心与责任，制定个性化的培养模式，做到既对国家社会负责又对学生个人负责。

首先，高校应该避免跟着政府的政策走。虽然政策能够在一定程度上反映出国家的需求，但是只能指出一个大方向，无法照顾到每一个高校的情况。部分高校因为自身办学实力较强，应该勇当探索拔尖创新人才培养模式改革之路的先头部队；而办学实力较弱的高校，无法跟上大部队的整体行动，则应该量力而行，缓慢而稳妥地推进培养计划，不必所有的高校都跟着国家政策亦步亦趋的行动，而要兼顾自身的办学情况。

其次，高校应该避免跟着欧美高校的人才培养模式走。欧美一流大学的人才培养方案固然有很多可取之处，但是他们的做法是建立在他们国家高等教育特色之上的，比如英国牛剑导师制是建立在其绅士教育、博雅教育的传统之上的，这些做法就不能奉行为简单粗暴的“拿来主义”，硬塞入我国拔尖创新人才的培养体系中。我们培养拔尖创新人才的根本落脚点还是在促进我国社会进步、实现民族复兴上，我们培养的人才是中国社会的领导者与学术精英，而非西方社会的。因此我们需要将当前的拔尖创新人才培养方案本土化，加入本土的、传统的元素，比如古代书院师生在同一个生活单元中进行学术探讨与品德修养等做法，使之在中国本土能够落地生根。

最后，高校还应该避免跟着国内其他高校走。目前国内不少高校开设拔尖创新人才培养计划是跟风而动的。国内部分高校，尤其是高水平大学，一旦制定一些颇有成效的人才培养新举措，其他高校就纷纷来学习借鉴，应用到自己的培养方案上。高校之间的交流学习并非不可取，但是部分高校缺乏相应的师资水平、生源质量、经济投入，却采用相似的培养举措，难免会产生邯郸学步之效。因此，各高校应当立足于当前的办学特色，在考量自身办学综合实力之后，谨慎制定本校的拔尖创新人才培养方案，形成自己独特的培养思路。

高校一级学科布局分析现状研究

——基于第四轮全国高校学科评估结果计量分析

邵褚楚*

（江苏师范大学 教育科学学院，江苏 徐州 221116）

摘要： 本文运用SPSS分析软件，对我国2017年学科评估数据进行深度挖掘，得出我国此次一级学科评估情况做一现状分析，得出分布存在校际发展差异较大，省际差异较大，同城效应不明显等结论。

关键词： 学科评估；质量保证；计量分析

《国家中长期教育改革和发展规划纲要》中明确指出：全面提高高等教育质量。研究生教育的改革，学科建设是龙头，也是高层次创新创业人才培养与高校科学研究实力提升的抓手。因此，对于学科评估的理论研究，对于提高我国高等教育质量，完善我国高等教育评估体系，建设学科都具有深远的现实意义。

学科评估是教育部学位与研究生教育发展中心（简称“学位中心”）按照国务院学位委员会和教育部颁布的《学位授予与人才培养学科目录》（简称《学科目录》）对全国具有博士或硕士学位授予权的一级学科开展整体水平评估。学科评估是学位中心以第三方方式开展的非行政性、服务性评估项目，2002年首次开展，截至2017年完成了四轮。以主题或关键词为“学科评估”，检索知网里从2002年至今的文献研究，对学科评估的研究主要集中于以下三类：(1)学科评估的国际比较：通过对美国博士点评估、英国高等教育资助委员会的科研评估的分析比较，为我国学科评估提出建议；(2)对于学科评估的基本理论探讨，内涵衍生；(3)学科评估指标体系的选定、问责与探讨，较少文献从实证方向对全国高校一级学科发展水平进行现状分析研究。笔者尝试选用2017年第四次学科评估结果，将其进行量化处理，从全国范围考察我国一流学科发展水平。

一、研究对象与方法

1.研究对象：本研究选取的研究对象为“学位中心”2017年第四次学科评估参评的460所高等院校，囊括了95个一级学科（不含军事学门类等16个学科），共5112个一级学科，评估结果按照“精准计算、分档呈现”的原则，根据“学科整体水平得分”的位次百分

* 作者简介：邵褚楚，江苏师范大学硕士研究生。

位，将前 70%的学科分为 9 档公布。

2.研究方法：数据源于 2017 年第四次全国高校学科评估结果，一级学科最后等级以大学为整体进行统计分析。为了方便进行量化分析研究，已将等级 A+量化为数字 9，A 为 8，A-量化为 7，依次替换，未参加一级学科申报的高校学科信息或者学科等级位于全国后 30%的学科，以 0 为缺省值作为替代。

同时，根据研究要求，选取了参评高校的层次属性(一流大学、一流学科建设高校、普通大学)、高校所在省份、地域等信息进行研究分析。因为外交学院、西藏大学、中国科学院大学 3 所一流学科建设高校未有学科评估信息，故略去不做研究。研究数据均由 Excel 和 SPSS 23 软件分析统计完成。

二、结果与分析

(1)参评高校信息的省份分布特征：

表 1　参评高校分布特征

序号	省份	高校数	参评学科总数	总分	参评学科占比
1	北京	48	597	3108	12%
2	辽宁	32	251	892	5%
3	江苏	31	451	1983	9%
4	陕西	26	263	1137	5%
5	上海	24	350	1764	7%
6	湖北	24	307	1349	6%
7	山东	22	235	814	5%
8	广东	20	255	1069	5%
9	四川	19	239	988	5%
10	天津	18	151	665	3%

本次参评的 460 所高校，参评一级学科 5112 个，分布在中国的 22 个省(台湾省无高校参评)，4 个直辖市和 5 个自治区。上表显示了高校数随着省份分布的情况，排名前十的省份序号。北京市拥有此次参评最多的 48 所高校，参评学科数占高校参评总数的 12%。辽宁省此次参评高校数位列第二，比江苏省高校多，参评学科数却只是江苏省的 1/2，所以江苏省学科实力还是位列前排。陕西省、上海省紧随其后，上海省虽然参评高校排名第五，但参评学科数位列第三，占总学科 7%。前 10 名的省份参评学科数已经占总学科数目的 64%，主要高校、学科分布还是以北京、江苏、上海 3 个省市分布为主，省际差异较大。

(二)高等院校评估数据按高校属性分布特征

根据 2017 年 9 月 21 日，教育部、财政部、国家发展改革委联合发布的《关于公布世界一流大学和一流学科建设高校及建设学科名单的通知》，笔者将入选的 460 所高校按一流大学 42 所、一流学科建设高校 92 所(外交学院、西藏大学、中国科学院大学没有参评数据)，以及剩下的 326 所普通高校进行分层对比分析。

在 42 所一流大学高校中,“计算机科学与技术”此一级学科一流大学全部进行申报选评(极小值为 1),且在 95 个一级学科中得分最高为 264。42 所一流高校“计算机科学与技术”发展水平差异较小,均值最高为 6.29,标准差为 1.785,除 3 个一级学科(中药学、林业工程、石油与天然气)没有高校申报(得分 0),此门学科发展水平较为平衡,各个高校水平差异较小。但是纵观 95 个一级学科,一流大学的一级学科标准差范围从 0.154～3.39,一级学科发展差距较大。

表 2 一流大学一级学科统计表

一级学科	N	极小值	极大值	和	均值	标准差
计算机科学	42	1	9	264	6.29	1.785
工商管理	42	0	9	248	5.9	2.261
数学	42	0	9	225	5.36	2.853
公共管理	42	0	9	224	5.33	2.292
软件工程	42	0	9	218	5.19	2.856
环境科学	42	0	9	209	4.98	2.789
管理科学	42	0	9	199	4.98	3.016
材料科学	42	0	9	196	4.74	3.005
化学	42	0	9	195	4.74	2.931
物理学	42	0	9	191	4.67	2.911

一流学科建设高校 95 所,除了外交学院、西藏大学、中国科学院大学三所高校没有评估数据,剩下的 92 所高校中,马克思主义学科得分最高,标准差为 2.712,且不同高校间学科发展差距较大,标准差从 0.64～2.712,学科间发展存在较大差距。

剩下的 326 所普通大学,学科得分标准差从 0.055～1.583 不等,较一流大学,一流学科建设高校优秀群体,普通大学校际间学科发展最为整齐,均值最高为 0.8,但整体实力水平比较低。

表 3 三类高校一级学科总分排行榜

群体学科情况	3 类高校一级学科总分排行榜（学科分数总数及标准差）									
一流大学	计算机 264 1.7	工商管理 248 1.59	数学 225 1.65	公共管理 224 1.80	软件工程 218 1.43	环境科学 209 1.80	管理科学 209 1.67	材料科学 199 1.56	化学 199 2	物理学 196 1.7
一流学科建设高校	马克思 214 1.8	计算机 201 1.56	工商管理 182 1.94	管理科学 158 1.69	数学 154 1.62	机械工程 153 1.62	外国语言 151 2.2	软件工程 139 1.67	应用经济 133 2.23	环境科学 128 1.76
普通大学	马克思 260 1.64	工商管理 255 1.65	计算机 217 1.52	机械工程 205 1.59	中国语言 170 1.65	管理科学 169 1.54	控制科学 166 1.69	化学工程 161 1.75	美术学 159 1.96	应用经济 156 1.78

（表格中缺失的一级学科全称：计算机科学与技术、马克思主义理论、外国语言文学、应用经济学、中国语言文学、环境科学与工程、材料科学与工程）

由上表可以看出,此轮学科评估中,460 所高校一级学科排名前 10 的学科门类为:

工学中的计算机科学与技术、软件工程、环境科学与工程、材料科学与工程、机械工程、控制科学与工程、化学工程与技术；

管理学中的工商管理、管理科学；

理学中的数学、化学、物理学；

人文社科类：马克思主义理论、外国语言文学、应用经济学、中国语言文学、艺术学中的美术学。

工学学科门类下的一级学科发展较好，所占的前十位次最多，符合专业设置以市场为导向的要求；同时理学学科门类下的数学、化学、物理学等基础学科发展良好，基础稳固。就3类不同属性大学的层次分布来看，位列前10的一级学科，一流大学的标准差从1.43～2，一流学科建设高校标准差1.56～2.23，普通大学1.52～1.96，从中反映出一流学科建设高校的学科发展参差不齐，水平差距较大，普通大学间差距较小，分类整齐。

（三）参评学科数目随地域分布

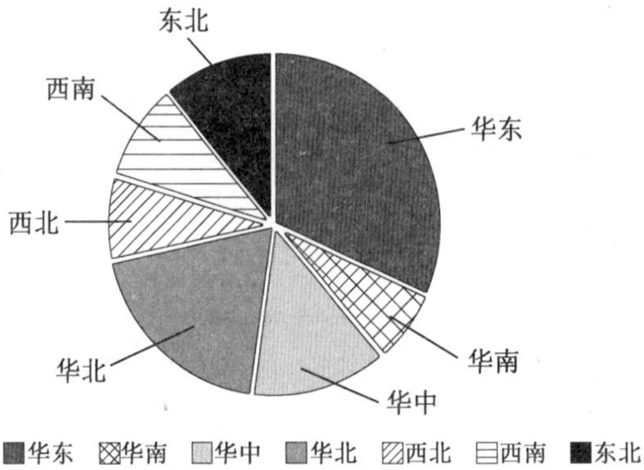

图1　参评学科数目随地域分布

表4　参评学科数目地域分布情况

学校	参评一级学科数	总分	得分所在百分比
华东	1623	6876	33%
华南	357	1344	6%
华中	680	2724	13%
华北	1001	4518	22%
西北	410	1601	8%
西南	478	1708	8%
东北	560	2165	10%

此次参评的460所高校按照行政区域可划分为以上7个行政区域。华东地区包括上海、江苏、浙江、安徽、福建、江西、山东等地，参评学科数目最多，总分也最高；华北地区囊括的省市自治区有：北京市、天津市、河北省、山西省和内蒙古自治区，一级学科得分占总分的22%；这两个地区得分共占得分55%，剩下的5个行政区域共分剩下45%的得分。由图可示，不同行政区域间学科发展存在较大差异，大量学科集中发展于华东、华北

地区，因此，未来一级学科发展政策和资源可适当向华中、东北区域倾斜，保持地区间发展平衡。

（四）优秀一级学科群分布特征

一级学科按照不同等级量化为1～9得分，笔者将得分在5和5以上得分的一级学科定义为优秀一级学科，并试图找出优秀一级学科分布省际特征。

得分大于等于5以上的一级学科随省份分布：

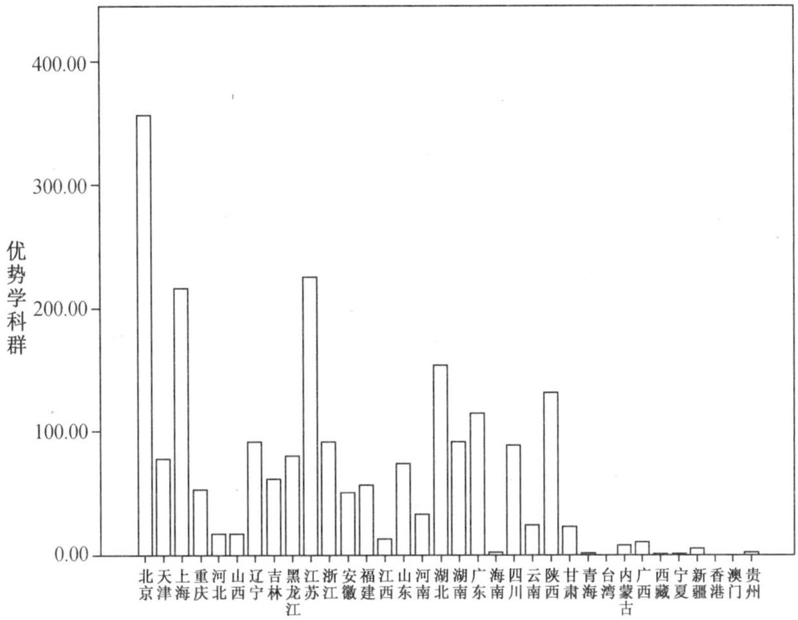

图2　优秀一级学科群省份分布

统计数据还是以大学整体作为单位计数，统计出每所高校一级学科得分大于5的数目，再按大学的省区进行分类汇总，运用SPSS23统计得出优秀一级学科群主要分布在（北京市357）、（江苏省225）、（上海市216）、（湖北省153）、（陕西省131）、（四川省89）。优势学科群主要还是分布在北京、江苏、上海等发达地区，优势学科数目明显高于其他省份，学科布局正在形成以北京、江苏、上海等地为龙头，湖北、陕西、四川正在奋起的"一超多强"局面。

（五）高等学校参评数与均分细则

表5　各高校参评学科细则

序号	高校	参评学科目	总得分	均分
1	浙江大学	59.00	403.00	6.83
2	四川大学	58.00	301.00	5.19
3	吉林大学	56.00	273.00	4.88
4	清华大学	53.00	385.00	7.26
5	武汉大学	51.00	297.00	5.82
6	上海交通大学	50.00	306.00	6.12

续表

序号	高校	参评学科目	总得分	均分
7	厦门大学	50.00	243.00	4.86
8	北京大学	49.00	372.00	7.59
9	中山大学	48.00	263.00	5.48
10	同济大学	44.00	232.00	5.27

此轮参评高校中，浙江大学参评学科数目最多，四川大学紧随其后，与吉林大学、清华大学、武汉大学一起位列前五。从均分来看，还是清华大学和北京大学整体学科水平较高，学科间发展差距不大，浙江大学学科实力也比较强，名列前排。

表6　各高校平均分细则

均分前10高校	均分(学科数目)	均分排名前10高校	均分(学科数)
上海中医药大学	9.00(3)	北京大学	7.59(49)
中央音乐学院	9.00(1)	清华大学	7.26(53)
上海体育学院	9.00(1)	浙江大学	6.83(59)
北京中医药大学	8.00(3)	复旦大学	6.81(37)
中国音乐学院	8.00(1)	天津大学	6.72(25)
中国美术学院	7.75(4)	中国科学技术大学	6.68(28)
北京大学	7.59(49)	北京航空航天大学	6.61(23)
清华大学	7.26(53)	国防科技大学	6.59(17)
北京舞蹈学院	7.00(1)	南京大学	6.46(41)
天津体育学院	7.00(1)	东南大学	6.43(28)

将均分结果从高到低降序排列，上海医科大学、中央音乐学院、上海体育学院等纷纷以自己的特色一级学科拿到了最高分，高校发展突出特色，立足优势，学科发展避免了"同质化"，在筛选出参评学科大于15门的高校中，均分排名如上表所示，这10所综合性研究大学间差距较小，构成了我国学科发展的"一流学科"高校群，且大致分布在北京、天津、浙江、安徽、上海、湖南等地，可以充分发挥"带头"优势，向周围高校辐射发散"优秀学科"效应，以带动更多学校发展。

（六）此次参评高校间不存在同城效应

同城效应是指同一个地区距离相近且层次属性差不多的的两所大学学科发展情况相似。运用SPSS23，以460所高校的95个一级学科得分为变量，选取考虑到更多地方高校参评学科数目较少，且等级较低，Pearson系数可能0接近1，这类数字没有实际意义，故不作统计比较，只选取一流大学进行分析。度量标准为Pearson系数。

表 7 高校间学科相关系数

序号	大学全称	大学全称	Pearson 系数
1	北京大学	中山大学	0.554
2	中国人民大学	南开大学	0.695
3	清华大学	哈尔滨工业大学	0.548
4	北京航空航天大学	南京航空航天大学	0.861
5	北京理工大学	南京理工大学	0.875
7	北京师范大学	华东师范大学	0.700
8	中央民族大学	西南民族大学	0.792
9	南开大学	复旦大学	0.716
10	天津大学	大连理工大学	0.823
11	复旦大学	山东大学	0.716
12	同济大学	西安交通大学	0.585

以 Pearson 系数为度量标准，系数范围 0～1。高校除了和自身的系数为 1 之外，上述高校和所列高校之间系数最大，表示相关性最高。将两所学校数据对比发现，在此次一级学科申报过程中，上表所示两所学校参评一级学科数相似，比如北京大学和中山大学，同时参评人文社科类门下：哲学、理论经济学、应用经济学、法学、政治学、社会学、马克思、心理学、中国史、外国史；理学中：数学、物理、化学、地理学、大气科学、地质学、生物学、生态学、统计学等一级学科；这两所高校并不同属一个地区、省份；但是所申报参评一级学科极为类似，上表所述的其他大学也有此类现象，因此校际之间的“同城效应”在此次学科评估中表现不明显。

聚类分析：

根据 95 个一级学科间实力，运用 SPSS　K 均值聚类，类别设置为 3，迭代次数为 100，自动分析自觉聚类 460 所高校，所示结果如下：

表 8 K 均值聚类结果

Number of Cases in each Cluster		
Cluster	1	25.000
	2	393.000
	3	42.000
Valid		460.000
Missing		.000

各层次大学表单：

类别	高校名称
1(25)	北京大学、中国人民大学、清华大学、北京师范大学、南开大学、复旦大学、上海交通大学、华东师范大学、吉林大学、东北师范大学、南京大学、苏州大学、南京师范大学、浙江大学、厦门大学、山东大学、郑州大学、武汉大学、华中科技大学、华中师范大学、中山大学、暨南大学、四川大学、云南大学、兰州大学、
2(42)	北京航空航天大学、北京理工大学、北京交通大学、北京工业大学、北京科技大学、北京化工大学、北京邮电大学、华北电力大学、中国石油大学、天津大学、同济大学、华东理工大学、东华大学、上海大学、大连理工大学、东北大学、东南大学、南航、中国矿业大学、河海大学、江苏大学、浙江工业大学、中国科学技术大学、合肥工业大学、福州大学、中国地质大学、中南大学、湖南大学、国防科技大学、华南理工大学、电子科技大学、西南交通大学、西安交通大学、西北工业大学、西安电子科技大学
3(393)	中国农业大学、中央民族大学、北京林业大学、北京协和医学院……

上表显示，此次一级学科整体评估中，一流学科大学群共有高校25所，整体学科水平较高，且吉林大学、东北师范大学、兰州大学表明一流学科高校群并不只分布在北京、上海、江苏等地，布局较为合理；第二梯队的一级学科建设高校42所，有“一流大学”北京航空航天大学等，也有“一流学科建设高校”河海大学等，更有普通大学江苏大学，此梯队的大学源更为多样化，打破了优秀高校由“985”、“211”垄断的沿袭，只凭此次一级学科评估水平聚类，学科水平较上一梯队稍弱，辅之未来办学资源投入，有望成为一级梯队学科。最后为剩下的393所普通高校，一级学科水平较低。

三、相关讨论

1.此次参评高校共460所，覆盖全国各地，但主要还是以北京、上海、江苏等地为主，其他省份、直辖市参评高校较少，高校地区分布不合理；但是各个高校立足自身优势、分类办学，在学科评估中有选择申报自身优势特色学科，没有受周边同类属大学的影响，办学雷同、发展同质现象不明显，未来应继续保持，高校办学突出特色，提升质量和竞争力。

2.就2017年公布一流大学名单，外界存在很多争议。但是上表根据学科数据，基于统计得出的分类结果，客观真实，得出一级学科一流大学名单与一流大学有重复部分，还是有一定合理分类基础。

3.本文采用的数据源于第四次学科评估数据，因为数据已采用等级结果显示，所以在做统计分析时，不能精确转化为数值代表各个高校学科发展水平是本文的不足所在，所以结果只作现状分析，仅供参考。

Part 2

第二部分

高等学校分类发展

主题报告:地方高校核心竞争力提升的理念与智慧

——兼论分类发展

洪成文*

(北京师范大学 教育学部高等教育研究所,北京 100875)

今天主要谈地方高校核心竞争力的问题。

一、分类发展与特色凝练

分类发展是什么?随着高校发展管理大背景的变化,高教管理问题很多、变化很多,但最主要的问题是高校管理话语权发生了变化,特点不一样了。过去我们讲管理比较困难,现在容易了。教育行政领导一到高校来,我们就诚惶诚恐。他们一开口便是:"你有几个院士,有几个教授获得诺奖?""你有几个学科是1%?"如果有1%,那么追问的是,有没有千分之一。即便最一流的大学,也会对"你有几个学科是万分之一"感到尴尬。现在管理者的问题变得越来越简单,办大学却越来越困难,因为我们没有千分之一和万分之一啊。"你有没有科技三大奖?你有没有Science?你有没有Nature?你有没有Cell?"我的天啊!永远不缺这些问题。只要你当了领导,都会经常提这几个问题。你培养再多的学生没有用,你的教授再努力没有用,主要看你有没有实现这些所谓的指标。管理话语权的变化,让领导越来越好当,让被领导者越来越难,这就是高校管理的实际。一时间,大学好管理了,北大和清华都好管理了。现在开一个座谈会,说:"你们去年搞了几篇Science?今年你们准备搞多少Nature?"我当个处长都可以把北大、清华管得好好的。"你们这么多年,怎么一个诺奖都搞不出来?有一个了。那好啊!能不能搞第二个、第三个呢?"现在办大学越来越难了,越来越被动了,这样的话语权下,你无法不被动。

分类是为了谁的目的?是为了管理的方便,还是为了发展的方便。分类不仅为了管理的方便,还为了更好地发展。这就如同生物学界一样,各种生物,多种花草,生态才多元,生物界在基因上就已经分好了,不以什么部门什么机构的分类为分类,是不以我们的意志而转移的,草一直叫草,花一直叫花。分类只是为了管理的方便,实际上与发展没有多大的关系。但是大学不一样,大学具有人文性质,不具有纯粹的自然性,大学一分就清楚了。大学分类也是有必要的。分类就是要分清谁是地方部队、谁是中央部队,分类就是为了我的方便,方便我的管理,目的不证自明。不管怎么样,分类管理就是不同学校在不同的分类体系发展里面。C9有C9的排序,"双一流"有"双一流"的排序,高职院校有高职院校的排序。不管是什么层次,只要你找到了你所在的类别,就容易看到你的座次。

---

* 作者简介:洪成文,北京师范大学教育学部高等教育研究所教授、博士生导师。

重庆有一所高校叫重庆文理学院，有一个院士老师团队，现在搞出 Science 和 Nature 了，这就厉害了，所以在全国文理学院旗号的部队里面，我占到了前排，相当于排头兵。这就是分类的好处，分类找特点，分类找自己，分类找自己的位置。从高校来说，分类就是要突出我们的最强基因，突出自己所在类别的座次

二、核心竞争力建设的主要路径

高校占位主要靠核心竞争力。高校的核心竞争力非常重要，什么是核心竞争力？三句话概括就是：看你的贡献大小，定位是否精巧，你的故事有没有讲好。

（一）贡献的大小

什么叫贡献大小？一个学校厉害，你就把你的贡献讲清楚。比如我们说北京航空航天大学，有大飞机计划，它不会遇到缺钱的问题。所以你到北航去看，那一栋栋崭新的教学楼拔地而起，让人艳羡啊！北航讲好了自己的贡献，就没经济问题了吧。哈工程没问题吧？因为其“三海一核”，贡献集中在船舶工业、海军装备、海洋开发和核能应用。中国第一艘实验潜艇、第一艘水翼艇、第一台舰载计算机、第一套条带测深仪在这里诞生；双工型潜器、气垫船、梯度声速仪等成果摘取过世界第一的桂冠。这些研究没有不是国家所需要的，所以他们常常所说的一句话，可以简化为“一体两翼”，瞄准国际研究的最高水平，瞄准国家的科研需求。这就是把自己的工作与国家的需求有机地关联起来。同理，地方院校也要将自己的定位与地方经济社会发展有机关联起来。如此，贡献才有可能发挥出来，或者发挥得更大、更辉煌。所以一个学校是否厉害，首先看你的贡献大小，贡献大就解决了生存和发展问题；若贡献讲不出来，发展就会出现问题。

（二）定位的精巧

学校怎么来发展呢？看你的定位。定位是一个精和巧的问题。我们说巧，巧不是硬干，不是盲目地扩张规模，或者盲目地“升格”，而是需要找出自己的特点，找到自己的分类，找到自己的位置。地方本科院校应用转型，合肥学院可谓一枝独秀。通过国际化，他们与德国下萨克森州的高校进行了成功合作，接触了德国应用技术大学的课程和教学，做好了与地方的人才和技术对接，得到了李克强和默克尔两位总理的肯定。教育部也对其给予了高度评价：合肥学院是地方本科院校应用转型的排头兵。一旦当了排头兵，荣誉不会少，支持也不会少。定位是否精巧，主要看学校怎么定位，其实就这么简单。每一所学校都应该思考一下我们学校怎么定位。重庆第二师范学院立志做 0～12 岁孩子的教育，现在搞成了。在重庆这样一座师范大学林立的城市，避开西南大学教师教育的锋芒，也不与重庆师范大学搞直接对抗，二师只选择自己的目标，最后形成清晰的定位，找到了自己竞争力发展目标，多么智慧啊！定位没搞清楚，你就收不了摊。西安文理学院的定位就需要重新思考，搞大而全是错误的，优先目标不突出也是不正确的，到底怎么定位，还需要冷静下来深入思考。具有传统优势的学前教育被挤压成一个系了，是值得反思的。殊不知，西安市优秀幼儿园园长近乎一半都曾是西安文理学院（西安幼师）培养出来的。现在学前教育并没有上升到优先发展学科，而是强调全面要为大西安发展服务，文化、产业、旅游、化工和教育，一个都不能少。如果目标不得以纠正，定位就不会清楚，发展就潜在危机。

（三）故事要讲好

故事讲好，有利于核心竞争力的提高，因为讲好故事，能得到更多理解，可以得到更多同情和支持，当然也更有可能拿到更多的资源；反之，学校很努力，故事没讲好，也难以得到更多的资源。

如何讲好故事？学校领导人要充分发挥自己的智慧，把学校的特点和独特的贡献说出来，同时还要将关键问题点明、点到。讲不好故事，你就想拿资源，资源不会自动向你跑来。所以大学发展，首先要讲好自己的故事。"双一流"建设问题现在很大，进入"双一流"建设名单的都在"大笑"，没进去的都在"咆哮"。谁在"咆哮"呢？浙江有工大，河北有河大和燕山，湖南有湘潭，江苏有扬大，还有华南师大和福建师大这样一批传统名校，是不是也都在"咆哮"？"又把我们弄到'工程'之外了。"国家要搞"双一流"建设是正确的，但是国家也没有说只关心大厦的顶部，而任意让底座塌陷。"双一流"是不是在制造资源差距？过去要解决身份固化的问题，"双一流"建设一下子就打破了身份的固化了吗？当然，从讲好故事的角度看，抱怨是不可取的。我不完全同意陈院长的抱怨，因为再抱怨、再叹息，也都无济于事。就好像身体健康一样，要健康，还是要自己去行动，自己去锻炼。自己不行动，等中央带着我们去跑步，怎么可能呢？拜托，自己事情自己做吧，中央多忙啊。

近三年应地方高校的邀请，我们没有少为他们出点子，讲好故事。既有湘潭大学和延安大学，也有四川的宜宾学院和内江师范学院等。我们为什么合作得好？原因就是我们能够开诚布公，结合实际，与高校领导一起创作，讲好他们的发展故事。

举个例子，地处非省城中心城市的湘潭大学怎么发展？湘潭大学创办于1958年，是党和国家及人民军队的主要缔造者、一代伟人毛泽东同志亲自倡导创办的综合性全国重点大学。1958年9月10日，毛泽东同志亲笔题写"湘潭大学"校名，并嘱托"一定要把湘潭大学办好"。学校自创办之日起，传承了诸多红色革命基因，寄托了毛主席对故乡的深情眷恋和对社会主义教育事业的殷切期望。到了1960年代，这个学校因为某种原因停办了。伟大领袖最后一次来湘视察顺便取道韶山，问了一句："我的大学办得怎么样了？"省委书记一打听，得知湘潭大学停办了。尴尬的省委书记无法向主席直接汇报，只有找教育部部长帮忙。教育部赶紧从全国重点大学中选调一批教授，组建新的湘潭大学。1974年开始复校，改革开放初期顺利进入全国重点建设的16所大学之一。然而，湘潭大学改革开放四十年来，没有与日俱进，反而从重点退回到一所普通地方高校。这就是它的发展简史，任何人去当书记做校长，都不会甘心啊。有"211工程"，没有进；有"985工程"的时候，也没有进；后面的"双一流学科"也没进。虽然发展与"头衔"没有直接关系，但是没进"建设名单"就没有附加的资源，没有资源就没有发展，这是个现实问题。想当年，毛泽东亲自题写校名两张，让学校任选一张，有几个大学让主席这么重视啊？好在这个学校建校以来，累计培养近31万校友，包括中国工程院院士欧进萍，中国科学院院士、首届"冯康科学计算奖"获得者、中国科协副主席袁亚湘，中国科学院院士周向宇，世界知名数学家许进超，国际三维打印制造领域知名专家、"SLS之父"许小曙，世界第一台高强度准分子真空紫外氮原子发生器的开发者余建军、凤凰卫视著名策划人王鲁湘、新航道国际教育集团总裁胡敏……培养了这么多人才，结果还是不受待见。因为地方拨款，所以教育部也可以说你的资金与部里没关系。"别找我！找我，我也不能给你钱。"教育部不待见，怎么办？所以我们就和他们探讨了个策划：讲好故事，重点建设，把计算数学、材料科学以及毛泽东思想研究放到学校的重中之重，确定它的优先发展学科。你不确定优先发展目标是不行的，因为你的资源太少，必须集中力量去重点建设几个学科，才有一流学科建设的可能性。其次，大学发展也要考虑更名以增强品牌效应的可能性。怎么改？学校以前也有多次提议，但是都没有形成统一的意志。我们在广泛访谈的基础上，看到了大家更名的热望，于是乎提出更名“毛泽东大学”的提议。一旦更了命，湖南省就“装不下”了，有变成央属大学的可能性。央属有多少所大学？79 所。为什么 79 所？本来应该是 80 所嘛，最后一票也许是留给湘潭的。80 所央属大学，对于教育部有对内对外宣传的便利，对于湘潭大学将截然不同，因为央属生均拨款与地方大不同，前者生均是三四万，而地方只有一万二。因此，动力是不成问题的，关键是怎么改。更名有无可能，取决于教育部和院校设置委员会。教育部当然不同意。“你怎么能改成‘泽东大学’?”都要更名，不会乱套吗？对于大学来说，就需要讲好故事。故事如何讲呢？湘潭大学更名是因为可以更好地体现中华人民共和国的国家自信。与国家自信又何关联？因为很多国家都有以开国元首命名大学的做法，而不是例外。中华人民共和国的开国元首是谁？有用他的名字命名的大学吗？没有啊。那你看美国嘛？以华盛顿命名的大学有四五所，诸如华盛顿圣路易斯、华盛顿西雅图、乔治华盛顿、华盛顿州立等。中华民国开国元首孙中山也有广州和高雄的两所中山大学以他命名，且不说抗战时期的西安中山学院。越南、印度、南非、英国也都有啊。中华人民共和国难道不应该自信，难道不应该有一所以开国元首的大学吗？建设好一所“泽东大学”不是一所学校的事，应该是国家政府考虑的重要事项。所以一定要给教育部和院校设置委员会把道理讲清楚，要影响决策部门，要从政治大局上去考虑，要从北部湾大学和喀什大学的更名中得到启示。

延安大学地处偏僻，多年欠账、经济不强、财政支持不力，人才进来难，留住人才更困难。过去有机会，却没抓住。在大家拼命贷款的时候它不贷款，等到“政府化债政策”出台后，后悔没贷款。一次政策让很多大学都有类似的后悔感，当然已经贷款的学校也有后悔感，只是后悔的内容不同，他们后悔的是贷少了。这是政策滑稽的一面。无论如何，有一点共识：发展需要资源。需要资源，就得讲好故事。于是乎，延大委托北师大高教所，做规划需求调查。最后我们提交一份十万字的图文并茂的需求调查总报告。报告的核心内容是将延安大学定位为一所“伟大的大学”。何谓“伟大”？三个“伟大”：生得“伟大”，奉献“伟大”，使命“伟大”。生得“伟大”意指的是中国共产党生的，而且是“第一胎”。第一就是特殊性。生得伟大，如果有困难，自然去找妈妈。妈妈在哪里？中南海啊。第二，奉献得“伟大”。要总结 1937 年至 1949 年，这十二年中延安大学有多少干部派往前线？掉了脑袋的毕业生有多少？既然有数据，只要把数据往这儿一摆，就自然有一个结论：延安大学是不是解放战争时期为中国革命掉脑袋最多的大学，与西北联大比、与西南联大比？第三，使命伟大。习总书记经常讲，中国发展不能丢了革命老区。老区发展靠人才，人才靠哪儿？靠清华、北大、北师大？对不起，他们的毕业生有人来，但是太少太少。因此老区发展主要靠在地的高校提供人才。要想革命老区获得真正的可持续发展，人才提供的可持续性是关键。因此，发展老区在地高校，是解决革命老区问题的关键。故事一讲好，钱马上就到了。今天，延安大学一栋栋高楼拔地而起，钱从哪里来？就是因为学校领导到省委去汇报，引起书记高度重视。书记一场调研会，10 多个亿的资金支持就到位了。这个案例鲜活地告诉我们,讲好故事就可以拿到资源;讲不好故事就得不到支持和资源。不要总说我好苦好苦啊,也不用天天抱怨啊,关键是你自己有没有弄清楚到底做什么、缺什么,以及用什么故事把它讲好。

宜宾学院的建设主要问题是转型的目标确立、被认可和具体实施等。我们为四川宜宾学院做了这样一个规划,把它 60 多个专业做了整体规划,分为三大类:质检学科类、支撑学科类、保护学科类。这么一分的话,学校的发展马上清楚起来,宜宾学院将成为四川质检,甚至中国质检大学。这所学校将会是一所明星学校,因为它以质量为方向,要把宜宾建成一所对国家、对地方都有贡献的大学,因为它的人才培养目标是两类工程师(质检工程师、人类灵魂工程师),因为它的精神上:贡献宜宾于神州大地以质量精神。当然发展的过程充满着困难,困难多了就会往回想:"算了吧,我们还是不搞了吧。"因此,关键不是故事的问题,而是将故事讲给谁听的问题,而是一个如何坚持理想走下去的问题。现在的困难是钱少啊。只要三五个亿的特别资金,这个学院的发展将超过任何时期。

故事没有一个定式,故事包括整体发展的故事、找钱的故事和学科发展的故事。讲好故事,学校有发展,如果连故事都讲不好,哪能奢谈学校的发展呢?当然,我们上文主要提及的是资源的问题,学校发展,本意上讲,并不仅仅是指钱和资源,还有很多思想和道义的支持。

三、校长与核心竞争力建设

提升地方高校核心竞争力主要办好三件事:找钱、挖人、弄发表。

(一)找钱

为什么找钱,哪里去找,找钱过程有无风险(风险如何预估),这就是做领导必须考虑的最基本的问题。钱的哲学就是如何看待钱的学问。大学的钱分为两部分:基本口粮和自筹经费。基本口粮是生均拨款加学费,是相对固定的,陕西生均是 1.2 万,其他省区也多不了多少。两万学生规模的高校会受到的生均拨款达 4.8 亿,学费差不多在 1 亿(专业各有不同),加起来不过五六亿。基本口粮是用来活命的,但要想发展,仅仅如此是很困难的。自筹经费是一所学校区别另一所学校的关键,自筹的结果就是"外快"。学校要想发展得好,必须自己找钱。世界一流大学都是这样的,普通大学也是这样,普林斯顿和 MIT 也是如此,这就是"马无夜草不肥"的道理。夜草哪里找啊?找校友。MIT 也找夜草,他们找的是联邦能源部,能源部特殊的科研拨款加速了 MIT 的一流进程,让它在"二战"后一跃成为一流大学。剑桥大学的筹资与美国二流大学相差不多。他们感叹说,仅从这一点上看,我们剑桥已经是二流的了。美国可以到剑桥挖教授,剑桥不可以反过来。这就是钱的哲学。一所大学首先要有钱,其次要有闲钱。没有闲钱,是很多大学希望跻身一流却难以一流的一个关键因素。

如何筹资,钱在哪里,如何去筹,啥时间可以筹得更多,都是高校领导需要考虑的基本问题。浙江大学是近十年中国大学发展最快的大学。快速的发展并没有让浙大"小富即安"。校庆 120 周年的时候,学校与我们协商,协商的结果就是大宗筹资总计划的出现。这个计划若能圆满按期实现,它将成为当代高教发展历史上的辉煌一笔。因为这个计划将意味着三点创新:第一,是时下第一家采纳大宗筹资总计划的高校;第二,是标的最大的筹资计划;第三,第一次将点对点的单笔捐款系统化为一个大目标来实现。试想,任何大学的大宗筹资计划，规模即便更大，也无法成为中国高校大宗筹资的第一家。此外，为什么浙大找我们商量呢？因为我们的团队一直关注大学使命与大学筹资问题的研究。

找钱的问题与其说是技术问题，还不如说观念问题。很多高校总是多方面找客观理由，给自己的前进设置障碍：我们不如北大、清华，我们筹不到十亿二十亿；谁都知道筹钱重要，但是你们知道筹钱路上的风险有多大？也有领导感叹，即便我们想筹资，我们也找不到人，也没具体的筹资技术。要么做不了，要么想做怕风险。欲找客观理由，何患无辞啊。观念问题是最重要的。只有解放了思想，才有了源头活水来。管理者还需要与研究者合作起来，要研究潜在的资源和有效的手段。说不定合作能让我们看到一个目标捕捉一个方向，一旦发现了潜在资源之所在，就要想办法进攻那里。进攻不能成功，就要整合资源，积蓄能量，继续进攻，直到资源拿到。我们不能只看到校园里资源，也要看到校友和校友朋友的资源。只有思想放得开，高校的筹资办法才能见真效。

（二）挖人

学校发展需要人，需要大师。梅贻琦校长早就强调过大师对于大学的关键作用，没有大师就没有大学发展。现在的问题是怎么把大师弄过来。不是自我培养，就是伸手挖人。高效快速的办法就是挖人。挖人是解决学科发展的重要手段，也是解决地方高校特色发展的抓手。西部地区地理、经济因素的劣势，使得他们在挖人大战中处于守势。长江教授不稳定，再过几天，省级学者也不稳定了。孔雀东南飞，有人戏称，“麻雀”也都启动了，描述的是西部地区人才稳定性差的现象。

挖人有两个趋势。第一，打着政府的旗号，利用政府的人才项目去挖人。高校只要能把人才弄来，政府自然把钱打来，这就是默契。第二，过去是单个的挖人，现在是团队挖人。你要发展教育学，只要把北师大教育学团队挖过来就行了。一锅端过来叫整体挖人。这种力度很大。团队挖人，有可能把学科搞上去。比如延安大学不就是缺个博士点吗？直接把北大的博士点挖过来就行了，撇开道德性不讲，挖人就是一锅端，就是白手起家。我们从人民大学挖来一个刑法团队，使北师大的法学往上提高了几十个位次。今天，刑法研究重镇不在别的学校，而在北师大，这就是团队挖人的效果。

当然，引进了女婿不要气走了儿子，很多学校干了这样一件蠢事。为何气走儿子了？因为引进的教授有牌牌、有待遇，同在一个教研室，上的课都一样，科研也做得差不多，但两个人的收入与受尊重的程度完全不同。因此要解决如何善待贡献力度很大的内部人的问题。善待教授有很多方法。第一，赏花。最近有个大学领导，初春时节邀请主要教授去赏花。赏花是一个由头，但提高了雅度。赏花结束后，该吃饭的还是吃饭，俗事得到了雅办。请你们来吃饭与请你们来赏花，差别甚大啊。赏花只是普通生活的更好听的excuse呀。第二，咨询。学校有重大事情，不管懂不懂都可以组织教授听听他们的建议，建议征求到了没有不重要，重要的是征求意见的过程。第三，管理精细。有些大学人事/财经/处的工作非常精细，给引进的教授的银行卡，竟然镶嵌着个人的生日数字。老师一看，便知道银行卡的特殊性和学校做事的用心。这便会给教授完全不同的感觉。“哇，这种待遇我在原来的学校根本找不到啊！”在他们的心里，我们追求的不是钱多钱少，主要是尊重，做卡只是个个案，其实精细表现在点点滴滴的管理上。只要你用心了，学校的点点滴滴就会感染教授影响教授甚至感动教授。重视人才，不是口头上说如何如何重视，关键是心到了没有。心到了,自然就会精细化了。

(三)弄发表

最后一个是“弄”发表。高校绩效评估都离不开学术发表,发表也与成果奖励有关,发表、奖励和学术影响相互交织一起。促进学术发表首先是保量,然后是提质,最后是加速英文发表。就英文发表,有两个趋势值得关注。第一是将长短期外聘专家的功能逐渐移到学术发表上,为英文写作框架把关,对论文的数据提供新的出处,对文字做深度润色,也会提高英文成果的发表几率。第二是加大对英文成果的奖励力度,引导和刺激教师将精力转一些到英文成果的写作上。当然,部分高校利用经济诱惑诱使高校外的学者发表论文签署本校本单位名称的做法,也可以促进英文或中文发表的量,但可能涉及学术伦理问题,因此不值得公开鼓励。

四、给校长书记的建议

最后给校长和书记们的建议,如何提升核心竞争力,在分类管理里成英雄。

(一)要讲好自己的故事

校长也要讲好故事,校长竞争力之一就是讲好自己的故事。在当代高校界,只出名牌大学,但不出名校长,为什么呢?因为我们的校长都没有讲好自己的故事,没有好故事,一退休很快就被人遗忘了。举个例子,清华大学有个老校长叫顾秉林,顾老可谓卧薪尝胆,兢兢业业,誓死要把北大拖下去。但今天还有人记住顾校长吗?大家可能还记住组织部部长和北京市长,但顾先生呐?没有啊。作为局外人,我作旁观者看,清华科技园谁建的?顾先生。校办产业,同方和紫光谁闹大的?在他任期,技术开发和应用不用说了,大学筹资、引进人才、校园建设、教工宿舍,无不有起色。清华大学有老师被骗了,公众才知道一骗就是一千六百万。地方高校老师,再骗也骗不到几百万。所以我们对骗子扬言:“你要骗?来吧。你敢骗我吗?”没东西啊,对吧。当然,清华的成就不是顾先生一个人干的,但不得不承认,很多成就都与他有某种关系。但是,清华现在记住顾秉林的有几个?很少。那你怪谁啦?不怪谁,只怪自己,因为你自己没有包装故事,别人没有义务替你宣传,即便要替你宣传,也不知怎么讲。现在这么忙,谁愿意去忙别人的事呀。

如果我们给顾校长支一个招,那就是复杂问题简单化。如何操作呢?在自己领导和参与的重要工作事项中,挑出一两项,然后反复讲一讲。比如引智(引进海外智力资源)。顾校长请来了哈佛大学数学教授邱成桐、计算机界的大腕儿教授姚启智以及诺贝尔奖得主杨振宁教授。把引智一包装,就足够让他留芳百年了。如何包装呢?卸任时的谢职演讲很重要,比如“同志们,这几年清华有很大的发展,但都是同志们干的。我只抓了一件大事,人才工作。梅贻琦教授早就强调过了。一个大学没有人才怎么能办好大学。我把一流学者当作心中的恋人,朝思暮想。我的所有精力就是就想方设法与她套近乎、谈恋爱,早上想着她夜里想着她,直到把她搞到手为止。在这种精神感召下,我们引进了一批以诺贝尔奖得主为代表的世界级学者加盟清华。有人说,老顾是挖人校长。我觉得这个头衔挺合适。因为我就是挖人校长。”当校长一定要有智慧呀,你不智慧怎么行呀,这么兢兢业业的校长怎么被大家忘记了呢?因为他没有给自己讲好故事。因此,校长工作要做好,同时也要想一想自己离开学校的时候,给大家留下了什么。这不是谢职时的事情,而且要提前规划和落实。

（二）要管理精细，善于风险识别

做校长，让人记住的是，不仅仅是名气，而且还有安全。因此要注意大学管理中的“风险识别”、“风险规避”和“善后处理”。风险要会识别，学会了识别以后，风险要去规避它，如果规避不了就要善后处理。三个阶段都要精细，就像保险公司一样，要时刻将风险意识放在重要位置。校长如何注意风险呢？通常两件事，一个是学校政策内容出了错是，二是内容没有错但颁布时机出了错。因此，不要总是以为自己是正确的，管理学上经常的警告就是“时机的把握”。

（三）学会流程再造，让做不成的事情做得成

什么叫流程再造？流程就是理想和目标实现的步骤分割及必需的资源保障。有了流程，就能让做不成的事情做得成。工商管理最重要的就是强调流程意识，学校也要强调流程意识，才会有更大发展。

（四）要有大格局、大情怀

校长非常忙。见 10 个校长，看看校长的脸色就知道他忙不忙了。之前遇到一位校长，他抱怨说：“我们做大学校长的没有一个脸色好，都是铁灰色，就像兵马俑一样。”为什么呢？看来他很羡慕党委书记。是不是书记都好做？其实也不好做，最近变了。有位校长朋友由校长变成书记了，他的话很有典型性。“原来我没当书记的时候校长很忙，现在我当书记了，书记又忙起来了。”这是运气不好，还是主观的感受？我们没有大样本的调查，无法给予回答。如果当书记做校长只是为了忙和不忙，那么您可能一辈子就要累下去了。为什么？因为你的思想问题没有解决好。把办学当工作做，倦怠不可避免；把办学当事业看，再苦也不累；把办学当善事去做，感觉就会变，怎么做都做不够，因为行善积德是我终生所愿。思想一变，忙还是那样忙，但是否感觉到那么累，就不完全相同了。当工作做，一个月拿多少工资，工作就是养家糊口的工具。你可能还会想：不如回去当教授，教授自由一点，挣得也可能多一点。把工作当善事做，你会发现，当书记做校长是一次机缘巧合，是一种信任，一种机会，让你有做善事的机会。

2012 年 5 月，我随国台办访问台湾。访问期间，遇到一位特殊人物——慈济的掌门人证严法师，她是世界最有影响力的尼姑。虽然做尼姑，但她是这一行第一了，任何行业做到第一都是了不得的。我们托国台办的福，得以会见证严法师，并和证严法师交流了一个小时。很多话，都忘记了，但是最后几句话我记忆犹新。国台办常务副主任问：“证严法师，有句话不知道当问不当问。”“请呐！”“您帮助过这么多人，做了那么多善事，您怎么看待您和您帮助过的人之间的关系？”这个问题似乎不好回答，但她轻飘飘的一句，答曰：“我们得感激那些我们帮助过的人，因为没有他们，就没有我们做善事的机会了。”一句话，让我醍醐灌顶。当时只觉得血往脑门上一涌。高，实在是高！你帮助了别人还要向别人作揖，表示感激，多高尚的情怀啊，这不是常人所能做到的。

回到北京后，我觉得自己变了，好像被开了光一样。我怎么看待我的学生？怎么去看待我的工作？我变了，我现在工作起来好像不太累了。我的学生不再被分为聪明和不聪明，都是好弟子。相比起来，我们好多老师脾气很大，一见到博士生，就像仇人相见：“你怎么就不能再聪明一点？你怎么就不能再勤奋一点？”这样的教授有没有？不会多，但总会有的。台湾回来后，我不会这样想。我知道，学生是需要尊重的，也知道导师应该怎么做，那就是不要生气。对学生多说好话、多说鼓励的话，遇到困难的时候帮一把、鼓励一下，直至过关。所以，证严法师，我得感谢您。其实人与人就是这样，思想观念稍微一变化，结果就不一样。当校长书记包括博士生导师，有时候总是觉得，所有人都不给你干活，总觉得别人这个不好那个不好。我们要想想证严法师的话，没有他们，我们怎么当校长呢，当谁的校长呢？所以见到谁都应客客气气的。当校长要当这样的校长，这就叫情怀发生变化了。情怀发生变化，工作再累也觉得不是太累，工作再忙也不是太忙，工作再烦也就不感觉不到太烦了。

应用型高校实践教学质量监控亚体系的构建与实践

龚兵丽　张君诚*

（三明学院，福建 三明，365004）

摘要： 实践教学薄弱，实践教学监控更为薄弱，是当前地方本科高校乃至全国高校亟待解决的共性问题。目标虚设、组织松散、改进乏力和问责缺失导致长期以来实践教学质量监控实施低效或是无效。尝试构建实践教学质量监控亚体系，实现实践教学质量从“建立质量标准—细化与落实—检查与反馈—改进与提升”的闭环运行，探索以“强共享、重融合、促提升”为抓手，打造实践质量文化，实现螺旋上升的实践教学质量目标，达到持续的质量改进，对有效提高应用型人才培养质量具有重要的应用价值。

关键词： 应用型；实践教学；质量监控；亚体系

近年来，随着我国高等教育从规模发展向内涵提升转变，关注教育质量、全面提高人才培养质量，已从外在刚性需求转为高校内在软实力提升需求，成为新时代高等教育的核心任务。应用型高校担负着为区域经济社会发展提供具有实践创新能力的应用型人才的重任，对社会实践、实验、实习实训等实践教学环节的要求明显提高，实践教学的价值与意义比以往任何时候都更为凸显。实际上，“随着经济社会的深度发展，其对人才实践能力的要求越来越高，在某种意义上，实践能力的强弱已经成为衡量人才在未来社会中角色地位的重要指标之一”①。

然而，长期以来，高校实践教学薄弱，实践教学质量监控更为薄弱，已成为地方本科高校乃至全国高校的共性问题。麦可思在对全国 2015 届、2016 届大学毕业生培养质量跟踪评价报告中指出，本科毕业生认为母校的教学最需要改进的地方是“实习和实践环节不够”，占比分别达到 68%和 67%。那么，实践教学如何改进？哪些因素制约了实践教学质量监控的效力？如何提高实践教学质量监控的效力？这是应用型高校亟待解决的重要问题。

---

* 作者简介：龚兵丽，三明学院教务处助理研究员；张君诚，三明学院教务处助理研究员。

① 张铭凯.“双一流”建设与课程变革[J].高校教育管理，2018，12(3)：7-12，20.

一、实践教学质量监控面临的现实困境及其原因

（一）实践教学质量监控面临的现实困境

自20世纪80年代高等教育领域开展质量保障运动以来，各大高校纷纷建立和完善教学质量保障与监控体系，希望以此来提高本校的教育教学质量。对应用型高校而言，加强实践教学质量监控体系的建设是提高人才培养质量的保证。① 但是，就目前实施情况来看，实践教学仍然没有摆脱传统的理论教育主导模式，其实施过程及成效同利益相关者的期待相距甚远，②主要体现在：(1)“理论基本不用，实践基本不会”成高校毕业生的真实写照；(2)教学实践基地“建而不用”、“用而不管”现象普遍；(3)学生毕业实习基本处于“散养”状态；(4)近期地方高校热衷建设的产业学院也存在“为建而建”现象，与学生实践能力提升关系不大等。实践教学质量监控部分环节或功能缺失，低效或无效已成既定事实。

（二）实践教学质量监控实施低效的原因分析

1.目标虚设和组织松散导致质量监控实施低效。不少应用型高校其实都已出台与教学质量监控相关的制度，如教学检查制度、学生评教制度、教学信息员制度、实验室管理制度等，但在具体监控实施过程中没有发挥应有的作用。鉴于实践教学的复杂性和多样化，“只求其有，不求其质”的监控制度并没有精准对标课程建设标准、专业建设标准、专业教学标准等。而作为监控主体的教务部门、教学单位和教学督导人员，其实践教学的监控方式与理论教学一般无二，多数停留在是否开展此项工作的检查上，而忽略了实践教学独特的性质。雷晓蓉针对专业实际，提出旅游管理专业实践教学无科学合理的质量标准和评价指标，目标监控较困难；没有针对不同专业实践技能构成及特点而制订质量标准；对实践教学的过程和结果还没形成像理论教学一样规范的检查程序，过程监控缺乏制度保障；在产学结合的实习教学中尚未制订相应的质量标准，实习教学的质量监控存在着盲区等。③ 刘华东等也认为部分高校开展的质量监控工作主要针对理论教学，缺少对实习实践、毕业设计等教学环节的监控；质量保障组织不健全，“国内高校不同程度地存在质量保障机构不健全、质量保障组织职责不清晰和质量相关部门协同不够等问题”。④ 负有教学质量监控职责的职能部门协同参与质量监控工作的意识不强，校院两级教学组织联动不够，互相推诿、“单兵作战”的现象时有发生。

2.改进乏力和问责缺失是质量监控低效的主要原因。廖诗艳指出，现有的教学质量监控体系存在诸多的问题和漏洞，评价与反馈环节或是最为无力的一环，缺乏以反馈促进被评价者调节、改进和激励的机制。⑤ 质量问题反馈与改进机制不健全，质量改进意识薄弱，质量监控“最后一公里乏力”成为高校质量监控的普遍现象。问责作为一种有限理

① 于万涛.应用型本科高校实践教学质量监控体系研究[J].教育评论，2014(12)：128-130.

② 时伟.论大学实践教学体系[J].高等教育研究，2013(7)：61-64.

③ 雷晓蓉.针对专业实际 强化实践教学质量监控[J].中国高等教育，2012(18)：53-54.

④ 刘华东，李贞刚，陈强.审核评估视域下高校教学质量保障体系的完善与重构[J].中国大学教学，2017(11)：63-67.

⑤ 廖诗艳.质性评价：地方本科院校教学质量监控的路径[J].教育探索，2014(7)：66-68.

性的制度行为,囿于各种现实因素,在我国高等教育质量管理实践中产生的效果并不理想,①主要体现在问责反馈对象定位不当、反馈渠道不通畅等。教学活动的主体是教师和学生,但是传统的质量问责易将其主要反馈对象定位为监管部门,教师和学生接收到的不是一手的反馈信息,而是经过监管部门、院系领导、教学管理人员层层过滤处理后的信息,有效的问责反馈大打折扣;监管部门无法深入了解教学双方的想法和困惑,也无法有效激发师生提高教学质量的内生动力。

二、实践教学质量监控亚体系的构建与实践

实践教学质量监控亚体系是指在整个教学质量监控大体系下,针对实践教学各环节教学质量监控的子体系。有效的实践教学质量监控亚体系的构建需要从建立质量标准、细化与落实、检查与反馈、改进与提升等环节加以落实,实现质量监控的闭环运行,不断提高实践教学质量,从而推动应用型人才培养目标的实现(见图 1)。

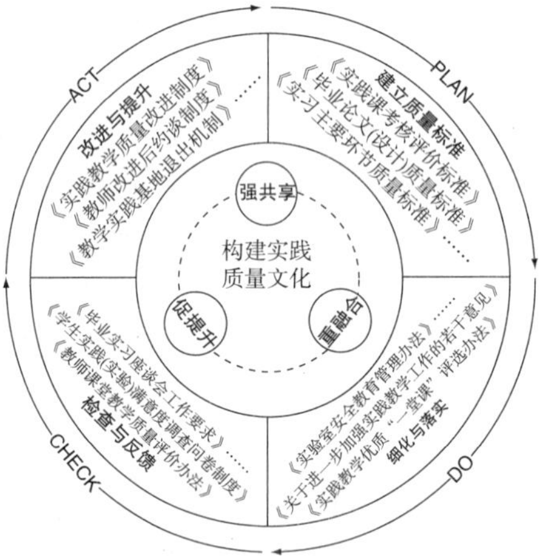

图 1　有效的实践教学质量监控亚体系

(一)目标导向,完善实践教学质量标准

质量为基,标准先行。作为质量监控有效实施的基本依据,完善的教学质量规范体系的构建必不可少。“教学质量是高校基于自身条件和教育规律,在培养满足社会需求的专门人才过程中实现教学目标的有效性效果。”②教学质量标准的制订应与学校的办学定位、人才培养目标、人才培养模式等顶层设计相呼应。对于应用型高校而言,根据《本科专业类教学质量国家标准》,结合地方产业行业需求,制订实验教学、实习教学和毕业论文(设计)等实践教学主要环节质量标准,规范各项教学工作的要求和流程,确保实践教学质量监控亚体系的运行有目标、有规范、有依据。值得注意的是,作为质量监控实施依据的实践教学质量标准具有动态性,应用型高校应根据地方经济社会对人才需求的变化进行优化和调整,确保实践教学质量标准的社会需求适应度。

---

① 朱守信,杨頔.高等教育质量问责的能力限度:问题与出路[J].教育科学,2014,30(3):61-65.

② 吴立平,刘凤丽.应用型本科高校教学质量监控体系及运行机制构建[J].黑龙江高教研究,2016(1):35-37.

（二）过程管理，细化与落实实践教学环节

标准为先，使用为要。“高等教育质量不体现在学校所拥有的资源和声誉上，而在于有效的本科教育实践。”“我国应将质量监控的重点从教育投入和教育结果转向有效的教育实践过程。”①周加灿等认为高校存在实习和实践执行不到位等情况。② 因此，有必要在明确实践教学目标与明晰各实践教学标准的基础上，细化与落实各实践教学环节，严格过程管理，从而推进质量管理决策落到实处。一是健全制度建设，出台《关于进一步加强实践教学工作的意见》、《实践教学优质“一堂课”评选办法》、《实验室安全教育管理办法》等，从优化实践教学体系，改革教学模式和方法，探索毕业论文（设计）多样化，加强薄弱实习环节的监管，加强师范生教育实践，持续深化第二课堂活动，强化创新创业实践教学，加强实践教学课堂质量和实行实验室安全教育准入等方面强化实践教学，扫除实践教学监控盲区，真正将实践教学质量监控落实在人才培养全过程。二是严格实践教学过程管理。完善实践教学环节的教学大纲、指导书、教学计划等重要教学文件，规范实践教学行为；根据实践教学大纲，做到“六落实一监控”：即计划落实、大纲落实、指导教师落实、经费落实、场所落实、考核落实和全程监控；抓好四个环节：即实践准备工作环节、初期安排落实环节、中期工作开展环节和结束阶段成绩评定及工作总结环节。

（三）动态监控，建立多层次、多维度的检查与反馈机制

动态监控，重在反馈。“教学质量监控是指高校按照评估监控方案对各院部的教学工作进行评估、评价和监测，并将评估结果予以通报，充分发挥评估的导向、促进和激励作用。”③建立集中监控与日常监控相结合，校内监控与校外监控相结合，教师评价与学生评教相结合的多维监控检查机制。集中监控检查是指学校层面开展的全校性的检查，包括教学实践基地专项检查、毕业实习中期巡查和毕业论文（设计）抽查等实践主要环节的专项检查，以及期初、期中和期末教学检查等。日常监控检查主要是指日常对实验、实训教学过程的监控等。校内监控主要是指以校院两级督导团为主，教务处、学工部等职能部门协同联动的质量监控工作。校外监控评价主要是指合作企业和用人单位等第三方对实践教学过程及成效进行评价反馈。教师评价制度主要包括专家评价、同行评价和自我评价。学生评价制度包括学生评教制度、学生课程满意度调查等。推进信息技术与教育教学的深度融合，利用大数据、云计算等技术手段，构建多层次反馈体系。通过学校层面的教学例会制度、教学基本状态数据库等，学院层面的党政联席会议、教研室活动等，学生层面的教学信息员制度、毕业实习座谈会制度等多渠道收集教学信息，分析教学状态、诊断教学顽疾、反馈教学问题。近三年，95.28％以上的学生对教师课堂教学感到满意，用人单位对我校毕业生的满意度达96.43％以上。

---

① 朱炎军，夏人青.走向“内部改进”质量评估模式——美国高等教育质量评估的转变及启示[J].高校教育管理，2016，10(2)：92-96，124.

② 周加灿，郑雪琴.影响高等学校教学质量的因素分析与对策研究[J].教育评论，2017(12)：76-80.

③ 李明.基于多理论视角的高校内部教学质量保障体系建构[Z].中国高地教育评估，2013(2).

（四）组织保障，强化实践教学质量改进与提升机制

组织保障，助力改进与提升。改进与提升实践教学质量是质量监控的根本目的，决定着实践教学质量监控亚体系的闭环性、循环性和有效性。

一方面，健全教学管理组织，建立由校长、主管教学工作副校长、教务处长及学院主管教学副院长，教学指导委员会、教务处、学工部、督导团等共同组成的教学管理组织系统。发挥各级领导干部、各职能部门在实践教学工作决策中的宏观指导、论证和咨询作用；发挥基层教学组织功能，依托系、教学团队、实验教学中心等基层教学组织，以课程建设为纽带，加强教师实践教学能力的培养，强化实践课堂教学规范，完善实践课程考核评价，在全校范围内形成协同配合、联动运行的质量监控保障格局。

另一方面，建立行之有效的问责机制和奖优扶弱机制。“增强问责体系有效性是提升高等教育质量，促进高校推行教学改革，提高人才培养质量和实现高等教育强国的重要保障。”①实行教学事故约谈问责机制，增强学校各主体的问责质量意识，最大限度实现问责驱动力源自各反馈主体及客体的主动思变而不是被动应付。结合教学工作考评、十佳教学实践基地、十佳毕业论文（设计）等评选活动，对表现突出的单位或个人给予表彰奖励，充分发挥其在实践教学质量建设的示范引领作用；针对检查评价环节反馈的问题和薄弱环节，进行持续监控，加强帮扶，限期整改，改后复评，督促各类主体及时解决问题，共同推进实践教学质量持续改进，推动应用型人才培养质量不断提升。

（五）全员参与，营造实践质量文化

高校内部质量管理主要分为经验管理、制度管理和文化管理三个阶段②，当前大部分的地方高校都处于第一或第二阶段，即教学管理人员基于感性认识和自身工作经验或通过制定自上而下地规范、监控等政策性文件开展质量管理工作。高校质量文化建设滞后甚至缺失，是我国高校质量建设始终无法打破被动局面的关键因素。三明学院以“育致用大才，创应用强校”为引领，以“强共享、重融合、促提升”为抓手，构建实践质量文化，切实改变重理论轻实践、重知识传授轻能力培养的观念，将实践质量文化塑造成高校内部的集体共识，并上升为集体的共同责任和价值观，让所有的利益相关者参与其中，共同为高校的实践教学质量而努力。

一是进一步加强优质实践资源的共建共享。统筹校内各类实践教学资源，构建功能集约、资源共享、开放充分、运作高效的专业类或跨专业类实验教学中心。以“项目驱动创新班”为依托，根据专业群的服务对象，整合现有教学实践基地，建立多专业交叉融合的“专业群教学实践基地”，探索校企在联合培养人才新机制的建立、技术研究、大学生就业等领域的深度合作。现已组建 30 多个创新班，参与学生达 1600 人，建立了“专业群教学实践基地（智能制造）”等。资源的有效利用远远比单纯的资源投入带来的效益更多，好的实践教学成效取决于好的实践教学过程和实践资源的使用过程。

二是进一步深化产与教、科与教、学与创等的融合。推进产学研合作发展平台建设，

---

① 朱守信，杨颉.高等教育质量问责的能力限度：问题与出路[J].教育科学，2014，30(3)：61-65.

② 刘华东，李贞刚，陈强.审核评估视域下高校教学质量保障体系的完善与重构[J].中国大学教学，2017(11)：63-67.

组建了8个专业群、9个产业学院和23支校企混编的教学团队，以校校、校企、校地、校所等多元化合作共建共享办学资源，共同设计人才培养方案，共同承担课程教学和实践教学任务，形成“平台共建、资源共用、成果共享”的可持续发展机制。贯彻科教兴国、学科兴校战略，落实“教学与科研的结合是高素质、创新性人才培养的需要”。① 科学研究是人才培养的重要途径，科研的本质是创新，教师的科研成果可以反哺和充实教学内容，学生也可通过参与教师的科研课题，培养自身的创新思维，提高实践能力。以第一、第二课堂两大平台为支撑，推进创新创业教育与专业教育、素质教育的融合，推动创新创业课程体系建设，构建以第二课堂为导向的创新创业教育实践模式，将创新创业教育融入人才培养全过程。② 2015年以来，学生获得专利授权202项，德国红点奖等国际知名奖31人次，省级以上1356人次；5000余人次参加1365项各级各类双创大赛，获国家级奖项26项、省级105项。

三是进一步完善教师教学激励机制和学生学业指导机制，引导师生追求卓越质量。建立教学质量导向的教师激励机制，将实践教学质量评价结果作为教师各类考评和津贴分配的重要依据，将实践教学效果纳入教师岗位和职称聘任条件，如增加实验系列编制，增列实验系列的正高专业技术职务；设立“双师型”教师特殊岗位津贴激励机制，在评优评先、校内津贴等方面予以倾斜。建立学生全面发展导向的指导机制，树立以学生为中心的办学理念，实施分类培养，促进学生个性发展，如改革毕业论文评价考核方式，环境设计、音乐学等10个专业采用个人作品展（汇报演出）＋创作说明等方式代替原来单一的毕业论文（设计）形式等。教师教学发展与人才培养形成良性互动，促进教师的教学改进，促进学生的成长成才。

三、结语

教学质量是高等学校的生命线，是学校核心竞争力的重要体现。实践教学质量监控亚体系是高校内部教学质量保障体系的重要组成部分，实践教学质量监控亚体系的有效运行是高校教学质量的重要保障。

实践教学质量监控亚体系的建设与运行是一项动态、长期的系统工作。高校需树立实践育人的人才培养观，充分认识加强实践教学工作是学校内涵建设和实现人才培养目标的必然要求，坚持学生中心原则、成果导向原则和持续改进原则，不断提高人才培养的目标达成度、社会适应度、条件保障度、质保有效度和结果满意度，通过闭合循环的质量监控，不断完善亚体系的建设，提升实践教学质量内涵，助力高校转型向纵深推进。

---

① 宋海农，王双飞，黄显南.高校本科教育中教学与科研的关系[J].高教论坛，2004(1):45-46.

② 龚兵丽，赖祥亮，张君诚，肖爱清.应用型本科高校创新创业教育体系的重构与实践——以三明学院为例[J].鸡西大学学报，2016，16(03):12-15.

注重内涵式特色发展：昌航从教学型大学向教学研究型大学阔步前进

——南昌航空大学教育改革40年

邱振中*

（南昌航空大学，江西 南昌 330063）

摘要：从1978年本科教育起步，南昌航空大学主要经历了本科教育的开创和稳步发展、从教学型向教学研究型迈进两个发展时期。党的十八大以来，在推进从教学型向教学研究型转变进程中，南昌航空大学结合校情，认真贯彻落实上级有关精神，积极探索高等教育科学发展的新举措、新路径、新经验，力争实现从零星式、碎片化的单项改革向综合式、整体化的改革转变，从自发性、经验性向顶层设计、规范理性转变，加快推进高等教育综合改革，体现出了系统性、创新性和协同性的特征。政府、学校和社会协同合作、密切配合的“一体化”改革机制初露端倪，“党委领导、校长负责、教授治学、民主管理”的学校内部治理结构和运行机制正在逐步建立，学校全面深化改革工作取得了初步成效。

关键词：发展历史；内涵建设；综合改革

1978年，伴随着党的十一届三中全会的召开，我国科教事业的春天就此展开。而教育事业，尤其是高等教育事业的复苏与发展，无疑是这场变革中最具代表性的一个领域。在这隆隆响起的改革春雷声中，本科教育起步于1978年的南昌航空大学同样经历了40年改革开放的风险考验。

经过几代南航人的不懈奋斗，历经40年的本科教育、28年的研究生教育，今日的南昌航空大学不仅已发展成为一所以工为主，兼有理、文、管、经、法、教、艺等学科协调发展的多科性教学研究型大学，而且学校的综合实力和办学水平也跻身全省普通本科高校前5名、全国普通本科高校第200名左右，在江西省乃至全中国享有较高的知名度和声誉。今天，走向祖国四面八方的南航毕业生已成为国家尤其江西省及国防航空领域经济建设和社会发展的骨干。

---

* 作者简介：邱振中，南昌航空大学全面深化改革办公室主任。

上篇:流金岁月

从1978年本科教育起步,南昌航空大学大体经历了本科教育的开创和稳步发展、从教学型向教学研究型迈进两个发展时期。

一、本科教育的开创和稳步发展时期(1978年至1998年)

1978年4月,国务院正式批准成立南昌航空工业学院,从此,学校的发展从中专教育阶段进入了本科教育阶段。在此期间,学校的发展大体经历了本科教育的开创和初步发展与世纪末全面快速前行两个阶段。这个时期,学院努力探索新形势下办大学的新思路,逐步明晰办学指导思想,坚持把培养"德、智、体全面发展、面向工程第一线应用型高等工程技术人员"作为培养目标,把学院发展定位在以教学工作为中心,以本科教育为主,适度发展研究生教育。学校1982年获得学士学位授予权,1990年获得硕士学位授予权,1990年底顺利通过航空航天工业部的全面评鉴,1998年通过教育部本科教学工作合格评价。学院的教学、科研及生产、基本建设等各项事业得到全面快速发展,为1999年学校管理体制调整后的跨越式发展奠定了基础。

二、从教学型向教学研究型迈进阶段(1999年至2018年)

1999年4月,学校隶属关系由中央下放江西省,实行中央和江西省共建、以江西省管理为主,管理体制发生根本性转变,学校发展进入第三次创业的历史阶段。这一时期,学校的招生规模进一步扩大,办学层次与形式更加多样,发展了研究生教育、创办了高等职业教育、成立了科技学院、与海军联合培养国防生等。2002年开始建设前湖新校区,学校的办学空间得到了根本性的改变。2007年学校成功更名为大学,2008年在教育部本科教学工作水平评估中获得"优秀",2009年获批博士学位立项建设预测单位,2010年获批设立博士后科研工作站等,学校各项事业实现跨越式发展。2011年学校制定"十二五"发展规划,2016年学校制定"十三五"发展规划,为学校更长远的科学发展打下了坚实的基础。

2012年党的十八大以来,学校把全面深化改革作为加快推进教育现代化建设、办好人民满意高等教育的根本动力,坚持以改革促发展,以改革推公平,以改革提质量,以改革添活力。

六年来,学校积极探索高等教育科学发展的新举措、新路径、新经验,力争实现从零星式、碎片化的单项改革向综合式、整体化的改革转变,从自发性、经验性向顶层设计、规范理性转变,加快推进高等教育综合改革,体现出系统性、创新性和协同性的特征,政府、学校和社会协同合作、密切配合的"一体化"改革机制初露端倪,"党委领导、校长负责、教授治学、民主管理"的学校内部治理结构和运行机制逐步建立。

建改互动,制定一部"管用"的大学章程。2014年6月,学校成立起草小组,开始修订大学章程。在章程建设实践中,学校认真落实《高等学校章程制定暂行办法》精神,立足"管用",确立"以建促改、以改促建、建改互动"的理念和路径。在章程修订和体制机制改革推进中,一方面通过制定章程推动学校改革,另一方面通过将改革成果固化为制度形式，写入章程，保障学校依法、自主、高效、自觉地运行，在依法治校和建设现代大学制度等方面，取得了积极效果。2015 年 3 月，学校作为本科高校的唯一代表在全省高校章程建设推进会上作经验介绍。《南昌航空大学章程》颁布实施五年来，有效推进了学校依章办学工作进程，对加快学校现代大学制度建设起到了重要作用。2018 年，考虑到党和国家对高等教育提出了新任务、新要求，以及学校发展的内外部环境也发生了重要变化，学校党委、行政开始对《南昌航空大学章程》着手进行修订，目前已完成所有校内法定程序。

深化校院二级管理体制改革，建立以目标责任制为核心的学院制。为在新的历史条件下激发新的办学活力，学校自 2001 年开始，对校院二级管理体制问题进行了持续不断的探索，先后经历了 2001—2006 年的试点阶段、2007—2013 年的推广阶段，2014 年至今的全面深化阶段。学校陆续制定出台了《校院两级管理体制改革实施办法》、《校院两级管理体制改革八个配套文件》等。学校科学设定目标、明确基本原则、强化建设措施、完善考核体系，与教学学院签订学院目标责任书，扎实推进了目标管理。

深化教育教学改革，全面提高本科教学质量。六年来，学校以提高本科人才培养质量为根本任务，通过积极稳妥地推进学分制改革，优化招生规模和专业结构改革、积极参与专业转型发展。2014 年起，学校与九江职业技术学院合作开展应用技术型本科人才培养模式改革试点工作；2015 年，学校新闻学、播音与主持艺术专业获批江西省首批转型发展试点。转专业政策改革，推进考试方法改革，扎实推进大学生创新创业教育教学改革，扎实推进实践育人、强化实践技能训练，促进本科教育教学国际化、信息化，强化教学质量监控，以学生为中心、热心服务教学工作等一系列举措，使学校教育教学改革取得了明显成效。

依托学校优势学科，积极创新政产学研用合作模式。六年来，学校不断强化航空、国防特色优势，在深化与行业合作、拓展与地方共建的过程中，通过探索建立“团队培养模式”，构建校企人才培养协调机制，推动“适应能力强、实干精神强、创新意识强”的应用型专门人才的成长。2012 年，以学校为牵头单位，联合洪都、昌飞、602 所、331 厂、608 所、航材院等联合组建了“江西省航空制造业协同创新中心”。2014 年以来，学校先后获批“环鄱阳湖流域污染物控制与资源化协同创新中心”、“江西省无人机产业技术创新战略联盟”、“江西省航空产业发展与管理创新软科学研究基地”、江西省通用航空研究院。2017 年 8 月 28 日，中国航空发动机集团与学校战略合作协议签订暨共建航空发动机学院揭牌仪式在学校举行。为响应江西省委省政府大力发展航空产业的号召，进一步促进江西省通用航空产业快速发展，2018 年 4 月 28 日，学校与中国航空工业昌河飞机工业(集团)有限责任公司战略合作协议签订暨南昌航空大学通航学院揭牌仪式在学校举行。

教授治学，充分发挥学术委员会的作用。2014 年 9 月 22 日，学校第八届学术委员会正式成立。该届学术委员会是根据教育部 35 号令提出的新机制、新方式的要求，按照《南昌航空大学学术委员会章程》组建的。改组后的学术委员会，在人员组成、职责定位、组织结构、决策程序等方面都体现出新的特色。学校加强规范、建章立制，以学术委员会建设为引领，积极探索教授治学新途径，先后制发了《南昌航空大学学术道德规范及学术不端行为处理规定》等一系列文件，努力创建有南航特色的学术委员会制度。单独设立管理工作机构、建立独立运转机制，整合学术事务决策、审议、评定、咨询职能，“去行政化”、提升学术权力公信度，逐步厘清行政权力与学术权力边界，初步形成了彼此相互支撑而又不逾越的格局。

下篇：今日南航

昨天，南昌航空大学沐浴着国家改革开放的春风，取得了辉煌的成就。今天，全体南航人正在习近平新时代中国特色社会主义思想的指引下，齐心协力，开拓创新，为把南昌航空大学早日建设成为国内外知名的工科优势突出、航空特色鲜明的多科性教学研究型大学而努力奋斗。

一、人才培养

学校现拥有 64 个本科专业，其中 5 个国家级特色专业，8 个省级特色专业，1 个国家级综合改革试点专业，6 个省级综合改革试点专业，5 个国防特色学科。拥有 2 个国家级实验教学示范中心，9 个省级实验教学示范中心，拥有稳定的校外实践基地 330 多个。学校入选教育部第二批卓越工程师教育培养计划实施高校，获批 6 个国家级卓越工程师教育培养计划试点专业，6 个江西省卓越工程师教育培养计划试点专业。“十二五”期间，学校与中航洪都集团、解放军第 5719 厂、东软集团共建获批 3 个国家级工程实践教育中心，与中航南方航空动力公司共建的工程实践中心为国家级大学生校外实践教育基地。

二、学科建设

在 2017 年度中国高校创新人才培养暨学科竞赛排名中，我校位居江西高校前三甲、全国排名 119。2018 年，学校材料科学学科进入美国 ESI 全球排名前 1%，步入国际高水平学科行列。学校现有 16 个一级学科硕士点，覆盖了 55 个二级学科硕士点，并具有 14 个工程硕士领域和 3 个(公共管理硕士、艺术硕士、翻译硕士)专业学位类别。“十二五”期间，航空宇航科学与技术、环境科学与工程两个学科被列为省高水平学科，材料科学与工程、仪器科学与技术、光学工程、计算机科学与技术、马克思主义理论等 5 个学科被列为省重点学科。学校现有测试计量技术及仪器、构建质量检测与控制、光电子与激光技术、精确成形与连接技术与军用关键材料五个国防特色学科。2017 年，在江西省“一流学科”创建活动中，学校成功获批三个省级一流学科。其中，环境科学与工程学科获批为优势学科，航空宇航科学与技术获批为成长学科，仪器科学与技术学科获批为培育学科。

三、科学研究

学校拥有“江西省测试技术与控制工程研究中心”博士后科研工作站、“江西省航空材料工程技术研究中心”博士后创新实践基地。1 个国家级工程实验室，25 个省(部)级重点实验室(研究中心)和省级重点基地，其中 2 个江西省“2011 协同创新”中心。

“十二五”以来，在国内外学术刊物上发表论文 7948 篇，其中 SCI、EI、ISTP 检索 2640 余篇，CSSCI 检索 280 余篇；获国家专利授权 1181 件，其中发明专利授权 556 件；出版论著 194 部、教材 274 部。获批国家杰出青年基金 1 项，国家优秀青年基金 2 项，其他类别国家自然科学基金335项，国家社科基金26项。全国教育科学规划项目2项、教育部哲学社会科学重大招标项目、教育部人文一般项目、教育科技项目和优秀人才项目等20余项，承担和参与国家科技重大专项、子项目、“973”、“863”计划子项等近20项。承担国防科研计划项目200余项，江西省重大科技专项等各类省部级项目1000余项。荣获国家科技进步奖1项(参与)，中国高校人文社会科学研究优秀成果三等奖1项。获省部级科技成果奖85项。近年来，学校承担了487项国家级科研项目和1580项省部级项目的研究，项目的级别显著提升，承担了国家油气田重大专项、大飞机重大专项、总装备部预先研究计划等高科技公关项目的研究。先后在2012年国家科学技术部“863”计划项目立项、2012年国家自然科学基金重点项目、2013年国家自然科学基金优秀青年基金项目和2016年国家自然科学基金杰出青年基金项目立项上实现了零的突破。

四、人才工作

近年来，为做好学校博士人才的引进工作，提高引进人才的质量和水平，加快推进“人才强校”战略，更有力地吸引一批高层次人才，学校制定了《引进博士的基本条件的暂行规定》，修订了《高层次人才引进实施办法(试行)》，完善了博士后招收、培养、考核管理机制，制定了《南昌航空大学博士后工作管理实施办法》，提高了博士后工作和生活待遇。现有博士学位教师441人、硕士学位教师732人，约占专任教师总数的92%；博士生导师31人，硕士生导师600余人；有双职双聘中国科学院院士和中国工程院院士5人；国家杰出青年科学基金获得者2人，国家“千人计划”1人，国家“万人计划”科技创新领军人才2人，国家优秀青年科学基金获得者2人，国家百千万人才工程人选1人，中国科学院“百人计划”1人，全国优秀教师5人；科技部中青年科技创新领军人才2人，教育部“新世纪优秀人才支持计划”2人；江西省新世纪百千万人才工程第一、第二层次人选40人，享受政府特殊津贴36人；江西省“赣鄱英才555工程”人选14人，“井冈学者”特聘教授2人，江西省主要学术与学科带头人8人，江西省教学名师17人，江西省青年科学家培养对象和杰出青年培养计划26人，江西省文化名家1人。省(部)级学科带头人48人，省(部)级中青年骨干教师72人。

论地方院校人才培养与产业发展需求的良性互动

——以咸阳师范学院文化产业管理专业人才培养与文化产业对接为例

张　力*

（咸阳师范学院，陕西 咸阳 712000）

摘要： 地方院校的人才培养与产业发展越来越密切的对接为校企（社会）进行知识交换、信息交流和资源共享搭建了一个双赢的平台。如何改革和创新人才培养模式以适应产业发展的需求，促使两者进行良性互动？这是一个学校突出办学特色、提高教育质量和提升核心竞争力的关键问题。本文以咸阳师范学院文化产业管理专业的培养模式与文化产业的对接为例，探究地方院校人才培养与产业发展需求的良性互动问题。

关键词： 地方院校，人才培养，产业发展，互动

一、引言

人才培养是高等学校的根本任务，人才培养质量是决定学校发展的生命线，人才培养模式则是高等学校实现人才培养这一根本任务和确保人才培养质量的关键。随着经济社会的快速发展，社会对人才的培养规格和质量不断提出新的要求，传统教育模式培养的人才在很大程度上已不能适应产业发展的需求。作为新建地方性师范本科院校，咸阳师范学院近年来坚持积极稳妥和可持续发展的原则，积极培养适应产业发展所需的应用型人才的专业。咸阳师范学院作为西北地区首家开设文化产业管理专业的高校，其文化产业管理专业以特色鲜明的人才培养模式，实现着与陕西文化产业发展的良性互动。

二、审时度势，以文化产业学科建设为契机，不断加强人才培养建设

地方院校人才培养模式的最大特点应是在更能满足当地社会经济发展的需求上。当社会认为学校的人才培养质量不能很好地适应社会的发展需要时，学校应当以社会对本专业人才的类型、规格要求为参照基准，对专业的培养目标、培养规格进行必要的调整，进而根据培养目标与培养规格，调整专业的培养方案和途径，使之更好地适应社会需要，符合社会经济发展与高等教育发展的趋势。咸阳师范学院立足咸阳，密切关注陕西产业发展的需要，敢为人先，积极开展“文化产业管理”专业建设。

---

* 作者简介：张力，《咸阳师范学院学报》助理编辑。

（一）精确定位，顺应社会发展需要

文化体现一个国家的软实力，文化产业是在全球化的消费社会背景中发展起来的一门新兴产业，被公认为“21 世纪全球经济一体化时代的朝阳产业”或“黄金产业”，我国政府对文化产业的发展给予了高度重视和大力支持。陕西的文化产业也已形成了以西安为核心，带动周边地区文化产业发展，呈现出了“一体两翼”的发展格局。陕西各地依托当地资源，在历史文化、山水文化、红色文化、民俗文化、现代文化等方面进行立体开发，形成了各具特色、错位发展的文化产业格局。

文化产业发展的核心问题其实是人才问题。面对陕西省文化产业强劲的发展势头，2007 年 7 月，咸阳师范学院历史文化学院充分发挥学科专业优势，设置文化产业管理特色专业，积极服务地方文化产业的发展。

（二）深化改革，创新人才培养模式

咸阳师范学院文化产业管理专业设置在历史文化学院，是一个集管理、教学于一体的二级学院，具有开设文化产业管理专业很强的资源优势，即文化产业管理专业的师资是由多学科的专业人才组成，具有学科交叉、互补和相互渗透的特点。历史文化学院于 2007 年 5 月设立文化产业管理教研室，2007 年 9 月开始招收本科生。文化产业管理专业着重培养具有良好的文化艺术素质和管理能力，掌握文化产业经营特点和运作规律，了解国内外文化产业发展趋势，具备现代企业管理理念，能在文化产业企业以及政府机关、企事业单位相关部门从事文化艺术管理、文化经营、文化产业项目策划等工作的高级管理人才。

为建设好文化产业管理专业，我校配备了一支专兼职相结合师资队伍，制定了切实可行的人才培养方案，建立了文化产业专业实验室，并与陕西省各大文化产业企事业单位合作，建立了专门的实践教学基地。

三、因势利导，以学科建设与产业发展的良性互动为目标，努力培养高素质专业人才

围绕文化产业发展的新趋势和新视角，人才培养和学科建设都必须做出新的调整。文化产业管理学科建设的重点应是理论联系实际，理论指导实践，实践反哺理论创新，进而提升人才培养水平。咸阳师范学院在文化产业管理专业建设的摸索过程中，也遇到了一些亟待解决的问题，

（一）在文化产业管理专业人才培养理念上要与文化产业的发展进行对接，要注重五个转变

1.转变学科知识观念，形成记忆型的知识和能力型的知识的融合能力。

2.转变课堂教学方法，注重培养学生自我提升能力；注重分析问题的能力培养，形成普遍化分析方法的把握和举一反三的能力；形成自我学习能力。

3.转变基础理论灌输的做法，注重实践能力的提升，包括注重坚持原则和应变能力（灵活性的余地）的分界和策略多样性的把握，注重实践操作能力和细节完善的能力。

4.转变单纯书本知识的教学，将理论、方法和常识（含社会常识与专业常识）的结合，注重情商教育和策划能力教育。

5.转变学科壁垒意识，教师和学生共同扩展视野，包括把握国内和国际文化产业趋

势，把握行业内外产业链经营方法，扩展跨学科知识和资源整合能力。

（二）为了促进文化产业学科建设，合理地高水平地培养和培训人才，需要注重以下六个方面的问题

1.逐步建立完备的学科体系。文化产业管理专业人才培养的问题还涉及学科的地位和学科知识体系的建立。国家应当尽早建立文化产业管理一级学科，以便高校投入相关资源和整合相关资源，促进学科建设和人才培养。

2.提升专业教师的素质。假如我们根据政策、市场中的人才需求等来再定位学科，那么，文化产业管理学科就是一个跨学科领域，也就需要将培养优秀教师当作重点来对待。

3.树立服务产业发展的理念。各类高校的文化产业人才培养和培训应当以产业发展的需求和服务社会的理念为指导，而不应当局限在纯粹的学术范围内。

4.培训和继续教育是高校进行文化产业人才培养的另一个重点，各地高校应当结合本地文化产业发展的特点来培养和培训人才，为本地文化产业发展做出积极的贡献。

5.促进产学研结合的人才培养和培训。在教学内容上和教师（培训师）的设计上要综合考虑官产学的结合，以便实现有效的教学资源整合，提升理论和实践结合的水平。

6.结合特定需求，开展继续教育。例如，在文化事业转企之后，多数经营者的商业知识和文化产业专业化知识比较欠缺，无疑需要进行系统的文化产业经营管理的培训。

在注重与时俱进、理论指导实践的同时，应当注重总结经验，积累学科建设和人才培养的成果。同时，由于文化产业管理学科建设和人才培养的经验比较缺乏，需要加强交流，避免故步自封。

四、求真务实，以人才培养模式转变为抓手，探索人才培养与产业发展需求的互动机制

地方院校的办学特色是在长期办学过程中形成的，是被社会公认的、独特的、优良的办学特征，是地方高校定位的基础。咸阳师范学院文化产业管理专业紧紧抓住陕西文化产业发展的需要，围绕人才培养模式的改革创新，走出了一条符合学校实际和产业发展需要的路径。

（一）锐意创新，着力形成特色学科

第一，不断完善教学计划。文化产业管理是一门新兴的专业，在国内高校开课不过五年的时间，因此在课程建设上还处在探索和试验阶段，我校文化产业管理专业的2007年教学计划，主要参考了山东大学文化产业管理专业的教学计划。在实践的过程中发现了一些问题，对一些课程进行了调整，比如，因经济法、文化市场营销与管理两门课程与文化法规基础、文化产业管理课程内容有较多重复，建议取掉，增加世界文化遗产中国简史等课程，旨在强化教学的专业性和前沿性，力求学生知识体系的完整性。2009年，对2008年教学计划执行情况进行了研讨，并及时解决实践中出现的问题。

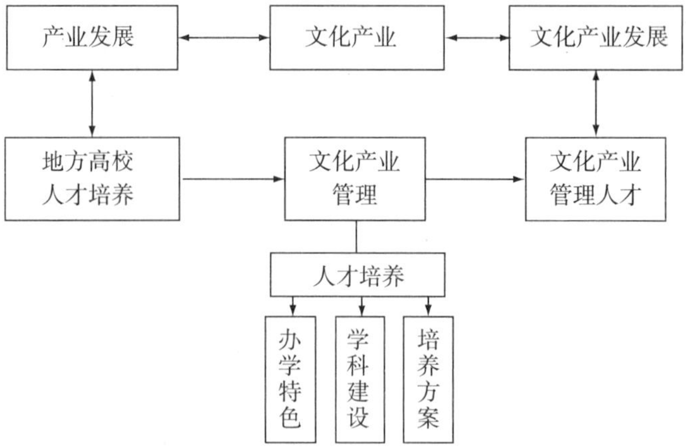

图 1　咸阳师范学院文化产业管理专业人才培养与文化产业发展互动示意图

第二，以现实发展为需要，营造氛围。2009 年 6 月 13 日是中国第四个“文化遗产日”，为了让广大师生对世界遗产和文化产业有更深的了解和感受，咸阳师范学院举办展览活动，把课堂“搬进”历史文化。其中，我国的世界遗产图片展示，带你游遍 37 处世界级自然文化遗产，感受 4 处非物质文化遗产独特魅力；学生实践成果展，展示文化产业管理专业学生实践调研部分成果；包括手抄报、摄影展、手工艺品展、纪念品展等，都真实地展示了学生的学习和生活。2009 年 6 月 15 日，咸阳师范学院“世界遗产在中国——文化产业管理专业实践成果展”隆重开展。此次成果展中，前来参观的师生络绎不绝，大家表现出了极大的热情。此次活动极大地鼓舞了文化产业管理专业的学生，使我校师生更加深刻地感受到世界遗产的魅力，充分了解文化产业管理这一新兴专业的发展动向。

（二）积极主动，提升学生专业素养

文化产业管理专业以“市场推动教学，产学研一体化”为特色。注重行业调研，密切关注社会对相关人才需求的数量、标准、要求，以市场推动学科建设、课程设置及师资配备，强调实践教学，“让专家走进来，让学生走出去”，聘请文化产业企业高级管理人员担任本专业兼职教授，使课堂教学和企业管理密切结合起来。特别强调学生充分利用学校资源进行自我实践，有目标、有计划地引导学生自组团队，自主实践，使学生在实践过程中运用专业知识，丰富实践经历，获得从业经验。他们在教学中加大实践、实验课时，采取案例教学等形式提高学生的实践能力。鼓励学生自己组织若干小组进行文化资源调查、文化产品策划的活动，学生的成果记入学分，对优秀者予以表扬。

（三）内引外联，加强与地方合作交流

我校的文化产业管理专业积极服务于地方经济，把文化产业管理专业的建设和文化产业企业的横向联合结合起来。教师利用专业优势，积极申报科研项目，为地方发展文化产业和经济建设服务。2008 年以来，先后主持“五陵原自然与人文社会环境变迁研究”、“民国时期西北地区新式交通与社会变迁研究”国家级项目 2 项，“秦腔的保护和发掘利用措施”、“司马迁祠民间祭祀”等省部级项目 8 项；参与“咸阳市秦都区王道村秦汉文化大观园”、“太白县旅游发展总体规划”等文化产业策划项目 14 项；参与了咸阳统一广场的命名和建设工作；还出色完成了咸阳养生节系列丛书（文化篇、产业篇）的编撰任务，该丛书已由陕西旅游出版社正式出版。

通过对咸阳师范学院文化产业管理专业人才培养模式与陕西文化产业对接的分析说明，地方院校高校应根据社会实际(特别是产业发展的需要)及时调整学科与专业建设，实行重点学科专业建设与陕西文化产业结构相挂钩，与学校的长远发展相结合，提高人才培养的针对性、应用性，培养具有地域特色、高素质的人才，构建一个适应经济社会发展要求的服务型教育体系，明确定位，形成特色，找准地方高校在陕西文化产业中的发展空间，以及自己在发展过程中的相应位置，使陕西的高等教育与产业发展形成强有力的互动营造有利于人才发挥优势的环境，真正实现高校与企业、市场的共赢。

参考文献：

[1]张友臣.关于我国文化产业人才培养的忧思[J].东岳论丛，2006(02)：71-74.

[2]欧阳友权.文化产业通论[M].长沙：湖南人民出版社，2006.

[3]朱苏飞.普通地方高校人才培养模式的区域化发展路径[J].当代教育科学，2009(13)：45-46.

[4]杜卫，陈恒.新建地方院校应走学科专业一体化建设之路[J].中国高等教育，2010(11)：39-41.

美国营利性大学的现实困境及对我国民办高校的启示

张　妍*

（厦门大学 教育研究院，福建 厦门 361005）

摘要： 美国高等教育在世界高等教育发展中始终执牛耳，营利性高等教育是美国高等教育体系的重要组成部分。20 世纪 90 年代以后，随着营利性高等教育机构指数式的大发展，问题也逐渐开始暴露出来。学生学费的负担过重、教学投入不足、管理存在漏洞是当下营利性大学发展的主要现实困境。这些问题的出现绝非是简单的美国现象，它也是各国营利性高等教育机构在发展中都有可能遇到的"瓶颈"。因此，笔者认为，实施政府宏观调控下市场定价、对营利性高校采取弹性资助、落实政府和民间组织的监管职能，将对我国当下民办学校分类管理带来启示。

关键词： 美国；营利性高等教育；营利性大学

美国著名的教育社会学家马丁·特罗在他的高等教育阶段理论中指出，当高等教育的毛入学率大于 50%时，高等教育就进入了普及化阶段。这一理论的提出是以美国为载体。20 世纪 60 年代末 70 年代初，美国进入了高等教育的普及化阶段。在这一背景下，高等教育需求的多元化和多样化更加显著，营利性高等教育机构便在这一特殊的土壤中异军突起。

凯文·凯利(Kevin Carey)认为，营利性教育机构的存在弥补了传统高教机构留下的巨大空间，它们提供的教育服务是公立学校和私立非营利机构所忽略的。同时他也承认，那些最差的营利性机构疯狂地颁发商业化的大学学位，但是认为他们并不是从一开始就带有这样商业化的特质。① 除了需要肯定营利性高等教育机构的积极作用外，它因商业化的特质产生的一系列问题才是我国发展民办营利高等教育需要特别引以为鉴的。

2011 年，奥巴马政府对营利性大学进行了一次严苛的教育整顿，从这里我们也不难看出，美国营利性大学在发展过程中弊病已积习甚深，严重威胁到了美国高等教育的健康长远发展。营利的商业本质导致了学生的学费过高、教学开支严重不足，而这种结果的出现与政府管理的漏洞有关。这三种制约因子的综合作用使得美国营利性大学的发展趋缓。

---

* 作者简介：张妍，厦门大学教育研究院硕士研究生。

① 周详.美国营利性高等教育的困局及其对教育立法的启示[J].中国高教研究，2016(06)：42-50.

一、美国营利性大学发展的现实困境

（一）学生的学费负担过重

学费是营利性大学财政成功的原因。营利性大学比公立的学院或大学收费要高。很多经营营利性学院的公司设定学费旨在实现收入的最大化，而不会考虑学生面临的学术水平和就业情况低下的现状。平均说来，对于所有受委员会调查分析的机构，营利性大学的收费是同等程度的美国公立学院的 3.5 倍。① 高昂的学费既是营利性大学数量指数式增长的原因，也是学生贷款违约率高、退学率高的必然结果。

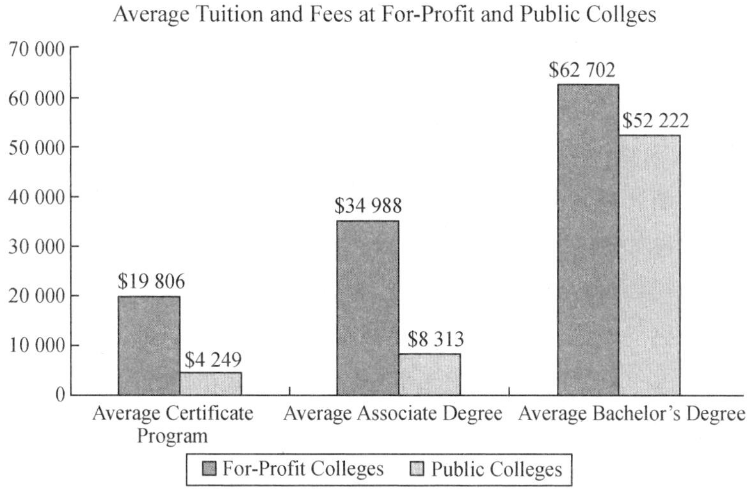

图 1　营利性大学和公立大学的平均学费（2009—2010）

数据来源：HARKIN T. For Profit Higher Education: The Failure to Safeguard the Federal Investment and Ensure Student Success [R]. United States Senate Health, Education, Labor and Pensions Committee, 2012.

通过图 1 可以得出，在营利性大学攻读一般的证书课程需要支付 19806 美元，相当于公立大学学费的 4.7 倍；攻读两年制的专科学位需要支付 34988 美元，相当于公立大学学费的 4.2 倍；攻读学士学位需要支付 62706 美元，相当于公立大学同类学位的 1.2 倍。

营利性大学在几十年的爆炸式发展后，生源的走向开始面向大多数有家庭、有工作的成年学生。他们求学目的相对明确，希望在短时间内获得教育的资格证书，以便提高自我竞争力，求得一份好工作。这些学生主要是低收入家庭的孩子。作为联邦助学贷款的借贷人，他们的求学成本、债务压力相对较高。大多数的营利性大学为节约成本，采取浮动教师队伍，仅仅要求任课的兼职教师完成教学，至于学术和科研活动几乎不可染指。学生在营利性大学没有任何实质性的进步，无望的情况下往往会选择辍学。没有习得预期的知识和技能，离校后找不到满意的工作，生活压力、偿还贷款的高压下，违约贷款现象比公立学校高很多。

① HARKIN T. For Profit Higher Education: The Failure to Safeguard the Federal Investment and Ensure Student Success [R]. United States Senate Health, Education, Labor and Pensions Committee, 2012:50.

（二）教学投入不足

教学投入不足是美国营利性大学发展的又一显性困境。美国营利性大学用于市场开拓的经费和招生宣传的费用远远高于学校正常的教学开支。据 2009 年接受联邦助学贷款资助的 30 所营利性高等教育机构的财政开支数据显示：用于市场开拓、广告宣传和招生的费用占总收入的 22.7%（约 42 亿美元）；用于教学的开支仅占总收入的 17.2%（约 32 亿美元）。① 由于缺少相应的法律规范营利性大学的办学过程，营销和招生的开支挤占了本应该用于教学的费用，这样一来，学校自身财政资金分配不当成为营利性大学办学质量堪忧的主要原因之一。

造成营利性大学非教育开支巨大、教学开支较小的原因，笔者认为主要有以下几点：首先，生源的不稳定性。一般说来，普通的公立大学、社区学院的生源相对稳定和充足，这在我们国家更为突出。因此，这些学校用于招生的费用是很少的，甚至可以说忽略不计。与之相比，营利性大学只能降低学术筛选标准来录取更多的学生。学生质量的下降是营利性大学教学质量堪忧的首因。近些年来，营利性大学为了保证生源数量，开始将目光转向边缘学生群体，比如孕妇、退伍士兵及其配偶、少数民族群体、不良犯罪记录者等。营利性教育公司为了获取这部分人的注意，投入了大量的广告宣传费，这也是他们了解营利性大学的主要渠道之一。其次，营利性大学雇用了一批招生营销团队，他们并非学校的管理行政人员，纯粹属于学校体制外的雇佣人员，对雇佣的招生者采取了“激励性报酬”策略，根据招生者的业绩来发放薪酬，这与市场经济下的公司管理模式如出一辙。庞大的招生团队是营利性大学财政开支巨大的重要原因。最后，教学开支压缩还表现在营利性大学管理层的薪酬较高，这也是营利性大学盈利的商业属性的典型特征。

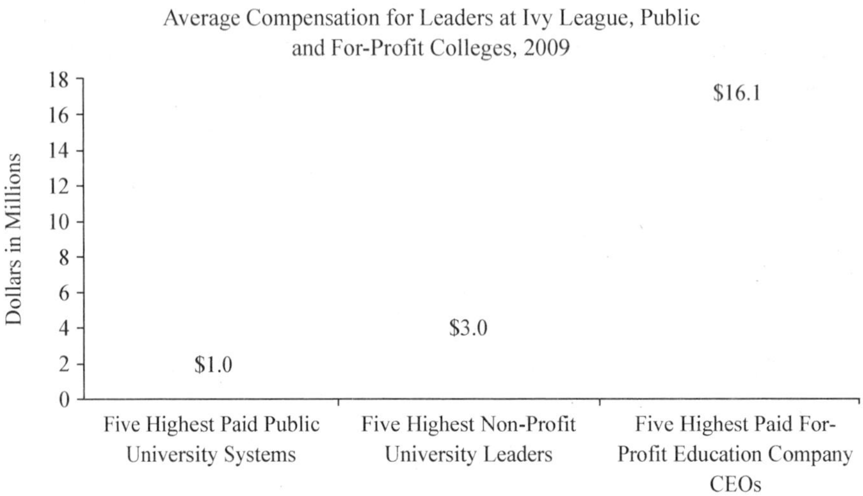

图 2　公立大学和营利性大学领导者的平均薪酬（2009）

数据来源：HARKIN T. For Profit Higher Education: The Failure to Safeguard the Federal Investment and Ensure Student Success [R]. United States Senate Health, Education, Labor and Pensions Committee, 2012.

① 雷承波.美国营利性大学改革及其对我国发展营利性民办高校的启示[J].浙江树人大学学报(人文社会科学),2017,17(04):7-12.

通过图 2 我们可以看出，非营利性大学的五位领导者的最高薪酬为 300 万美元。与之相比，在营利性教育公司中，收入最高的五位首席执行官薪酬是 1610 万美元，后者比前者的五倍还多。综上所述，教学经费的压缩、教学和学术质量的走低也就不言而喻。除了非教育的巨大开支相对挤占了教学资金外，教学运行成本的减少也是投入不足的一个原因。教学投入不足，再加上实现盈余的最大化的商业本质，营利性大学在实际教学中普遍采用兼职教师队伍。

潘懋元先生在论述我国民办高校发展的问题中指出：民办高校创办之初，大多依靠聘请公立高校教师兼职。聘请兼职教师，虽占有"物美价廉"的优点，但一所独立的学校不能不建立自己的专职教师队伍，专职教师应占全体教师一定比例（按规定，一般应不低于 25%或 30%），而专职教师的工资、福利、业务培训、职务评聘、教龄计算等，《民办教育促进法》虽明确规定享有与公办学校同等权利，但实际上很难保障落实，因而影响专职教师的稳定与凝聚力，从而导致一般民办高校专职教师水平偏低，流动性较大。① 所以，不论是美国还是我国，如何富有成效地确定兼职和全职教师的比例，从而使教学效果达到最佳，这将是解决营利性大学现实困境的路径之一。

（三）管理存在漏洞

关于营利性大学的管理，从宏观来说，指的是学校的内、外部管理。外部的管理通常是指联邦政府、州政府和民间第三方认证组织；内部的管理指的是大学内部的公司制企业运行管理。各方管理上存在的漏洞也是近些年营利性大学现实困境的一个缩影。

首先，内部管理即商业化或者公司制的管理。在营利性大学中，人们不会再为一个问题争论不休，学校管理者可以快速地制定政策并在高校内推行实施。公司化的运营模式能发挥规模经济和运行效率的重要作用，这就使得营利性大学能够通过改变自身策略适应市场发展，获得利润。② 不可否认，这种高效的运作管理是营利性大学上世纪末能够异军突起的一个重要法宝。但是，纵观近年来美国营利性大学发展的现实，笔者认为，这种商业性质的管理是把双刃剑，它既是营利性大学高效发展的动力，也是学术质量、教学质量得不到根本保证的制约因子。在这种公司制的管理机制下，教学与行政的关系发生了反转，从事教学工作的教师成了配角，无须从事学术研究。大学的行政人员，尤其是校长的行政命令得以最大化的执行，教学中的行政色彩过浓，对教师发挥主导作用产生了阻碍。

其次，至于外部管理，美国联邦政府对高等教育的宏观调控是通过体系化的贷款和奖助学金完成的，这是国家干预高等教育管理的方式。然而，联邦政府对营利性高等教育这种的介入和管理层次不够深入，直到 2011 年，奥巴马政府才加强国家的对营利性高等教育的深入管理与整顿。此外，通过第三方资格认证是美国高等教育的一大特色，规定只有通过认证的高等教育机构才可以获得联邦政府补助金，这又无形中强化了民间认证机构的作用。虽然第三方的教育评估体系在美国较为成熟和完善，但是，不论是联邦

① 潘懋元.中国大陆民办高等教育基本情况与发展中的若干问题[J].民办教育研究，2005(02)：1-4.

② 段江净.美国营利性大学发展、特点及启示——读《高等教育公司——营利性大学的崛起》有感[J].知识经济，2016(09)：145.

政府还是州政府，对认证组织都缺少必要的监管措施，导致营利性大学在通过全国性的认证评估中出现了很多问题。

全国性认证机构建立的初衷是作为一种手段来确保非学位教育课程的质量，从而向就读于这类学校的学生提供联邦助学贷款。但是，如今全国性认证机构的性质已经发生变化，对授予学位的营利性大学提供一种便利，使得营利性大学既可以获得联邦助学贷款的资格，又无须满足与传统公立大学和非营利性私立大学一样的学术质量标准。[①]

与联邦政府不同，州政府对高等教育具有直接管辖权。但是，州教育机构从整体上来说基本上是被动的。州教育机构通常只规定了营利性大学的准入门槛，州政府有权对符合联邦宪法、州法律的营利性大学实施授权，批准营利性大学设立。从这里也可以看出，联邦政府、州政府对营利性高等教育机构的管理是外部的简单管理，对大学内部的运行机制，尤其是教学、就业质量的管理是欠缺的。

二、对我国发展营利性民办高等教育机构的启示

（一）实施政府宏观调控下的市场定价

我国实行政府宏观调控下的市场经济体制，市场在资源配置中居于决定性作用。营利性民办高校作为市场经济的产物，定价理应交给市场。但是，市场调节自身存在的盲目性、滞后性等弊端也会影响民办营利性高校的健康发展，这一点从美国上市教育公司经营下的营利性大学可以得到印证。教育作为一种产品，具有区别与其他商品的特殊属性，为了合理保证各利益相关者的合法权益，保证教育质量的高水平，政府不能让营利性民办高等教育放任自流。

市场定价的本质在于供求关系，当前我国高等教育处于大众化阶段，高等教育需求的多样化和多元化开始出现，民办教育刚好抓住这一机遇，弥补我国公立高等教育机构的不足。有一点需要指出的是，鉴于我国民办教育发展区域不平衡的现状，民办营利性高校在定价中要根据当地的经济发展水平、民办教育的发展程度与地方特色等因素进行合理定价，保证既定的生源和教育资源的合理配置。

政府主导下的宏观调控表现为，国家政策中任何条款的调整改变都可能引起办学成本的增加。例如，《国务院关于鼓励社会力量兴办教育促进民办教育健康发展的若干意见》第 13 条规定："民办学校应从学费收入中提取不少于 5%的资金，用于奖励和资助学生。"条款无形中增加了民办高校 5% 的办学成本。可见，国家政策在每一阶段的理论创新与制度改革都深刻地影响着我国民办高等教育的发展定位与进程。因此，营利性民办高校在定价学费时可以把这些支出指标计入教育成本中。[②] 总之，国家根据民办高校的整体发展水平、区域经济总量、学校特色等因素合理调控民办营利高校的定价指标，使得民办高校的发展纳入国家宏观调控体制下，这对规范民办高校机构的办学是必要的。

---

① 朱浩，方云.美国营利性高等教育行业现存主要问题的归因分析与因应政策[J].复旦教育论坛，2015，13(06)：79-86.

② 王鲁刚.我国发展营利性民办高校的困境及其策略[J].教育发展研究，2017，37(Z1)：83-88.

（二）对民办营利性高校实行弹性资助体系

美国的营利性大学由于采取公司制管理模式，各上市的营利教育公司为获取利润效益最大化压缩教学支出，导致了教学质量走低。众所周知，营利性大学的主要收入源于学生的学费，而大多数学生的学费依赖于联邦政府的助学资助体制，简而言之，联邦助学贷款资金成为营利性大学主要的办学资金。但是，在助学资助的权限上仅需要通过认证机构的资格认定，这种"一刀切"的模式很难调动各营利性高校发展教学的积极性，教学质量自然是不敢恭维。与美国相比，我国的民办营利性高校也存在教学质量不高的普遍问题。具体表现为：由于生源较低、师资不足以及设备较差，除少数办学有特色、资源较充裕、毕业生就业率高的学校之外，一般民办高校在总体上，教学质量不如公办高校。① 考虑到我国民办高等教育发展的现实，为保证教育质量，首先，要激发办学者、投资人的积极性，建立教育资助管理的弹性制度，对营利性民办高校的教育质量进行周期性、过程性的评定，并根据评定结果发放确定资助指标。其次，教学质量高低与否，最根本的取决于教师队伍。师资问题，不管是美国还是我国，都是影响营利性大学长远发展的一个制约因子。我国长期以来受传统"学而优则仕"等儒家思想的影响，教师在自主择业时相对看重高校的编制问题，这是民办营利高校采用的合同制下的雇佣制度所不具备的。因此，国家在对民办营利性高校进行助学资助时，也需对教师队伍进行资格审核，并把师资素质作为弹性资助体系的主要衡量指标。

（三）落实政府、民间组织的监管职能

长期以来，我国公立大学和民办高校发展很不均衡。民办高校在教育经费、师资、办学质量、办学规模上都与公办高校不可同日而语。此外，我国民办教育地区发展不平衡的问题也比较突出。这些现象的存在除了特定的国情背景外，还与政府的重视程度、人民的认识是息息相关的。走出传统思想观念的误区，需要政府重视对民办高校的监督与管理。2016 年 11 月 7 日，第十二届全国人民代表大会常务委员会第二十四次会议审议通过了《关于修改〈中华人民共和国民办教育促进法〉的决定》，这对我国民办教育的发展将会是一个福音，它的出台是政府加强对民办教育法制化管理的一个写照。首先，鉴于美国联邦政府、州政府在管理营利性高校的被动处境，我国要在营利性高校具体运行等实施细则上合理地落实政府职能，防止营利性大学的商业属性的过度介入。其次，美国的营利性大学在五十年的爆炸式发展中，民间认证机构起到了保证高等教育质量的作用，也是营利性高等教育机构在美国获得成功的关键之一。我国虽然没有全国性或者区域性的认证组织，但是广泛存在的高等教育学会、协会也影响着高等教育的发展。除了政府要扶植民间高等教育组织的发展，高等教育的学会等机构也可借鉴美国认证组织的成熟经验，构建起中国特色的第三方评估监督机制。

---

① 潘懋元.中国大陆民办高等教育基本情况与发展中的若干问题[J].民办教育研究，2005(02):1-4.

创业型大学:地方大学发展的战略选择

熊文丽*

(厦门大学 教育研究院,福建 厦门 361005)

摘要: 地方大学是我国高等教育的重要组成部分,对我国高等教育的发展具有举足轻重的作用。但目前我国地方大学普遍都存在着办学与地方需求不相适应、办学资源不足、发展趋同的问题,既面临要转型的紧迫需求,也面临转向哪里、怎么转的困境。创业型大学的发展模式促使许多国外的大学摆脱了发展的"瓶颈",进而实现了跨越式发展。创业型大学的建设经验对我国处于发展困境中的地方大学有着重要的借鉴意义。对于地方大学来说,建设成为一所创业型大学不失为一个明智的战略选择。

关键词: 创业型大学;地方大学

2016年,我国普通高校数为2596所,其中地方普通高校数为1689所,占全校总高校数的65.1%。① 地方大学成为我国高等教育的重要组成部分,对我国高等教育的发展具有举足轻重的作用。但我国地方大学还只是经历了比较短暂的发展时期,地方大学本身及其所发挥的社会影响还存在不尽如人意之处,面临着资源短缺、实力薄弱、办学特色不鲜明等问题。尽管如此,地方大学面临的问题和困难并非不可克服,如何摆脱困境?创业型大学的发展可以为我国地方大学提供可供借鉴的实践范式。

一、创业型大学的内涵

为了应对知识经济和全球化的挑战,联合国教科文组织在1998年发布的《21世纪的高等教育:展望与行动》的报告中称:"所有有远见的高等教育体制和机构应该在确定自己的使命时牢记这样一种远景,即建立最好称之为'进取性大学'的新型大学。"在知识经济和全球化的挑战下,大学需要积极探索在如何干好它的事业中创新,甚至是敢于冒险。它们意识到,在这飞速发展的时代,明智的行动方针是走在前面,对面临的来自社会各界需求的冲击,大学要以一种更加积极的态度和更为灵活的方式来进行回应。在这种积极进取和不断努力的过程中,大学发生了一些实质性的改变,如寻求组织特性的实质性转变,以便为将来取得更有前途的态势;强调科研成果的转化;寻求办学经费和资金来源的

---

* 作者简介:熊文丽,厦门大学教育研究院硕士研究生。

① 国家统计局.高等教育学校数[EB/OL].(2017-01-20)[2018-04-25].http://data.stats.gov.cn/easyquery.htm? cn=C01.

多元化等。大学随着这些实质性的变化而转型，学者们将这种具有积极进取、富有创业精神的大学称之为创业型大学。

学者从不同的视角对创业型大学进行研究，对其定义存在不同的理解，丰富了创业型大学的内涵。以美国学者伯顿·克拉克和亨利·埃茨科维茨的研究为代表，形成了对创业型大学研究的两大主流。① 克拉克研究的主题是大学的转型问题，即在新的历史时期，大学如何实施变革以适应外部环境的变化，研究的对象是那些具有变革精神并着手进行改革的大学。他于1994—1996年间数次访问欧洲展开深入的个案研究，研究了沃里克大学、特文特大学、斯特拉斯克莱德大学、恰尔默斯大学和约恩苏大学等5所大学，于1998年出版了《建立创业型大学：组织上转型的途径》一书，阐明了创业型大学是如何建成的。亨利·埃兹科维茨研究的主题是大学如何发挥自身在知识创造和人才聚集方面的优势，直接服务于经济和社会的发展问题，研究的对象则是麻省理工学院、斯坦福大学等世界一流的研究型大学。在埃兹科维茨的研究中，创业型大学"以提高国家的竞争力、生产率以及国家和民族的创业创新精神为己任，以提高国家和地区的经济实力和水平为目标。创业型大学在为国家利益服务、具体承担经济发展任务的同时，给大学的传统职能赋予新的内容和形式，在社会经济活动中更大地发挥大学参与和大学引导的先锋作用"②。一言以蔽之，克拉克关注的旨在应对环境变化而实施变革的"革新式"大学，以英国的沃里克大学为典型；亨利·埃兹科维茨关注的以知识转移和学术创业为特征的"引领式"大学，以美国的麻省理工学院为典型。这两种类型的创业型大学虽然存在着很多共同特征，如都强调科研成果的转化、寻求办学经费和资源来源的多元化等，但是二者在组织目标、组织结构、运行机制、组织文化等方面还是存在明显的差异。③ 研究实力是决定两类创业型大学运行模式的最重要因素之一，因此克拉克研究的"自我革新式"创业型大学更值得我国地方大学借鉴。根据克拉克的研究，创业型代表了一种新的大学理念与发展模式，这些大学勇于冒险、富于创新。与传统大学相比，它们具有更强的应对外界环境变化和资源获取的能力，更注重面向实际问题和更为有效推动知识形态的学术成果向现实生产力转化，更直接地参与研究成果的转化活动，是推动地区经济与社会发展的不竭动力。本文也主要是基于这类创业型大学进行论述的。

二、创业型大学的组织特征

创业型大学代表了一种新的大学发展模式，呈现出一些重要的组织特征，对这些特征进行分析和梳理，有助加深对创业型大学的认识，同时也在一定程度上有利于把握地方大学未来的发展方向。本文将结合克拉克的研究，并以沃里克大学为例，从组织目标、组织管理、组织结构和组织文化对创业型大学的组织特征进行分析。

---

① 陈霞玲，马陆亭.MIT与沃里克大学：创业型大学运行模式的比较与启示[J].高等工程教育研究，2012(02)：113-120.

② 陈霞玲，马陆亭.创业型大学的兴起与内涵——大学组织技术变迁的视角[J].大学教育科学，2012(05)：42-48.

③ 邹晓东，陈汉聪.创业型大学：概念内涵、组织特征与实践路径[J].高等工程教育研究，2011(03)：54-59.

（一）创业型大学的组织目标：以学科为中心，适应时代需要

有研究指出："从中世纪到18世纪末，大学的主要职能是传播知识并为少数关键职业提供训练。此后，大学经历了两次根本性转变：一是始于19世纪初的第一次学术革命，使'研究'作为一项学术任务进入大学；二是发端于20世纪中期的第二次学术革命，使'创业'成为大学的又一项新功能。"①创业型大学以知识的创造、传播、应用的整合为起点，以社会需求为基点，将学术研究与地方，甚至是国家的经济发展紧密联系在一起。创业型大学的典型代表——沃里克大学，既是一所"适应时代需要的大学"，又是一项以学科为中心的事业。② "适应时代需要"就是适应学校所在地区经济、社会发展的需要；"以学科为中心"就是在发展学科优势和提高学术实力的基础上进行创业，二者结合的实质就是"学术研究与创业兼顾"③。强调大学为社会的经济发展服务，难免会遭非议，如沃里克就被描绘成被工业占领的大学，一所"商业的大学"。但实际上，它在办学过程中始终没有偏离大学的学术本质。应用开发研究是沃里克大学的特色，其支撑机构是各类研究中心，这些研究中心都是从深厚的学术土壤中生长起来的，"中心所做的研究，是与学术相关的研究，中心所进行的开发是与学术相关的开发，中心所提供的咨询是与专业知识相关的咨询"。④ 创业型大学以社会经济的发展需求为导向，以促进社会发展为目标来开展教学、科研和社会服务，注重知识的应用，将学术研究成果转化，在促进社会发展的同时也获取大学自身发展的动能，进而实现学校的转型和发展，达到大学与社会发展"双赢"的局面。

（二）创业型大学的组织管理：战略管理

"战略"一词原来是军事术语，20世纪60年代，美国著名的战略学家安索夫在其著作《企业战略》一书中开始使用"战略管理"一词，将战略从军事领域拓展至经济领域。在20世纪末，高等教育领域开始引入这一概念。战略大学中的战略管理是指通过分析大学内外部环境，明确大学组织的优劣势和发展机会，制定学校未来一定时期内的发展战略，并付诸实施。通过高效率地实施这个战略，使得学校在较短时期内实现跨越式发展。战略管理是一种更为积极主动、目的明确、面向未来的大学管理方式。在一定程度上可以说战略是对环境的一种应对，帮助大学感知和应对环境变化，促进大学与环境更好地协调发展。当时的沃里克大学审时度势，以SWOT分析为基础，充分掌握学校内部能力与资源和外部环境中存在的机会与威胁，以发挥优势、抑制劣势、成就机会和抵御威胁为目的，凭借自身能力与资源实现了大学的跨越式发展。在20世纪60—70年代，英国学者根深蒂固的"学究式"的反工业态度仍旧存在，并且还很强。大学中的学术人员有足够的工作要做，比如从事基础研究、招收优秀学生、进行学科建设，他们非常不喜欢与工业合作。但是沃里克大学的校领导非常具有前瞻性，他们看到了在知识经济时代，大学与社

---

① 王雁，孔寒冰，王沛民.两次学术革命与大学的两次转型[J].浙江大学学报(人文社会科学版)，2005(03)：162-167.

② 伯顿·克拉克.建立创业型大学：组织上转型的途径[M].北京：人民教育出版社，2003：12.

③ 王雁，孔寒冰，王沛民.创业型大学：研究型大学的挑战和机遇[J].高等教育研究，2003(03)：52-56.

④ 洪成文.企业家精神与沃里克大学的崛起[J].比较教育研究，2001(02)：44-49.

会发展的密切联系。副校长巴特沃思与沃里克大学所在地的考文垂地区的主要实业家关系密切，他在大学逐渐“灌输”亲工业的态度，为大学与工商业建立合作关系奠定基础。沃里克大学有着清晰的战略定位，作为一所地方性大学，沃里克大学在70年代末开始发展与地方社区的联系，它和一所邻近的教育学院合并，使该大学在师资培养方面与地方建立了联系。这是一项有助于适应地方需要的“服务工作”。之后这种“服务工作”又扩大到以地方为重点的校外教育或继续教育，以及和地方当局联合赞助一个科学园区，为社区服务的门以后将大大敞开。沃里克大学对自己所处的社会环境有着清晰，更确切地说是超前的认识，并据此制定学校未来发展的规划，且一步一步高效率地去推进规划的实施。沃里克大学之所以能成功的走上创业之路，成为一所创业型大学，与学校的战略管理密不可分。

（三）创业型大学的组织结构：扩大的发展外围

创业型大学在大学传统结构的周边出现许多更大、更复杂的运行单位，这些单位较之传统的系或学院更容易跨越旧大学的边界，与外部环境结合。这些单位可以大体分为两大类别：一类是专业化的校外办事组织，负责向外推广，从事与产业界的联系、知识转让、知识产权开发、咨询和服务、继续教育、资金筹集以至校友事务；另一类是跨学科研究项目导向的研究中心，这是一种规模比较大而且比较基本的形式，与学院、系一起成长。大学将发展成“双元性”组织——传统的学术本位、重专业知识的学院、系所仍为学术核心单位；以跨学科研究为导向的研究中心是发展的另一重点，是组织学术工作的第二种主要方式。前者主要扮演纯学术的角色，而后者则以应用性或问题解决为重点。这种扩大的发展外围成为发挥大学社会服务作用的有效组织，并且在很大程度上有助于大学资金来源的多元化。“二战”后，英国中央政府负担的经费达大学预算的90%以上，英国大学几乎完全依靠一个赞助者。保守党于1979年执政，到1981年，实行第一轮削减预算，三年时间，在大学系统约削减17%。沃里克大学的经费被削减来10%。① 面对政府财政紧缩的压力，沃里克大学并没有实施通行的募集资金的办法，因为它清醒地知道，作为一个新大学，它不具备向政府讨价还价争取额外经费的实力，因此提出了“我们不去要钱，而要去赚钱”的口号，制定了相应的“赚钱战略”。为了把这项战略落到实处，华威大学构建了一个扩大了的发展外围，如全面开展培训工作、成立沃里克制造业集团、建立科学园、拓展海外教育市场等。通过这个不断扩展的发展外围，沃里克大学自豪地指出，“它的创收的三分之二以上是学术驱动的，那就是以学系为基础，和与在收费的基础上提供教学和科研是有关的”②。而这些经费又源源不断地为新的学术活动提供物质支持，正是这一路径使沃里克大学的学术活动始终处在良性发展的轨道上。如果想要走上创业之路，大学必须进行组织再造，进行组织的调整与改革，包括现有机构的裁并整合、新机构的组建和机构职责权利关系的重新分配，很多组织目标都需要通过组织再造才能实现。

（四）创业型大学的组织文化：整合的创业文化

高校是社会的高级文化组织，履行社会文化传承与创新职能。不仅如此，高校本身

---

① 伯顿·克拉克.建立创业型大学：组织上转型的途径[M].北京：人民教育出版社，2003:15.

② 伯顿·克拉克.建立创业型大学：组织上转型的途径[M].北京：人民教育出版社，2003:32.

还具有自身的文化，包括价值观、理念、制度、传统等，文化是高校内在的品性。[①] 创业型大学的组织文化主要是一种追求创新、开拓进取的文化。这种创业文化与传统学术文化有着不同的价值体系和环境系统，在价值取向、社交网络、发展主体等方面存在诸的区别：在价值取向上，传统学术文化重视对“高深学问”的追求，强调基础研究的价值；而创业文化认为基础研究与应用研究两者互相交融，将更多的精力投入科研成果的实践运用，通过创业行为直接服务地方经济。社会网络方面，传统的学术文化强调以学缘、地缘、人缘，尤其是学缘为主构成的社会网络；创业文化强调大学服务社会，形成“产学研用”联合的社会网络。在发展主体方面，创业文化较学术文化更为多元，除教授与研究生是其主体外，还包括社会上的企业家政府的管理人员等。[②] 强有力的文化根植于强有力的实践，观念和实践相互影响。创业文化刚开始是作为相对简单的制度变革的理念，后来经过试验、实践而形成一系列信念，这些信念在学术中心地带广泛传播，变成了一种整个校园的文化或灵魂。大学的文化和价值体系在培育大学个性和具有特色的声誉中相当重要。克拉克认为，良好的文化可以产生对组织的认同，并形成最大的决心来实现组织的目标。沃里克大学成为一所创业型大学，在极大程度上不是偶然的也不是附带的，它发生转型，并非因为在其内部设置了若干革新的专业，也不会因为单个创业者夺得了权力，从上而下办一切事情。集体的创业文化与行动，才是这所大学转型现象的中心。有效的集体创新没有使沃里克大学越出学术合法性，引起声誉、资源和发展的下品市场循环；相反地，它能提供资源和基础结构，构筑超出沃里克大学原来具有的能力。沃里克大学指出，创造一种积极的组织文化是一个不能在一夜之间完成的长期的过程，但是，一旦有了这种文化，一所大学就有“一个势头”，通过艰难的决定和困难的时刻，把这种文化进行到底。

三、地方大学发展战略的新思考

2017 年 9 月，教育部、财政部和国家发展改革委联合公布世界一流大学和一流学科(简称“双一流”)建设高校及建设学科名单。“双一流”建设代替“985 工程”、“211 工程”成为影响未来半个世纪中国高等教育发展的新战略。根据三部委公布的名单可知，一流大学建设高校有 4342 所，其中 A 类 36 所，B 类 6 所。一流学科建设高校 95 所，一流建设学科共计 465 个学科，涉及 140 多所高校。但全国有 2000 多所高等学校，数以万计的学科布点，不能只关注这几十所院校、这几百个学科点。数量和就学人数占全国总数 95% 以上的地方大学是“双一流”建设的重要参与主体，不能缺席。《统筹推进世界一流大学和一流学科建设实施办法(暂行)》的第六章第 24 条也指出：“省级政府应结合社会经济发展需求和基础条件，统筹推进区域内有特色高水平大学和优势学科建设，积极探索不同类型高校的一流建设之路。”地方学校也要有“双一流”建设的心态，以此作为动力。但目前我国地方大学普遍都存在着办学与地方需求不相适应、办学资源不足、发展趋同的问题，既面临要转型的紧迫需求，也面临着转型的方向不明、路径不清的困境。“变革式”

---

① 别敦荣.高校发展战略规划的理论与实践[J].现代教育管理，2015(05)：1-9.

② 赵文华，易高峰.创业型大学发展模式研究——基于研究型大学模式创新的视角[J].高教探索，2011(02)：19-22.

的创业型大学是地方大学有效的战略选择，建设创业型大学可以从以下几个方面入手。

（一）改变管理方式，实施积极有效的战略管理

随着后工业时代特别是信息时代的来临以及社会与经济范式的转型，战略管理或许是能够帮助高等教育适应高科技、全球化、竞争社会需要的不二选择。现代大学组织的开放性、复杂性和发展的竞争性生成了大学对战略管理的内在需求，战略管理的主动性、外向性、竞争性和执行性等属性则为现代大学的建设发展提供了一个有力的理论支持和实践指导。建设创业型大学需要更好的战略规划和更明确的变革，这一切的实现要求地方大学必须有新的方法、结构和态度。地方大学的发展面临着激烈的竞争，不仅仅是资源的竞争，还有声誉的竞争。制定战略规划有助于地方大学理清学校发展的秩序，一个科学、合理的规划能提升地方大学的办学效率，进而有利于在竞争的环境中把握发展节奏。如果没有很好的战略规划，当学校面临资源竞争、环境变化时就会手足无措。把战略规划制定出来，这还远远不够，我国的大学现在不能说它们没有战略规划，但大多都是“纸上画画，墙上挂挂”，未能有效发挥作用。我国大学战略要从战略规划走向战略管理，站在战略管理的高度，将战略规划、战略实施、战略评估有机结合，切实推动大学的发展。① 战略管理是地方大学寻求成长和发展机会及识别威胁的过程，实施战略管理有助于使地方大学适应、利用环境的变化，提高整体优化程度，实现跨越式发展。离开战略管理，创业型大学无从建设。

（二）扎根于地方、服务于地方

沃里克大学所在的考文垂地区是英国的重要工业中心，大学的发展就是以考文垂地区工业发展需要为导向，如制造业集团、工程系的学科设置和研究都以当地的工业需要为导向。沃里克大学非常重视学术研究在创业中的价值，它的创业战略以区域产业发展需要为导向，不断进行自我调整和变革以适应产业和政府的需要，在服务产业促进区域经济发展的过程中，捕捉大学发展的机会。地方大学要有地方关切，切实面向区域解决实际问题。我国地方大学需要以地方为服务对象，主动与当地社区和产业建立密切的合作关系，大力发展与地方产业相关或需要的学科，把重点放在大学的优势学科、新兴学科或与区域产业紧密联系的学科上，以这些学科为中心进行创业，同时在创业活动中也着重发展这些学科。以扎根于地方，服务于地方为办学理念，不是说要让地方大学降低标准，相反，地方大学还应扩展视野，要有国际眼光，不断提高自己的办学水平，增强自身的实力，这样才有可能将学校的影响力辐射到更广的范围。推动知识形态的学术成果向现实生产力转化，是创业型大学的历史使命和建设本质，据此，创业型大学要着重抓好内外两个着力点，即内部在于应用型人才人才培养，外部在于实现成果转化，促进经济和社会的发展。

（三）因校制宜，办出特色

成功的大学并非只有一种发展模式，从世界高等教育的发展规律来看：一个国家的教育体系发展愈成熟，其多样性特征则愈明显。当社会发展清楚地表明需要多种大学模式时，很多地方大学却不适当地去模仿、复制高水平研究型大学的一些做法，可谓“邯郸学步”。每一所地方大学的历史传统、价值使命、学术信仰等内在性的东西各不一样，面

---

① 刘献君，陈志忠.论战略管理与大学发展[J].高等教育研究，2016，37(03)：13-20.

临的区域环境也各不相同，这就决定了它们的创业之路呈现多样化的特点。每个学校需要分析自身的特定环境、评估市场变化和要求，还应该能对这些变化作出灵活的反应。只要理解即使名校也不能凡事都完美的道理，地方大学就可以发展自己的资源基础，形成自己的特色。要想办出特色，必须明确地方学校的比较优势是什么，比较优势也许源于其地理位置，也可能是学校基于多年发展而形成的特别优势，或者是学校的某一个特定的享有盛誉的人或团体，也有可能是基于学校的历史传统。正如克拉克所言：在这样的世界里，院校差异化是通向成功的钥匙，差异化应该得到回报。我国两千多所高校，不可能维持“千校一面”的局面，高校要在竞争中取胜，必须不断创新发展思路，因校制宜，办出特色。

（四）创新组织文化

有学者提出，办大学就是办氛围。文化氛围对于学校的发展是至关重要的，地方大学转型的成功与否，关键在于能否构建起新型的组织文化。大学必须有一种创新的文化，如果大学有一种强烈的创新或创业的文化，在这样一种氛围下，学校必然生机勃勃，它的发展始终是有力量的。[①] 创业文化，从根本上说是一种敢于冒险、自力更生、突破常规、力争上游的精神力量，这种文化对于创建创业型大学，具有不可忽视的牵引作用。在创建创业型大学的过程中，要利用一切可能的机会，营造有利于创业的文化氛围，使大学能够时时处在一种奋发向上、积极进取的状态之中。“持续的具有适应性的大学并不依靠短暂的个人领导能力。有超凡魅力的领袖能服务一时，但是在大学的生命线中，他们是今天，在明天就走了。持久的转型也并不依靠不幸的环境威胁所引起的一时迸发；它并不等待旧时争论利益的偶然趋同，更确切地说，不管什么样的最初的刺激，转型有赖于构筑新的成套结构和进程的集体反应伴随着稳定地表达坚决的院校意志的有关信念，一种起着稳定作用的创业素质被编织进大学的结构之中。”[②]

---

① 别敦荣.我国地方大学的使命与发展战略[J].河北科技大学学报(社会科学版)，2007(03)：82-86.

② 伯顿・克拉克.大学的持续变革——创业型大学新案例和新概念[M].北京：人民教育出版社，2008：7.

印度理工学院坎普尔分校的"美式基因"

——兼与麻省理工学院的本科生课程设置比较研究

王玉鑫*

（厦门大学 教育研究院，福建 厦门 361005）

摘要： 印度国际知名理工科高校——印度理工学院在建校期间曾接受国际组织、苏联、德国、美国等国的援助，凸显其建校的国际化。其元老级分校——印度理工学院坎普尔分校是印美政府在美国国际开发署的推动下进行的"印美合作项目"，由MIT为代表的9所美国知名高校联合在技术等方面援助坎普尔分校。MIT作为援建主力之一，其学校建设将对坎普尔分校的建设产生一定程度的影响。本文从课程建设方面对坎普尔分校进行重点分析，并将其与MIT进行比较，探究其"美式基因"，二者秉持精英教育理念，采用季度学分制，学校核心课程与系专业课程双管齐下，建立完备的课程管理与评价体系。IIT坎普尔分校的成功范例体现国际性援助对高校课程建设的影响，为我国民办高校、理工科高校的发展提供参考。

关键词： IIT坎普尔；MIT；本科；课程设置

一、引言

"印度的大学以纳附制为主，大学可以接纳公立和私立的各类学院作为母体大学的办学单位"，而世界闻名的印度理工学院"从建校伊始就不属于传统的大学系统，是自成体系的'国家重点学院系统'"。①自印度独立以来，印度政府意识到科技对兴国的重要性，因此着力于运用外部的国际援助与内部的政府全力协助，陆续建立印度理工学院(Indian Institute of Technology，以下简称IIT)各地分校。为了更好地为国家未来发展服务，印度政府和国会给予IIT诸多特殊政策，以便其运行不受阻，印度国会先后立法通过"1956年理工学院(克勒格布尔)法案"、"1961年理工学院法案"和"2002年理工学院(修正)案"。② 而印度理工学院坎普尔分校(IIT Kanpur)创立于1959年，在计算科学、电子、环境、能源、材料等领域拥有雄厚的科研实力，是印度最顶尖的工程教育与研究机构，

---

* 作者简介：王玉鑫，厦门大学教育研究院硕士研究生。

① 安双宏. 印度教育发展的经验与教训[J]. 教育研究，2012，33(07)：130-133.

② 叶赋桂. 印度理工学院的崛起[J]. 清华大学教育研究，2003(03)：102-108.

其与德里分校、卡哈拉格普尔分校、马德拉斯分校、孟买分校、瓜哈提分校和卢克里分校等7个分校被誉为印度"科学皇冠上的瑰宝"。① 1962年-1972年，经美国国际开发署(USAID)和印美政府的合力推动下，麻省理工学院(Massachusetts Institute of Technology，以下简称MIT)援建IIT坎普尔分校。经美国工程教育协会和MIT的考察，IIT坎普尔获得美国9所顶尖大学联盟的技术援助，这些机构的教职人员协助IIT坎普尔课程的设置以及用于教学和科研的实验室的发展。②而"课程本身的质量直接影响着人才培养的质量"，③IIT坎普尔能在短短59年就发展成为印度顶尖的工程教育与研究机构，培养出世界顶尖的工程师，课程的设置有着不可忽视的作用。课程(program)指高校针对不同专业的要求提供给学生学习的一整套课程。本文拟对IIT坎普尔的课程设置进行分析，以此作为本文主体，并选取美国9所顶尖大学联盟中的MIT为代表，将二者进行对比研究。MIT作为援建IIT坎普尔的主力之一，其课程设置对IIT坎普尔的课程设置何等的影响。通过对二者在课程设置方面的比较，了解IIT坎普尔与MIT的相似度，探寻高校国际化对高校发展的影响，同时也对我国理工类高校更好地立足国情，面向世界，对课程进行改革，成为世界一流大学具有借鉴意义。

二、印度理工学院坎普尔分校概况

1959年，位于印度北部的IIT坎普尔从一个借用Harcourt Butler技术学院的建筑，仅有的100名学生和寥寥无几的教师队伍的高校，发展到现在拥有自己庞大的校区，约3960名本科生和2540名研究生，402名教师和900多名后勤人员，④在短短59年间跻身印度乃至世界名校之列。由于IIT独特的办学宗旨，其独立于印度的其他大学，进行自主招生，全国考生统一在每年的4、5月参加由各分校轮流出题的联合入学考试JEE(Joint Entrance Examination)，该考试被称为是"世界上最难的考试"。考生只有通过标准12级毕业考试，才有资格申请联合入学考试。

IIT的一大基于国情的特色就是保留席位政策。IIT坎普尔也不例外，其所有本科和硕士课程中，均有为弱势群体保留席位，比例各不相同。表列种姓的学生占15.0%，表列部落的学生占7.5%，身体残疾程度超过40%的学生占3.0%，所有保留席位占25.5%。⑤

IIT坎普尔通过提供优质的科技教育，致力于培养三个"力"的世界性青年——富有

① 南京理工大学.印度理工学院坎普尔分校校长来校访问[EB/OL].(2017-03-14)[2018-06-29]. http://www.njust.edu.cn/39/9b/c3624a145819/page.htm.

② IIT Kanpur. IITK History[EB/OL].[2018-07-02]. http://www.iitk.ac.in/new/iitk-history.

③ 李元元.高等工程教育课程改革的比较研究——以华南理工大学与MIT为例[J].高等工程教育研究，2004(06):1-6.

④ IIT Kanpur. Flyer[EB/OL].(2015-12-11)[2018-07-08]. http://www.iitk.ac.in.

⑤ IIT Kanpur. Course of Study2008 [EB/OL].[2018-07-03]. http://www.iitk.ac.in/doaa/courses-of-study.

竞争力、创造力和想象力的工程师和科学家，为国家日益增长的技术需求服务。[①]培养世界性人才是高等教育国际化的要求之一，因此在教学与师资方面，IIT 坎普尔引进视听教学辅助手段，并聘请擅长此辅助教学手段的教师。在语言方面，所有课程和考试仅以英语为媒介。在教学方法上，大部分采用讲授法、辅导法、示范法、讨论法和实验法。[②]

三、印度理工学院坎普尔分校的课程建设

（一）高质量精英教育项目

IIT 坎普尔在本科和研究生（包括博士）级别开展十个不同的专业教育课程。[③] 而针对本科生所开设的课程共有四大类：4 年制科技和科学学士课程、5 年制科技本硕双学位课程、5 年制综合科学硕士课程、科学硕博双学位课程（需获得学士学位并通过 IIT－JAM 考试）。[④] 所有就读 IIT 坎普尔的本科生必须通过标准 12 级毕业考试及印度理工学院联合入学考试，从而才能申请上述四种类型的课程。

IIT 坎普尔以开课单位为标准，将本科生课程划分为（校级）核心课程、（系级）专业课程和（系级）专业课题两大类。核心课程致力于夯实学生在数学、物理、化学、工程学、科技艺术、人文学科和社会科学方面的基础，全方面培养创新型技术型人才。此类课程采用大班授课的方式，包含必要的教程探讨时间以及以小组为单位的实验操作。IIT 坎普尔共 22 个系，每个系对课程的要求相异，各具特色。专业课程提供灵活性强的实验室课程，独立于讲授课，培养学生运用现代的分析和设计技术。大部分的院系会在专业课程部分组织教育性观摩会和训练。本科生课程的一大特色就是其大部分选修课程给予学生足够的选择空间，根据自身的品位与兴趣来培养学生的学术能力。但是无论是核心课程还是专业课程，都严格要求学生对课堂所学的理论知识的实际应用能力和问题解决能力。[⑤]

若以学生选择自由度为标准，课程分为（校级）核心必修课、（校级）科学/工程科学选修课、（校级）人文与社会科学选修课、无限制选修课、（系级）专业必修课以及（系级）专业选修课。必修课程的学分仅占总学分的 35%，其中 12% 为人文学科的课程，以帮助学生建立与社会的更强的联系，学生有充分的自由选择其他课程。[⑥]

IIT 坎普尔是全印度第一个开设计算机科学教育的高校，本文以该系、某个课程作为

---

① IIT Kanpur. Under－Graduate Programme [EB/OL].[2018-07-03]. http://www.iitk.ac.in/doaa/under－graduate－programme.

② IIT Kanpur. Course of Study2008 [EB/OL].(2009-07-11)[2018-07-03] .http://www.iitk.ac.in/doaa/courses－of－study.

③ IIT Kanpur. Course of Study2008 [EB/OL].(2009-07-11)[2018-07-03]. http://www.iitk.ac.in/doaa/courses－of－study.

④ IIT Kanpur.UG－manual. [EB/OL].(2009-10-18)[2018-07-07]. http://www.iitk.ac.in/doaa/under－graduate－programme.

⑤ IIT Kanpur. Course of Study2008 [EB/OL].(2009-07-11)[2018-07-03]. http://www.iitk.ac.in/doaa/courses－of－study.

⑥ IIT Kanpur. Academics at IIT Kanpur [EB/OL].(2011-09-21)[2018-07-03]. http://www.iitk.ac.in/new/academics－at－iit－kanpur.

范例，分析其科技学士在四年的课程安排（见表1、表2）。从表1可以看出，计算机科学与工程系的课程由浅入深，具有一定的层次性，不仅体现在核心课程和专业课程的安排上，也体现在两类课程的难度安排。计算机科学与工程系对科技学士的课程提出以下要求：学生的课程包含两大部分，一是核心课程，主要在前四个学期完成；二是专业课程，主要在后四个学期完成。[①] 按照这样的安排，计算机科学与工程系的学生在本科的前两年中以基础知识的学习为主，配合学校的课程标准，要求学生必修核心的课程：数学、物理、化学、工程科学、科技艺术。除此之外也要选修人文社科、工程科学和基础科学。这些核心课程给予学生必要的基础知识，有利于为学生今后两年的专业学习打下扎实的基础。虽然IIT坎普尔是一个理工类高校，但是对学生的人文素养的要求也不亚于其他综合性大学。通过人文社科课程的学习、教师引导学生形成发散性思维、对社会的感知，初步了解社会发展情况、国家发展情况。除必修课程，计算机科学与工程学院给予学生一定限度的选择空间来挑选专业选修课程、跨院选修课程、核心选修课，如第六学期提供自由选择2门专业选修课程的机会，允许学生根据兴趣和需要来选择课程，第一学期提供英语写作课，因为IIT坎普尔的课程、考试的语言是英语，所以对于一些弱势群体、英语写作能力相对较差的学生无疑是巨大的帮助。从表2的课程信息中可以看到，选择计算机结构这门课程的先决条件是已学习ESC101、CS210、CS220、CS330这四门课程，以保证课程知识的逻辑顺序性得以延续，而每个课程都有其相应的先决条件。

表1　科技学系四年课程安排

学期	课程编号	课程名	课程类型
1	(1)CHM101：Chemistry Laboratory	化学实验	核心课程
	(2)MTH101：Maths－I	数学－1	核心课程
	(3)One of the following：ENG112：English Language and Composition HSS－1 (Level 1)：Humanities and Social Sciences elective	英语语言与写作 人文与社会科学(1级)	核心课程 核心课程
	(4)ESC101：Fundamentals of Computing	计算基础	
	(5)PE101：Physical Education － I	物理教育－1	专业课程
	(6)PHY103A	物理－2	核心课程
2	(1)PHY102A	物理－1	核心课程
	(2)MTH102：Maths－II	数学－2	核心课程
	(3)PHY101A	物理实验	核心课程
	(4)TA101：Engineering Graphics	工程图学	核心课程
	(5)LIF101A	生命科学	核心课程
	(6)CHM102A		核心课程
	(7)PE102：Physical Education－II	物理教育－2	专业课程

① IIT Kanpur. Bachelor of Technology (B Tech) Program[EB/OL]. (2010-05-13)[2018-07-03]. https://www.cse.iitk.ac.in/pages/ProgramBTech.html.

续表

学期	课程编号	课程名	课程类型
3	(1)CS201A：Mathematics for Computer Science — I (2)CS202A + CS203B：Mathematicsfor Computer Science — II + III (3)TA201：Introduction to Manufacturing Processes (4) ESC201A (5)SO/ESO (6)COM200A	计算机科学数学 制造流程介绍—2+3 制造流程入门 电子学 科学选修/工程科学选修	核心课程 核心课程 核心课程 核心课程 核心课程 专业课程
4	(1) HSS — 2 (Level 1)：Humanities and Social Sciences elective (2)ESO207A：Data Structures (3)CS220：Computer Organization (4)CS251：Computing Laboratory — I (5)SO(MSO201A) (6)TA202A	人文与社会科学(2 级) 数据结构 计算机组织 计算实验—1 科学选修 机械实验	核心课程 核心课程 专业课程 专业课程 核心课程 核心课程
5	(1)CS330：Operating Systems (2)CS340：Theory of Computation (3)CS345A：Algorithms II (4)CS300A：Technical Communication (5)CS252A：Computing Laboratory — II (6)SO/ESO (7)UGP—1(CS395A)	操作系统 计算理论 计算机演算规则系统—2 技术通信 计算实验—2 科学选修/工程科学选修	专业课程 专业课程 专业课程 专业课程 专业课程 核心课程 专业课程
6	(1)CS335：Compiler Design (2) HSS — 3 (Level 2)：Humanities and Social Sciences elective (3)UGP—2/DE—1/OE—1(CS396A) (4)DE—2：Department Elective (5)DE—3：Department Elective	编译程序设计 人文与社会科学选修 (2 级) 系选修课 系选修课	专业课程 核心课程 专业课程 专业课程 专业课程
7	CS498：B Tech Project(I)	课题研究	专业课程
8	CS499：B Tech Project (II)	课题研究	专业课程

资料来源：https://www.cse.iitk.ac.in/pages/ProgramBTech.html

表 2 计算机结构课程安排

结构要素	课程具体规定	备注
课程名称	CS 422:计算机结构(Computer Architecture)	
课程信息	CS 422	CS 指的是计算机科学与工程系的专业课程,422 为课程编号
	L—T—P—D—[C] 3—0—0—0—[4]	该课程只有讲授部分,无辅导、实验任务以及讨论部分,学分为 4 分。
	先决条件:ESC101、CS210、CS220、CS330	先决条件指学习该课程之前必须完成 ESC101、CS210、CS220、CS330 这四门课程。
	JL Hennessy,DA Patterson,计算机体系结构:定量方法,第 4 版。Morgan Kaufmann / Elsevier — India,2006。	本课程的参考书目
课程内容	(1)计算机体系结构概述,处理器性能评估。 (2)流水线,超级流水线,高级流水线,静态和动态调度,指令级并行,循环展开,VLIW 和超标量处理器,矢量处理和阵列处理。 (3)内存带宽问题,内存组织,缓存层次结构。 (4)对称多处理器(SMP),NUMA—MP,大规模并行处理器,高速缓存一致性协议,互连网络,I / O 处理,多处理,多路复用,当代架构示例,RAS(可靠性,可用性,可伸缩性)功能。	

资料来源:https://www.cse.iitk.ac.in/pages/CS422.html

(二)课程管理与评价体系

IIT 坎普尔具有成熟的课程管理体系——负责全校的学业工作的教务处 DOAA (Dean of Academic Affairs Office)。而专门负责课程的是参议院本科委员会 SUGC (Senate Undergraduate Committee)是一个由参议院组成的常设委员会,负责管理全院范围内的本科计划的所有问题。它就所有学业问题向参议院提出建议,包括政策事项和与本科生和本科课程相关的具体问题。SUGC 由两个小组委员会组成,即学业表现评估委员会 APEC(Academic Performance Evaluation Committee)和核心课程委员会 CCC (Core Curriculum Committee)。APEC 在每学期结束时对本科生的学业成绩进行评估,并就学习成绩不理想的学生进一步学习的计划和行动提出建议。而 CCC 则协调和监督核心课程的各个方面,两个小组委员会都向 SUGC 提建议。[①] 除此之外,每一个系都有一个系本科委员会(Departmental Undergraduate Committee,简称 DUGC)主管本系的

① IIT Kanpur.UG—manual. [EB/OL]. (2009-07-11)[2018-07-07]. http://www.iitk.ac.in/doaa/under—graduate—programme.

本科生课程，主要负责向参议院本科委员会(Senate Undergraduate Committee，简称SUGC)提建议，以确保系课程安排与学院课程之间的一致性，并向IIT坎普尔学业议会(Academic Senate of IIT Kanpur)提建议。而IIT坎普尔学业议会是所有学业事务的最高决策组织，是一个具有民主性的组织，组织成员会有相关课程的学生。这个组织主要负责学生注册事宜、请假、批准开设新课程、删除被淘汰的课程、鉴定学生的表现等。此外该机构还代表学业事务主任带领学生以不记名的方式对每个课程进行反馈调查，鼓励学生自由勇敢地表达出自己对每一个课程的看法。①

(三)评价方式及学分要求

IIT坎普尔拥有自己的校舍，要求所有学生必须住宿，不允许走读，以保证教学的正常秩序。因此在课程评价部分的一个特色是考勤占一定的比例。IIT坎普尔对学生的考核是一个连续的过程，每个学期都有两场期中考试、一场期末考试以及数次小测和家庭作业，每项考核的比例根据课程教师的要求来定。对于模块课程，只有一次考试。教师或课程负责人根据学生在不同层面所得的成绩给予学生一个字母等级分，而这个等级只是比例分数，不是具体的数值。这个字母等级分为A+(优异)、A(优秀)、B(良好)、C(一般)、D(合格)E(不合格)和F(不合格)，依次对应10分制的10分、10分、8分、6分、4分、2分和0分。② 除了这种等级分法，还有I(incomplete)、S(satisfactory)和X(unsatisfactory)。对于没有比重(zero weightage)的课程，其分数只有S(satisfactory)和X(unsatisfactory)。若学生得到F或X，则意味着挂科，该生必须在重修这门课程。

为了计算学生的整体表现情况，IIT坎普尔推出学期成绩指数(Semester Point Index，简称SPI)和累计成绩指数(Cumulative Point Index，简称CPI)。学期成绩指数(SPI)是指学生在所有课程中获得的分数的加权平均数以表示其在一个学期中的学习成绩。其计算方式是将每科课程的成绩乘以一个权重系数(取决于每周在课程上花费的小时数)的总和，然后除以所有课程学分总和。累计成绩指数(CPI)是指学生在所有注册课程(包括最新完成的学期/夏季学期)的整体学习成绩。如一个学生的五门课程的成绩是g1、g2、g3、g4和g5，相对应的学分为C1、C2、C3、C4和C5，其SPI为

$$\mathrm{SPI}=\frac{C1g1+C2g2+C3g3+C4g4+C5g5}{C1+C2+C3+C4+C5}$$

对于没有比重的课程所给的成绩S和X不计入SPI中。CPI也是相同的计算方法：

$$\mathrm{CPI}=\frac{C1g1+C2g2+C3g3+\cdots\cdots+Cngn}{C1+C2+C3+\cdots\cdots+Cn}$$

当学生重修或更换课程，在计算CPI时，新成绩会代替旧成绩，但是二者都会在成绩单中显示。学业表现评估委员会APEC在每学期结束时对本科生的学业成绩进行评估，并就学习成绩不理想的学生进一步学习的计划和行动提出建议。选择科技专业课程、科技本硕连读课程和联合科学硕士课程的学生，如果在入学第一次期中考试中成绩不理

① IIT Kanpur. Course of Study2008 [EB/OL]. (2009-07-11)[2018-07-03]. http://www.iitk.ac.in/doaa/courses－of－study.

② IIT Kanpur.UG－manual. [EB/OL]. (2009-07-11)[2018-07-07]. http://www.iitk.ac.in/doaa/under－graduate－programme.

想，就会被建议更改为比较基础的课程。①除特殊专业有特定的 SPI 和 CPI 要求外，如果某本科生的 SPI 低于 4.5 或 CPI 低于 5.0 则被认为是学术能力不足（Inadequate Academic Performance），根据学生的 SPI 和 CPI 的情况会被处以警告（Warning，简称 WR）或留校察看（Academic Probation，简称 AP）或课程终止（Programme Termination，简称 PT）。②

不同系别对学生的课程选择和学分要求不同，学生只有通过课程考核才能获得相应的课程学分，而每一门课程都有特定值的学分，学分由学业量的多寡决定。学业量的计算方法如下：学业量（Academic Load，简称 AL）是通过师生每周联系时间数来计算：AL＝数值 x 讲授 L（Lectures）＋数值 x 辅导 T（Tutorials）＋数值 x 实验 P（Laboratory Work）＋数值 x 讨论 D（Discussion Sessions），学分 C（Credit）根据学业量区间一一对应，如表 3。大部分的课程学分为 4。③每个学期的学业量不得低于 35，也不可高于 65。④

表 3

AL	5～6	7～8	9～12	13～15
C	2	3	4	5

以计算机科学与工程系为例，学生的最低毕业学分要求为：（校级）核心必修课程 124 分，（校级）科学/工程科学 40 学分，（校级）人文社会科学课程（级别 1）22 分，（校级）人文社会科学课程（级别 2）27 分，系必修课程 88 学分，系选修课程 45 分，无限制课程 54 学分，一共 400 学分。⑤

三、MIT 与 IIT 坎普尔课程比较

本文的研究目的主要是探究 IIT 坎普尔的课程与 MIT 课程设置的相似度，因此在这一部分主要讨论两者课程的相似性。

（一）通识教育理念

“MIT 不仅致力于追求理工学科的卓越，也从未忽视人文社会学科的发展，从而形成了‘科技与人文结合’的通识教育理念。”⑥同为理工类高校，IIT 坎普尔也从课程的安排上培养高技能高人文素养人才，在核心课程中同样安排人文与社会科学课程。且学分比例达到总学分的 12%。虽然 IIT 坎普尔实施全校学生住宿制，但是通过人文社会科学课

① IIT Kanpur. Course of Study2008 [EB/OL]. (2009-07-11)[2018-07-03]. http://www.iitk.ac.in/doaa/courses－of－study.

② IIT Kanpur. Course of Study2008 [EB/OL]. (2009-07-11)[2018-07-03]. http://www.iitk.ac.in/doaa/courses－of－study.

③ IIT Kanpur. Course of Study2008 [EB/OL]. (2009-07-11)[2018-07-03]. http://www.iitk.ac.in/doaa/courses－of－study.

④ IIT Kanpur.UG－manual [EB/OL]. (2009-07-11)[2018-07-07]. http://www.iitk.ac.in/doaa/under－graduate－programme.

⑤ IIT Kanpur. Computer Science & Engineering Template [EB/OL].(2010-09-01)[2018-07-07]. https://www.cse.iitk.ac.in/doc/COMPUTER%20SCIENCE－modified.pdf.

⑥ 刘海涛. 麻省理工学院本科课程及学分设置的实践与思考[J].高教探索，2018(02):70-77.

程的学习，加强学生与社会的联系，陶冶学生的情操。

（二）学校与院系课程双管齐下

MIT 和 IIT 坎普尔的课程安排都具有双重要求，一是校级课程，二是系别课程。MIT 的课程要求“一般包括学校总体要求（General Institute Requirements，简称 GIRs）和各系的具体要求（Departmental Program）。其对课程与学分的总体要求（GIRs）一般包括四类课程，分别为科学（Science），人文、艺术与社会科学（HASS），科技限制性选修（REST）以及实验（Laboratory），共 17 门课程，约 200 个学分”。① IIT 坎普尔的校级核心课程包括数学、物理、化学、工程学、科技艺术、人文学科和社会科学。二者均对科学与技术的必修课程十分重视，旨在为学生扎实专业基础，两所高校都设置科学、人文与社会科学等校级课程，由此可看出科学对理工科生的重要性，同时也不忘通识教育，要求学生学习人文与社会科学课程。

（三）课程管理与评价体系

MIT 的课程评价体系主要分为外部评价和内部评价。内部评价体系的机构主要包括客访指导委员会（Visiting Committees）、本科培养方案管理委员会 CUP（Committee on the Undergraduate Program）及学业成绩管理委员会 CAP（Committee on Academic Performance）。它们会与本科教育主任办公室（Office of the Dean for Undergraduate Education）以及各学院系主任办公室共同完成相应的本科课程评价。② IIT 坎普尔的课程管理与评价体系包含负责全校的学业工作的教务处 DOAA、专门负责课程的是参议院本科委员会 SUGC、SUGC 的两个小组委员会，即学业表现评估委员会 APEC 和核心课程委员会 CCC。除此之外，每一个系都有一个系本科委员会 DUGC 主管本系的本科生课程，主要负责向参议院本科委员会 SUGC 提建议以确保系课程安排与学院课程之间的一致性，并向 IIT 坎普尔学业议会（Academic Senate of IIT Kanpur）提建议。两所高校都对专设委员会对本科生的学业进行监管，同时又各有特色，如 MIT 设立客访指导委员会，IIT 坎普尔专设核心课程委员会。

（四）季度学分制

美国有两个主要的学分体系，分别是学期学分和季度学分。MIT 与 IIT 坎普尔都采用季度学分体系，一学年包括春、夏、秋三个学期。③ “就美国的学分体系而言，其学分计算侧重教师的工作量，如教师教学投入或师生接触的时间，师生接触以外的实验或实践课程时间一般不计入学分代表的时间。”④IIT 坎普尔的学分同样是根据学业量来计算，而学业量（AL）通过师生每周联系时间数来计算。两校采用季度学分制，把每学年的学习时间拉长，并减轻每学年单位时间的课程量负担。

---

① 刘海涛．麻省理工学院本科课程及学分设置的实践与思考[J]．高教探索，2018(02)：70-77．

② 蔡军，汪霞．多元与协商：麻省理工学院本科生课程评价特征与启示[J]．高教探索，2015(5)：50-54．

③ 刘海涛．麻省理工学院本科课程及学分设置的实践与思考[J]．高教探索，2018(02)：70-77．

④ 覃丽君，陈时见．欧美大学学分制的比较与借鉴[J]．教育发展研究，2013，33(11)：69-73．

四、启示

在与 MIT 课程建设的对比中，可以看出 IIT 坎普尔在课程建设方面与 MIT 有一定共性，同时也有其自身的特色。IIT 坎普尔独特的建校历史，让其从建校开始就走国际化道路，在校园建设、师资质量等方面获得多方援助，对我国的高校尤其是民办高校的发展提供参考。我国的公立高校与民办高校在发展过程中，获得资源的方式不同，且我国的著名高校基本上都是公立高校，这是基于我国的国情来决定的。但是对于民办高校来说，走国际化道路，寻求国际援助也是一个新思路。

IIT 坎普尔能在短短 59 年内跻身世界著名理工类高校之列，MIT 功不可没，当然 IIT 坎普尔也基于国情的基础上积极寻求国际援助。人才的培养需以课程与教学为途径的，两者在课程设置的相似度为我国理工类高校探寻发展之路提供借鉴，在不失自身特色的情况下，与国外的高校合作，先从专业着手，进行人才联合培养，而后逐步扩展。

远程教育教学管理与课程研究协作的分析及启示

——以卡耐基梅隆大学开放学习计划(OLI)项目为例

王佳兴*

(厦门大学 教育研究院,福建 厦门 361005)

摘要: 远程教育一直是被看作具有极大发展潜力的教育领域,但其中存在的问题也是由根本的教学活动产生的。在知识生产需求的环境下,如何能根据我国远程教育的现实进行理论创新和实践探索,是值得思考的。本文就卡耐基梅隆大学OLI项目进行分析,探讨以课程研究与远程教育管理相互融合的优势,对远程教育和课堂研究的后续发展进行探索。

关键词: 远程教育;课程研究;卡耐基梅隆大学OLI项目;教学管理

在世界以知识经济生产为重的背景中,探讨我国如何在各个领域快速发展并扮演好一个知识生产者角色这一问题是十分重要的。无疑,在基础科学等领域,我国学者的科研成果逐渐获得世界认可,教育的整体水平逐渐提升。但不可否认的是,在高等教育某些学科领域的研究探索还有很大的晋升空间,尤其是教学理论基础方面。我国的课程与教学相关理论发展较为缓慢,多是吸纳国外学者提出的理论进行适切分析,逐步推广至各个阶段的教育中,原创性理论相对较少。在这样的现实下,如何结合我国现有的教育资源尽快地生成有效的、原创的教育教学理论是具有实践意义的。但是这样的探索并不能盲目进行,需要对当前的教育形式进行分析。

在我国终身学习型社会的建设过程中,有一种教学形式正在不断地发展,并且具有极大的发展潜力,那就是远程教育。远程教育基本上是以教育输入的形式传播进我国教育系统中,在逐渐发展中已初成体系。但是这样的体系显然仍旧没能脱离"传统"真正融合信息技术的新鲜血液,在理论和操作层面均存在一定的问题。就此,课堂研究作为教学研究的重要研究组成,可以很好地同远程教育相互结合,为我国远程教育的发展添砖加瓦。

一、远程教育的根本问题在教学

远程教育源起于西方国家,在该领域的概念研究和界定上也有着极为丰厚的产出。

---

* 作者简介:王佳兴,厦门大学教育研究院硕士研究生。

多曼（Dohmen，1967）、彼得斯（Peters，1973）、穆尔（Moore，1973）和霍姆伯格（Holmberg，1977）等学家从不同的视角对远程教育进行了界定，但基更（Keegan，1990）提出修正后的五项描述性定义是被广泛接受和认可的，“(1)教师和学生分离；(2)教育组织的影响；(3)应用技术媒体；(4)双向通信机制；(5)可能有面授交流的机会”。但其定义更适用于欧洲国家，对美国、俄罗斯和中国的远程教育概括不够。① 我国学者丁兴富也对远程教育的定义做出了尝试，却仍明显保留着基更定义的特征。其后如《教育大辞典》、《成人教育大辞典》、《远距离开放教育词典》中都对远程教育做出定义，但广泛采用的仍是基更在《远程教育基础》中的定义。② 为了从教育、教学与学习的角度论证清晰，丁兴富在《远程教育基本概念与研究对象之我见》中将学校或机构远程教育定义为狭义的远程教育，即“对教师和学生在时空上相对分离，学生自学为主、教师助学为辅，教与学的行为通过各种教育技术和媒体资源实现联系、交互和整合的各类学校或社会机构组织的教育的总称”③。

1902 年蔡元培成立中国教育会并采用通信教授法被视为我国函授教育的开始标志。商务印书馆创设的函授学校被视为我国最早的函授学校。随着函授教育的发展，1936 年成立播音教育委员会，1955 年于北京、天津创办广播函授教育。随后电视也被广泛应用于教学，60 年代主要中心城市都创办了面向本地的广播、电视大学。进入 20 世纪 90 年代，多媒体技术、网络技术、通讯技术发展迅速，政府开始着手组织教育界和企业实施跨世纪现代远程教育工程。④ 截至 2005 年，全国电大有高等学历教育在校生 266 万人。⑤

在现代远程教育持续发展的若干年中，政府出台了一系列的政策以规范管理和保障质量。信息宣传、机构政策与监管、课程设计与开发是这些年来最被政府重视的三个要素，而 2003 年前多提及教与学方面的要素，2007 年后对质量保障机制和财政陆续展开关注。⑥ 远程教育研究的学者们则在远程教育质量研究、学习型社会的建构以及优化远程学习过程等前沿的研究领域引导下，更加关注于农村远程教育、远程教育质量研究、教育资源开发、教学模式探索、公共服务体系建设等方面，并且研究态势朝着人工智能、可视化、个体生态、数字鸿沟、自我调节学习、情感计算等方向发展。⑦ 虽然远程教育的技术手段和研究热点在逐年更新，但远程教育质量是一个不变的话题，在远程教育教学管理研究中一直以“质量保障”为优先。要保障的质量就是教学质量，远程教育的教学质量包含着教学内容、教学手段、教学方法等，其中更为重要的就是如何突破非面授的形式在教学中的障碍，这些都需要通过一定的研究进行剖析。但针对实际教学环节和网络课堂的研究极为有限，如何从教学根本研究质量保障路径应是更加切实有效的选择。

---

① 丁兴富.远程教育学基本概念与研究对象之我见[J].开放教育研究，2005(01)：32-41.

② 丁兴富.远程教育学基本概念与研究对象之我见[J].开放教育研究，2005(01)：32-41.

③ 丁兴富.远程教育学基本概念与研究对象之我见[J].开放教育研究，2005(01)：32-41.

④ 张玉红.二十一世纪前美国远程教育发展历程研究[D].保定：河北大学，2007.

⑤ 张玉红.二十一世纪前美国远程教育发展历程研究[D].保定：河北大学，2007.

⑥ 沈欣忆，林世员，陈丽. 中国现代远程教育政策编码与分析[J].现代远程教育研究，2014(05)：62-70.

⑦ 王国华，俞树煜，黄慧芳，胡艳. 中国远程教育研究的可视化分析——核心文献、热点、前沿与趋势[J].远程教育杂志，2015，33(01)：57-65.

二、课堂研究应用领域需要开拓

改革开放政策确立后，我国的教育研究事业也开始了蓬勃发展，基于教学实践活动的课堂研究也迈上了新的走向。但始终都无法摆脱教学理论与教学实践“两张皮”的现实问题。由此，诸多学者提出与“理论工作者与实际工作者更进一步的靠拢，特别是理论工作者要面对教育实践，并尽可能地参与实践活动”①基本相似的建议，有关研究者和课堂教学研究逐渐引起更多学者的关注。

最初对课堂研究进行系统探索的是菲利普·杰克逊，他扭转了西方学者对课堂和课堂研究的忽视。随后多勒为其理论建构了以“多元性、同时性、即时性、难以预料的公共课堂气氛、历时性”为特征的框架。② 古德和布罗菲通过大量的课堂观察与描述，结合丰富而生动的课堂案例，提出并论证了课堂教学的四个主要目的：帮助教师形成描述课堂形式的方式方法；使教师意识到自己的经验会影响课堂决策；建议教师使用对学生兴趣、学习和社会发展有积极影响的方法；帮助教师理解当前的教育研究。③ 但是在我国的教学论的学科体系中，没有专门的课堂研究，将教师、学生、教学内容、教学方法、组织形式等分别研究，这样的研究传统使得我国对课堂的专门研究相对较晚、较少。④ 我国课堂研究大多数围绕中小学课堂展开，在高等教育阶段和其他教育阶段还属于于一个尚待积极开发的时期，但即便当前聚焦于基础教育课堂，仍然有学者得出了研究课堂就止步于课堂、研究教学就止步于教学的局限。理清楚到底课堂研究研究的是什么、由谁来研究、为何会出现这样的现象等问题，才能帮助下文的探讨。

王鉴认为课堂研究就是在课堂中做研究，是研究者深入教学现象发生与教学规律呈现的“场域”之中，综合开展课程、教学活动、师生关系、教学方法、学习方式、教学环境等方面的研究，探索与总结课堂教学的科学规律，解释课堂教学中生成的人文现象。⑤ 课堂研究者群体可以细化为教师、教研员和教学研究工作者，也可以以理论与实践视角进行划分。在传统课堂中，教师作为课程的引导者负责教学活动，随着现代课堂的发展，教师需要逐渐承担起研究者的身份，不仅进行教学，同时研究和反思教学。此时教师所获的资料属于实践层面，很难保证能很好地上升至理论层面的内容。同样，在过去“主观臆想式”的书斋文献研究处于主流地位的发展阶段中，理论研究者只能凭思辨对教学进行非此即彼或是较为极端的对策建议。⑥ 因此，两者的合作在这一阶段就显得尤为重要，在保证一致的研究问题、目的和主体的条件下，共同展开研究有助于理论发现和实践。同时，教师课堂教学研究主体性缺失、课堂教学研究的视野窄化、研究者的研究素养匮乏⑦仍是亟待解决的问题。

---

① 李秉德. 教学理论与教学实践“两张皮”现象剖析[J]. 教育研究，1997(7)：32-33.

② 王鉴. 课堂研究引论[J]. 科学课，2003(9)：21-23.

③ Thomas L.Good，Jere E.Brophy，透视课堂[M].北京：中国轻工业出版社，2002：1-3.

④ 王鉴. 课堂研究引论[J]. 科学课，2003(9)：21-23.

⑤ 王鉴. 课堂研究概论[M].北京：人民教育出版社，2002：123.

⑥ 安富海. 课堂研究的形式：从各取所需到通力合作[J]. 教育研究，2013(11)：103-106.

⑦ 王婷，徐继存，王爱菊. 改革开放四十年我国课堂教学研究的回顾与反思[J]. 教育学报，2018(1).

课堂研究的一般路径包括：聚焦课堂的校本教学研究之路；大学与中小学合作的研究之路；信息技术支持下的课堂研究之路；走向课堂变革的行动研究等。① 课堂研究近几十余年的发展需要在研究领域做出新的突破。传统教育的课堂研究以校本课程和教材为主，同研究人员的合作也多是向高校寻求帮助。不同的是，在信息化技术手段充斥人们生活融入终身学习的社会里课堂研究也不再将局限在传统课堂中，教师作为教学活动的主导者必须具备一定的信息技术能力，从而帮助知识通过网络进一步扩散。大数据时代的到来必将为原先的课堂研究增加更多探索的空间，信息技术的支持也不会止步于技术层面。并且课堂研究也急需新鲜领域的加入以活化教学理念和实践的固化现象，以信息、网络技术为基础的教育领域将促使与有关信息技术支持的课堂研究更加具有前沿意义。

三、案例分析

（一）我国远程教育的基本情况

目前我国远程教育普遍形式可以算作“以远程为授课形式的传统教育”，教育性质属于学历教育而非开放性的项目或计划。各传统大学的远程教育主要由学校远程教育中心负责运作，收取学费并颁发学历学位证明。学生通过在线学习教学课件、自主复习与拓展学习、通过与教师邮件或电话互动答疑、完成规定次数的作业和课程考试等环节完成课程的学习，如若课程考核不及格则须重修。重修课程按学分数另行缴交学费、办理注册。部分高校在学生较为集中的地区，设置教学点安排集中学习与辅导，毕业论文答辩通过网络视频答辩。

我国远程教育的培养较为系统，但是也存在很多漏洞。比如，如何保障教学理念适用、教学内容的前沿、师生沟通顺畅、学生自我评价等。如果仅根据实际情况一一对其分解研究既不能满足课堂整体协调的需求，也无法与教学、课程、课堂完整对接。再者通过网络反复的交流信息和数据不加以利用着实是对资源的浪费。因此，对相关案例进行分析，通过课堂研究对网络教学进行管理势在必行。

（二）卡耐基梅隆大学 OLI 项目

OLI（Open Learning Initiative）是卡耐基梅隆大学在社会组织的资助下于 2002 年推出的，是一项为任何需要的人提供创新的在线课程的非营利计划。OLI 的课程可以应用于大学、社区学院、家庭学校等场所，课程的教材也会基于研究的情况进行整改并且提供了丰富的学习和指导，形成了自由公开的资料以及集开发、研究、使用于一体的开放社区，横跨多门学科（认知心理学、人机交互、设计和计算机科学）解决课程的开发问题。该项目的整体运作是基于教学研究之上的，其中的部分课程同时也是匹兹堡科学学习中心（PSLC）环境研究的一部分，通过课程中的嵌入实验操作来测试特定的学习理论。② 由此课程中可以及时补充新的概念和理论，并通过理论实践记录学生课程表现的数据，再次投入教学研究中获取成果反馈课程设计。因此，OLI 作为一个开放的教育资源实质上是

---

① 李泽林. 课堂研究方法：基本范式与路径嬗变[J]. 教育研究，2013(11)：99-103.

② Open Learning Initiative[EB/OL]. (2018-01-12)[2018-05-01].http://oli.cmu.edu/get－to－know－oli/learn－more－about－oli/.

由数据驱动(Data—Driven Design)的"往返回馈"模式[①]支持高质量、科学的在线教育,如图1所示。

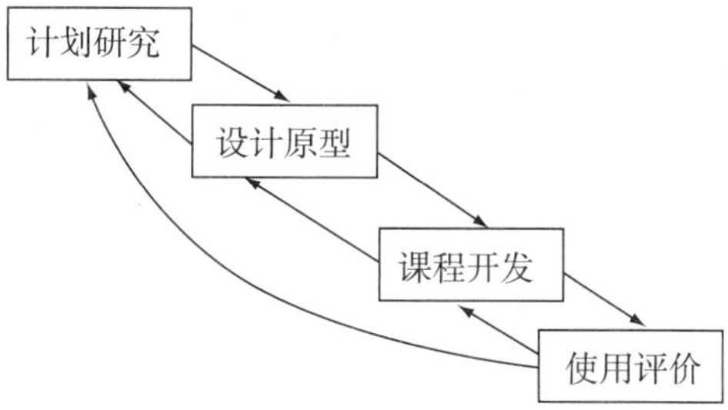

图1　OLI项目运营模式

当设计和科研团队承担了教学平台和课堂研究的数据收集、处理和分析,教师的作用则更体现在协助课程的开发上。OLI对教师提供的帮助就像海面下的冰山,为了达到更深层次的教学,教师就必须习得更加深刻的手段和分析能力,也可以选择加入课程的评估研究、项目开发的团队,获取更好教学的能力。系统收集到的学生情况和学习数据都将通过仪表板(Dashboard)提供的定量数据反馈至教师处,以帮助教师掌握学生基本情况,提高课堂效率。同时,在测验和成绩册的部分,此类数字系统化的统计给予教师更多修改测验形式、调整评分项的空间,以增加课程的灵活程度。若教师选择使用部分已有课程内容,则只需要按照系统指示操作,为课程配置"密钥"提供课程的详细说明,甚至可以使用经济援助帮助学生访问课程。当教师希望制定课程模块或是增加课程材料时,就进入了更为高级的设置层面,不仅可以控制学生的学习速度、安排作业日期,分组授课更有能够贴心提示学生关注课程的授课信息的功能。

具体结果反映在学生良好的学习体验上。课程不仅提供免费的高质量课程文本资料,还设计实践活动、自我评估和分级评估用于帮助学生明确学习目标、提升对技能、概念的理解使用,充分满足了学生对课程反馈和评估的需求。课程所提供的有针对性的反馈和自我评估工具帮助学习者反思理解、调整学习计划。对于不同类型的学生,如学术学生(Academic Students)以及独立学习者(Independent Learners)。独立学习者甚至不需要创建账户就可以游客身份进入课程并开始学习。虽然没有辅导教师,但在学习者可以随时与OLI技术支持部门联系,并未减少学习体验感。有研究表明,使用卡内基梅隆大学OLI统计课程的学生在一定时间内获得了与传统课程学生相同或更好的学习成果。由此可见,OLI的课堂研究团队是十分成熟的,他们的研究设计和计划也是值得我们学习的。

OLI项目的课程研究并未完全交由教师或是理论工作者进行分析,可以说主要的任务仍是由科研中心负责,这可能并未与我国学者对课堂研究的研究者的期望完全相符,但是这样的设计确实十分符合现实情况的。在远程教育体系中,研究者群体就更加多元,包含教学平台的开发者、课程的开发者和教师。当前课程的开发可以交由教师自行设计或是协作开发人员处理设计,但是课程平台的开发和维护就必须要通过专业的设计人员进行。在平台处理设计的阶段中,科研人员将尚待验证的理论应用,并对数据进行

① 张铁斌.开放教育资源(OER)国际比较研究[D].上海:华东师范大学,2011.

回收，承担着将实践上升至理论、将理论托付给平台和教师的作用。相应的教师则是对理论进行实践，两者配合紧密，融入进 OLI 所展现出的课程研究、开发及使用的模式充分展现了“往返回馈”的特征，课程的不断修改、强化、更新，使得课程更为灵活，从而形成真正的、不亚于传统教育效果的开放课程平台。

四、远程教育教学管理与课堂研究的衔接

（一）衔接的路径分析

课堂研究是作为研究教学中各个因素、活动中的问题的研究方法，并不能够直接作为一种管理手段去对教学进行管理，但是课堂研究的理念和形态是可以借鉴到管理中的；反过来，远程教育也可以以课堂研究的形式协同教学。在实际的传统教育中存在过多的干扰因素，如环境、教师等，但是远程教育能成为运用课堂研究理念的最好的试验田。远程教育所具备的优势，教学平台的可控、课程开发的开放、信息和数据的交换都在研究者手中，这些资料会自动的生成一手资源，若果不能加以利用就是对研究资源的浪费。因此，通过课堂研究理念设计远程教育的人才培养计划，将课堂研究潜在地贯穿于整个教育教学过程中，理论研究人员帮助教师进行教学理论的实操等形式。在保证远程教育系统管理稳定的前提下，适当采用课堂研究理念，使远程教育与课堂研究相互结合，能够得出何种成果是可期的。

具体在设计理念层面：运用研究的严谨态度来面对远程教育的教学管理，对教学的步骤方面层层把控，以理论为基础上升到教学的各个环节中；在这一方面，卡耐基梅隆大学的 OLI 项目可以借鉴。在人员调配层面：在原有的平台及课程开发安排基础上，联合科学研究中心或是研究者群体，加大科学研究比例；着重增加教师和平台开发人员的理论基础，合理安排研究人员的实践机会，相互协调。在课程设置层面：教学内容、材料以及方法的选用以配合研究目的为根本，各要素的设置应在研究人员和教师依据实际情况合理协商后确定。在教学评价反馈层面：抓住远程教育系统中数据交换的便利条件，早期以量化的形式对数据进行分析，着重聚焦在学生能力提升和教师教学服务方面，尽快上升至理论高度。但该形式开展有一定的基本需求：有可靠的有一定科研理论水平的研究者团队、教师具备先进的教学理念和相当的信息技术手段用于课程开发、各校领导层面对教学研究的积极支持态度以及专业的科学课堂研究与教学管理规划的协调。

（二）两者后续的发展探索

1.进行课堂研究解决远程教育质量保障的根本困境

远程教育的确在逐步发展，但是最让人质疑的就是远程教育的质量和传统教育的质量无法媲美，这是远程教育的根本问题。因此，学者们开始打起了“质量战”，想尽办法希望攻克这一难关，给远程教育带来新的生机。这些研究中从教学手段、评价机制、教学监督再到课程设置无一不有，还包括教师的信息技术能力、学生的学习方式等，但是未能针对网络课堂进行专业的课堂研究，不过是通过教师评价、学生评价的形式不伤筋不动骨地做些改动。是不想做课堂研究么？未必。现实是，我们未能建立对远程教育进行专业课堂研究的队伍，进行平台和课程开发的人员缺少课堂研究的能力，无论是理论能力还是实践能力。因此，开发教师与专业课堂研究人员相互合作，以专业教学理论角度对远程教育课程进行设计实施。这其中既包含对教育理念的实践，也包含对教育手段和形式

的扩充，当信息得以即时反馈、数据能够即时处理、教师与研究人员的合作成熟，未必就不能从根本上解决远程教育的质量问题。

2.填补课堂研究的资源空白

课堂研究多集中于中小学课堂中，在高等教育领域的应用还未十分明显，也就意味着这是一段较为空白的研究区域。为何选择远程教育作为高等教育领域的先行区？一是远程教育所具有的独特优势。远程教育的可控性相较于其他领域都要大得多，虽然在技术操作程度上要求偏高但并不是不可完成的任务。二是对于课堂研究来说需要填补长久以来对高等教育领域研究的缺失。远程教育具备一个课堂教学的“社会活动场”的条件去生成教学理论，并且它不仅满足条件，还便于观察课程的开发利用、教学过程的特点以及教学要素间的相互关系，对教学规律的揭示提供方便条件。在以思辨来形成教学理论的阶段中，这样的实践区是十分难得的，既节省研究人员深入田野时间，又可以提升教师进行教学开发的能力，对于远程教育自身的发展也大有裨益。

3.有利于理论上升至其他教育领域

传统的课堂研究一般包含着对环境、教学活动、课程等方面的研究，采用的研究方法也多是课堂观察法、深描解释法或是教学案例研究法。以上偏质性的研究方法虽说能够发现课堂中存在的特殊问题，但是去研究一个新的教育领域中，立刻运用这种方法来考察观课是不能获得有代表性的问题的。当课堂研究得出一些远程教育领域共性的结论后，一些基于我国实际情况又特殊的经验得以上升至理论的层面，就完成了在该领域的理论创新工作。虽然这些理论仍需要不断回炉重塑，但是当理论经验逐渐成熟，便可斟酌着逐步的应用至其他领域。课堂研究的价值本就不止于开发新的教学理论，而是不断以理论创新和实践推动教育教学的变革，让教学变得更好。

我国的教学研究着实缺乏将课堂作为研究对象的探索经验，容易将教学现象和理论的研究停留在当前的位置，抑制理论和实践的创新。而远程教育与课堂研究的结合可以说是各取所需。“教然后知困，知困然后能自反也。”同样，能够积极参与课堂研究的远程教育开发者和教师得以从专业的教学理论角度认识远程教育教学中的问题并从根源解决问题，具有很大的实践价值。

美国公立大学校长选拔标准研究

袁东恒*

（厦门大学 教育研究院，福建 厦门 361005）

摘要： 大学校长选拔事关大学发展的切身利益，选拔标准直接决定了是否能够选拔出优秀合格的大学校长。美国公立大学的学生占据美国高等教育的大半壁江山，其大学校长选拔标准如何，对美国高等教育发展具有重要影响。本文以31所“公立常春藤”名校和弗吉尼亚州两所公立大学为样本，通过文本分析法对其大学校长选拔标准进行分析，得出共性标准如下：美国公立大学校长选拔以男性为主，最高学位基本上都是博士，基本上就读过2所高校，工作的高校大部分为非母校，当选校长前基本已经担任过行政职务，上任年龄集中在56～65岁年龄段，任期一般为8年。此外，美国公立大学校长选拔标准也因各校特性不同而有所区别，美国公立大学校长选拔标准是共性与个性的统一。

关键词： 美国；公立大学；大学校长；选拔标准

通过在CNKI中检索“大学校长选拔”一词，截至2018年7月，可以检索出128条结果，这些文献中既有关于大学校长选拔的理论和实践思考，也有大学校长选拔的标准和特征分析，还有中外大学校长选拔的比较研究。可以说，我国大学校长选拔问题的研究范围是十分广泛的。不过，透视已有研究文献，可以看出，中外大学校长选拔的比较研究上，研究者多从宏观的选拔机制和制度上研究国外大学校长的选拔，虽然涉及的内容包括大学校长选拔标准，但并没有对此作专门深入的论述。基于此，本文以大学校长选拔标准为主题，通过对美国著名公立大学的校长选拔标准的研究，希冀揭示出美国著名公立大学校长的群体特征，为了解美国高等教育提供更加丰富的资料。

一、什么是大学校长选拔标准

大学最初产生时，大学校长主要是由教师同行根据资历来指定，基本上是一种荣誉头衔，实际并没有特别大的权力。[①] 后来，随着大学对社会发展的作用越来越大，大学的规模也在不断扩大，大学内部日益分化衍生出各式各样的组织和机构，大学外部逐渐加

* 作者简介：袁东恒，厦门大学教育研究院硕士研究生。

① 姜朝晖.从“电灯泡”到“丛林树”——对美国大学校长三种作用观的解读[J].高教探索，2010(6)：70-74.

大了对大学的重视和关注，大学校长渐渐由“幕后”走向“台前”，开始扮演一校之主的角色，承担治校重任，负责处理大学内外部的诸事宜。

大学校长在承担治校重任的同时，其重要性开始凸显出来。人们意识到，一所好大学的出现离不开一个好校长的产生，被选拔出来的校长其思路清晰，有所作为，这所大学就会发展顺利；被选拔出来的校长平淡无奇，碌碌无为，就会导致这所大学发展困难。因此，能否选拔出一个优秀的大学校长，成为大学发展好与坏的一个至关重要的问题。而在思考能否选拔出一个优秀的大学校长这一问题时，首先需要想清楚以下问题：怎样才算是优秀的大学校长，大学校长选拔的标准是什么，由谁来选拔大学校长，等等。

关于怎样才算是优秀的大学校长这一问题，虽然研究者的界定标准并不统一，但这些不同标准具有一定的共性：清晰的办学理念、卓越的学术水平、高超的管理能力等。在此，本文不对这一问题做更加深入的探讨。在由谁来选拔大学校长的问题上，无论是美国私立大学还是公立大学，都是由董事会领导的校长选拔委员会来负责实施的，其成员一般包括董事会董事、教师、学生、校友及社会人士等。本文主要对大学校长的选拔标准进行详细论述。

就选拔标准的定义来说，研究者一般会在文章中提到选拔标准，但并没有专门谈其是什么。在笔者看来，选拔标准就是校长选拔委员会决定谁为大学校长的基本条件，是判断一个人是否可以成为大学校长的“起点”。为什么主要对美国公立大学进行研究呢？这主要是基于其重要性和资料获取等角度的考虑。美国公立大学始于 1785 年建立的佐治亚大学，初期以 1819 年创建的弗吉尼亚大学为代表，后经 19 世纪 60 年代《莫雷尔法案》出台对赠地学院的重视和发展，一大批公立大学得以建立，并成为美国高等教育的重要力量，在美国高等教育的大众化、普及化进程中发挥了十分关键的作用。目前，美国公立高校占美国高校总数的 35%，但承担着培养 75%的美国大学生的重任。[①] 因此，对其中涌现出来的著名公立大学的校长选拔标准进行研究，足以窥视出美国公立大学校长选拔的整体情况，对美国高等教育有更加深入的了解和认识。

二、样本选择

笔者通过阅读文献资料、浏览美国公立大学官网及其相关网站等方式收集美国公立大学校长选拔的相关内容，因一些公立大学未提供其校长选拔信息等因素，导致笔者收集到的资料难以涵盖所有美国公立大学。基于此，本文从信息最大化的角度出发，主要对 31 所“公立常春藤”名校的校长选拔情况进行深入分析，辅之以弗吉尼亚州两所公立大学的校长选拔情况为案例，管中窥豹，以小见大，借此了解美国公立大学校长选拔标准的真实样态。

具体来说，31 所“公立常春藤”名校的选择依据为霍华德(Howard)和马修·格林(Matthew Greene)于 2001 年出版的《公立常春藤：美国公立大学的旗舰》一书中所列举的 31 所美国公立大学，包括：加州大学伯克利分校、加州大学洛杉矶分校、密歇根大学安娜堡分校、加州大学圣地亚哥分校、威斯康星大学麦迪逊分校、华盛顿大学、伊利诺伊大

① 杨九斌.融资危机与美国公立大学困境——一场由公共经费拨款萎缩引发的博弈[J].清华大学教育研究，2012(6)：61-66.

学香槟分校、得克萨斯州大学奥斯汀分校、马里兰大学、宾州州立大学、加州大学戴维斯分校、弗吉尼亚大学、北卡罗来纳州立大学教堂山分校、加州大学尔湾分校、佛罗里达大学、明尼苏达大学双城分校、俄亥俄州立大学、科罗拉多大学波尔德分校、罗格斯大学、加州大学圣芭芭拉分校、密歇根州立大学、印第安纳大学、爱荷华大学、亚利桑那大学、佐治亚大学、康涅狄格大学、威廉玛丽学院、特拉华大学、纽约州立大学石溪分校、迈阿密大学、纽约州立大学宾汉顿分校等。这些公立大学基本上为美国公立大学的典范,代表了美国公立大学的最高水平,对其大学校长选拔标准进行研究,足以了解美国著名公立大学成功的原因和特性。

弗吉尼亚州的两所公立大学为威廉玛丽学院和弗吉尼亚大学。威廉玛丽学院创立于1693年,是美国第二所历史悠久的大学,成立初期并不是公立大学,直到1906年才转为公立,该校以本科教育见长,是一所规模小、质量优的精英型文理学院。弗吉尼亚大学创立于1819年,创始人为美国第三任总统杰斐逊,是一所卓越的公立研究型大学。这两所公立大学在2018年QS世界大学排名中位居世界第551～600位和第173位,美国第103位和第43位,虽然位次并不靠前,但仍可以称得上是世界著名大学。[①]

三、美国公立大学校长选拔标准分析

(一)31所"公立常春藤"大学校长选拔标准分析

事实上,笔者在浏览31所"公立常春藤"大学官网时,大部分公立大学并没有公开其大学校长选拔的具体信息。因此,直接根据公立大学校长选拔条件分析美国公立大学校长选拔标准的设计难以实施。由此,笔者反其道而行之,根据对已选拔出的大学校长进行分析,进而反推其大学校长选拔标准,分析主要围绕大学校长的性别、出生年份、最高学位、学科背景、教育背景、工作背景、上任年龄和任期等进行。表1是根据收集到的资料整理而成的美国31所"公立常春藤"大学校长信息表,每所公立大学的校长都包含了现任和前任的信息,个别信息不完善的为空。

---

① 2018年QS世界大学排名[EB/OL].(2018-01-01)[2018-7-10]. https://www.topuniversities.com/university－rankings/world－university－rankings/2018.

表 1 美国 31 所“公立常春藤”大学校长信息

校名	姓名	性别	出生年份	最高学位	学科背景	教育背景	工作背景	上任年龄	任期
加州大学伯克利分校	Nicholas B. Dirks	男	1940	博士	历史学、人类学	卫斯理大学、芝加哥大学	曾在加州理工学院、密歇根大学任教，1997 年到哥伦比亚大学，2004 年任哥伦比亚大学常务副校长和文理学院院长	73	2013—2017
	Carol T. Christ	女	1944	博士	英语文学	道格拉斯学院、耶鲁大学	1970 年入伯克利分校英语系，先后任系主任、院长等，2002—2013 年任史密斯学院校长，2016 年任伯克利分校临时执行副校长和教务长	73	2017—
加州大学洛杉矶分校	Albert Carnesale	男	1936	博士	工程	库伯联盟学院、德雷塞尔大学、北卡州立大学	1970—1972 年为《美苏关于限制进攻性武器条约》成员，曾任哈佛大学教务长、肯尼迪政府管理学院院长	61	1997—2006
	Gene D.Block	男	1948	博士	生物学	斯坦福大学、俄勒冈大学	1978 年进入弗吉尼亚大学生物系，1993 年任副教务长，2001 年任副校长和教务长，1991—2002 年任美国国家科学基金会主	59	2007—
密歇根大学安娜堡分校	Mary S. Coleman	女	1943	博士	生物化学	格林纳尔学院、北卡罗来纳州立大学	曾任肯塔基大学生物化学系教师，1995—2002 年任爱荷华大学校长，目前任美国大学协会主席	59	2002—2014
	Mark Schlissel	男	1957	博士	物理化学	普林斯顿大学、约翰霍普金斯大学	曾任约翰霍普金斯大学药学院、伯克利分校教师，伯克利分校生物科学院长，2011 年任布朗大学教务长	57	2014—

续表

校名	姓名	性别	出生年份	最高学位	学科背景	教育背景	工作背景	上任年龄	任期
加州大学圣地亚哥分校	Marye A. Fox	女	1947	博士	化学、管理	圣母学院、达特茅斯学院、马里兰大学	1976年进入得克萨斯州大学奥斯汀分校，1998年任北卡罗来纳州立大学校长	57	2004—2012
	Pradeep Khosla	男	1957	博士	工程、管理	印度理工学院、卡内基梅隆大学	曾任卡内基梅隆大学教师，电子工程部主任，信息网络部主任，院长	55	2012—
威斯康星大学麦迪逊分校	David Ward	男	1938	博士	城市地理	利兹大学、威斯康星大学麦迪逊分校	曾任卡尔顿大学、英属哥伦比亚大学的教师，1993—2001年曾任威斯康星大学麦迪逊分校校长，2011年任艾姆赫斯特学院校长，为威斯康星大学麦迪逊分校的临时校长	55	2011—2013
	Rebecca M. Blank	女	1955	博士	经济	明尼苏达大学双城分校、麻省理工学院	曾任密歇根大学、东北大学、芝加哥大学、普林斯顿大学教授，总统经济顾问	58	2013—
华盛顿大学	Michael K. Young	男	1949	博士	法律	杨百翰大学、哈佛大学	曾任哥伦比亚大学日本法研究中心主任，乔治·华盛顿大学法学院院长，2004—2011年任犹他大学校长	62	2011—2015
	Ana M. Cauce	女	1956	博士	心理学、管理	迈阿密大学、耶鲁大学	曾任特拉华大学教师，1986年进入华盛顿大学，2012年任华盛顿大学教务长	59	2015—
伊利诺伊大学香槟分校	Phyllis Wise	女	1941	博士	生物医学	史瓦兹摩尔学院、密歇根大学	1976年任马里兰大学巴尔的摩分校教师，1993年任肯塔基大学教授，2002年任加州大学戴维斯分校生物科学院长，2005年任华盛顿大学教务长和副校长	70	2011—2015
	Robert J. Jones	男	1950	博士	农艺学	威力堡州立大学、佐治亚大学、密苏里大学	曾任明尼苏达大学副教务长、副校长，2013—2016年任纽约州立大学校长	66	2016—

续表

校名	姓名	性别	出生年份	最高学位	学科背景	教育背景	工作背景	上任年龄	任期
得克萨斯州大学奥斯汀分校	William Powers Jr	男	1946	博士	法律	伯克利分校、哈佛大学	曾任南方卫理公会大学、密歇根大学、华盛顿大学教师	60	2006—2015
	Gregory L. Fenves	男	1957	博士	工程	康奈尔大学、伯克利分校	曾任伯克利分校教师，得克萨斯州大学奥斯汀分校教务长和副校长	58	2015—
马里兰大学	D. Mote	男	1937	博士	机械工程	伯克利分校	曾任伯克利分校教师、副校长	61	1998—2010
	Wallace D. Lohis	男	1945	博士	心理学、法学	格林内尔学院、康奈尔大学、密歇根大学安娜堡分校	曾任法学院院长 2008年任爱荷华州立大学副校长	65	2010—
宾州州立大学	Rodney Erickson	男	1946	博士	地理学	明尼苏达大学、华盛顿大学	曾任宾州州立大学教师、院长、教务长、副校长	65	2011—2014
	Eric J. Barron	男	1951	博士	地理学	佛罗里达州立大学、迈阿密大学	曾任宾州州立大学教师、院长，得克萨斯州大学奥斯汀分校院长，全国大气科学中心主任，2010年任佛罗里达州立大学校长	63	2014—
加州大学戴维斯分校	Linda Katehi	女	1954	博士	电子工程	加州大学洛杉矶分校	2002—2006年曾任普渡大学工程院院长，2006—2009年任伊利诺伊大学香槟分校教务长和副校长	55	2009—2016
	Ralph J. Hexter	男	1952	博士	文学	哈佛大学、牛津大学、耶鲁大学	曾任耶鲁大学教师，2005—2010年任艾姆赫斯特学院校长	64	2016—

续表

校名	姓名	性别	出生年份	最高学位	学科背景	教育背景	工作背景	上任年龄	任期
弗吉尼亚大学	John T. Casteen Ⅲ	男	1943	博士	英语	弗吉尼亚大学	曾任伯克利分校教师，弗吉尼亚大学教师，1985—1990年任康涅狄格大学校长	47	1990—2010
	Teresa A. Sullivan	女	1949	博士	社会学	密歇根州立大学、芝加哥大学	曾任德克萨斯大学教师、副教务长、院长、副校长，密歇根大学教务长和副校长	61	2010—2018
北卡罗来纳州立大学教堂山分校	Holden Thorp	男	1964	博士	化学	北卡罗来纳州立大学教堂山分校、加州理工学院、耶鲁大学	1991年在北卡罗来纳州立大学任教，2007年任艺术和科学学院院长	44	2008—2013
	Carol Folt	女	1951	博士	生物科学	加州大学圣芭芭拉分校、戴维斯分校、密歇根州立大学	1983年加入达特茅斯学院，后升至院长、教务长、代理校长	62	2013—
加州大学尔湾分校	Michael V. Drake	男	1951	博士	物理学	斯坦福大学、加州大学旧金山分校	2000年任加州大学系统负责健康事务的副主席	54	2005—2014
	Howard Gillman	男	1959	博士	政治学	加州大学洛杉矶分校	曾任加州大学尔湾分校教务长和副校长	55	2014—
佛罗里达大学	Bernie Machen	男	1944	博士	牙医、心理学	范德堡大学、圣路易斯大学、爱荷华大学	1998—2004年任犹他大学校长	60	2004—2014
	Kent Fuchs	男	1954	博士	电子工程	杜克大学、三一福音神学院、伊利诺伊大学	2002—2008年任康奈尔大学工程学院院长，2009—2014年任教务长	61	2015—

续表

校名	姓名	性别	出生年份	最高学位	学科背景	教育背景	工作背景	上任年龄	任期
明尼苏达大学双城分校	Robert Bruininks	男	1942	博士	政治、高等教育		1968年进入明尼苏达大学	60	2002—2011
	Eric Kaler	男	1956	博士	工程	加州理工学院、明尼苏达大学	1982年进入华盛顿大学，2000—2007年任特拉华大学工程学院院长	55	2011—
俄亥俄州立大学	E.Gordan Gee	男	1944	博士	教育	犹他大学、哥伦比亚大学	曾任西弗吉尼亚大学法学院院长、校长，1990—1998年任俄亥俄州立大学校长，1998—2000年任布朗大学校长，2001—2007年任范德堡大学校长	46	2007—2013
	Michael V. Drake	男	1951	博士	眼科学	斯坦福大学、加州大学洛杉矶分校	2005—2014年任加州大学尔湾分校校长	63	2014—
科罗拉多大学波尔德分校	P. Peterson	男	1952	博士	机械工程	堪萨斯州立大学、德州农工大学	曾在德州农工大学任教，2000—2006年任伦斯勒理工学院教务长	54	2006—2009
	Philip P. Distefano	男		博士	教育	俄亥俄州立大学	1974年进入科罗拉多大学波尔德分校，历任教授、院长、教务长和校长等职务		2009—
罗格斯大学	Richard L. McCormick	男	1947	博士	历史	艾姆赫斯特学院、耶鲁大学	1995—2002年任华盛顿大学校长	55	2002—2012
	Robert L. Barchi	男	1946	博士	生物化学	乔治城大学、宾夕法尼亚大学	1999—2004年任宾夕法尼亚大学教务长，2004—2012年任托马斯杰斐逊大学校长	66	2012—
加州大学圣芭芭拉分校	Barbara S. Uehling	女	1932				曾任俄克拉荷马大学教务长，1978—1987年任密苏里大学校长	55	1987—1994
	杨祖佑 Henry T. Yang	男	1940	博士	航空航天	台湾大学、普渡大学	美国普渡大学航空航天教授、工程系主任	54	1994—

续表

校名	姓名	性别	出生年份	最高学位	学科背景	教育背景	工作背景	上任年龄	任期
密歇根州立大学	Peter McPherson	男	1940	硕士	管理	密歇根州立大学、西密歇根大学、华盛顿大学	1981—1987年曾任美国对外援助署负责人	53	1993—2004
	Lou Anna Simon	女	1947	博士	教育	印第安纳州立大学、密歇根州立大学	1993—2004年任密歇根州立大学教务长助理、教务长、副校长、临时校长	58	2005—
印第安纳大学	Adam Herbert	男	1943	博士	公共管理	南加利福尼亚大学、匹兹堡大学	1989—1998年曾任北佛罗里达大学校长，1998—2001年曾任佛罗里达州立大学系统校长	60	2003—2007
	Michael McRobbie	男	1950	博士	哲学	墨尔本大学、昆士兰大学、澳大利亚国立大学	曾任教于澳大利亚国立大学，1997年任印第安纳州立大学信息科技部副部长，2003年为副校长	57	2007—
爱荷华大学	Sally Mason	女	1950	博士	生物	肯塔基大学、普渡大学、亚利桑那大学	1981年进入堪萨斯大学，并升任院长助理、院长，2001—2007年任普渡大学教务长	57	2007—2015
	Bruce Harreld	男	1950	硕士	商业咨询	普渡大学、哈佛大学	1995—2008年任IBM副主席，2008—2014年任哈佛商学院助理教授	65	2015—
亚利桑那大学	Robert N. Shelton	男	1948	博士	物理	斯坦福大学、加利福尼亚大学圣地亚哥分校	曾任科学研究促进会主席，北卡罗来纳大学教务长和副校长	58	2006—2011
	Ann W. Hart	女	1948	博士	历史、教育	犹他大学	2002—2006年任新罕布什尔大学校长，2006—2012年任天普大学校长	64	2012—

续表

校名	姓名	性别	出生年份	最高学位	学科背景	教育背景	工作背景	上任年龄	任期
佐治亚大学	Michael F. Adams	男	1948	博士	政治	科普斯科姆大学、俄亥俄州立大学	1973—1975年任俄亥俄州立大学教师，1982—1988年任佩珀代因大学副校长，1988—1997年任森特学院校长	49	1997—2013
	Jere Morehead	男	1956	博士	法律	佐治亚大学	1980—1986年任助理律师，1986—1995年任法官，1999年任佐治亚大学教务长、副校长	57	2013—
康涅狄格大学	Michael Hogan	男	1943	博士	英语	北爱荷华大学、爱荷华大学	1999年任俄亥俄州立大学人文学院院长，2003年任爱荷华大学教务长和副校长	64	2007—2010
	Susan Herbst	女		博士	政治学	杜克大学、南加利福尼亚大学	2003—2005年任森特学院通识教育学院院长，2005—2007年任纽约州立大学教务长和副校长		2011—
威廉玛丽学院	Gene Nichol	男	1951	学士	法律	俄克拉荷马州立大学、德克萨斯大学	1988—1995年任科布拉多大学法学院院长，1999—2005年任北卡罗来纳州立大学法学院院长	54	2005—2008
	Taylor Reveley Ⅲ	男	1943	博士	教育	普林斯顿大学、弗吉尼亚大学	1998—2008年任威廉玛丽学院法学院院长	65	2008—2018
特拉华大学	Patrick T. Harker	男	1958	博士	经济	宾夕法尼亚大学	2001—2007年任宾夕法尼亚大学沃顿商学院院长	49	2007—2015
	Dennis Assanis	男		博士	工程	纽卡斯尔大学、麻省理工学院	1996—2002年任密歇根大学自动工程系主任，2002—2007年任机械工程部主席，2011年任斯托尼布鲁克大学教务长和副校长		2016—

续表

校名	姓名	性别	出生年份	最高学位	学科背景	教育背景	工作背景	上任年龄	任期
纽约州立大学石溪分校	Shirley Strum Kenny	女	1935	博士	文学	德克萨斯大学达拉斯分校、明尼苏达大学、芝加哥大学	1985—1994 年曾任皇后学院校长	59	1994—2009
	Samuel L. Stanley	男		博士	医学	芝加哥大学、哈佛大学、华盛顿大学	2006 年任华盛顿大学副校长		2009—
迈阿密大学	Donna Shalala	女	1941	博士	政治学	西部女子学院、雪城大学	1988—1993 年任威斯康星大学麦迪逊分校校长，1993—2001 年任美国健康和服务部部长	60	2001—2015
	Julio Frenk	男	1953	博士	社会学	墨西哥国立自治大学、密歇根大学	2000—2006 年任职于健康秘书处，2009—2015 年服务于哈佛公共健康学院	62	2015—
纽约州立大学宾汉顿分校	C. Peter Magrath	男	1933	博士	政治科学	新罕布什尔大学、康奈尔大学	曾任教于布朗大学，1972—1974 年任宾汉顿分校校长，1974—1984 年任明尼苏达大学校长，1985—1991 年任密苏里大学系统校长，1992—2005 年任公立大学联盟主席，2008 年任西弗吉尼亚大学临时校长	77	2010—2012
	Harvey G. Stenger	男		博士	化学工程	康奈尔大学、麻省理工学院	曾任里海大学化学工程系教师，2006—2011 年任布法罗大学工程和应用学院院长和教务长		2012—

注：表中数据由各公立大学官网和维基百科等整理而成

基于表 1 对 31 所“公立常春藤”大学校长信息的梳理，下文对这些信息进行分析。

1.性别

表2 美国31所"公立常春藤"大学目前在任校长性别统计表

性别	男	女	合计
人数	23	8	31
占比	74.19%	25.8%	100%

从表2可以看出,美国31所"公立常春藤"大学校长中,男性大学校长占74.19%,女性占25.8%,男性大学校长多于女性大学校长。这与美国教育理事会(The American Council on Education)发布的《2017年美国大学校长研究》中美国男性大学校长占70%,女性大学校长占30%具有一定的相似性。虽然女性大学校长数量低于男性大学校长,不过在与其他国家大学校长性别的对比中可以看出,美国女性大学校长所占的比例较高。① 如我国学者统计的"211"高校女性大学校长比例仅为2.6%,远远低于美国女性大学校长的比例。②

2.最高学位

表3 美国31所"公立常春藤"大学目前在任校长最高学位统计表

最高学位	博士	硕士	学士	合计
人数	30	1	0	31
占比	96.77%	3.23%	0%	100%

从表3可以看出,美国31所"公立常春藤"大学目前在任校长中,最高学位是博士的占96.77%,最高学位是硕士的占3.23%,最高学位没有是学士的。美国教育理事会发布的《2017年美国大学校长研究》中显示校长最高学位是博士的占80%。③ 不难发现,博士学位已成为美国公立大学校长的基本要求之一,而且这些大学校长的博士学位大部分都是学术型的。

3.学科背景

表4 美国31所"公立常春藤"大学目前在任校长学科背景统计表

学科背景	人文社科	理工农医	合计
人数	16	15	31
占比	51.61%	48.39%	100%

从表4可以看出,美国31所"公立常春藤"大学目前在任校长中学科背景是人文社

① 2017年美国大学校长研究[EB/OL].(2017-08-11)[2018-07-13].http://www.aceacps.org/summary—profile/.

② 张应强,索凯峰.谁在做中国本科高校校长——当前我国大学校长任职的调查研究[J].高等教育研究,2016(6):12-25.

③ 2017年美国大学校长研究[EB/OL].(2017-08-11)[2018-07-13].http://www.aceacps.org/summary-profile/.

科的占51.61%，学科背景是理工农医的占48.39%，二者基本持平。再对30所“公立常春藤”大学前任校长的学科背景(有1所大学校长学科背景未找到信息)进行梳理时，发现56.67%的具有人文社科学科背景，43.33%的具有理工农医学科背景，人文社科的稍多于理工农医的。目前在任校长具有人文社科学科背景的再细分来说，教育学科的有4位，占人文社科学科背景的25%。可以看出，美国公立大学校长的学科背景在呈现人文社科与理工农医对分状况的同时，有更为重视人文社科背景的倾向。

4.就读高校数

表5　美国31所“公立常春藤”大学目前在任校长就读高校数统计表

就读高校数	1个	2个	3个	合计
人数	4	20	7	31
占比	12.9%	64.52%	22.58%	100%

从表5可知，美国31所“公立常春藤”大学目前在任校长中曾经就读1所高校的占12.9%，就读2所高校的占64.52%，就读3所高校的占22.58%，以就读2所高校的为主，就读1所高校的所占比例较少。深入分析的话，不难发现，因为大多数校长的最高学位是博士，所以其一般要经历本科、硕士、博士三个阶段的学习，就读的高校数量自然也就以2所或3所为主。

5.目前工作高校是否为其母校

表6　美国31所“公立常春藤”大学目前在任校长工作高校是否为其母校统计表

是否是其母校	是	否	合计
人数	2	29	31
占比	6.45%	93.55%	100%

从表6可知，美国31所“公立常春藤”大学目前在任校长工作高校是其母校的占6.45%，不是其母校的占93.55%，可以看出，美国公立大学校长目前工作高校以非母校为主，美国公立大学校长选拔并不会十分看重候选人是否为本校校友，而且大学校长这一职务具有一定的流动性。

6.当选前的行政职务情况

表7　美国31所“公立常春藤”大学目前在任校长当选前的行政职务情况统计表

当选前是否是校长、院长等	是	否	合计
人数	27	4	31
占比	87.1%	12.9%	100%

从表7可知，美国31所“公立常春藤”大学目前在任校长当选前是校长、院长的占87.1%，不是的占12.9%，可见大学校长一般在当选前都会担任相应的行政职务。其中，在担任本校校长前，已担任过其他学校校长的有6位，分别是伊利诺伊大学香槟分校校长罗伯特·琼斯(Robert J. Jones)、宾州州立大学校长埃里克·巴伦(Eric J. Barron)、加州大学戴维斯分校校长拉尔夫·希克斯特(Ralph J. Hexter)、俄亥俄州立大学校长迈克

尔·德雷克(Michael V. Drake)、罗格斯大学校长罗伯特·巴奇(Robert L. Barchi)、亚利桑那大学校长安·哈特(Ann W. Hart)。再通过比较这6位大学校长先后任职的两所大学的属性,可以看出,两所大学一般会分布在不同的州,不过基本上都是综合性、研究型大学。

7.上任年龄

表8 美国26所"公立常春藤"大学目前在任校长上任年龄统计表

年龄段	≤50	51～55	56～60	61～65	66～70	≥70	合计
人数	0	4	8	11	2	1	26
占比	0%	15.38%	30.77%	42.31%	7.69%	3.85%	100%

注:有五所大学校长上任年龄未知未统计在内。

从表8可知,目前美国26所"公立常春藤"大学在任校长上任年龄是51～55岁的占15.38%,56～60岁的占30.77%,61～65岁的占42.31%,66～70岁的占7.69%,大于70岁的占3.85%。可以看出,目前在任的美国31所"公立常春藤"大学校长上任年龄主要集中在56～65岁年龄段。美国教育理事会发布的《2017年美国大学校长研究》数据显示,有58%的大学校长年龄超过60岁。①

8.任期

表9 美国31所"公立常春藤"大学上任校长任期统计表

任期	1～5年	6～10年	11～15年	16～20年	合计
人数	12	12	5	2	31
占比	38.71%	38.71%	16.13%	6.45%	100%

从表9可知,美国31所"公立常春藤"大学上任校长任期1～5年的占38.71%,6～10年的占38.71%,11～15年的占16.13%,16～20年的占6.45%,主要为6～10年。平均来说,31位"公立常春藤"大学上任校长任期为8年,基本上为两个任期。

(二)弗吉尼亚州两所公立大学校长选拔标准分析

虽然美国公立大学都具有公立性质,但因为各州教育政策和管理方式不同,所以各公立大学校长选拔的情况也多有区别。一般公开其校长选拔情况的大学所在的州都会实施"阳光法案",这部法案又称"信息自由法",是应用于促使政府机关的信息向民众公开的一个通称。② 弗吉尼亚州就根据信息公开的要求实施了这部法案,其所属的公立大学便会公开与社会公众密切相关的重要事情,校长选拔就是其中的一项重要内容。在这些公立大学中,威廉玛丽学院和弗吉尼亚大学又因各自特色而具有一定的代表性和典型性。

2017年,威廉玛丽学院第27任校长泰勒·雷维(Taylor Reveley)宣布他将在2018

① 2017年美国大学校长研究[EB/OL].(2017-08-11)[2018-07-13].http://www.aceacps.org/summary－profile/.

② 刘爱生.阳光法案对美国公立大学治理的影响[J].浙江师范大学学报(社会科学版),2018(3):86-94.

年6月30日退休。不久，威廉玛丽学院就开始成立校长选拔委员会，选拔接替雷维校长的人选。威廉玛丽学院认为，在雷维校长的领导下，学院取得了作为一所大学的巨大进步：经济基础更加强大，课程更加全面，设备不断更新，学校凝聚力不断增强。因此，选拔一个能够继承雷维校长事业，继续带领学院前进的校长既十分重要，又非常困难。① 为此，学院成立了19人组成的校长选拔委员会。选拔委员会经过多次开会商讨，确立了如下校长选拔标准：围绕未来愿景激励该机构；强化财务模式；确保一个以多样性和包容性为特征的环境；提高大学的声誉；建立支持联盟；充满活力、大胆且富有变革精神的领导，倡导本科教育；与师生保持良好的沟通和联系，积极倾听等。② 这一选拔标准既坚持了威廉玛丽学院重视本科教育的理念，又积极适应时代要求，选拔由活力和变革精神的校长带领学校前进。选拔委员会在十个月参加了覆盖1600人的不下150次的会议，最终选拔在史密斯学院担任教务长和院长的凯瑟琳女士(Katherine)为威廉玛丽学院第28任校长。选拔委员会认为凯瑟琳平易近人，尊重同伴，也热爱深度思考，对人文艺术充满热爱，具有合作的领导风格和成熟的领导经验，是威廉玛丽学院第28任校长的不二人选。

弗吉尼亚大学在选拔其第九任校长时提到，其下一任校长应该是一位杰出而鼓舞人心的领袖，他了解学院，以一个明显的参与者的身份参与大学社区的生活，并将杰斐逊的愿景转化为21世纪的现实。此外，下任校长一定对领导公立大学有很大的热情，成为公立高等教育机构在社会中起重要作用的有效代言人。之所以有这样的陈述，一方面是因为弗吉尼亚大学高贵的出身，另一方面是该校即将迎来成立200周年校庆，迈向第三个百年。在这样的关键时刻选拔校长，自然免不了提出高要求。在其校长选拔标准中，弗吉尼亚大学认为其新校长应该满足以下要求：围绕一个清晰而有说服力的战略愿景发展和建立共识，以实现卓越；激励相关群体确保有效实施战略愿景；聘用和培养优秀的人员，建立协作团队，有效管理复杂多样的组织；学习和掌握新的实质性责任领域，并在行使监督时做出正确判断；制定和实施创新战略，以应对不断变化的教育环境；下一任校长是杰出、鼓舞人心的领袖，接受学校的价值观。③ 在这一标准下，弗吉尼亚大学校长选拔委员会经过不懈努力，选拔哈佛大学教育研究生院院长詹姆斯·瑞安(James Ryan)为其第九任校长，并在网站上公布了瑞安的基本信息、治校理念、施政方针及其对一些问题的认识和看法。

四、结语

综合以上分析可知，美国公立大学校长选拔以男性为主，最高学位基本上都是博士，基本上就读过2个高校，工作的高校大部分为非母校，当选校长前基本已经担任过行政

---

① 校长选拔[EB/OL].(2017-04-11)[2018-07-11].https://www.wm.edu/news/announcements/2017/presidential—search.php.

② 威廉玛丽学院第28任校长选拔标准[EB/OL].(2017-03-21)[2018-07-11].https://www.wm.edu/about/administration/president/about/search/searchprocess/_documents/leadership — profile.pdf.

③ 弗吉尼亚大学为了实现第三个世纪的辉煌选拔第九任校长[EB/OL].(2017-08-11)[2018-07-11].http://presidentelect.virginia.edu/sites/ninthpresident/files/University%20of%20Virginia%20Profile_Outline_vFinal_5.5.17.pdf.

职务，上任年龄集中在56～65岁年龄段，任期一般为8年。

应当认识到，美国公立大学校长选拔标准在具有以上共性的同时，也具有差异性。这种差异性并不是由于选拔标准本身导致的，而是由各所公立大学自身的特性所决定。公立文理学院会更加注重本科教育，公立研究型大学会更加注重学术水平和领导能力。此外，公立大学所处的州实施的教育政策、社会政治经济环境的变化等因素也会对大学校长选拔造成复杂多变的影响。对此，并不能完全否定地去看待和认识。事实上，这种差异性客观上也形成了美国公立大学校长选拔标准的多样性。

因此，在认识美国公立大学校长选拔标准问题时，不能绝对地以共性泯灭个性，以个性取代共性，而应该在共性的基础上承认并尊重各校个性，坚持共性和个性的统一。

高校实行双学位人才培养模式的现存问题与优化策略

——基于一所学校的案例研究

季玟希*

（厦门大学 教育研究院，福建 厦门 361005）

摘要： 双学位本科教育是培养复合型人才的有效途径。通过访谈一所学校的15位双学位学生与教职人员，可以梳理出其双学位人才培养模式的现存问题有：专业设置未与社会需求紧密相连、培养方案更新较慢、生源质量无法保证、教学质量亟须提高、培养过程中无硬性淘汰机制。研究发现的问题带有普遍性，可得出适于推广的优化策略。近期优化策略包括：明确办学目的、制定出严谨的教学大纲、开办关于双学位学科介绍的专场讲座、双学位申请过程中增设面试环节、完善双学位教学监管渠道。远期优化策略包括：适当取消“双学位班级”、开设符合社会需求的双学位专业、丰富与完善国家对双学位教育政策上的引导。

关键词： 双学位；现存问题；优化策略

改革开放四十年来，我国经济不断进步，科学不断发展，社会分工越来越细致，对复合型人才的需求也越来越大。复合型人才培养是高等教育发展的需要，有利于培养富有创新精神的人才，有利于按社会需求培养具有跨学科背景的人才，有利于高校内部资源整合从而提高办学效益，进而提高生源质量。复合型人才拥有多学科的知识体系，具有总体高度、整体意识与协调能力，能更出色地完成各项工作与任务。因此高校愈加注重培养具有跨学科背景的复合型人才，学生也愈加热衷于进行跨学科学习。双学位作为培养本科阶段复合型人才的一条重要途径深受高校与学生的青睐。

所选调查学校为一所“双一流”院校。该校从2005年开始招收双学位学生，至今已有13年的培养历史。2018年该校双学位学生在学人数占到本科生在学人数的18%，并开设17个双学位专业供学生选择。可见该校在培养双学位人才方面具有一定的经验，并且已有较大的双学位学生规模。综上，该校作为案例学校具有一定的代表性。

---

* 作者简介：季玟希，厦门大学教育研究院硕士研究生。

一、双学位人才培养模式的优势

（一）就业与升学优势

相比单一专业学生，双学位学生具有跨学科的知识基础，更符合社会目前对复合型人才的需求。经国内学者实证研究发现，双学位可以为学生带来明显的升学和求职优势，以及工资收入上13.3%的增长。通过访谈发现，访谈对象均承认双学位的学习有利于日后求职与升学，其中有五位学生选择以双学位专业就业。基于2003年全美高校毕业生调查数据分析，双专业学生比单一专业学生的毕业薪资高出2.3%。新加坡教育部公布的“南洋理工大学2017届本科生就业率与薪资调查”数据显示，男性双学位毕业生的起薪高出单一专业学生42%，女性双学位毕业生的起薪高出单一专业学生44%，总体就业率高出7%。可见双学位人才培养在国内外都可以为毕业生带来更好的经济回报与更高的就业率。在就业市场日益严峻的今日，大学生希望通过各种途径来提高自身的就业竞争力。

据中国人力资源和社会保障部的数据显示，2018年我国高校毕业生数量达到820万，突破历史最高纪录。截至2018年6月，麦可思统计数据显示：本科毕业生的就业率为91.9%，但是满意度为67%，起薪为4317元。通过数据可以看出，高校毕业生找工作并不难，但是找到一个薪资水平高、令自己满意的工作也不是很简单。高校毕业生找工作的标准已从单纯的就业转化到满意的就业。在这一背景下，双学位学习经历成为大学生求职和升学的一大优势。在同等条件下，面试官会倾向于知识体系更全面的复合型人才。

（二）成长优势

美国最新调查研究表明，64%的双学位学生认为双专业的学习提高了其创造性思维能力，80%的学生认为双专业的组合学习促进了其智力发展，也激发了其对事物的好奇心。通过访谈得知，双学位学习的确可以让他们了解到其他领域的知识，并且在学习过程中做到多学科知识混合。双学位毕业生往往不是通过单一学科的角度来看问题，而是会更加综合全面地去看问题。有过双学位学习经历的学生在海外学习以及与教授合作研究方面的比例越高，显示比单一专业的学生更富有学术探索能力与实践操作能力；在对社会政治问题的探讨、观点表述、文化差异的理解、写作创作能力等方面的自评也高于单一专业的学生。可见，双学位的收获不仅仅体现在以结果为导向的就业、升学方面，也体现在以过程为导向的成长方面。学习双学位的过程中，学生可以增强创造性思维能力、扩展视野与见识、促进智力与心智的提升。

二、双学位人才培养模式的现存问题

通过文献搜索与访谈，总结出该校在具体执行双学位人才培养过程中存在的五大问题。

（一）专业设置未与社会需求紧密相连

高校双学位专业设置应与社会需求相匹配，即以市场需求与学生需求为开设专业的首要原则。市场的需求不是一个静止的状态，而是不断更新与变动的。在这种背景下，学校开设的双学位专业也应与社会需求相适应，做到适当增加与删减。而在访谈中得知部分高校以专业所属学院是否愿意开设为首要原则，即并没有以市场需求与学生需要为增减双学位开设专业的首要原则。教育应具有前瞻性，不仅要培养现在就业市场急需的人才，也应培养未来市场需求的人才。合理开设双学位专业可以培养出符合社会所需的骨干人才。

（二）培养方案更新较慢

培养方案包含人才培养的目标、时间进度与具体课程设置，这在双学位人才培养中是至关重要的。通过访谈新加坡南洋理工大学商业与计算机双学位的学生，得知新加坡南洋理工大学会对每年毕业的双学位学生做调查与访谈，以了解双学位培养过程中学生所遇到的问题。根据学生提出的问题，学校会适当改动培养方案，使其更加科学、更加满足学生的需求。通过浏览国内部分高校五年内的双学位培养计划，发现变动很小，更新较慢。在一定程度上，国内高校双学位人才培养计划不能够及时体现出学生的诉求。对此受访者也表示，同样的问题有时会每年都会出现，学生更多的是去适应问题，而校方缺少了解决问题的决心。

（三）生源质量无法保证

与单一专业的学生相比，双学位学生必然会承担更大的学习压力与更繁重的学习任务。学生之间具有很大的差异性，并非所有学生都适合选择第二专业来学习。在国外双学位申请往往会设有面试环节，考官会通过其面试表现考虑申请者是否适合学习双学位课程。而国内高校的双学位申请过程往往很简单。申请者在满足一些基本条件后即可网络提交双学位申请。每个学校的基本条件不完全相同，但总体而言都是比较简单的要求。满足基本条件的申请者基本上都会通过审核，成功申请到双学位课程，申请失败的概率很低。

双学位的学习在最初一般都设有试学期，试学时长在两周左右。通过两周的学习，同学们可以根据自身情况来选择是否继续学习双学位课程。若不想继续，则可以办理退学手续；若想继续，则需按时缴纳学费。通过访谈得知，学生在选择双学位专业时没有太多渠道来了解学科的具体学习情况与授课方式。大多数学生都是盲选双学位课程，这导致部分学生在接触双学位课程后发现与自己的预期设想存在着较大差异，从而选择退出双学位课程或者以一种散漫的心态来学习。学校的教师资源、教室空间是有限的，中途退学的学生在一定程度上浪费了学校的教学资源。在退学的同时，学生也错过了选择更适合自己第二专业的机会。大多数情况下学生都是在大一、大二时申请学习双学位。如果做不到理性选择、正确选择，在浪费学校教学与教师资源的同时，也会错过自身选择学习双学位的机会。纵观国内高校双学位申请模式，可知从生源选拔与专业选择指导上仍有所欠缺，无法保证双学位学生的生源质量。

（四）教学质量亟须提高

通过访谈得知，高校采取在周末或节假日统一给双学位学生授课的形式。整个班级都是双学位的学生，形成“双学位班级”。“双学位班级”的授课老师、课程内容与考核标准与单一专业不同，展现出整体教学质量偏低的情况。据一位访谈者叙述，其所学双学位甚至出现同一门专业本专业学生的课程由教授来上，而双学位专业学生的课程则由在学博士生来上的情况。与本专业学生相比，双学位学生的授课内容较浅层，考核标准较宽松。在无法完全保证教学质量的情况下，双学位学生展现出一种略带散漫的学习态度。小部分学生会采取认真严肃的态度来学习双学位内容，主要原因有以下两个：对所学内容很感兴趣、日后决定选择双学位专业进行就业或升学。而“双学位班级”的大部分学生则是一种偏向散漫的学习态度，其学习双学位的目的则比较功利，并且认为不需要付出太大的努力即可拿到双学位毕业证书。他们对双学位专业未必有着极大的兴趣，而是希望通过双学位的学习拿到毕业证，从而在日后就业或升学上获得竞争优势。因此提高双学位的教学质量也有利于学生端正双学位学习心态。

（五）无硬性淘汰机制

国外某些学校的双学位人才培养中会对学生的成绩进行审核，例如新加坡南洋理工大学即规定：若双学位学生的第二专业成绩连续两学期 GPA 低于 3.2，则被认为无法兼顾本专业与双学位学业，就会被淘汰出双学位课程。而该校双学位人才培养往往无硬性淘汰标准，只需在规定时间内修满学分，并完成毕业论文即可毕业。受访者表示这种情况不是个例，而是带有普遍性的。国内双学位学生的毕业论文要求比本专业学生毕业论文要求低很多，即在论文质量偏低的情况下也有很大的几率可以通过答辩。因此国内双学位人才培养呈现出整体“宽进宽出”的特征，学生中途被淘汰的几率很小。绝大多数的双学位学生都顺利毕业拿到了双学位证，这其中也不乏学习态度较差、多次挂科重修的学生。

双学位人才培养模式的现存问题主要体现在三个方面：专业设置、质量保障与学习指导。问题得不到有效处理，久而久之，社会上产生了双学位证“含金量”低的质疑。要打消社会上的质疑，则需对症下药，采取优化策略来解决现存问题。

三、双学位人才培养模式的优化策略

解决问题是一个长期的过程，需要不断地优化和调整。该校的现存问题带有普遍性，可以部分反映出我国高校双学位人才培养现存的一些弊病。根据现存问题的梳理，可以探索出近期优化策略与远期优化策略来解决现存问题，预防未来隐患。

（一）近期优化策略

(1)高校需明确办学目的，严格办学，制定出严谨的教学大纲。将学校开设双学位专业与市场需求与学生需求相结合，适当增减学校双学位专业的开设数量。密切关注双学位同学的学习进展与困难，及时提供帮助。每年可针对双学位毕业生开展访谈工作或问卷调查，吸取经验教训，不断更新培养方案。

(2)通过访谈得知，学生普遍期待学校可以多开办一些关于双学位学科介绍的专场讲座，并提供咨询人员联系方式，从而帮助学生们了解并合理选择是否修读双学位课程或修读哪门双学位课程。学生应该在选择学习双学位课程前就对专业所学知识有大致了解，做到理性选择，避免出现盲目跟风导致的中途退学等教育资源浪费的现象。

(3)修读双学位的学生往往会有更大的课业压力，要比普通学生有更高的学习效率与学习积极性。而国内高校双学位学生的报名标准，普遍较低，没有办法真正筛选出符合双学位学习条件的学生。高校应提高双学位的报名标准，做到从生源质量上把关，筛选出适合进行双学位学习的学生。在申请过程中，国内高校应该增设面试环节，着重考察学生的学习能力。

(4)提高双学位教师教学质量，完善教学监管渠道。通过访谈得知，高校对双学位老师教授质量的监管主要通过期中、期末学生评教的方式来进行。但是受访者普遍认为评教的作用比较小，老师大多数情况下不会根据评教中学生的意见去改正问题，评教这一流程在双学位教学中偏于形式化。高校应该认真对待学生评教中反馈的问题与意见，并且通过一些规章让教师重视起学生评教。进一步丰富教师监管渠道，例如领导抽查、课程录像等。

（二）远期优化策略

（1）效仿国外双学位授课方式，适当取消“双学位班级”，即双学位学生与本专业学生共同修一门课程，避免出现教学质量不均衡、考核标准较低等问题的出现。双学位与单一专业的学生应冲破壁垒，同班学习，接受同样的教师教学与考核标准，从而提高对双学位学生的整体要求，提高双学位毕业证的“含金量”。

（2）高校可以将具有极大价值的专业结合起来，开设符合社会需求、学生需求的双学位专业。例如新加坡南洋理工大学根据社会需求将商业与计算机专业相结合，开设“商业与计算机工程”双学位专业，并将其列入了新加坡 A-level 考试后的录取专业之中。在培养大纲中合理安排两个专业的课程，毕业时学生即可获得商学与计算机两个学位证书。国内高校可以效仿，开设一些极具价值的双学位专业，并将其列入高考报名志愿之中。在后续培养过程中参考国外顶尖高校双学位人才培养的模式，培养具有跨学科背景的复合型人才。这种模式可以首先在“双一流”院校中试点开设，吸取经验教训，成熟后可以推广至全国。此模式可以有效地提高双学位毕业生的质量，并为学生带来更大的知识与经济回报。

（3）丰富与完善国家对双学位教育政策上的引导。社会对双学位的讨论越发热烈，但反观政府文件发现“双学位”这一概念出现的频率较低。国家应该从政策层面逐步建立相关的制度章程，从而规范对双学位本科教育工作的宏观管理。

参考文献：

[1]马莉萍.双学位双回报？——基于全国高校毕业生就业调查的实证研究[J].教育发展研究，2013(21)：18-23.

[2] Del Rossi，Alison Joni Hersch. Double Your Major，Double Your Return? Economics of Education Review 2008，27(4)：375-386.

[3]新加坡教育部网站. POST－SECONDARY[EB/OL].(2017-07-13)[2018-05-08].https：//www.moe.gov.sg.

[4] Pitt，Tepper. Double Majors：Influences，Identities，and Impacts(Report). Journalists Resource.org，March 28，2013(2)：167-189.

[5] Pitt，Steven Tepper. Double Majors and Creativity：Influences，Identitiess，and Impacts[White paper].New York，NY：The Teagle Foundation.2011.

[6]陈学敏，漆玲玲，刘焰.双学位本科教育研究[J].中国高教研究，2007(2)：26-28.

高校教师考核评价体系的现状分析与思考
——以江西省M大学为例

曹莛蕾*

（厦门大学 教育研究院，福建 厦门 361005）

摘要：当前，在我国高校教师考核评价体系中出现了教师聘用门槛不明确、考核评价指标不具体、评价主体相对单一化、评价方法不科学，以及考核评价后的帮扶机制不健全等问题。本文通过对江西省M大学（师范院校）考核评价制度作为研究对象，探讨该校考核评价的有益经验，针对我国现行教师考核评价体系存在的问题，提出了相应的对策和建议：应端正教师考核评价目标，将教学始终作为评估内容的重点指标；增强考核方法的可操作性与客观性，将师德作为教师考核评价的首位；将民主、公正作为实施评估程序的原则，建立和完善教师考核评价后的帮扶机制。

关键词：高校教师；考核评价；教师考核；师范院校

习近平总书记在《中国共产党第十九次全国代表大会报告》中明确指出："要加强师德师风建设，培养高素质教师队伍，倡导全社会尊师重教。"①高校教师队伍是高等学校进行人才培养和科学研究的核心力量，培养高素质的教师队伍，需要有科学的、健全的教师考核评价体系。

高校教师的考核评价是高校实行聘用制的基础，也是施行岗位管理和绩效工资的重要依据。② 高校要帮助、支持、促进教师发展，首先应建立健全的教师评价制度，对教师工作价值和发展潜能作出判断和评价。③ 同时，为了保证教师考评的公正性，各校应充分运用制度资源，加强教师考核制度的建设。④

师范院校是实施师范教育的学校，培养师资的专业教育称为"师范教育"。师范院校

---

* 作者简介：曹莛蕾，厦门大学教育研究院硕士研究生。

① 习近平.决胜全面建成小康社会 夺取新时代中国特色社会主义伟大胜利[N].人民日报，2017-10-28(01).

② 李陈锋.高校教师考核的问题与对策研究[J].现代管理科学，2015(09)：112-114.

③ 何阅雄，李茂森，高鸾.教师发展视域下的教师评价机制的思考与实践[J].高等工程教育研究，2016(01)：107-112.

④ 崔波.论对高校教师公正考核的制度保障[J].教育探索，2009(11)：64-66.

分为中等师范学校和高等师范学校。[①] 中等师范学校包括师范学校、幼儿师范学校、初级师范学校和师范训练班等，高等师范学校包括师范大学、师范学院、师范专科学校和教育学院等。[②] 如今，师范大学不仅担负着培养高水平的师资使命，更是教育事业的工作母机，成为国家教育事业的重要基础、高等教育的重要组成部分。[③] 师范大学是培养未来社会从事教育事业人员和师资队伍的重要场所，师范大学的教师考核评价体系具有一定的代表性和可参考性。本文首先分析了当前师范院校教师考核评价面临的问题，并以江西N大学教师考核评价体系为研究对象，探索构建和实施教师考核评价体系的基本经验，探讨、思考教师考核评价体系的完善。

一、当前师范院校教师考核评价面临的问题

随着高校招生人数的扩大、教师数量聘用的增长以及教师来源的多元化，当前师范院校教师考核评价过程中出现了一定问题，主要包括教师聘用的门槛不明确和“预聘—长聘制度”单一化两方面。

（一）教师聘用门槛不明确

目前国际上应用较为广泛的“高校长聘教职制度”（Tenure system），在国内通常被翻译为终身教职制度，[④]一般是指高校教师长期或连续聘任直至退休，除非无故解聘。20世纪90年代，“预聘—长聘制”已在国际上发展较为成熟，逐渐在国内兴起。基于人力资源管理理论的高校教师管理制度，“预聘—长聘”更关注于教师聘任考核的过程，指预聘教师在经历一定年限的考核期之后，成为长聘教师的过程。

但由于当前高校教师来源逐渐多元化，教师学历和水平普遍提升，在教师的聘用门槛上，出现了不明确的现象。以学历高低、国外经历、科研成果还是以年龄论英雄？在此基础上，出现了“推荐制”的方式。这看似减轻高校对教师聘用的压力，使得聘用机制更具有针对性，实则增加了聘用过程的不透明性，人情关系影响较大。

（二）教师考核评价过程中存在的问题

高校教师的考核评价是高校实行聘用制的基础，也是学术界和各大高校长期以来研究的重点之一。综合来看，在评价过程中存在的问题主要体现在以下三个方面：

1.评价指标不具体

教学、科研和社会服务是高等教育的三大职能。从微观上看，这三种职能无一不体现在高校教师身上。高校教师必须具备基本的职业素质，包括相互独立但又存在交叉的四个方面：发现、整合、应用和教学，[⑤]具体指的是进行科学研究、利用专业知识进行社会服务、通过教学传递知识。那么在进行高校教师的考核指标认定时，经常存在着评价指

① 佟晓珊.高等师范院校教育学交叉学科发育状况研究[D].沈阳：沈阳师范大学，2011.

② 佟晓珊.高等师范院校教育学交叉学科发育状况研究[D].沈阳：沈阳师范大学，2011.

③ 胡玲翠.教师教育开放背景下师范大学综合化转型研究[D].西安：陕西师范大学，2014.

④ 李志峰.高校长聘教职制度：实践困境与改进策略[J].清华大学教育研究，2017，38(04)：27-33.

⑤ 蒋凤英，彭庆文.高校教师职业素质的构成与评价——来自欧内斯特·博耶的学术报告[J].当代教育论坛（宏观教育研究），2008(12)：105-106.

标不具体的问题。高校教师工作具有难以有效计量的特点，[①]教师的教学不仅包括课堂上的教学时长，教师在教学中的投入程度和教学效果也应受到重视，其中涉及教师的课程建设、教材建设、教改项目、教学获奖等多方面的内容。科研方面的表现形式也愈加多样化，教师的论文数量、参与课题数量、个人专著和专利等都是评价的指标，且不同的学科、专业的教师教学和科研各项工作量的指标有较大差异，这就对高校进行教师教学评价带来了一定的难度，评价指标非常复杂，不够具体。也正是由于科研成果可视化较为明显，教学相对来说更难评价，一定程度上也导致了教师重科研轻教学的问题产生。[②]

2.评价主体相对单一化

高校对教师考核评价的主体一般是校级或学院领导和同行为评价主体，近年来，部分高校将学生也纳入了教师考核评价主体的范围，因为最了解教师的工作是否真正满足学生需要的人是学生。然而，学生对教师的评价往往局限于对教师课堂表现的评价，而对于教师评价指标的其他方面则较少且较以评价，同时也存在着忽视一些教师不可控制因素的影响而造成的考核不公正等问题。[③] 所以总体来看，当前对教师考核评价主体较为单一，高校应提高领导、督导、同行和学生的评价参与度和主体性，同时，不应忽视教师自身这一评价主体，重视教师自我评价的必要性。

3.评价方法不科学

理论上，各高校都提倡要将质性评价和量化评价相结合，但在理论运用于实践时，往往会倾向于量化评价。在科研成果上，计算教师的论文发表数量、专著和专利数量，导致部分教师为了能晋升职称，无论质量如何，只计算数量，单以科研成果数量来衡量学术水平，走入“数量越多越好”的怪圈；[④]在教学质量上，将教师的各方面能力从评分上进行判断，如30分、20分来评价教师的“教学能力”、“创造力”、“责任心”等，而往往这些素质和能力并不能直接通过分数来表示。

（三）考核后的帮扶机制不健全

教师考核评价的目的是从各方面检测教师素质，这是教师晋升的重要依据和基础。另一方面，是为了督促教师严格要求自己，在下一阶段中进行自我提升，取得更好的成绩。但是目前在考核评价体系中，如果教师在考核后成绩不理想，相应的帮扶机制还不健全，造成考核评价仅仅流于形式，没有起到通过考核来激励教师充分发挥个人才能的作用，不利于高校人力资源的优化以及人才素质的全面提升。[⑤]

---

① 陈如东，单正丰.高校教师绩效考核存在的问题及建议[J].国家教育行政学院学报，2010(10)：68-70.

② 陈洁.基于教学需要的高校师资队伍建设策略[J].中国成人教育，2008(13)：33-34.

③ 李军.高校教师绩效管理体系的构建[J].高等教育研究，2007(01)：54-58.

④ 汪建华.高校教师职称评聘现状分析与对策探究[J].教师教育研究，2013，25(05)：18-22.

⑤ 任友洲.高校教师岗位聘期考核：定位、方法及对策[J].华中师范大学学报(人文社会科学版)，2013，52(03)：162-168.

二、江西省M大学教师考核评价体系探索

江西M大学是教育部、江西省人民政府共建高校和中西部高校基础能力建设工程高校，是博士学位授予单位和全国第一批学士、硕士学位授予权单位。江西省M大学共有在编教职工262人，其中专任教师1742人。专任教师中，35岁以下教师的比例为22.16%；拥有高级职称教师比例为53.73%；具有硕士以上学位教师比例为84.67%。国家级优秀人才方面，学校现拥有院士3人（双聘），国家“千人计划”人选4人，“青年千人计划”入选1人，长江学者1人等；在省级优秀人才方面，学校拥有江西省教学名师13人，“新世纪百千万人才工程”省级人选40人等。学校于2017年入选全国“高校教师考核评价改革示范校”。通过对M大学《教师教学质量考评方案》、《M大学大学章程》等文件进行梳理和分析，探索、归纳出以下六个特点。

（一）以提高教学积极性与教学质量为评估目的

在教育界中，评价指的是对教育活动、教育过程和教育结果的一种价值判断，它建立在一定教育目标之上，采用可行的科学手段来实现这一教育目标，使得评价对象能够不断地自我改进，并为教育决策提供依据。而评价所要达到的目的或目标是设立评价及其体系的重要指南。M大学在其评价体系中明确指出，教师考核评价是以正确评价教师的德才表现和工作实绩提高教师教学积极性、提高教师政治业务素质及为评估目的的，其中，要以教学质量为重心完善教师本职工作。培养人才是高校的第一要务，教学是人才培养的中心环节。对于高校教师来说，教学正是其之所以为教师的本职工作，高校所提供给教师的支持与帮助，都是能够更好地为高校教师的教学工作服务，考核评价制度也不例外。故而，要进行考核评价的建立，首先要考虑如何提高教师教学的积极性和教学质量，并将这一目标贯穿于整个评价体系。

（二）考核内容分类明确，重点突出

考核内容的设置是教师考核评价体系的重心。M大学教师考核评价的主要观测点分为教师工作量、教学质量、科研工作量三个方面。三项内容中，有两项与“教学”紧密挂钩，分为工作量和质量，并明确提出要将教学质量考核作为考核内容的重中之重，对于教学工作质量考核结果为差等次的教师应采取一票否决权制。同时，55岁以下的副、正教授职务岗位人员，要同时考核其为本科生授课的情况。整个考核内容密切关注教师教学工作量和质量。

（三）评估方法灵活多样，采用“行为尺度评定量表法”

定性与定量相结合的方法是M大学教师考核评价制度的主要评估方法。学术成果、学术能力以及教学水平的表现形式都应当并且能够通过质化和量化指标进行评定。在评估主体方面，江西师大通过学生评估、个人总结、院（系、部）考评、教研室总结评议、学校考核领导小组审定等“360度绩效考核评估”，群众评估与领导评估相结合，平时评估与定期评估相结合，定性评估与定量评估相结合，力求评估过程的公平、公正与公开。M大学制定了一套教师“定位尺度评定量表法”，根据关键绩效法中记录的关键行为设计考核量表，为所要考核对象设计一个行为评分量表，使一些与绩效相关的关键行为与量表上的评分标准相对应。具体包括了教学工作、科研工作、工作态度与劳动纪律以及其他工作，如经学校批准的在职进修学习等方面。

（四）严格掌握思想政治表现，师德为关键

学校教育在于“立德树人”。从评估目的、考核内容、考核方法等整个评价体系来看，师德都是重点关注的内容。对师德不合格者进行一票否决制，绝对不聘用、不提拔师德不合格者。高校教师这一群体都已是具有完全行为能力的成年人，“培育教师的道德价值观”的说法并不适用，教师的素质是养成的，而不是培育而来的。学校在进行教师思想道德评定时，也要加强引导。高校教师的思想政治与道德应是考核评价指标中的重中之重。

（五）充分动员教师参与教学考核实施程序

M大学每年在教师考核之前，会先由学校考核领导小组召开教职工大会，组织教师先行学习考核评定相关文件，做好思想动员。被考核者应写出年度工作总结，填写考核表，并在全体教师会上进行述职，同时要求其他教师进行聆听和提出相关意见。被考核者应听取同行和领导意见，开展批评与自我批评。考核小组对被考核者进行全面考核评估，评估结果要向本人反馈，并交学校考核办公室及教学管理部门审核存档备案。整个考核实施程序中充分动员教师参与，每一位教师既是被考核者，也是其他教师的考核者。

（六）考核评估结果处理严格，给予人性化帮扶

考核结果为优秀者，优先申报晋升上一级专业技术职务、申请出国留学、参加各类评优工作。如果教师在工作中发生教学事故，则评估结果直接列为不合格。对于考核评价结果不佳的教师，院（系、部）领导要与本人谈话，指出主要问题，研究相应的改进措施，制定出改进计划，提供人性化的帮扶机制，并留出一个学期的观察时间。如果仍然没有明显的改善，于一学期后解聘原岗位。

三、完善高校教师考核体系建设的相关思考

在实施人才培养的工作中，必须坚持把高水平的师资队伍建设作为学校培养人才的核心工作，以此来带动师资水平的整体提高。① 通过对M大学教师考核评价体系的探索，笔者对高校教师考核评价体系建设从如下几个方面入手有几点思考。

（一）端正教师考核评价目标

教师考核评价的目标可以分为长期目标和短期目标。培养人才是高校的三大职责之首，教学是人才培养的中心环节。对于高校教师来说，教学正是其之所以为教师的本职工作，高校所提供给教师的支持与帮助，都是能够更好地服务于高校教师的教学工作，而教师考核评价制度就是通过对教师各方面进行绩效评估，使其成为对教师执行奖励和惩罚的依据，②这是一个相对的短期目标。从长远来看，教师考核评价制度正是学校对教师实现自我发展和群体发展的重要支持和帮助。考核评价的建立首先要在提高每个教师教学的积极性和教学质量的大框架下进行，将提高整个教师素质和人才培养机制的科学化作为教师考核评价的长期目标，并将这一目标贯穿于整个评价体系。正确处理长期目标和短期目标的平衡，最终服务到人才培养这一艰巨目标上。

---

① 孙德芬.高校高水平师资队伍建设构想[J].教育评论，2013(02):54-56.

② 李军.高校教师绩效管理体系的构建[J].高等教育研究，2007(01):54-58.

（二）将教学始终作为评估内容的重点指标

根据对M大学教师考核评价的探索，我们可以发现该大学一直将教学作为教师评估内容的重点指标。一般来说，大部分师范院校属于教学型大学，实际工作中也更加倾向于教学。将教学作为评估重点指标，并不是说其他指标不重要，当然科研也是作为一所大学和大学教师的重要职责，只是在教学型大学的教师考评中，教学质量考评显得更为突出。对于其他类型的高校，如教学研究型、研究型大学，也应在基于自身定位和发展目标，根据教师类型的不同，在教学、科研等指标上体现出层次性，[①]保证教学质量，在其他评价指标上作适当调整。

（三）增强考核方法的可操作性与客观性

由于教育教学、科研及管理等工作的复杂性，许多工作成绩难以量化。因此，可以根据工作性质的不同对“定量＋定性”这种考核评价方法进行一定的调整，符合相应的工作或学科性质，从过去的以“量”为主转变为“质”与“量”并重。一般来讲，对工作业绩、教学工作量、课时数等可量化的指标较为可观、易于评价，被考核者也更容易接受评价结果，[②]但工作质量、工作态度等难以量化的指标，有必要采取全方位的评价考核，进行定性的处理。要力求全面、真实、准确地衡量教师的工作业绩和成果质量，贯彻落实“360度绩效考核法”，争取做到质与量的统一，客观、准确、全面反映出教师工作的全部情况，科学、合理地评价教师。[③④]

（四）将师德作为教师考核评价体系的首位

学校教育在于“立德树人”。作为教育者、学者、大学管理者等多重身份的高校教师，应用教学和科研的方式来承担起自身的社会责任和社会意义，真正地教好学生、做好学问、管好大学。从评估目的、考核内容、考核方法等角度来看整个评价体系，教师的道德都是师生、校方关注的焦点。对于师德的评价要得人心、“零容忍”地严肃对待。对师德不合格者进行一票否决制，绝对不聘用、不提拔师德不合格者。同时也要对已经出现的师德问题的进行原因分析，并杜绝类似问题再次发生。

（五）将民主、公正作为评估程序实施的原则

评价、评估的首要原则是“民主”和“公正”。规则制定要“民主”，采纳多方意见，切不能将考核评价规则制定变成领导班子的“一言堂”，考核评价的对象是教师，就应以教师作为规则和程序的主要制定者，由于将来对教师考核评价的主体会更加丰富，包括学生和教师自身在哪的评价的主体应端正评价态度，保证公正、客观和民主。同时要充分动员教师参与，召开考核评价动员大会，评价过程要清晰、明确、透明。在自我评价这一板块内，源于美国密西根大学的年度述职是一个非常好的教师自我评价的方式，教师将一

---

① 任友洲.高校教师岗位聘期考核：定位、方法及对策[J].华中师范大学学报（人文社会科学版），2013，52(03)：162-168.

② 陈如东，单正丰.高校教师绩效考核存在的问题及建议[J].国家教育行政学院学报，2010(10)：68-70.

③ 颜菲.教学型高校师资队伍建设的新思路[J].中国成人教育，2013(23)：48-49.

④ 朱雪波，周健民，孔瑜瑜.高校教师考核的现状分析与对策研究[J].高等教育研究，2011，32(04)：54-58.

年以来的教学工作、科研成果、社会服务一一列出，在所有教师面前做报告，工作量和贡献一目了然，教师之间相互学习、相互切磋、相互比较，是教师成长与发展的良好方式。

（六）建立健全的教师考核评价后的帮扶机制

针对考核评价结束后的帮助与扶持，各学校应加快建立和完善帮扶机制。考核评价小组要及时将考核结果反馈给每个教师，给予考核优秀的教师一定的精神和物质奖励，以此提高教师工作积极性和质量的提高，有助于形成教师之间良性竞争的氛围。对于考核结果较差的教师，针对教师在评定指标各方面的表现，掌握和解决教师在教学科研工作中遇到的问题和困难，提出改进意见和建议，进行一定的引导，定期进行监督和检查，从而提高教师相应水平和能力，[①]可以先留校半年至一年察看，如果观察期结束仍无改观，应解除聘用。针对有特殊情况的教师，学校方面要给予人性化的支持，了解原因，加强改善。对于近年来"教师职业倦怠"这一现象高频发生的状况，学校应对不同情况的教师予以不同的支持，关注教师的职业心理，引导教师向更好的方向发展。对教师的考核评价的周期应是阶段性和长期性并存，要有年度评审，也需要聘期内的考核。如此考核评价所得出来的结果往往对教职工本身和学校实现整体目标来说意义重大。考核最终要达到的是一种激励作用，而不是为了考核而考核。

四、结语

高校教师的考核评价制度建设和完善关乎高校人才培养模式的科学建设，高素质的师资队伍才能为社会高要求的人才提供高水平的培养。但是教师工作的复杂性，给师资队伍的考核评价整个过程带来了很大的难度。师范院校是培养整个社会师资的重要场所，其考核评价制度有一定的针对性和可参考性。本文对江西省 M 大学(师范类院校)的教师考核评价制度进行了分析与探索后，认为各大高校首先要端正教师考核评价的目标，将教学放在教师职责的首位，师德考核是作为教师的基础，应是教师考核评价的重中之重，高校要保证整个评估实施程序的民主、公正原则。更重要的是，应建立健全的教师考核评价后的帮扶机制，将考核评价发展成为一种激励机制，提高整个高校教师队伍的素质与水平。

---

① 焦师文.坚持发展性评价方向 推进教师考核评价改革[J].中国高等教育，2014(10)：30-32、11.

欧洲高等教育研究机构的经验与启示

邱雯婕*

（厦门大学 教育研究院，福建 厦门 361005）

摘要：我国高等教育研究机构建设的实践开始于改革开放之后，近年来在政策的支持下蓬勃发展。经验表明，高等教育研究机构与高等教育发展间形成了有一种良性互动，但如何在高等教育发展的新时期建设成为具有自身特色的新型智库仍需不断探索。本研究以德国的卡塞尔国际高等教育研究中心、荷兰的高等教育政策研究中心和英国的全球高等教育中心三家欧洲高等教育研究机构为例，梳理欧洲高等教育研究机构的发展经验，发现其在组织扁平化、战略国际化、学生培养多元化和传播形式多样化等方面有显著特点。在新的发展时期，我国高等教育研究机构应着眼于厘清战略定位、优化队伍建设、强化咨询与服务和重视人才培养。

关键词：高等教育研究机构；卡塞尔国际高等教育研究中心；高等教育政策研究中心；全球高等教育中心

改革开放后，我国的高等教育研究机构逐渐发展起来，为我国高等教育事业的发展提供了有力的支持。在我国，高等教育研究机构被定义为“担负着从事高等教育改革和发展的理论和实践问题的研究，为教育行政部门和高等学校提供决策咨询服务，推动干部和教师开展群众性高等教育科学研究等任务；其中，水平较高、力量较强的高等教育研究机构，还担负着培养高等教育研究和管理的专门人才，建设和发展高等教育学科的任务”。① 2014 年教育部印发推出《中国特色新型高校智库建设推进计划》，旨在推动中国特色新型智库建设，繁荣发展高校哲学社会科学，②高校成了新时期智库建设的排头兵。作为新型智库的重要组成之一，在国家政策的支持下，高等教育研究机构纷纷开始新一轮的发展与探索。面对来自各方力量的更高期待，高等教育研究机构肩上的担子比以往更重了，如何紧抓发展机遇，在竞争浪潮中脱颖而出，成为“信得过、用得上、靠得住”的强

---

* 作者简介：邱雯婕，厦门大学教育研究院硕士研究生。

① 中华人民共和国教育部.教育部办公厅关于进一步加强高等教育研究机构建设的意见[EB/OL].(2017-09-10)[2018-04-26].http://www.moe.gov.cn/jyb_xxgk/gk_gbgg/moe_0/moe_1/moe_42/tnull_3585.html.

② 中华人民共和国教育部.中国特色新型高校智库建设推进计划[EB/OL].(2014-12-11)[2018-04-26].https://www.sinoss.net/2014/0303/49444.html.

大智囊，是一个任重而道远的挑战。

欧洲作为高等教育的发源地，不仅拥有世界上众多高水平的大学，同时也有多家大影响力的高等教育研究机构。本文选取欧洲地区表现较为突出的三家高等教育研究机构：德国卡塞尔大学（University of Kassel）1978 年设立的卡塞尔国际高等教育研究中心（The International Centre for Higher Education Research－Kassel，INCHER－Kassel）、荷兰特温特大学（University of Twente）1984 年设立的高等教育政策研究中心（Center for Higher Education Policy Studies，CHEPS）以及英国 2015 年设立的全球高等教育中心（Centre for Global Higher Education，CGHE），以这三家机构为研究对象，对其发展经验进行介绍，以期对我国高等教育研究机构建设提供经验参考。

一、高等教育研究机构与高等教育发展

高校智库的建设发展离不开相关学科的支撑，在发展的进程中，智库也能促进和引领学科的发展，因而智库建设和学科发展间需要有良性的互动。① 高等教育的研究离不开高等教育研究机构这一重要载体，二者之间密不可分，相互支持。

欧美地区的高等教育研究机构主要有两种类型，一类是授予学位的研究中心或学院，另一类是从事"自我调查"的院校研究机构。② 前者通过从事较为广泛的研究，将学术研究置于核心，为高等教育发展建言献策；后者更多地是通过对所在学校的情况进行深度分析，为学校可持续发展贡献力量。不论是对单一学校发展提供战略指导还是就某一高等教育领域问题进行研究，都是将理论与实践相结合，借助学科理论的支撑与一线研究人员的智慧，从高等教育理论出发，为高等教育发展提供客观、前瞻的参考。

在我国，高等教育研究大体是围绕着两条路发展，一条是以高等教育学科建设为重点的理论研究，另一条是以实际问题研究为重点的应用研究。③ 在这两条路的探索上都离不开高等教育研究机构的努力。据不完全统计，当前我国的高等教育研究机构有 1000 多所，主要按照六种逻辑进行建设：一是学院或者研究院逻辑，拥有较强的高等教育研究实力；二是独立的学术研究机构逻辑，此类机构特别注重高等教育理论研究和高等教育学学科建设，承担着研究生人才培养的任务；三是独立的行政兼学术研究机构逻辑，这类研究机构有专门的高等教育专兼职研究团队，除从事高等教育研究外，还承担一定的行政工作，但不承担有人才培养的职能；四是下设或挂靠于某一个学院逻辑，承担着人才培养和科学研究的任务，是高等教育学研究队伍中的重要分支；五是下设或挂靠于教务处、科研处、规划办或者战略发展部等职能部门的逻辑，基于其行政属性，主要为所在单位发展建言献策；六是与某行政机构或学院合署逻辑，这类研究机构与其他机构是一套人马，两块牌子，其人员除了承担高等教育学术研究的职责，还要承担一定的行政责任。④ 中国高等教育学会自 2005 年起定期评选优秀高等教育研究机构，在这期间涌现出一批在高

① 汪锋．高校一流学科与新型智库建设的互动机制研究［J］．中国高教研究，2016(9)：35-41.

② 刘文霞．我国高等教育研究机构的发展逻辑探析［J］．黑龙江高教研究，2015(10)：28-32.

③ 潘懋元．高等教育研究在中国发展的轨迹——为《高等教育研究在中国》(英文本)而作［J］．高等教育研究，1998(1)：1-7.

④ 刘文霞．我国高等教育研究机构的发展逻辑探析［J］．黑龙江高教研究，2015(10)：28-32.

等教育改革和实践领域的“领头羊”，为我国高等教育事业创新发展提供智慧，推动着高等教育的可持续发展。在新的历史时期，高等教育研究机构应继续担起高等教育领域改革的研究者与瞭望者的重任，充分利用自身的智慧，扎根实践，传播更多具有高公信力、影响力的研究成果。

二、欧洲高等教育研究机构的组织要素

欧洲高等教育研究机构的实践相对我国较为丰富，本文选取“老、中、青”三所发展历史不同的依据智库逻辑建设的欧洲高等教育研究机构为研究对象，对发展愿景、人才队伍和组织职能三大组织要素进行梳理。

（一）发展愿景

卡塞尔国际高等教育研究中心在1978年作为德国卡塞尔大学的一个跨学科研究机构被批准建立，被命名为高等教育与职业研究中心（the Center for Research on Higher Education and Work），1982年开始变为学校永久机构而存在，结合范围广泛的主题和学科开展研究，旨在解决高等教育与社会之间的关系。最开始是集中关注于德国高等教育的研究，但伴随着国际化的浪潮，发展战略也发生了变化，2006年3月起更名为“卡塞尔国际高等教育研究中心”，新的名字更加强调了中心活动的国际性，同时有一个缩写名，这也让其在国际背景下更能被理解。① 高等教育政策研究中心成立于1984年，隶属于荷兰特温特大学管理学院，旨在通过国际比较的视角提供有关高等教育政策各个方面的研究、培训和咨询。2015年，英国经济与社会研究理事会（Economic and Social Research council）和英格兰高等教育拨款委员会（Higher Education Funding Council for England）宣布共同资助由英国伦敦大学教育学院（University College London, Institute of Education）牵头，英国兰卡斯特大学（Lancaster University）与英国谢菲尔德大学（The University of Sheffield）共同参与的全球高等教育中心，②专注于高等教育和未来发展的国际研究，致力于在研究项目中融入地方、国家和全球的视角，其研究人员遍布五大洲九个国家，希望通过对于高等教育的国际研究来帮助政策与实践成效的提升。

---

① The International Centre for Higher Education Research－Kassel. About[EB/OL].(2006-03-30)[2018-04-30].http://www.uni－kassel.de/einrichtungen/en/incher/about－incher.html.

② University College London. Centre for Global Higher Education[EB/OL].(2015-11-10)[2018-06-07]. https://www. ucl. ac. uk/ioe/departments－centres/centres/centre－for－global－higher－education/#.

（二）人才队伍

表 1　案例机构人员设置

卡塞尔国际高等教育研究中心	高等教育政策研究中心	全球高等教育中心
• 咨询委员会：6 人 • 执行董事会：8 人 • 执行主任：1 人 • 执行副主任：1 人 • 教授：5 人 • 研究员：27 人 • 访问学者：3 人 • 干事：1 人 • 秘书处：2 人 • 机会均等办公室：2 人 • 图书馆：1 人 • 出版部：1 人 • IT 技术人员：1 人	• 项目主管：1 人 • 教授：2 人 • 学术工作人员：8 人 • 博士候选人：3 人 • 国外博士候选人：6 人 • 秘书：2 人 • 附属研究员：1 人	• 董事会：14 人 • 研究管理委员会：8 人 • 研究员：41 人 • 中心管理员：1 人 • 技术支持员：1 人

（资料来源：根据三个机构网站信息整理而成）

三个研究机构都组建了一支相对完善的人才队伍，保障组织的良好运行。卡塞尔国际高等教育研究中心由 61 人的团队组成，部分人员一人兼任多职，在执行主任的带领下开展具体的工作，中心为支持研究人员更好地开展工作，特设由专人管理的图书馆，提供研究信息服务（Research Information Service），并搭建了一个相对完善的数据库，收藏着有关该中心研究领域的学术文献和期刊，大约有 25000 份文件可供使用；①高等教育政策研究中心由 23 人组成，主要由学术工作人员和博士候选人组成，机构分工较为简单，围绕研究展开工作；全球高等教育中心是这三个机构中人员最多的机构，共有 65 人组成，研究员占了大多数，由首席研究员西蒙教授（Simon Marginson）领衔 27 名共同调查员、13 名研究员和 2 名博士生共同开展调查研究工作，同时与全球 13 所大学、15 个协会组织保持着密切的合作。②

（三）组织职能

1.学术研究

三个研究机构最重要的职能之一是开展学术研究活动。卡塞尔国际高等教育研究中心从事有关高等教育机构、高等教育研究问题以及高等教育与社会其他领域之间的问题的研究，强调从概念框架出发，追求研究的“应用性”。③ 当前最关注的领域集中在：一是学生和毕业生，开展了如 2017 年德国毕业生研究、社会不平等因素与高等教育研究、

---

① The International Centre for Higher Education Research-Kassel. RIS/Special Research Library[EB/OL].(2016-11-12)[2018-04-28].http://www.uni-kassel.de/einrichtungen/en/incher/risspecial-research-library.html.

② Centre for Global Higher Education. Researchers[EB/OL].(2016-11-12)[2018-04-28].http://www.researchcghe.org/about/researchers/.

③ 乌利希·泰希勒，包艳华. 欧洲高等教育研究与高等教育政策及实践的关系[J]. 北京大学教育评论，2011，09(4)：1-9.

劳动力市场下博士性别研究等问题的研究；二是知识变化，研究了如淘金热后的慕课时代、变革中的学术职业等问题；三是治理和组织，研究了如商业咨询在不同制度环境下的合法性、国际化组织发展等问题；四是创新与转移，研究了如知识社会的学术职业、教育回报等问题。①

基于时代对高等教育提出了更高的要求，为了更好地应对这些挑战，助力满足个人和社会需求的高等教育环境，高等教育政策研究中心将研究重点放在一个战略三角(Strategic Triangle)中。首先是公共价值领域，开展了关于质量保证、社会参与、关于排名的构建和影响的研究与分类等，促进公共价值以及如何评估更好地被理解。其次是提供和授权领域，在塑造高等教育机构和学生授权环境的公共计划效果和影响、各种政策工具的实施和设计、高等教育经费改革的有效性方面等做出了研究。最后是能力和资源领域，研究学术界以及大学支持人员的职业化、资源分配问题和创业型大学的学习。② 期望不断将高等教育政策研究中心研究团队对于高等教育的广泛经验知识与公共部门改革的最新政策相结合。

全球高等教育中心是英国唯一一个致力于高等教育的独立智库，将研究的主要力量集中在三方面：一是全球高等教育参与，计划调查高等教育如何全球化、如何建立富有成效的本地与全球关系；二是高等教育的社会和经济影响，计划调查高等教育如何导致更大程度的平等和社会流动，以及政策如何预测其社会与经济影响；三是当地高等教育参与，计划调查了英国高等教育融入社区、劳动力市场和政府的方式，以及如何加强其影响。③ 高等教育政策研究所致力于在三个综合项目中开展和发表基础与应用研究，构建高等教育理论与探究研究新方法，回应三个计划框架内出现的问题并在英联邦四个国家和全球范围内最大限度地发挥其对高等教育政策的影响。

2.人才培养

卡塞尔国际高等教育研究中心和高等教育政策研究中心同时也致力于人才培养领域，但两个研究机构关于人才培养的实践略有不同。卡塞尔国际高等教育研究中心非常重视对青年科研人才的培养，中心定期有大约 12 位博士候选人，这包括内部研究助理和来自其他机构的外部候选人，这些博士候选人可以随时获得专家支持，无论是来自中心的顾问还是定期举办的各种活动。研讨会是卡塞尔国际高等教育研究中心培养博士的重要方式，每两周举办一次，由中心主任亲自主持，每位与会者会在会前收到本次研讨会发言者准备的相关材料，包括研究的主题、研究框架、研究方法、研究数据与发现、讨论问题等。同时根据学生的反馈，卡塞尔国际高等教育研究中心会定期邀请一些专家举办和

---

① The International Centre for Higher Education Research-Kassel. Research[EB/OL].(2006-03-30)[2018-04-30].http://www.uni-kassel.de/einrichtungen/en/incher/research.html.

② Center for Higher Education Policy Studies. Research Profile[EB/OL].(2016-11-12)[2018-04-28].https://www.utwente.nl/en/bms/cheps/research/research－profile/.

③ Centre for Global Higher Education. Research[EB/OL].(2016-11-12)[2018-04-28].http://www.researchcghe.org/research/.

研究方法有关的讲座,帮助这些博士候选人更好地展开研究。① 卡塞尔大学第一个有关高等教育的跨学科博士项目(Interdisciplinary PhD Program)——转型中的精英再现(Elite Reproduction in Transition)也是卡塞尔国际高等教育研究中心一大特色。该项目结合经济学、社会科学和电子计算机科学,重点关注大学系统在精英复制过程中所发挥的作用,仔细研究了高等教育和进一步的职业生涯,以探讨在经济、政治和社会中达到顶尖地位的个人机会,以便考察德国精英再生产的动态。② 暑期学校(Summer School)也是卡塞尔国际高等教育研究中心人才培养的重要途径之一。全球化带来了无国界世界的概念,全球化学术界的新情况正在出现,尽管如此,科学和高等教育研究的界限却无处不在,模棱两可。在这样的背景下,2017 年夏天卡塞尔国际高等教育研究中心举办了为期 5 天,题为"科学与高等教育研究的边界"[Boundaries in Science and Higher Education (Research)]的培训活动,旨在通过主题演讲、讲座和研讨班等形式,从理论、方法和实践角度来反思如何在国际空间变得越来越全球化的世界上进行国际比较研究、边界如何有助于确定经验研究中的因果效应、如何从跨领域和学科的交互中受益、地理上有界的大学组织在数字化时代如何生存等问题。来自卡塞尔国际高等教育研究中心和所邀请的专家学者与参会者一起建立了多个建设性的和批判性的对话,共同讨论、超越和推进跨越边界。参与者需缴纳 75 欧元的学费,同时课程结束后也将获得 5 个欧洲学分(ECTS credits)。③

表 2 高等教育政策研究中心参与部门本科、硕士课程统计

课程名称	课程性质
区域治理与智慧城市(Regional governance and smart cities),第四单元	欧洲公共管理专业本科一年级课程
公共管理(Public Management),第五单元	欧洲公共管理专业本科二年级课程
技术、组织和人员(Technology, Organization and People),第一单元	国际工商管理专业本科一年级课程
创新与创业(Innovation and entrepreneurship),第六单元	国际工商管理专业本科二年级课程
变革管理、公司治理、商业道德和领导力(Change management, corporate governance, business ethics, and leadership),第十一单元	国际工商管理专业本科三年级课程

① The International Centre for Higher Education Research-Kassel.PhD at INCHER-Kassel [EB/OL]. (2016-11-12)[2018-04-28].http://www.uni－kassel.de/einrichtungen/en/incher/about-incher/phd-at-incher-kassel.html.

② The International Centre for Higher Education Research-Kassel. Interdisciplinary PhD Program[EB/OL]. (2016-11-12)[2018-04-28]. http://www. uni-kassel. de/einrichtungen/en/incher/graduiertenprogramm.html,2018-04-28.

③ The International Centre for Higher Education Research-Kassel. Summer School 2017 [EB/OL]. (2017-10-02)[2018-04-28]. http://www. uni － kassel. de/einrichtungen/en/incher/summer－school—2017.html.

续表

课程名称	课程性质
通过 IT 项目管理进行业务创新(Business innovation through IT project management),第八单元	国际工商管理专业本科二年级选修课
越界:通过技术、可持续性和发展战略的国际大挑战(Crossing Borders: International grand challenges through strategies for technology, sustainability and development)	本科初阶课程
研究硕士和学术技能(Research masters and academic skills)	硕士初阶课程
高等教育政策中的问题(Issues in higher education policy)	公共管理硕士选修课
高等教育和研究管理(Higher education and research management)	MBA 课程
实习(Internships)	高等教育研究和创新硕士课程

资料来源:根据高等教育政策研究中心网站信息整理

高等教育政策研究中心也参与了多项教育课程,从一年级本科生课程到博士生课程均有贡献。积极参与特温特大学开设的 11 门本科生和硕士生课程中,如表 2 所示。指导和监督选题方向与高等教育研究政策领域有关的本科和硕士阶段学生的论文写作,希望学生在这些论文中应用相关的理论、概念和方法等专业知识,更好地理解公共政策和手段的问题诊断、设计和评估。① 来自全世界的学生都能申请高等教育政策研究中心所提供的博士学位项目,在欧洲高等教育资格框架(Qualifications Framework of the European Higher Education Area)的指导下,在 1 名监督者(Supervisor)和 1 名促进员(Official Promotor)的共同监督下,通过四年的学习获得完成高等教育政策研究领域博士学位所需的能力。② 高等教育政策研究中心希望通过这种方式,培养一批知识渊博的商业和公共行政专家,尤其是高等教育领域的专家,以应对日益依赖知识生产和转移的当代社会挑战。

3.咨询服务

智库的一大重要功能就是提供咨询服务。高等教育政策研究中心自成立以来一直参与咨询活动,切实解决高等教育面临的主要挑战和问题,就诸如认证制度、学生资助计划、高效融资机制和组织结构调整等具体问题,向各部门和机构提出建议,以应对整个高等教育体系改革等诸多挑战,主要集中在三个领域开展咨询工作:一是国家高等教育体系;二是涉及提高组织效能和发展管理能力的项目,这些涉及与机构高层管理人员密切

① Center for Higher Education Policy Studies. Bachelor/Master[EB/OL].(2016-11-12)[2018-04-28].https://www.utwente.nl/en/bms/cheps/education/bachelor-master/.

② Center for Higher Education Policy Studies. PhD Page[EB/OL].(2016-11-12)[2018-04-28].https://www.utwente.nl/en/bms/cheps/education/phd-page/.

合作，为中层管理人员提供广泛的培训计划，组织重组以及在战略规划、财务管理和人力资源开发等关键领域提供专家支持，在克罗地亚、埃塞俄比亚、立陶宛、莫桑比克、葡萄牙、俄罗斯、南非、瑞典、乌干达和也门等许多国家都开展了该项目；三是质量保证和增强领域，包括为欧洲大学协会（Association of European Universities）、荷兰高等专业教育部门（the Dutch Higher Professional Education Sector）、佛兰德大学（Flemish University）以及波兰、罗马尼亚、斯洛伐克和越南等大学制定质量评估程序，支持莫桑比克、越南和中欧和东欧多个国家的部委和国家机构的能力开发项目，参与到了中国香港地区和俄罗斯质量评估体系的评估。①

4.知识传播

增进组织影响力的一大重要渠道就是传播组织成果，在这方面三个机构均作出了努力的尝试。卡塞尔国际高等教育研究中心从1996年开始不定期出版《卡塞尔通讯》（Newsletter INCHER），将研究成果、研究项目、活动公告等通过英文记录，让国际合作伙伴深入了解其最新进展。② 此外，卡塞尔国际高等教育研究中心也积极参与筹办具有世界影响力的学术研讨会。2016年，在德国大众基金会（German Volkswagen Foundation）的慷慨支持下，与欧洲科学院（Academia Europaea）共同组织题为“大学治理：阻碍或促进创造力”（University Governance: Impeding or Facilitating Creativity）的大型研讨会，邀请了包括2014年诺贝尔化学奖得主——斯特凡（Stefan W. Hell）教授在内的16位世界各地专家学者就多个议题发表主题演讲。③

高等教育政策研究中心积极为特定的群体量身开发短期培训项目，近年来为巴西、芬兰、匈牙利、印度尼西亚、挪威、葡萄牙、俄罗斯、苏里南、南非和越南等许多国家的部委和大学领导人设计了有关现代大学管理、政策实施面临的挑战、高等教育资金使用等方面的课程；倾力打造大学领导和管理发展项目（University Leadership and Management Development Programme），运用20多个国家的高等教育领域和管理发展领域的多年经验，为欧洲创新大学联合会（European Consortium of Innovative Universities ）提供为期十年的领导力发展计划，目前已为超过18所学校的220名学员提供培训。④

全球高等教育中心的工作报告和政策简报反映了该组织内学者和其他直接涉及研

---

① Center for Higher Education Policy Studies. Development and Consultancy Project[EB/OL]. (2016-11-12)[2018-04-28]. https://www. utwente. nl/en/bms/cheps/development-and-consultancy/types-of-activities/development-consultancy-projects/.

② The International Centre for Higher Education Research－Kassel. Newsletter INCHER [EB/OL]. (2016-11-12)[2018-04-28]. http://www.uni－kassel.de/einrichtungen/en/incher/about－incher/newsletter－incher－update.html.

③ The International Centre for Higher Education Research－Kassel. Academia Europaea Conference 2016[EB/OL]. (2016-11-12)[2018-04-28]. http://www.uni－kassel.de/einrichtungen/en/incher/academia－europaea－conference—2016/academia－europaea－conference—2016.html.

④ The International Centre for Higher Education Research-Kassel. PhD at INCHER-Kassel [EB/OL]. (2016-11-12)[2018-04-28]. http://www.uni－kassel.de/einrichtungen/en/incher/about－incher/phd－at－incher－kassel.html.

究的人员的工作成果。[①] 此外，全球高等教育中心尝试每周在伦敦大学教育学院举办研讨会，由来自组织内部的研究员或是外部的学者就相关问题展开讨论，交流最新学术思想。[②]

三、欧洲高等教育研究机构发展的特性与共性

（一）欧洲不同高等教育研究机构发展的特点

1.卡塞尔国际高等教育研究中心：历史悠久，贡献突出

提高国际竞争力是德国政府在20世纪90年代发展高等教育事业的核心任务，并将建设高校智库作为重要推动力之一。为了响应号召，卡塞尔大学将原本的高等教育与职业研究中心更名为国际高等教育研究中心，注入"国际化"的属性。中心自上而下融入"国际化"元素，不仅是上至战略理念上彰显"国际化"，而且下至网站建设都采用英文和德文双语。中心扎根德国高等教育本土情况研究，积极参与欧洲地区的研究项目，在"学术职业研究项目"和"国际学生流动研究项目"中有突出表现。此外，卡塞尔国际高等教育研究中心积极承担了德国对外教育援助的重任，为亚洲和非洲的一些国家的校长提供"国际院长课程"[③]，在公共外交中扮演重要角色。

2.高等教育政策研究中心：中坚力量，全面发展

荷兰政府素来对教育高度重视，荷兰也被评为"全球最具价值的高等教育体系"。同时荷兰是英语普及率最高的欧洲大陆国家，这也为荷兰高等教育开展"国际化"奠定了良好的基础。高等教育政策研究中心从设立伊始就着力于国际比较视野下的高等教育研究，近年来的研究重点之一是高等教育现代化治理，在战略三角的指导下通过对多国实践经验的考察，帮助决策者在日益国际化的今天做出更加妥当的选择。除了科学研究和决策咨询咨询外，中心也承担着人才培养和知识传播的重任，通过严谨的思考将理论与现实问题相连接，为培养能够应对复杂多变的新挑战的高级人才和营造符合个人和社会需求的高等教育环境建言献策。

3.全球高等教育中心：后起之秀，注重合作

高等教育的规模越来越大，国际化对社会的政治、经济、文化等方方面面的影响也日益深刻，但对于高等教育研究的关注度与研究却远低于其他社会公共领域。为此，在2015年各界支持下成立了全球高等教育中心，致力于高等教育体制调查与研究。它通过与全球其他大学和政府展开积极合作，为开展高等教育领域的对话提供平台，不断积累高等教育领域的实践知识，为英国乃至全球高等教育的创新与改革发展提供帮助。

---

① Centre for Global Higher Education. Publications[EB/OL]. (2016-11-12)[2018-04-28]. http://www.researchcghe.org/publications.

② Centre for Global Higher Education. Events & Seminars[EB/OL]. (2016-08-17)[2018-04-28]. http://www.researchcghe.org/events/.

③ 袁琳，王莹.德国高等教育国际化智库：职能、特点与启示[J].现代教育管理，2014(4)：13-18.

（二）欧洲不同高等教育研究机构发展的共性

1.战略国际化，应对全球挑战

卡塞尔国际高等教育研究中心和全球高等教育中心在机构命名时就直接融入了“国际”的战略定位，高等教育政策研究中心虽然没有将“国际”元素融入机构命名中，但从其实践中不难看出国际化的影子。全球高等教育中心在对于其目标阐述时指出，高等教育主要是全国性的，但目前正在迅速全球化中，高等教育促进了英国经济和社会在欧洲的国际化，但英国的高等教育在东亚的活力不足，英国应该是全球教育和科学系统的主要贡献者，积极嵌入全球关系对于英国来说至关重要，应致力于培育富有成效的本地与全球关系。① 全球化日趋加速的今天对高等教育来说，是机遇更是挑战，三家研究机构用全球视野的情怀，试图为理解和解决这些问题做出贡献。

2.组织扁平化，保障高效运行

纵观上述三个组织，都没有繁复的组织结构，机构设置和人员组成都相对简单，只设置和聘用与组织发展相关的岗位。相对扁平的组织结构省去了上传下达过程中所需面对的复杂程序，但同时一定程度上也强调了其内部工作人员的专业素养与沟通交流能力。正如卡塞尔国际高等教育研究中心现任主任乔治（Georg Krücken）在接受采访时提到的“担任中心主任首先应具备较高的认知能力，才能够对所研究的领域有整体的了解与理解；其次是能够与人打交道的能力，如果只是办公桌前孤独的研究员，一定会犯错误，良好的沟通对我来说很重要，我会与很多人投入大量的时间进行沟通，因为这是我的工作之一”②。过硬的专业素养和良好的沟通是组织高校运转的专业保障。此外，三家机构都设置有专门的技术岗位来辅助研究的进行，这也是应对信息化时代的重要手段。

3.学生培养多元化，助力学术生涯发展

三家研究机构都是依托所在大学的平台设立，除了全球高等教育中心成立时间较短，暂时专注于研究外，另两家研究机构都在学生培养方面做出了许多努力与尝试，这也体现了人才培养是教育智库的一大重要职能。卡塞尔国际高等教育研究中心常年被授予来自不同组织所提供的大量赠款，因而在过去的三十年里，积极帮助其博士生申请各类资金的支持，帮助其更好地完成研究。③ 从高等教育政策研究中心的实践来看，为了能培养更多的高等领域的专家学者，积极参与本科生与研究生课程中，让更多学生有机会接触到高等教育研究中，创造跨学科的学习、研究体验。这不仅是帮助学生拓宽思维，更是为后续培养高端人才创造可能性。

---

① Centre for Global Higher Education. Background[EB/OL].（2016-11-12）[2018-04-28]. https://www.ucl.ac.uk/ioe/departments-centres/centres/centre-for-global-higher-education/#.

② The International Centre for Higher Education Research-Kassel. Interview Mit Georg Krücken[EB/OL].(2016-11-12)[2018-04-28].http://www.uni-kassel.de/einrichtungen/en/incher/about-incher/interview-mit-georg-kruecken.html.

③ Center for Higher Education Policy Studies. Development and Consultancy Project[EB/OL].（2016-11-12）[2018-04-28]. https://www. utwente. nl/en/bms/cheps/development-and-consultancy/types-of-activities/development-consultancy-projects/.

4.传播形式多样化,增进组织影响力

智库的研究成果是其产品之一,将这些产品通过合理有效的途径传播,是增进组织影响力的重要途径之一。卡塞尔国际高等教育研究中心虽位于德国,研究与教学中使用德语也比较频繁,但在其出版的通讯中使用的是英语来传播自己的研究动态,目的是为了让行业内的其他研究人员对其有更多的了解,以增进其在全球范围内的知名度。高等教育政策研究中心利用其对于大学排名的专业研究,在欧盟委员会(European Commission)的倡导下,在德国高等教育中心(Centre for Higher Education in Germany)的领导下,与莱顿大学科学技术研究中心(Centre for Science and Technology Studies in Leiden University)共同开发出大学多元排行比较系统(U-Multirank),这是一种新的多维度、用户驱动的高等教育机构国际排名方法,免费对公众开放,帮助公众更好地了解高等教育机构。① 全球高等教育中心尝试在研讨会中充分利用现代信息技术,植入直播功能,让更多对其讨论主题有兴趣的人,可以跨越时空参与到讨论中。

四、我国高等教育研究机构启示

我国高等教育研究机构大致经历了三个阶段的发展:20 世纪 80 年代的学校领导的秘书班子阶段(科学研究的初始阶段)、90 年代的自身科学研究和学科建设阶段(科学研究的中期阶段)和 21 世纪的学科建设与社会服务阶段(科学研究的深化阶段)。② 在这段不算长时间的摸索中,存在最明显的困惑之一是对高等教育研究机构应做出怎样的定位来更好地发挥其存在的价值。面对这样一个问题,在国际化理念日趋深入的今天,我们有机会对域外的经验有更多了解,因而可以从欧洲高等教育研究机构建设的经验中得到启示,以期我国高等教育研究机构能够为我国高等教育事业的发展做出更多贡献。

(一)厘清战略定位,用先进思路指导实践

当前我国的高等教育研究机构主要分为六类,但不论遵循哪种逻辑建设的高等教育研究机构,在发展的进程中首要考虑的就是机构的战略定位问题,应着眼于一个较高的战略定位,如“国际化”、“院校研究”等来指导发展方向,围绕战略开展实践,增强组织的使命感,抓住新一轮智库建设的浪潮,积极转型,为我国高等教育事业蓬勃发展建言献策。

(二)优化队伍建设,保障组织高效运行

从欧洲高等教育研究机构发展经验可知,一个优秀的研究机构并不需要一支庞大的队伍来建设,需要的是在战略的指导思想下合理规划部门与职位设置,聘请专业知识过硬、具有良好沟通交流能力的研究人员和辅助的行政人员即可实现高效运转。因而我们的高等教育研究机构可以借鉴欧洲经验,从队伍建设入手,完善组织结构,缩减组织层级,明确人员分工,加强团队沟通力建设,一步步向高效运行迈进。

---

① U-Multirank. About U-Multirank [EB/OL]. (2016-11-12) [2018-05-08]. https://www.umultirank.org/#! /about/project? trackType=about&sightMode=undefined.

② 王保华,张婕.“智库”与专业化——关于高教研究机构作用与发展道路的思考[J]. 中国高教研究, 2009(11):35-37.

（三）强化咨询与服务，深化组织影响力

新时期的高等教育研究机构不能只局限于对高等教育学科理论发展做出贡献，还应该着眼于社会所需，与现实问题相连接，为社会各界提供更多高质量的专业咨询，加强研究成果转化为社会贡献的力度。此外，提供多种形式的服务活动也是欧洲高等教育研究机构的显著特点。通过高等教育研究机构对于某一特定领域的长期追踪与研究的成果，转化为交流、培训或是其他形式的活动，亦是扩大组织影响力的重要途径。

（四）重视人才培养，为高等教育事业建设储备力量

人才是各项事业发展的不竭动力，人才培养亦是高校智库的重要任务，我们的高等教育研究机构应胸怀培养一批知识渊博的高等教育领域专家的志向，注重各个阶段学生的培养，通过多样的课程与多元的资助来增进学生对于高等教育实践的理解，接力为我们国家高等教育事业建设发展做出贡献。

Part 3

第三部分

高等教育质量提升

主题报告:高校毕业生就业质量指数评价研究
——以陕西为例

陆根书　刘　敏　潘炳超　李珍艳*

(西安交通大学 中国西部高等教育评估中心,陕西 西安 710049)

西安交通大学中国西部高等教育评估中心对陕西的高校毕业生就业的状况做了一个调查,当时主要是 2017 年 11 月和 12 月这两个月的时候,面向陕西省的全体近 34 万毕业生做了调查,收回了 7 万多份学生问卷,基于相关的问卷,对毕业生的就业质量做了深入的分析。本研究主要是想给大家介绍一下高校毕业生就业质量指数的研究情况,想从以下几个方面做说明:一是为什么会关注毕业生教育的质量?二是本研究的缘起到底怎么样?三是毕业生的就业质量,这个指数的分析,以往做过哪些工作?相关的一些文献做综述和说明。四是我们在做这个研究的过程里,建构毕业生的就业质量指数,基本原则大致上是怎么样的?然后一个样本的这种基本情况。五是最后分析的一些结果。

一、研究缘起

为什么会关注毕业生就业的质量?实际上,毕业生就业的问题政府应该还是非常关注的,党的十八大报告中提出,"就业是民生之本","推动实现更高质量的就业"。当时已经是很明确地提出,要高质量就业的这样一种概念。党的十九大实际上也有提出相类似的说法,十九大报告中提出,"就业是最大的民生","实现更高质量和更充分就业","提高就业质量和人民收入水平"。十九大报告中提出就业是最大的一个民生,在民生的里头有不同的方面,其中就业就是最大的一个民生的问题。实现更高质量和更充分的就业,一个是要有数量,一个是要有质量。从党中央提出要提高就业质量和人民的收入的水平,可以看到从政府部门来讲,对就业的这个问题是非常关注的。所以说从这种意义上来讲,研究就业质量的问题,不断提高高校毕业生的就业质量,切实推动更高质量的就业,是解决当前高校本科毕业生就业不充分、不平衡矛盾的重要举措。

二、文献综述与评价

说到底,就业质量是什么?教育质量的研究实际上还是有很多不同的讨论。本研究认为,就业质量是一个多维度的综合性概念,基于这种特点,本研究以大数据分析为基

* 作者简介:陆根书,西安交通大学中国西部高等教育评估中心主任,高等教育研究所所长;刘敏,西安工程大学马克思主义学院讲师;潘炳超,西安交通大学公共政策与管理学院博士生;李珍艳,西安交通大学中国西部高等教育评估中心助理研究员。

础，建构高校毕业生就业质量指数，加强高校毕业生就业质量监测、评估，以此作为改善就业的问题和促进高校毕业生高质量就业的重要手段。这是本研究的研究背景。那为什么会选择陕西省进行研究分析？陕西应该在中国的高等教育体系里也是占有很重要的地位，2017 年陕西的全体高校毕业生达 34 万，占全国毕业生总数的 4.3%正是基于这个背景，对陕西的状况展开研究和分析。

相关的文献综述是从这几个不同的方面展开的。首先是就业质量评价指标相关的研究。这类的研究也很多，比如说，到底教育质量是什么？不同的组织不同的研究者都有一些不同的说法：国际劳工组织认为就业质量是“体面劳动”；欧盟委员会认为就是质量就是“工作质量”。还有一些学者从不同的角度对就业质量包含哪些方面都做了一些解读，这是国外的一些学者做的。Olsen(2010)提出从外在奖励、内在奖励、工作强度、工作环境、人际关系、整体工作满意度这几个方面进行评价。Green(2016)认为就业质量包括工资、工作期望、内在工作质量、工作时间质量 4 个维度。Chao(2016)认为就业质量包含内在工作质量(2013)、工作组织/场所关系、工作条件、外在奖励、工作与生活平衡等方面。国内也有很多研究者对相应的问题做过一些研究，比如说北师大赖德胜等(2011)从就业能力、劳动者报酬、就业状况、就业环境、社会保护、劳动关系等不同的角度来对就业质量作评价。张抗私等(2015)从就业状况、劳动报酬、就业能力、劳动关系、就业环境五个方面对就业质量展开评价。北京大学岳昌君教授从收入、期望收入达成度、专业匹配度、就业满意度对就业质量进行分析和研究，并两年做一次调查，到现在也是做了很长时期的连续跟踪调查。我记得这个研究有个很重要的结论：一个人就业的时候，到底是由他的人力资本决定，还是由他的社会关系社会资本来决定，从调查中发现，人力资本的作用越来越小，社会资本的作用越来越大，这对于一个社会的公平尤其是就业公平产生不利影响。也有一些学者对到底什么是就业质量，怎么来评价这个就业质量，有很多不同研究。柯羽(2010)认为就业质量质量评价应当包含薪金水平、就业地区流向、就业单位性质与就业满意度、人职匹配度、职业发展前景。朱钧陶(2015)提出从就业率、毕业生半年内的离职率、毕业一年后的非失业率等/就业现状满意度、职业指导满意度、专业素质满意度等维度进行就业质量评价。

其次是涉及质量指数相关的研究综述，用指数这种形式来描述质量问题。在不同的领域里头，实际上也有很多关于质量指数的研究，比如说 OECD(2011)就提出了生活质量指数，从 2011 年开始对不同的国家生活的质量来进行评判，涉及的领域比较多，生活质量指数(YBLI)主要指标包括：住房、收入、工作、社区、教育、公民参与、环境、健康、工作生活平衡度、安全、生活满意度。从不同的指标来对一个国家居民的生活质量做相应的一种评价。西北大学的魏婕、任保平(2012)对经济增长的质量用指数的这种方式做过一些分析，认为经济增长质量指数包括效率指数、结构指数、福利变化与成果分配指数、稳定性指数、国民经济素质指数、生态环境代价指数。用经济增长质量指数来看中国不同的省市自治区经济增长的质量状况到底是怎么样的。也有一些学者关注高等教育的质量指数，如西南交大赵伶俐(2013)提出高等教育质量指数应当从规模指数、功能指数、结构指数、效益指数、主观指数来研究和分析。王战军、唐广军(2017)对研究生教育的质量指数做了一些评价，认为研究生教育质量指数包括投入指数、产出指数、结构指数、国际化指数、满意度指数。Tai(2009)认为加拿大就业质量指数主要包含投入指数、产出指数、结构指数、国际化指数、满意度指数。赖德胜、苏丽锋、孟大虎(2011)对就业质量指数提出了50个指标进行研究。可以看到,对质量指数的研究,实际上涉及不同的领域、不同的方面,这个范围比较广,但是总体上来讲,对本科毕业生这种就业质量指数研究相对还是偏少。

我觉得主要有三方面的就业质量指数问题还值得进一步探讨。国内外学界对就业质量评价指标选取、质量指数构建相关问题进行了一定的研究与探索,为本研究提供了良好的文献基础,但仍有部分问题需要继续深入或不断完善。一是在数据应用方面。使用各类统计年鉴数据等数据分析就业质量的研究相对丰富,而基于全国或地区范围内大样本问卷调查数据的研究相对缺乏;以往这种研究虽然数量比较少,用的主要还是一些统计的、汇总性的指标数据来处理,不是针对毕业生的第一手的调查数据来做分析。二是在研究对象方面。现有就业质量指数研究主要侧重于对不同行业劳动者就业质量状况的测算,而针对高校毕业生这一特殊就业群体就业质量指数的构建研究则较少涉及。三是在研究内容方面。主要集中于分析高校毕业生就业质量各评价指标的基本特征,而对高校毕业生整体就业质量差异的比较研究相对欠缺。一个就是用什么样的数据来对质量指数,尤其是毕业生的这种就业质量指数来做研究,那么这个可能还需要进一步挖掘。对就业质量这个研究领域,以往虽然提出了高质量的就业、更加充分的就业,但是所谓的高质量到底怎么来评价,实际上还是有一些不同的争论。可能针对某一个指标某个方面来对就业的这种质量来做评价,相对比较多一点,整体地对毕业生的就业质量评价还比较欠缺。

所以我觉得从以往相关研究文献角度来讲,虽然对就业质量的评价有不少研究,对就业质量的指数也有一些研究,总体上在研究数据、研究对象、研究内容上还是可以进一步去发展和研究的。

三、构建原则

我们在做毕业生的就业质量指数分析中,也要考虑怎样建构就业质量指数,主要有四个方面的原则:主体性原则、服务性原则、激励性原则和前瞻性原则。

在设计这个指标体系,进行指数建构的过程里,首先的一个原则就是主体性原则。要从学生的角度、毕业生的视角来看,能够反映毕业生的声音和愿景,通过这个指数的评价,能真正地提高毕业生的就业质量。具体来说,主体性原则就是在设计评价指标及分析框架时,既要倾听毕业生的声音,又要反映毕业生的愿景,实现通过就业质量指数评价促进陕西高校毕业生就业质量提升的初衷。

第二原则就是服务性原则。建构就业质量的指数一要为学生合理选择专业、实现更高质量就业提供支持和帮助;二要为促进高校合理设置和调整专业,优化专业结构,全面提高人才培养能力服务,即对高校来讲,我们试图通过这个评价,为高校设置和调整专业、优化学校内部专业的结构、提高人才培养的能力,提供一点证据性的数据支持,回答校内不同的专业之间,毕业生的就业状况到底是怎么样的这个问题;三要为政府和教育主管部门对高校及专业实施宏观管理和分类指导,建立健全高校专业宏观调控机制,引导高校及专业合理定位,办出特色服务;四要回应社会了解高校人才培养和就业质量的需求,促进社会参与高校人才培养和就业质量评价,社会介入对高校人才培养质量的监督,从就业角度来反映了解学校的培养质量。

第三个原则就是激励性原则。激励陕西高校关注毕业生的就业质量状况,引导高校建立与完善毕业生就业质量动态反馈与调控机制,促进陕西高校实现内涵式发展,提升毕业生就业质量。

第四个原则是前瞻性原则。侧重于选取监测性指标和预警性指标,以便对陕西高校毕业生就业质量作出监测和预警。

四、研究样本与设计

陕西高校及专业毕业生就业质量指数评价指标的描述统计分析研究对象和调查样本就是2017届的全体毕业生,在学生大约毕业半年后,在2017年的11月、12月两个月的时间里,对全体毕业生进行问卷调查,通过网络这种方式来进行调查,每一个毕业生都会收到一份问卷,这份问卷是采取自由回答,不强制,但是回答是基于真实的、能够反映客观情况的原则。可以不答,但是要回答的话,那就应该如实回答。在这三十几万人里,最后我们收回了7万多份毕业生的问卷,那这个分析就是基于这些问卷进行的分析。

分析单元为本科高校、本科专业、高职高专院校和高职高专专业。本科高校,根据陕西省教育厅的统计数据,2017年陕西省共有53所本科高校,本研究调查数据覆盖的本科高校数为53所。考虑到对陕西本科高校毕业生就业质量测度的科学性与公正性,本研究选取了参与调查的本科高校毕业生人数占该本科高校毕业生总人数的比例不低于15%的高校进行分析,共计50所本科高校。本科专业,根据陕西省教育厅的统计数据,2017年陕西省高校共有339个本科专业,本研究调查数据覆盖的陕西高校本科专业数为314个。考虑到陕西高校本科专业毕业生就业质量指数测度的科学性与公正性,本研究选取了参与调查的陕西高校本科专业毕业生人数占该本科专业毕业生总人数的比例不低于15%的本科专业,且被调查的本科专业毕业生人数在25人及以上的本科专业进行分析,共计有202个。

关于指标体系的设计,基于刚才讲的四个原则,我们主要选了五个指标,来对专业的或者高校毕业生的就业质量做评价,包括就业率、离职率、收入水平、专业的匹配度和对就业的满意度,以这五个指标来建构的毕业生的就业质量指数。

高职高专院校,根据陕西省教育厅的统计数据,2017年陕西省共有71所培养专科毕业生的院校,本研究调查数据覆盖的陕西高职高专院校(指培养专科毕业生的院校)数为60所。考虑到对陕西高职高专院校毕业生就业质量指数测度的科学性与公正性,本研究选取了参与调查的高职高专院校毕业生人数占其毕业生总人数比例不低于15%的院校,共有58所。高职高专专业,根据陕西省教育厅的统计数据,2017年陕西省高校共有287个高职高专专业,本研究调查数据覆盖的高职高专专业数为276个。考虑到对陕西高职高专院校专业毕业生就业质量指数测度的科学性与公正性,本研究选取参与调查的高职高专院校专业毕业生人数占该专业毕业生总人数的比例不低于15%,且被调查高职高专院校该专业的毕业生人数不低于25人的专业,共计有134个。

指标体系设计,选取就业率、离职率、收入水平、专业匹配度、就业满意度这5个反映毕业生就业质量的指标,构建就业质量指数评价指标体系。

就业率。就业率的计算公式为:就业率=高校(专业)已就业毕业生人数/高校(专业)需就业毕业生总人数×100%。其中计入毕业生已就业的类型包括签约就业、灵活就业、国内升学、留学、自主创业5种(高职高专院校和专业毕业生已就业类型不包括留学)。

离职率。离职率主要是指有过工作经历的高校(专业)毕业生(从2017年毕业到参与调查时)发生过离职的比例。

收入水平。收入水平是指高校(专业)毕业生工作半年后每月平均的工资、奖金、业绩提成、现金福利补贴等所有折现收入。

专业匹配度。根据利克特(Likert)式量表编制方法设计相应调查题目,分析高校(专业)毕业生签约的职业岗位与个人所学专业的匹配程度,毕业生对调查题目的回答从"非常不匹配"到"非常匹配"共分为6个等级(分别赋值1~6分)。

就业满意度。根据利克特(Likert)式量表编制的从"非常不满意"到"非常满意"6个等级(分别赋值1~6分)的测量题目,调查毕业生对所签就业单位的总体满意度状况。

我们都是基于陕西全省平均水平作比较基础,看不同高校、不同专业和平均水平相比较是处在什么样一个状态。在各个指标之中,计算的过程有些是绝对数,有些是等级赞同的程度、匹配的程度等,从这种角度来做一个相应的这样的分析。这个是四类分析里,全省平均的这种状态。比如说陕西2017届的毕业生调查里反映出来的本科高校的就业率是91.91%,离职率是23.73%,收入水平本科高校平均大概是4105.74元,专业的匹配度按照6分算是3.99,也不算高,就业的满意度4.04。

在本科的专业这一块,以专业为单位来进行统计,92.01%的就业率,离职率是23.80%,基本上均衡。因为专业有些是排除了,说到数字上略微有点差别,匹配度3.99,那满意度也是4.04。高职高专这一块里,就业率比本科要低一点,是86.35%,离职率是明显较高,全省的平均值达到了47.31%,是在半年之后实际上原来的工作可能就已经发生了变化,专业的匹配度比本科要低一点,为3.63,满意度3.97,大致上高职高专专业和高职高专院校也差不多。以上是这五个指标在全省的一个平均水平。

表1　陕西高校及专业毕业生就业质量指数评价指标的描述统计分析

评价指标	全省均值			
	本科高校	本科专业	高职高专院校	高职高专专业
就业率(%)	91.91	92.01	86.35	87.24
离职率(%)	23.73	23.80	47.31	48.27
收入水平(单位:元)	4105.74	4097.22	3265.39	3318.30
专业匹配度(赋值1~6分)	3.99	3.99	3.63	3.62
就业满意度(赋值1~6分)	4.04	4.04	3.97	3.99

表 2　陕西高校及专业毕业生就业质量指数评价指标权重

评价指标	计算指标	计算办法	权重
就业率	就业率占比	高校(专业)毕业生就业率/全省平均就业率	30%
收入水平	平均月收入占比	高校(专业)毕业生平均月收入/全省平均月收入	30%
专业匹配度	专业匹配度占比	高校(专业)毕业生专业匹配度/全省平均专业匹配度	16%
就业满意度	就业满意度占比	高校(专业)毕业生专业匹配度/全省平均就业满意度	16%
离职率	离职率占比(反向赋分)	高校(专业)毕业生离职率/全省平均离职率	8%

每一所学校、每一个专业相对于全省的平均水平而言,它是什么样一个状态?我们做了相应的分析,这是指标的平均状态。这五个指标怎么来确定各自的一个权重呢?根据专家调查的意见,我们确定了这五个指标相应的权重,这个权重如上表所示:就业率和收入水平都是30%,专业匹配度和就业满意度为16%,离职率为8%。有了这五个指标中权重,每所学校、每个专业在这五个指标上有具体的这种数字,根据这五个数字就可以计算出一所高校或一个专业的就业质量指数。

指标权重采用层次分析法与德尔菲法进行测算。具体操作步骤为:一是建立递阶层次结构;二是构造两两比较判断矩阵;三是计算判断矩阵的权重向量;四是判断矩阵的一致性检验,以分析陕西高校及专业毕业生就业质量指数评价指标判断矩阵是否具有令人满意的一致性。

有了这个指数,我们又做了分类,为了和学科评估相对应。分类规则,前2%为A+,2%～5%为A(不含2%,下同),5%～10%为A－,10%～20%为B+,20%～30%为B,30%～40%为B－,40%～50%为C+,50%～60%为C,60%～70%为C－,70%～80%为D+,80%～90%为D,90%～100%为D－。分了四个不同的等级。这是分类的规则,就业率权重是占了30%,收入水平占了30%,专业的匹配度、就业的满意度各占16%,离职率的占8%,这里我们采取的这个反向赋分,离职率高,那它的就业质量应该就是以负值的方式去做计算。

五、研究结果与讨论

本科的高校中,排在A类的50所学校里,排名前10%的有五所学校,分别为西安交大、电子科大、长安大学、西安建筑科技大学、陕西师范大学,从就业状况来讲,这五所大学比较好一点。表3是从就业质量指数的排名,在五个不同的指标上的表现情况。

表 3　本科高校分析结果示例 1

本科高校名称	排名	排序	标准化就业质量指数	就业质量指数	就业率(%)	平均月收入(元)	专业匹配度	就业满意度	离职率(%)
西安交通大学	1	A+	100.00	113.39	95.62	6875.71	4.42	4.06	5.52
西安电子科技大学	2	A	99.61	112.94	97.00	7153.41	4.30	3.92	11.05
长安大学	3	A	85.61	97.08	92.72	5123.81	4.01	4.15	9.37
西安建筑科技大学	4	A−	85.26	96.67	96.41	4875.27	4.02	4.07	7.94
陕西师范大学	5	A−	84.60	95.92	93.61	4340.73	4.22	4.83	7.20

不同的学校实际上也是有一些不同的特点。比如说这个排行榜发布出来之后，有人就做分析并在“今日头条”上做评论，说平均月收入过 7000 元的，陕西所有高校里只有一家，还不是西安交通大学，而是西安电子科技大学。交大的平均月收入是 6875.71 元，西安电子科技大学的是 7153.41 元。本科高校离职率相对比较低，这个和专科来比的话，差异就会更大一点。

表 4　本科高校分析结果示例 2

本科高校名称	排名	排序	标准就业质量指数	就业质量指数	就业率(%)	平均月收入(%)	专业匹配度	就业满意度	离职率(%)
西安思源学院	46	D−	64.07	72.65	90.15	3421.41	4.06	3.94	40.54
西安欧亚学院	47	D−	63.72	72.25	92.22	3481.83	3.97	3.89	43.30
西安工业大学北方信息 3.81 工程学院	48	D−	61.95	70.25	82.02	3621.36	3.99	3.45	37.43
陕西服装工程学院	49	D−	60.49	68.59	92.94	3090.14	3.81	3.55	40.45
延安大学西安创新学院	50	D−	58.51	66.34	84.78	3038.96	3.84	3.82	41.67

排在后面的这五所学校里，相对就业质量就是略微差一点。(见表 4)最差的是延安大学的一个三本，50 所学校里，从就业质量角度来讲，当时算最差的。这是本科高校的基本状况。

表5 本科专业分析结果示例1

本科专业名称	排名	排序	标准化就业质量指数	就业质量指数	就业率(%)	平均月收入(元)	专业匹配度	专业满意度	离职率(%)
空间信息与数字技术	1	A+	100.00	112.63	98.31	7175.00	4.80	4.65	28.57
建筑电气与智能化	2	A+	97.31	109.60	97.96	5427.78	5.00	4.51	0.00
广播电视工程	3	A+	96.03	108.16	96.00	7200.00	3.40	4.07	16.67
集成电路设计与集成系统	4	A+	95.08	107.09	97.67	6376.00	3.76	4.61	14.29

表6 本科专业分析结果示例2

本科专业名称	排名	排序	标准化就业质量指数	就业质量指数	就业率(%)	平均月收入(元)	专业匹配度	就业满意度	离职率(%)
蚕学	198	D−	61.75	69.55	88.00	3441.30	2.67	3.75	29.41
投资学	199	D−	60.87	69.55	87.50	3026.67	3.70	3.79	35.71
经济统计学	200	D−	60.83	68.52	90.00	3400.00	3.56	3.50	41.18
心理学	201	D−	56.63	63.78	82.86	2933.33	3.89	3.32	40.00
理论与应用力学	202	D−	52.79	59.46	89.66	3281.82	2.86	3.98	62.50

从这个专业角度来讲，本科专业排在前面的好专业，属于A+的这一块的，分别有：空间信息和数字技术、建筑电气智与能化、广播电视工程、集成电路设计与集成系统，这些专业的就业质量相对来讲比较好一点。排在后面的五个专业，分别有：蚕学、投资学、经济统计学、心理学、理论与应用力学，这些专业从就业质量的角度来讲就比较差一点。

表7 高职高专院校分析结果示例1

高职高职院校名称	排名	排序	标准化就业质量指数	就业质量指数	就业率(%)	平均月收入(元)	专业匹配度	就业满意度	离职率(%)
陕西铁路工程职业技术学院	1	A+	100.00	102.92	96.10	4120.85	4.08	4.09	16.56
西安电力高等专科学校	2	A	97.67	100.53	92.35	3730.46	4.35	4.43	16.92
西安铁路职业技术学院	3	A	95.60	98.39	94.27	3586.12	4.11	4.32	16.72

续表

高职高职院校名称	排名	排序	标准化就业质量指数	就业质量指数	就业率（%）	平均月收入（元）	专业匹配度	就业满意度	离职率（%）
西安文理学院	4	A—	90.67	93.31	92.00	2825.00	5.26	4.29	30.00
咸阳师范学院	5	A—	90.60	93.24	90.48	3120.00	4.91	4.00	27.27
西安邮电大学	6	A—	87.48	90.03	89.47	2812.50	3.63	4.25	0.00

表 8　高职高专院校分析结果示例 2

高职高专院校名称	排名	排序	标准化就业质量指数	就业质量指数	就业率（%）	平均月收入（元）	专业匹配度	就业满意度	离职率（%）
榆林职业技术学院	53	D—	73.02	75.16	76.05	3048.96	3.33	3.73	53.09
陕西警官职业学院	54	D—	72.41	74.52	75.50	2775.41	3.01	3.95	37.84
陕西电子科技职业学院	55	D—	72.38	74.49	79.72	3425.43	2.61	3.79	67.77
西安东方亚太职业技术学院	56	D—	71.61	73.70	76.92	3150.00	2.20	4.17	50.00
西安电子制造公司机电学院	57	D—	70.50	72.56	90.00	2761.76	2.86	3.40	61.54
延安大学	58	D—	69.42	71.44	57.89	2052.38	4.57	4.19	26.92

高职高专院校这一块里，就业质量从学校角度来讲，最好的是陕西铁路工程职业技术学院。排名第二的是西安电力高等专科学校，排名第三的是西安铁路职业技术学院。后面三个是本科的院校，但是它们招高职学生，其高职的就业质量相对来讲也是不错的。排在后面的学校，在培养的专科生的就业质量上，与前面的就有一些差距。

高职高专的专业里，就业质量从指数来讲比较好的是铁道车辆、高速动车组检修技术、铁道机车车辆、高速铁道技术，可以看到，基本上和铁路交通相关，这个可能和实际的情况还是比较吻合的。这一类学校的毕业生，我们到学校里去了解过，基本上男学生在一年级时就被公司聘走了，女学生到第二年级的第一学期也基本都定了岗位。因为这几年道路建设交通这一块的发展比较快，所以对这一类人才的需求还是比较大的。如表 10 中，相应的比较差一点的专科类专业，整体上就业质量相对比较差一点。这个是简单的基本的结果。

表9 高职高专院校专业分析结果示例1

高职高专院校专业名称	排名	排序	标准化就业质量指数	就业质量指数	就业率（%）	平均月收入（元）	专业匹配度	就业满意度	离职率（%）
铁道车辆	1	A＋	100.00	114.56	97.18	4630.30	4.40	4.94	0.00
高速动车组检修技术	2	A＋	99.74	114.26	100.00	4027.18	5.75	4.50	0.00
铁道机车车辆	3	A＋	93.27	106.85	98.57	3696.28	5.12	4.29	1.75
高速铁道技术	4	A	91.96	105.34	97.83	4305.58	4.07	3.93	6.00
铁道工程技术	5	A	90.01	103.11	96.22	4141.64	4.38	3.96	16.07
质构施工技术	6	A	88.92	101.87	97.18	3943.89	4.67	3.89	20.69
工程测量技术	7	A	88.73	101.65	92.20	4396.07	4.22	4.06	28.57

表10 高职高专院校专业分析结果示例2

高职高专院校专业名称	排名	排序	标准化就业质量指数	就业质量指数	就业率（%）	平均月收入（元）	专业匹配度	就业满意度	离职率（%）
材料成型与控制技术	122	D—	64.38	73.75	80.65	3290.00	2.63	3.55	57.89
口腔医学技术	123	D—	63.89	73.19	71.74	3110.00	2.55	4.71	58.82
园林工程技术	124	D—	63.49	72.73	84.40	2716.10	3.14	3.61	55.32
中医学	125	D—	63.20	72.40	80.49	2226.81	3.95	3.80	48.94
城市轨道交通控制	126	D—	63.07	72.25	83.41	3255.10	2.22	3.60	60.81
城市轨道交通运营管理	127	D—	62.98	72.14	82.75	3237.78	2.25	3.83	65.78
司法警务	128	D—	62.90	72.06	71.27	2594.40	3.33	3.91	37.93
园艺技术	129	D—	62.47	71.56	86.36	2560.00	3.13	3.54	56.00
建制经济管理	130	D—	61.61	70.58	77.78	2788.94	3.04	3.66	57.14
心理咨询	131	D—	61.10	70.00	81.48	2918.00	2.29	4.13	66.67
化工设备维修技术	132	D—	60.75	69.59	68.83	3225.71	2.89	3.75	66.67
民航特种车辆维修	133	D—	60.31	69.09	75.76	3427.27	2.11	3.22	61.54
装饰艺术设计	134	D—	56.91	65.19	90.20	1892.86	2.75	3.43	53.33

基于初步分析，有简单的三点讨论。一个就是用就业质量指数这个概念对不同学校、不同专业进行分析的时候，我们发现不同的高校，不同的专业的毕业生就业的不均衡

的状态，差异是非常大的。排在最前面的和排在后面的从就业质量指数上来讲，数值上的差别比较大，学校和学校之间有这种差别，专业和专业之间也有很大的差别。相应地，排在比较后面的专业，不光是就业质量的问题，就业的充分性可能也是问题。

第二个就是可以用这个教育质量指数这个工具，对不同高校、不同专业的毕业生的就业质量做一些监测评估工作。假如说我们连续做跟踪性调查，每年能都对不同高校、不同专业的就业质量状况来做一点分析的话，就可以对这些高校毕业生的就业质量、就业充分性来进行监测，这样的话有利于教育的行政管理部门或者高校了解学校和专业布局的发展。

第三个提供一种很好的基础数据。如为管理部门包括学校怎么样来优化校内的专业设置，调整专业结构，提供一个工具上的支持。

综上所述，不同高校、不同专业的毕业生的就业状况是不平衡的。以就业质量指数为基本工具，可以对不同高校及专业的毕业生的就业质量进行监测、评估，为教育行政管理部门和高校梳理家底、布局专业发展、规范专业建设提供数据基础。高校毕业生就业质量指数分析结果可以为教育管理部门、高校优化专业设置、调整专业结构提供一定支持。

利益相关者视域下我国高校“三创”教育体系的构建

胡艳婷*

（厦门大学 教育研究院，福建 厦门 361005）

摘要： 知识经济时代，知识的生产、加工以及应用发挥着越来越重要的作用，对高校人才培养提出了创造、创新、创业的价值要求。高校“三创”教育体系的建立涉及不同主体的利益，文章呈现了目前高校“三创”教育的发展现状，从利益相关者理论视角分析高校“三创”教育体系建立的内在关系以及存在的问题，提出“三创”教育体系的构建路径，以期为我国高校“三创”教育发展提供有益借鉴。

关键词： “三创”教育 利益相关者 创新创业

一、引言

国务院《关于深化高等学校创新创业教育改革的实施意见》（国办发〔2015〕36 号）明确提出，要将创新创业教育融入人才培养的全过程。高校作为推动知识生产和应用的主力军，是推动创新驱动生产发展的核心力量。知识生产的智力密集性需要创造性人才在某一专业领域开展深入研究。创造新的知识生长点，产出突破性成果。知识研究成果产生出来之后，需要创新性人才继续加以探索，不断地更新和完善，形成科学化的知识理论体系。知识的分配和应用需要将新的知识理论转化为生产力，应用于现实生活中，这就需要创业性人才通过实践运用，转化出知识的现实价值。创造教育、创新教育、创业教育是一个有机统一的整体，是一个环环相扣的人才培养过程，构建高校的“三创”教育教育体系是知识经济时代培养创造性人才、创新型人才、创业型人才的有效举措，在推动社会生产有序良性循环方面发挥中流砥柱的作用。

高校是一个典型的利益相关者组织，高校“三创”教育体系的构建涉及众多利益相关者。利益相关者理论（Stakeholder Theory）是 20 世纪 60 年代以来西方经济学家提出的一种新的企业管理理论。该理论解构了“责任即利益”的观点，即任何一种利益相关者组织，只有在真正重视并尽力满足其主要利益相关者的利益诉求的前提下，组织本身长期的、可持续的利益才能得以维系。① 弗里曼认为，“利益相关者”是指“能够影响组织目标

---

* 作者简介：胡艳婷，厦门大学教育研究院博士研究生。

① 李政.利益相关者视角下高校创业教育的问题及对策[J].中国高等教育，2012(10):45-46.

的实现或能够被组织实现目标的过程影响的人”。① 20 世纪 90 年代以来，利益相关者理论逐步被应用到多个学科领域，美国学者罗索夫斯基较早在高等教育管理领域进行相关研究，他认为大学是典型的利益相关者组织，与大学更广泛的有利害关系的个人或群体有教授、学生、校友、捐赠者、政府、公众、社区等。② 本文试用利益相关者理论探究高校“三创”教育体系的发展状况以及存在的问题，并在此基础上寻求其发展路径。

二、高校创新创业教育现状

（一）创新创业教育课堂教学

在第一课堂设置相关课程，在第二课堂鼓励学生参与各种社会实践活动，开展创新创业教育讲座，举办各种竞赛和活动等。四川大学邀请杰出校友、社会贤达、行业精英来校新开设了 290 门“创新创业型”和“实践应用型”课程。③ 三亚学院创新训练拓展与专业教育有机结合，开设“创业教育”、“大学生创新创业实务”、“大学生创业基础”等创新创业课程，同时每年联合省就业局为毕业生开设 80 课时的 SYB 创业培训课程；开展各类“模拟创业”、“创业训练计划”、“科技创新”、“创业项目” 等创新创业实践活动，举办“微软创新杯全球学生科技大赛”海南赛区总决赛、三亚学院“互联网＋”创新创业大赛，参加创新创业实践活动的学生覆盖面超过 50％。④

（二）融合创新创业教育的人才培养模式

在人才培养方案上，不少学校将创新创业教育以学分制的方式供学生修读。哈尔滨工程大学出台《哈尔滨工程大学创新创业学分认定管理办法》，对创新创业课程、创新创业实践、学术创新、自主创业等均给予学分认定，形成必修课＋选修课＋能力拓展环节“2＋2＋X”的培养模式。⑤ 同济大学推进创新创业与新工科人才培养方案的融合，结合土木、设计、传媒、物理四个学科专业在 1～2 年级尝试“创新创业＋”人才培养创新实验区。推行“＋1”创业实践培养模式，不同专业、不同年级的学生依托原专业成果进行一年的创业实践，给予学业导师、创业导师和服务导师一对一指导，实现初创企业，可以将创业成果总结作为毕业论文，获得原专业学位和辅修创新创业专业；“2＋2”专业联合培养模式，不同专业的学生在 3 年级经考核进入创新创业专业，系统学习创新创业知识和管理能力，成为具备发现不同领域项目的创业领导者或合伙人，获得管理学学位。⑥ 将创新创业教育纳入人才培养方案，在给予“三创”教育实施空间的同时，也可能由于培养方案的设

---

① 胡赤弟，田玉梅.高等教育利益相关者理论研究的几个问题[J].中国高教研究，2010(6)：16.

② 刘宗让.大学战略：利益相关者的影响与管理[J].高教探索，2010(3)：22.

③ 四川大学.四川大学 2016—2017 学年本科教学质量报告[EB/OL].(2017-12-14)[2018-06-16].https://news.tongji.edu.cn/themes/1/userfiles/download/2017/12/14/fyzby623kbkjc8r.pdf.

④ 三亚学院.三亚学院 2015—2016 学年本科教学质量报告[EB/OL].(2016-12-19)[2018-06-19].http://cdu.hainan.gov.cn/contents/133/50520.html.

⑤ 哈尔滨工程大学.哈尔滨工程大学 2016—2017 学年本科教学质量报告[EB/OL].(2017-09-12)[2018-07-19].http://xxgk.hrbeu.edu.cn/5910/list.html.

⑥ 同济大学.同济大学 2016—2017 学年本科教学质量报告[EB/OL].(2017-11-10)[2018-07-10].https://news.tongji.edu.cn/classid－6－newsid－56391－t－show.html.

计不足，导致创新创业教育流于表面，成为一种学生“蹭学分”、“刷绩点”的工具，很难实现真正意义上学生的创新创业能力和精神的提升。目前的教学体系中普遍没有系统的或者完整的创新创业教学，例如从创造、创新到创业的完整链条形式，各种课程和活动分散进行，彼此之间缺乏交融，缺乏完整的、系统的教学理念进行指导。

（三）创新创业教育实践训练

创新创业实践训练注重对学生创业技能培训教育，有的大学还成立了创业管理培训学院专门从事创业教育研究，构建创新创业教育课程体系；同时搭建融科技园、科技孵化器在内的系统化的创业教育及实践平台。2016 年 10 月，同济大学成立创新创业学院，统一协同各部门和学院开展创新创业教学、研究和实践，打造从培养体系到创业孵化的创新创业教育全链条，连通本、硕、博教育，实现创新创业教学和实践的全覆盖；主动对接融合不同专业学生创新创业能力培养，推进跨学科交叉的科技成果转化；整合“校内外基础实践平台—产学研结合的创业实践平台—重大科研设施和成果转化平台—环同济知识经济圈战略平台”四大实践资源平台，让成果转移转化进入课堂和人才培养，提高导师、学生团队依托高技术成果转化的创业率；同时推动与地方政府合作，搭建“创意链—技术链—产业链—市场链”的完整知识型产业生态链，构建“政府—大学—产业”协同推动区域创新型产业集群的新模式。截至目前，同济创业谷先后招募项目 334 个，69 个项目实现市场化公司化运营，累计吸纳社会资本 5200 余万元，同济创业谷吸引社会捐赠 1.1 亿元。① 同济大学是在创新创业教育中走在我国高校前列的，其一系列示范性举措为我国高校推进“三创”教育体系构建起到良好的示范作用。但如何从覆盖本科生至硕士生再到博士生，再从博士生、硕士生的创新创业教学情况反馈到本科生的创新创业教学的整体学习过程，缺乏综合的、统一的规划。同时，如何实现创新创业要素的聚集，实现学科交融、校友和社会组织优势互补，共同培养人才、创造价值，仍有很多问题需要研究探索。

创新创业教育在我国高校已经有了一定的发展，“三创”教育是在“双创”教育的基础之上，具备完整性和方向性的培养体系。创造、创新、创业教育三者互相补充，缺一不可，仅仅强调创新创业教育而忽视创造教育在逻辑链条上是缺失的，缺少创造、产生新知识的逻辑起点则不利于学生创造思维和创造能力的培养，需要将三者统一起来，有机融合，作为一个整体概念加以认识和实施，但是目前我国高校对于“三创”教育的整体认识和发展建设仍存在较大不足。从利益相关者视角分析高校“三创”教育的发展，可以从不同主体的视角看待“三创”教育的发展，认识“三创”教育发展的不足以及存在的障碍，为更好地建立高校“三创”教育体系提供方法路径。

三、利益相关者视角下高校“三创”教育的发展

结合我国国情，笔者认为，政府、产业界、高校管理人员、教师、学生构成高校“三创”教育主要的利益相关者。基于高校“三创”教育的内部运行体系及外部支撑体系，本研究将其中的政府、产业界等列为外部利益相关者，将高校管理人员、教师、学生等列为内部利益相关者。

---

① 同济大学.同济大学 2016—2017 学年本科教学质量报告[EB/OL].(2017-11-10)[2018-07-10].https://news.tongji.edu.cn/classid－6－newsid－56391－t－show.html.

（一）内部利益相关者在“三创”教育中的功能定位

在高校的内部运行体系中，高校管理人员、教师、学生构成了创业教育活动的绝对主体，理想的状态是三者协同互动、教学相长。

高校管理人员是高校运行的统筹规划者。行政管理人员是高校“三创”教育政策的制定者、学生创业活动的推广者以及具体扶持行为的执行者。他们希望建立更顺畅的“三创”教育体系，推进各项创业扶持政策顺利进行，联合更多利益相关者提供资源，为大学生创业活动提供良好的创业教育氛围和环境。但在实际的开展过程中，因各高校的发展方向、资源分布不均衡，导致行政管理部门行使职责时出现“越位”和“缺位”。同时，由于目前“三创”教育的基础理论体系尚未成形，不同高校之间在操作实施上存在诸多差异，在“三创”教育的计划纲要、学科定位、理论认知上存在分歧，尚未建立统一成熟的“三创”教育体系，导致各高校管理人员在实施“三创”教育的过程中各行其道，缺乏沟通。

教师是“三创”教育中启发指导者。“三创”教育中的很大一部分创业活动起始于教师的科研项目、教学实践活动，在科学研究过程中，他们成为学生开展创业活动最初的发起者、指导者、培育者，也是学生的创业导师。教学单位与专业教师期望拥有更多的教学自主权，获得支撑专业学科发展的倾向性资源，获得良好的绩效评价。但是现行的“重研轻教”的教师考核评价体系，导致教师对于指导和支持学生创新创业活动的积极性不高，缺乏参与性。其次，目前高校师资队伍中还是以理论学术性教师为主，很多教师是从接受多年教育、一直生活在校园里的“学生”身份转换成为“教师”的，这些教师本身也缺少实践经验，更妄谈将理论与实践相结合来指导学生，师资队伍中缺乏具备实战经验的专职老师，在创业课程体系的建设上也更加偏向理论知识，创业教育课程体系不健全。

学生是“三创”教育的参与者、实践者、受益者。学生更倾向于在创业活动中取得适应社会的就业能力、展现自我价值的机会和相应的经济回报。随着创业教育的开展，具有创业精神、进行创业实践活动的学生越来越多，但是由于高校未构建起成熟的“三创”教育体系，导致很多有想法、有意向、有热情参与创造、创新、创业活动的学生求助无门。行政管理人员由于上级行政层级的约束以及考评机制中功利性指标的限制，不能直接为学生提供便利，很多福利政策落实到学生身上早已“变味”。教师由于缺少实践性经验，加之“三创”教育考核评价体系的缺位，很难为学生提供积极有效的指导。学生日益增多的利益诉求倒逼内部利益相关者和外部利益相关者调整政策制定。此外，由于受传统观念的影响，学生参与创业活动缺乏家庭和社会舆论的支持，使得学生在心理上对于创业活动望而生畏。

（二）外部利益相关者在高校“三创”教育的功能定位

高校“三创”教育的外部支撑体系中的利益相关者包括政府、产业界和高校。政府指各级政府及相关司职管理机构，产业界指企业、银行、中介服务商以及风险投资方等。高校指作为统一整体的高校实体。在大学生创业教育体系构建中，政府、产业界与高校理想的利益博弈状态是一种“政府搭台、产业界支撑、高校唱戏”均衡互补状态，但现实环境中往往容易趋向“部门越位、产业界缺位、高校错位”的利益冲突格局。①

① 乜晓燕，马玲，李德才.困境与路径：基于利益相关者视角的高校创新创业教育[J].黑龙江高教研究，2017(03)：147-149.

政府是高校"三创"教育体系建设的外部引导者和协调者。政府具有优化社会资源的职能,政治权利和政治资本是协调利益相关者的强大后盾。在现行大学管理运行机制下,政府作为教育的主要投入方,处于主导和决定性的地位,高校"三创"教育体系建立在政府政策和指导思想的基础之上,然而在这种统一的集权理念和管理体制下,导致政府在高校管理中出现越位或缺位的政策性失灵。政府期望高校培养出更多创新创业人才,满足社会经济转型升级的要求,缓解社会人口就业压力,全面优化社会资源。各部门纷纷颁发创业教育扶持政策,但由于各部门之间的分工协调和统筹规划不够科学,出现"政出多门、相互矛盾、流于表面"的状况。这种政策偏差导致政策落实行性差,真正落实到学生和学校身上的创业政策优惠大打折扣。

产业界是高校"三创"教育体系建设的孵化者和资助者。产业界拥有资金、市场、平台,以及将科学研究成果转化为生产力的能力,与高校资源互补状态。产业界期望高校能够培养出更多具有创造、创新、创业能力的人才,也希望借助高校基础科研研究,提高自身产业转型升级的能力。产业界与高校的理想的合作模式应为高校与产业界形成彼此对等、相互补充的合作关系,集合高校科学研究的优势和产业界对市场需求的敏锐认知,将具有商业价值的知识创造,通过创新、创业转化为经济效益。但是,目前二者合作方式多为校企合作、共同研发、订单培养等形式化的浅层次合作。两者之间信息未实现充分共享,产业界对高校的前沿研究了解不足,高校对于产业界的最新投资方向也不够敏感。同时,产业界更多的是作为单向性的资助方,缺少回馈和收入,产出不明确,导致产业界的积极性不高。此外,投资高校尤其是在校大学生或者刚毕业学生具有很大的风险,如果缺乏政府的政策支持和优惠,很多实力不足的小型企业和机构没有机会和动力与高校合作,减少了高校创造、创新、创业教育的实践平台。

高校作为统一整体是"三创"教育中培养者和交流器。不少高校将创业教育等同认为要求学生创办企业,倾向"短平快"的速成教育模式,所以才出现了社会舆论中将高校学生开办服装店、餐饮店、摆地摊等活动完全等同于高校的"三创"教育,高校在此舆论导向下很容易失去自身定位,忽视提升学生创造、创新、创业精神和创造、创新、创业能力的本质初衷。此外,高校与外界进行沟通协调时,代表的是全校整体的利益表达,但是由于不同高校在"三创"教育理念和认知上的差异,导致缺乏沟通或者沟通效果不佳。高校在与政府和产业界进行交涉时,高校的利益诉求是在拥有更多的教育自主权和稳定的资金扶持下,全面培养学生的通用能力和专业能力,培养高素质人才,提高学校自身的影响力。但是因为自身三创教育组织制度的不完善性,时常出现教育资源配置不合理的现象。

(三)内外利益相关者对大学生创业教育的作用过程

组织系统内个体为实现自我利益而提出利益诉求,在信息传递过程中,不同智能体组合形成了不同的利益群体。所谓利益群体非均衡博弈,是指各个利益群体因其具有的数量、地位、相互关联度差别而拥有不同的博弈力量,为实现自身利益最大化争夺组织系统的有限资源,致使各利益群体最终获得利益实际值与其利益期望值有所差别的博弈过程。组织系统内构成网络结构的诸多利益群体相互非均衡博弈,促使组织系统螺旋递进式发展与演化。①

内部利益相关者利益组合博弈中，行政管理人员如果没有与教师良好地配合，缺乏教师的专业指导，学生创业类项目往往局限于餐饮、服装、手工艺品等低层次的创业；每年行政部门的指标要求和评价体系，导致管理人员再次高压之下可能出现干预过度，引起学生和教师的反感。教师在指导学生进行创业时，也因缺乏创业经营知识而过于理想化，同时行政管理机构对教师"三创"教育教学考核制度的缺失，导致教师的积极性不高；学生是"三创"教育的主要参与者，但他们的利益诉求在其他利益相关者的政治权利、物质资本等资源面前势单力薄，变革现行体制往往面临严峻挑战，当他们拥有的资源不足以获取变革相关者的支持时，创业活动往往都会受到阻碍，极大影响学生的参与积极性。②

外部利益相关者利益组合博弈中，政府往往被认为是无限责任担当者，高校和产业界希望政府在各项政策要求下给予相应的扶持，方便工作的顺利展开，政府却只有有限的能力承担，导致政府、企业、高校三者配合不佳。高校在财政拨款制度下，与企业合作处于相对被动的状态，没有内生的合作驱动力，两者的信息机制不通畅，高校最新的科学技术难以借助产业界的力量转化为生产力，产业界也难以依靠高校的技术研发实现升级发展，两者的合作只限于学生实习、调研参观的实践基地项目，产业界的企业多以冠名赞助的方式支持高校科研项目发展，但是又对政府的政策不甚满意，产业界中的银行等金融机构由于担心学生不具备可信的偿还能力而诸多设限，导致产业界和高校未能实现深层次的合作。

四、利益相关者视角下高校"三创"教育体系的构建路径

（一）政府要统筹规划，推进外部支撑体系建设

政府需要为高校"三创"教育在政策制定、资源支持和方向引导上做好顶层设计，保障不同利益者的利益诉求能够得到响应。第一，政府要平衡好资助者与监督者关系，合法、合理、合适地行使职能，不越位、不缺位，自觉约束自身权利。第二，政府应出台相应的优惠政策，支持产业界对高校的投资转化，减轻企业的压力与风险，对于企业参与扶持大学生三创活动的项目简化行政审批程序，助力产业界与高校"三创"教育的合作。第三，建立良好的沟通机制，让高校、产业界、学生等一系列相关人员都可以有效地提出自己的利益诉求，协调内外部利益相关者的利益，发挥好管理和评价的作用。在组织架构和制度上强调权力制衡和民主决策；在实施程序与利益分配上强调权责相当和利益共享；在活动开展和信息沟通上强调合作参与和有效反馈。第四，作为评价高校"三创"教育建设的主要监督者，需要构建多元主体、多种方式评价的机制，逐步形成对大学生创造创新创业能力和素养的评价标准，推动"三创"教育体系的不断改进。

---

① 杨博文，周富利等.组织系统内利益群体非均衡博弈分析[J].系统科学学报，2012(11)：92-96.

② 项国鹏，黄玮.利益相关者视角下的制度创业过程研究[J].科技进步与对策，2016(1)：26-31.

（二）高校要构建权责相当的“三创”教育体系，推进内部运行系统和谐发展

高校作为“三创”教育体系的主体责任方，需要协调好内外部利益相关者关系，构建权利和责任相当的“三创”教育体系。第一，高校需要建立健全的内部运行和保障机制，建立一套完整的“三创”教育制度，并成立相关的领导管理组织，组织成员需要多元化，将各部门行政管理人员、各学院领导和教师、学生代表纳为其成员。负责全面规划、指导和整合校内外课程、实践资源、创业项目开发以及师资队伍培养等建设工作，制定创新创业教育发展规划、发展纲要。给予行政管理人员、教师、学生一个交流、配合的平台，减少三者之间不相对接带来的矛盾和低效。第二，建设双师型师资队伍，吸纳具有创业经验、实践工作经验的专业老师，重视对教师“三创”教育的校内外培训，建设高水准、多元化的双师型教师队伍。多渠道聘请企业家、风险投资人以及创业成功人士充实到外聘教师的队伍中。同时构建科研和教学并重的评价体系，将教师开展“三创”教育实践教学的情况作为考核的重要内容，提升教师开展创新创业教育的积极性。第三，构建专创融合、理论与实践结合的“三创”教育课程体系。鼓励学生将创新创业活动与自身的专业相结合，系统开发针对不同专业与学科特点的创新创业指导和实战课程，推动高层次的创业实践，同时要分阶段、分层次、分群体地对不同利益诉求的学生提供咨询和援助。理论与实践相结合要求高校要积极搭建创新创业实践新平台，如大学科技园、创业基地，给学生运用理论知识的平台和机会；同时要积极引导学生参加各类创新创业竞赛活动、开展创新创业训练，对各级学科竞赛活动大力资助，以此为载体培养大学生的创新意识和创业技能。将学科前沿、行业热点、社会需求等内容纳入创新创业教育过程中，实现学校教育与社会需求的对接。

（三）产业界要提高参与意识，加强与高校“三创”教育的合作

产业界是高校“三创”教育的孵化者和资助者，技术创新升级又是企业发展的生命力，企业参与到高校的“三创”教育体系中，可以充分利用高校的科研和人才优势，迅速、及时地接受最前沿的知识和技术创新成果，在合作的过程中吸纳高校具备创造、创新、创业精神和能力的人才加入企业队伍，提高企业的竞争力。第一，建立高效、通畅的信息交流机制。产业界可以为高校提供市场的最新动态和发展方向等资讯，高校可以为产业界提供前沿、顶端的知识和技术创新，两者之间充分的信息共享能够高效推动“三创”教育的全方位发展。第二，建立多渠道的校企合作模式。通过企业进校园和高校进企业、校企共办创新创业园等途径搭建合作平台；通过举办创新创业竞赛、论坛、报告会等方式开展合作教育；设立企业基金、奖学金等扶持创新创业项目，为企业参与高校“三创”教育找到合作的平台和出口。第三，参与高校的人才培养方案制定，将企业对人才的要求融入专业的人才培养计划，提高人才与企业的适配性，提高高校人才培养质量的同时，推动解决企业发展中对创新创业人才短缺的难题。

（四）学生要有效争取权利，发挥主观能动性

学生是参与高校“三创”教育的主人翁和受益者，学生需要在高校“三创”教育体系建设中发挥中观能动性，树立主人翁意识。高校“三创”教育体系的内在初衷是培养学生的创造、创新和创业意识和能力，增强“三创”精神。在此过程中，“以学生为中心”教育理念要贯穿整个过程。首次，学生要充分利用学校提供的平台和资源，主动寻求老师的指导，积极将想法落地，在实践和操作的过程中试错，不断提升自己的创造、创新、创业能力。

其次，学生可以多借助多渠道提出自己的利益诉求，无论政策的制定还是资金的支持，最终的目的都是为了学生的发展，学生在权益无法得到良好保障时可积极寻求帮助，勇于担当，积极推进改革现行制度中的不足，推动政策制定的合理性和科学性。第三，学生要秉持良好的学习态度，在“三创”教育中自觉、自信地自我设计，大胆设想，敢于创新，不怕吃苦，提升技能的同时注重创新思维、创业意识的培养，争当知识经济时代弄潮儿。

高校大学排名上升路径研究

——以香港城市大学发展战略为例

韦骅峰*

（厦门大学 教育研究院，福建 厦门 361005）

摘要： 大学排名的变化一定程度上可以反映高校“双一流”建设的情况。香港城市大学近年来在QS、THE、ARWU和US News四大大学排名中均有较大幅度的提升。分析香港城市大学的大学发展战略和其发展的具体措施，发现该校在大学排名指标主要涉及的教育教学、师资队伍、科学研究、境内外合作和学校声誉等五项指标均有较大幅度的提升和建树。通过香港城市大学的发展经验，内地高校也应注重立足本校的办学培养目标，制定适合的发展战略，注重发展上述大学排名指标涉及的关键领域。

关键词： 大学排名；香港城市大学；大学发展战略

2015年10月，国务院印发的《统筹推进世界一流大学和一流学科建设总体方案》中指出，要“推动一批高水平大学和学科进入世界一流行列或前列。目标到20世纪中叶，一流大学和一流学科的数量和实力进入世界前列，基本建成高等教育强国”。① 2017年9月，教育部、财政部、国家发展改革委印发了《关于公布世界一流大学和一流学科建设高校及建设学科名单的通知》，公布了42所一流大学建设高校名单和95所一流学科建设高校名单。② 一时间，关于一流大学建设的问题成为人们关注的焦点。对于如何衡量一所大学的办学情况，除了不久前教育部组织的第四轮学科评估等政府主导的审核评估之外，由民间第三方机构主导的大学排名是衡量高校综合办学水平最简洁、最直观的途径之一，在一定程度上可以反映高校“双一流”建设情况。

大学排名的变化，可以直观反映出高校办学水平的变化情况。香港城市大学（以下简称“城大”）是香港大学资助教育委员会资助的八所高等教育院校之一，是一所教学研究型大学，长期以来处于香港高等教育的第二梯队。通过分析近5年（2014—2018年）四

* 作者简介：韦骅峰，厦门大学教育研究院硕士研究生。

① 教育部.统筹推进世界一流大学和一流学科建设总体方案[EB/OL].(2015-10-24)[2018-06-23].http://www.moe.gov.cn/jyb_xxgk/moe_1777/moe_1778/201511/t20151105_217823.html.

② 教育部，财政部，关于公布世界一流大学和一流学科建设高校及建设学科名单的通知[EB/OL].（2017-09-21）[2018-06-23]. http://www. moe. gov. cn/srcsite/A22/moe _ 843/201709/t20170921_314942.html.

大著名的世界大学排名：QS、THE、ARWU 和 US News 可以发现，城大在各大排名中均有较大幅度上升(见表 1)。

表 1　香港城市大学近年来四大世界大学排名情况

	Qs	THE	ARWU	US News
2013			309*	
2014	104	203	205	216
2015	108	192	206	216
2016	57	207	207	187
2017	55	119	205	194
2018	49	119		186

* ARWU2018 版尚未公布，因而选用 2013 年的代替。数据来源于各大学排名官方网站。

从上表的数据可以看出，城大近五年来在四大大学排名中均有较大幅度的上升，提升幅度少则 30 名，多则 100 余名，这也就反映了城大近年来办学水平有相当大的提升。城大制定了怎样的大学发展战略，采用了哪些措施，使得学校的办学水平提升立竿见影？理清其排名上升的原因，对于在“双一流”建设过程中的我国高校有较大的借鉴意义。本文通过分析四大大学排名的指标体系，再结合近年来香港城市大学的发展措施，分析促使其的排名上升的因素，最后得出一流高校发展的经验启示。

一、四大大学排名主要指标分析

四大大学排名的指标构成相当不同，每个大学排名均由不同的一级指标组成，其下还设有不同的二级指标，而每个指标所占的比重也各不相同。下面总结了四大大学排名的指标构成情况，如表 2 所示。

表 2　四大大学排名的指标构成情况

Qs	THE	ARWU	US News
1.学术声誉(40%)	1.教学 30%(学习环境、声誉调查：15%；员工与学生的比例：4.5%；博士学士比例：2.25%；博士学位授予学术人员比例：6%；机构收入：2.25%)	1.教育质量 10%(获诺贝尔奖和菲尔兹奖的校友折合数)	1. 全球研究声誉 12.5%；区域研究声誉 12.5%
2.雇主声誉(10%)	2.研究 30%(数量、收入和声誉：声誉调查：18%；研究收入：6%；研究生产力：6%)	2.教师质量 40%(获诺贝尔科学奖和菲尔兹奖的教师折合数各学科领域被引用次数最高的科学家数量)	2. 出版物 10%；图书 2.5%；会议 2.5%；

续表

Qs	THE	ARWU	US News
3.师生比例(20%)	3.引用(研究影响力:30%)	3.科研成果 40%(在《Nature》和《Science》上发表论文的折合数被科学引文索引(SCIE)和社会科学引文索引(SSCI)收录的论文数量)	3.规范化的引用影响 10%;总引用次数 7.5%;引用次数最多的 10%的出版物数量 12.5%;引用次数最多的 10%的出版物占总数的百分比 10%;
4.每位教师的引用次数(20%) 5.国际教师和学生比例(各 5%)	4.国际展望(员工、学生和研究:国际与国内学生比例:2.5%;国际对国内员工比例:2.5%;国际合作:2.5%) 5.行业收入(知识转移:2.5%)	4.师均表现 10%(上述五项指标得分的师均值)	4.被引用次数最多的论文数量在各自领域引用最多的前 1%之内 5%;被引用最多的论文中排名前 1%的出版物总数的百分比 5%;

数据资料来源于各大学排名官方网站。

从表 2 可以看出,虽然各大学排名的二级指标和每个指标所占比重存在较大差异,但一级指标所涵盖的主要内容有着相似之处。根据一级指标内容,我们可以将四大大学排名的评估指标大致分为教育教学、师资队伍、科学研究、境内外合作和学校声誉五大类。①

教育教学包括博士学位授予数、获奖校友数和其他与教学相关的指标。

师资队伍包括教师数量、师生比、教师获奖数、文章被引数、境内外教师比例等。

科学研究包括论文著作的数量、文章被引数、科研资金数量和其他科研成果。

境内外合作包括境内外教师、学生的比例、境内外合作研究成果、与境内外院校的合作数量等。

学校声誉是一个主观评价,主要依据对世界各大高校评估行业的专家学者和毕业生雇主对该校情况的问卷调查结果。

二、香港城市大学排名上升原因分析

城大近年来能在四大大学排名中具有较大幅度的上升,其在上述的四大大学排名指标共同涉及的教育教学、师资队伍、科学研究、境内外合作和学校声誉五个方面必定有长足进步。而这些方面的进步,离不开城大总体发展规划的统筹。因而若要探究城大大学排名上升的原因,我们有必要分析城大的总体发展规划和在上述五个方面的具体发展措施。

① 吴云峰,张端鸿.大学排名的一致性研究——以 QS、THE、USNews、ARWU 四个排行榜为例[J].上海教育评估研究,2017(11):24-29.

（一）总体发展战略

城大是一所教学研究型大学，侧重于专业教育和研究。① 根据城大理事会 2009 年通过的决议，城大的愿景是要发展为全球领先的大学，在研究和职业教育方面表现优秀。城大的使命是培养和发展学生的才能，创造适用的知识，以支持社会和经济发展。② 由此可见城大确实以专业教育和研究作为办学的重心，以发展学生的创造性为培养目标。

城大在《2010—2015 年战略规划》中，提出了五大战略规划，分别是：强化专业教育的探索与创新；拓宽跨学科协作研究，应对全球性难题；加深大学国际化，加强全球网络；扩建知识转移和创业实力；增强良政善治，提高城大声誉。③

在《2015—2020 年战略规划》中，城大进一步提出了六大战略区域，分别是：学生学习和职业发展；研究和技术转让；教职员工招聘、奖励和保留；校园规划和发展；全球化；品牌、形象和文化。④

可以看出，城大的战略规划和战略区域，在大学排名主要涉及的教育教学、师资队伍、科学研究、境内外合作和学校声誉五个方面均有涵盖，对城大在这些方面的布局发展，有很强的政策引导性，有助于学校明确办学中点，集中优势资源，重点促进上述领域发展。

（二）教育教学

1.学生人数

城大 2016－17 学年共有学生 19787 人，其中博士生 128 人，硕士生 6148 人，本科生 12608 人。研究生和本科生人数比约为 1∶2。⑤ 城大的博士生人数和研究生和本科生人数比，反映出城大确实不是以研究为办学中心，而是专业教育和研究并重。

2.教学经费

2017 年，城大的教学支持及其他的开支上升约 6%，达到至 12.78 亿元，占 2016－17 年度总开支约 29%。⑥ 这一经费主要用于扩充国际网络，与世界多家著名学府签订学术或学生交流的新协议，配合城大的创新人才培养模式——重探索求创新课程。

3.重探索求创新课程（DEC）

2012 年城大全面实施“重探索求创新”课程（DEC）。这一创新人才培养模式的宗旨是将“发现”和“创新”置于本科教育的核心位置，目的是使学生有参与原创探索的机会，

---

① 全守杰，王运来.世界一流大学战略规划的文本及行动转化研究——以香港 3 所大学为例[J].中国高教研究，2017(3)：15-18.

② City University of Hong Kong. Vision and Mission [EB/OL]. (2009-11-12)[2018-07-03]. http://www.cityu.edu.hk/cityu/about/vm.htm.

③ City University of Hong Kong. Strategic Plan 2010—2015 [EB/OL]. (2009-01-11)[2018-07-05].http://www.cityu.edu.hk/provost/strategic_plan/2010—2015/index.htm.

④ City University of Hong Kong. Strategic Plan 2015—2020 [EB/OL]. (2014-11-13)[2018-07-05].http://www.cityu.edu.hk/provost/strategic_plan/chapter_two.htm.

⑤ City University of Hong Kong. Annual Report 2016-17 [EB/OL]. (2016-11-20)[2018-07-06].http://www.cityu.edu.hk/puo/newscentre/publication/annual_report/.

⑥ City University of Hong Kong. Annual Report 2016-17 [EB/OL].(2016-11-20)[2018-07-06].http://www.cityu.edu.hk/puo/newscentre/publication/annual_report/.

提升其创新能力及专业实践，加强就业机会。

具体而言，城大在学术课程中，加强的知识创造的内容，鼓励并资助学生进行实践创新，将想法融入实际生活中，解决社会问题；加强学生入学流程选拔，选取有参与潜力的学生；建立专责小组，制定和协调推广联网计划，并联系更多企业和其他高校参与，促进学生的创新成果转化。

自2012年DEC在城大全面实施以来，学生创新能力提升成效显著。城大每年举办探索节，将学生在DEC中的创意发明展示出来，并邀请各大高校和企业界人士参观。其中一些对解决社会问题有益的产品，可能会得到企业的资金支持。香港铁路有限公司董事长Frederick Ma Si－hang表示："教学与研究的完美结合使城大与其他院校区别开来，我们始终确保我们开展的研究对社会有用。"①在THE公布的2014—2017年全球大学毕业生就业能力排名中，城大连续四年名列最佳150学府之一，②说明城大的毕业生能力在很大程度上得到了企业的认可。

（三）师资队伍

1.师资基本情况

城大自2008年以来开始加大对优秀教师的招募工作，成功引进了近200名全职教师，2014年教师总数超过700人。其中近60%的教职员工来自26个国家或地区，大部分来自亚洲以外的地区，教师人数和国际化比重均大幅上升。近年来城大的优秀教师引进还在持续，2018年城大官网上的专任教师有1041人，较2014年上升48%。③

2.绩效奖励、问责制

城大2010年实施绩效奖励计划（PBPR），通过将奖励与绩效紧密挂钩，将教职员的薪酬与其职务表现挂钩，建立问责制文化。其主要内容是评估教师在教育、研究和管理方面主要指标的表现情况。该计划的目的在于确保每位学术和行政人员的表现得到适当的认可和奖励，鼓励教师进一步提升教学和科研水平。

3.未来规划

未来在师资队伍的建设规划中，城大计划进一步扩大教师规模和研究生课程，尤其是跨学科研究；增加外部资助和奖励，表彰在高水平研究项目成功的教师；在选定地区招聘新的教师，增加国际教师和跨学科教师的数量。

---

① City University of Hong Kong. Discovery Festival celebrates innovation achievements at CityU [EB/OL]. (2012-10-11)[2018-07-06]. https://newscentre.cityu.edu.hk/media/news/2017/03/07/discovery－festival－celebrates－innovation－achievements－cityu.

② THE. Best universities for graduate jobs: Global University Employability Ranking 2017 [EB/OL]. (2018-01-11) [2018-07-06]. https://www.timeshighereducation.com/student/best－universities/best－universities－graduate－jobs－global－university－employability－ranking.

③ City University of Hong Kong. Find Researchers[EB/OL]. (2018-01-11)[2018-07-06]. https://scholars.cityu.edu.hk/en/persons/search.html? filter = researcher&affiliationStatus = current.

（四）科学研究

1.科研经费

近年来，城大的科研经费投入持续上升，为城大的科研水平的提高奠定了物质基础。在2010—2015年间，城大获得的政府拨款经费在八间教资会资助的香港高等教育院校中排名第三。且城大连续三年获最多资助青年教师早期研究计划的拨款。2016—2017学年，城大在教学与科研方面支出26.67亿元，其中科研支出13.89亿元，占全年总支出的31.4%，较上一年上升2%。①

2.科研成果：

近年来，城大科研成果收获显著，在大学排名主要涉及的论文被引率、高被引科学家、论文数量等方面都有较大提升：在2014年教资会的研究评审工作中，城大表现突出，近一半(44%)的研究成果被评为世界领先或国际优秀；排在2014年香港所有机构高被引科学家的名单的第2位；在QS世界大学排名中，教师论文引用率指标中位列香港之首；在美国国家发明家学院及知识产权拥有者协会编撰的2016年全球前100家获颁最多美国专利的大学中，城大居全港第一位，全球第54位。2016－2017学年城大教师出版了59部学术著作、发表2738篇学术论文，承接了校内外2114项研究项目，这些数据均处于全港前列。②

（五）境内外合作

1.与其他院校合作情况

一方面，城大注重与国际一流高校的合作。2013年与哥伦比亚大学建立合作，提供联合学士学位课程，加强国际化学习。2014年城大与康奈尔大学合作成立了兽医学院。此外还与巴黎第一大学、亚利桑那大学等建立了联合培养关系。

另一方面，城大还注重深化与内地高校的交流合作，在内地开办研究院，加深与内地的联系。2010年城大与其他5所本地大学共同建立了海洋污染国家重点实验室，与厦门大学海洋环境科学国家重点实验室合作开展研究。2011年城大深圳研究院成立，致力于加强与大陆机构及行业的合作。2017年5月，城大成都研究院成立，标志城大深入祖国西南，在内地的策略发展进入新阶段，助力"一带一路"建设。③

截止到2017年，城大已经与46所大陆院校和361所其他国家的院校建立合作关系，签订了548份合作协议，国际化办学成果显著。

2.境内外学生交流

加强国际化是2015—2020年大学战略计划的五大战略主题之一，城大为学生的境内外交流提供途径和不同类型的财政支持和补贴。城大在战略规划中提出到2015年，至少有50%本科生能参与海外交流，以加强学习和专业实践的国际化。

---

① City University of Hong Kong. Annual Report 2016-17 [EB/OL].(2017-11-19)[2018-07-06].http://www6.cityu.edu.hk/puo/newscentre/publication/annual_report/.

② City University of Hong Kong. Annual Report 2016－17 [EB/OL]. (2016-11-20)[2018-07-06].http://www6.cityu.edu.hk/puo/newscentre/publication/annual_report/.

③ City University of Hong Kong. Strategic Plan 2015-2020 [EB/OL]. (2014-10-11)[2018-07-05].http://www.cityu.edu.hk/provost/strategic_plan/chapter_two.htm.

城大还着力扩大其国际网络，2013 年与全球 28 个国家和地区的 101 家知名机构成功缔结 131 项学术或学生交流新协议，以支持 DEC 课程。到 2016—2017 学年，城大的国际交流网络进一步扩大，与超过 45 个国家和地区的近 350 间合作机构签订超过 450 份学生交换协议。非本地学生的比例也由 2010—2011 年的 15%上升至 2013—2014 年度的 22%，再到 2016—2017 学年的 35%，对国际学生对吸引力持续增强。①

未来城大还计划对所有学术课程进行定期审查，以确保严谨和竞争力，并与顶尖的国际大学进行比较；扩大与著名国际大学的联合学位课程的发展；改善国际学生招聘策略和学生支持服务，提高学生的摄取质量和多样性等，从多个方面提升学校的境内外学生交流水平。

（六）学校声誉

城大注重加强对学校形象的宣传。通过在过去几年推行更积极的媒体参与策略，城大加强了与媒体的联系，有助于提升其在本地区的形象和知名度。

企业雇主的评价对学校声誉的影响相当巨大。通过从 2012 年起全面实施“重探索求创新”课程（DEC），城大毕业生的创新能力明显提升，企业雇主对毕业生的认可程度也显著增强。城大在 2014—2017 年全球大学毕业生就业能力排名连续四年名列最佳 150 学府。这对于提高城大的学校声誉大有增益。

此外，由于教学、师资、科研、境内外合作等多方面的共同促进，城大从 10 年前 QS 世界大学排名前 200 位，跻身近几年的前 100 位，反映了城大正处于一个高速的上升轨道，对城大的声誉也有较大提升。

三、香港城市大学排名上升的启示

城大近年来在四大大学排名中显著上升，并不是偶然现象，而是在排名涉及的核心指标如教育教学、师资队伍、科学研究、境内外合作和学校声誉等方面均有明显提升的结果。城大的发展进步，是基于对本校办学愿景和使命的充分理解，在为实现办学愿景和使命而制定的总体发展战略指导下稳步推进的。在具体的实施过程中，城大将本校发展目标落实到一个个五年计划中，制定了五大战略规划和六大战略区域。其规划和区域符合本校办学愿景、使命，与大学排名对一流高校的评价指标高度重合，为城大的发展指引了方向。因而针对内地高校而言，应注意以下几个方面：

（一）明确办学和培养目标

大学的发展，离不开对本校办学定位和培养目标的认识和落实。高校应依据本校的办学定位，结合本校专业特色，确定相应的培养目标，走适合本校的发展道路。

（二）制定稳步推进的战略规划

在办学定位和培养目标的基础上，高校应瞄准国际前沿，制定相应的发展规划、战略，将发展目标落实到发展规划中，在本校发展的关键领域取得成果。

---

① City University of Hong Kong. Annual Report 2016-17 [EB/OL]. (2016-11-20)[2018-07-06].http://www6.cityu.edu.hk/puo/newscentre/publication/annual_report/.

（三）采用适当的措施

对于一流大学的评价标准有很多种，四大大学排名的评价指标为争创一流的高校提供了发展思路。基于城大的发展经验，高校应注重本校的教育教学、师资队伍、科学研究、境内外合作和学校声誉，着力于提高教学和科研经费、创新人才培养模式、加强高水平师资引进、建立完善的绩效奖励机制、强化与境内外高校合作和提升学校声誉等方面的工作。

高校宿舍制度文化建设路径探究

李虹瑾*

（厦门大学 教育研究院，福建 厦门 361005）

摘要： 宿舍制度文化涵盖了高校实现宿舍管理目标的保障体系和措施，对大学生宿舍文化的发展有着引导作用，宿舍制度文化建设是大学生宿舍文化建设中必不可少的重要一环。本文将对当代大学生宿舍制度文化存在的问题进行研究和分析，并提出高校宿舍制度文化的建设路径

关键词： 宿舍制度；文化建设；建设路径

宿舍是大学生学习和生活的重要场所，承担着起居、休息、学习、娱乐、社交等功能，是他们的第二个“家”。宿舍文化是校园文化中不可或缺的一个部分，对塑造大学生的人生观、价值观、世界观、思维方式、行为规范、生活习惯等各方面起着潜移默化的作用。在宿舍文化之中，宿舍制度文化起着规范约束学生行为的作用，是宿舍管理目标的表现，能够折射出学校管理的思想理念和实践方法。因此，对当代大学生宿舍制度文化进行研究和分析，可以在一定程度上改善高校宿舍管理，推进良好宿舍文化的建设。

一、高校宿舍制度文化的概念界定

文化有广义和狭义之分，广义的文化是人类在社会历史发展过程中所创造的物质和精神财富的总和，包括物质文化、制度文化和精神文化。狭义的文化是指人们普遍的社会习惯，如衣食住行、风俗习惯、生活方式、行为规范等。① 制度文化是文化的一个组成部分、一个子系统、一个层面，是人们共同认可的规范体系及与之相适应的文化氛围。② 宿舍文化指的是处于具体时代、具体地域的大学生，以宿舍及其周边为主要场域，在学习、生活、娱乐、休闲的相互交往过程中潜移默化形成的集生活惯习、行为规范、思维方式、价值准则等为一体的精神氛围。宿舍文化是生生之间、师生之间、生管之间在长期的生活和社会实践中共同互动建构的，是从社会文化、学校文化的土壤中成长出来的，由物质文

---

* 作者简介：李虹瑾，厦门大学教育研究院硕士研究生。

① 罗兰．大学宿舍文化论[J]．黑龙江高教研究，2010(6)：7-11.

② 曾小华．什么是制度文化[J]．中共杭州市委党校学报，2001(01)：51-53.

化、制度文化、行为文化、精神文化构成。[①] 关于宿舍制度文化的界定，学界尚未达成统一认识，大部分学者在讨论制度文化时，将制度与制度文化混为一谈，未突出制度中的文化氛围。在本文中，笔者将高校宿舍制度文化定义为在一定时代背景下，高校宿舍管理者、老师、学生在长期生活、实践过程中共同互动建构的各项规章条例和与之相适应的文化氛围。它应当包括两方面：一是制度本身的文化，即凝结在高校宿舍制度中的价值取向和呈现形态；二是实施制度过程中形成的文化，即人们对高校宿舍制度的态度和基于此表现出的行为方式。

二、高校宿舍制度文化现状及存在的问题

制度文化可以分为制度本身的文化和实施制度过程中形成的文化两部分，所以高校宿舍制度文化现状也可以从这两方面来分析。

（一）高校宿舍制度本身的文化

1.正式制度：统一要求，强制性大

正式的制度即显性制度，指的是学校在宿舍管理方面以文件的形式制定的一些规则制度，包括行为规范制度、宿舍分配制度、水电制度、熄灯制度、门禁制度等。当前高校管理者更多的是从方便学校管理、提高管理效率的角度出发来制定制度，以同样的规定来统一要求学生，罔顾学生在家庭背景、兴趣爱好、性格特点、作息习惯上的差异，忽视学生多样化的需求和多元化的诉求。比如在宿舍分配制度上，学校统一按院系、年级来分配宿舍，在宿舍大小、价格以及成员组成的选择上，学生们被剥夺了主动权，只能被动地接受学校的安排，这种方式不利于大学生的个性发展。又如熄灯制度、门禁制度、限电制度等，采取对全体学生进行整齐划一的管理规定，未考虑到学生有不同的生活作息习惯和用电需求，给学生生活带来不便，引得抱怨连连。此外，在高校宿舍制度的文本内容上，常出现“严禁”、“不许”、“不准”等富有命令意味的词汇，突出制度的约束力，而忽视了制度的引导性。学校试图用强硬的手段来要求学生，却忽视了他们自身强烈的主体性，易使制度无法发挥应有的效力，还有可能会适得其反，激发大学生的反感和叛逆心理。

2.非正式制度：因人而设，灵活度高

非正式的制度也叫隐性制度，是宿舍成员之间自行订立的约定俗成的潜在规定，作用范围较小，需要依靠成员自觉遵守而产生效用，如宿舍内部的卫生打扫制度、关灯制度、缴费制度、请客制度等。这些规定是宿舍成员在日常生活中根据自己宿舍的实际情况和不同成员的家庭背景、性格特点和实际需求来制定的，有很强的特殊性和针对性。虽然非正式制度不具有正式制度的强制性，作用范围也比较小，但它受到大学生的高度认同和支持，有着比正式制度更强的约束力。宿舍非正式制度小部分以书面的形式呈现，如卫生打扫制度，大部分以一种约定俗成的心理状态存在，可以根据具体情况而做出相应的调整，具有很强的灵活性。

---

① 郭文瑾．影响大学生宿舍文化的因素研究[D]．太原：山西大学，2016.

（二）高校宿舍制度实施过程中形成的文化

1.学校层面：重管理，轻服务和育人

学校遵循“教育育人、管理育人、服务育人”的原则，在教授学生文化知识的同时，高度重视学生管理。各高校都形成一套严格有序的学生宿舍管理制度，并严格执行，以此来维护学生宿舍的安定和有序。[①] 制度设立的目的是为了更好地进行管理，但管理只能是手段，服务和育人才是最终目标。而当前高校管理者在实施制度的过程中，本末倒置地将管理放在首位，把服务和育人排在次要位置。具体表现为以下几方面：第一，强调管理，弱化服务。在面对大学生群体多样化的需求和多元化的服务诉求时，学校想的不是如何改善宿舍条件来满足他们合理的诉求，而是如何通过制度来管束学生的行为，抑制他们的需求，方便学校的统一化管理。这体现出学校缺乏服务学生的意识，仅把学生当作管理对象，而非服务对象，学校和学生之间是一种上下级关系，而不是平等的关系；第二，以管为主，缺乏教育。宿舍管理者在执行制度的过程中，往往只重视管理，而忽视了教育。当学生违反了相关条例时，管理者或是简单机械地采用警告、通报、批评等方式来处罚学生，或是上报辅导员对学生进行管理教育。前一种方式中，处罚容易使学生的心理受到伤害，宿舍管理员也未能抓住契机对犯错学生进行教育；后一种方式中，即便有些辅导员会对学生进行一些相应的思想政治教育，但教育不够及时，其效力也会有所削弱。

2.学生层面：违抗与遵守并存

人们是否能从心理上认同并自觉按照制度的规定行事，决定了这个制度的生命力的强弱，如果人们只是迫于权威或情境的压力才遵从了规范，那么一旦外部监控和压力消失了，相应的规范行为就可能会动摇和改变。只有对制度达到认同的高度，在思想、情感和态度上主动地接受了规范，从而试图与之保持一致，这个制度才真正能发挥效用，有其存在的意义。据调查，大学生在执行制度过程中形成的文化是违抗与遵守并存。违抗体现在即使学校有严格的门禁制度，照样时常有晚归的同学；即使学校严格规定不能使用大功率电器，并有隔三岔五地抽查，依旧有同学偷偷使用违规电器……在大学宿舍中，“上有政策下有对策”的现象普遍存在，甚至有些制度形同虚设，学生或是不知道其存在，或是根本无心遵守。遵守体现在大部分大学生会自觉遵守现行宿舍规章制度，高校宿舍生活整体上能够按照宿舍制度的规定，正常、安定、有序地进行着。不过，大部分学生遵守正式制度是出于一种服从管理的心理，而不是像遵守非正式制度一样，是由于内心的认可而自觉内化为自身行为规范。[②] 大学生在执行正式制度的过程中，违抗与遵守并存，体现了大学生对正式制度的认同感并不高。

（三）高校宿舍制度文化建设存在的问题

理想的高校宿舍制度文化一方面在制度本身上，应当有健全的制度，并体现出“以生为本”的思想理念，在制度实施的过程中，各相关人员尤其是学生对制度高度认同，并自觉按照制度行事。这样一来，高校在宿舍管理上才能依靠制度文化的导向性和约束力来规范学生行为，使之符合社会道德规范，同时发挥其教育和激励功能，促使学生养成良好

---

① 洪满春．“90后”大学生宿舍文化现状及其建设研究[D]．武汉：华中师范大学，2011．

② 张晓红．高校后勤社会化背景下的大学生宿舍文化建设研究[D]．曲阜：曲阜师范大学，2016．

的纪律观念和生活习惯，在制度实施过程中，融管理、服务、育人三者于一体，充分调动学生的积极性和主动性，达到“自我管理、自我服务、自我教育”。而通过以上分析，可以总结出高校宿舍制度文化建设存在的问题主要有：制度本身方面，正式制度的内容不够人性化，“以生为本”的观念未落实到位；制度的强制性显著，忽视学生的主体意识。制度实施过程中，突出制度的规范和导向性功能，忽视了教育和激励功能，重管理，轻服务和育人；学生对正式制度的认同度不高，不能完全自觉按照制度行事，正式宿舍制度流于形式，收效甚微。

三、高校宿舍制度文化原因分析

（一）学校层面

1. 对宿舍文化建设认识不够，重视不足

我国高校对宿舍的定位比较单一，仅把宿舍当作学生的居住地，而没有考虑到宿舍的娱乐、学习等其他功能，[①]造成宿舍功能单一化，无法满足学生对宿舍生活的多种需求。在进行宿舍建设时，校方领导更注重宿舍数量的调整或是配套设施的完善，而没有充分认识到宿舍文化建设的重要性，对宿舍文化的建设也往往不够深入，流于表面。在进行宿舍管理时，更关注宿舍安全的把控，忽视学生日常生活方面的管理，对制度的认识也大多停留在把它当作一种强制性的管理手段来约束学生行为，没有充分发挥宿舍管理制度对学生的激励和教育作用，不能清晰地认识到宿舍文化建设的目标是让学生进行自我管理、自我教育和自我服务，学生在宿舍管理中的主体性地位被抢占。高校对大学生宿舍文化建设不重视导致高校宿舍文化建设边缘化，高校对宿舍文化建设缺乏科学全面的认识，导致高校宿舍制度文化建设产生诸多问题，无法达到理想的状态。

2. 宿舍管理模式转变，问题突出

当前的高校管理模式已从过去的由学校方面统一管理的“传统模式”，转变为由学校和各校后勤集团合作管理的“后勤半社会化模式”，随着这种模式的发展，社会物业公司或企业投资管理宿舍逐渐成为一种新的高校学生宿舍管理模式。[②] 高校宿舍管理模式的转变虽然一定程度上使得宿舍管理从学校集权管理的桎梏中脱离出来，变得更加灵活自由，却也产生了许多新问题。首先，物业公司或企业都是带有商业性质的组织，他们看重的是经济效益，因而更多地把学生宿舍管理当作一种盈利方式和手段，而不是把服务学生当作宿舍管理的第一要务，未能认识到宿舍作为教育场所的特殊性和大学生群体的特殊性，重管理而轻教育。其次，学校的权力被其他集团削弱，对学生管理的力度和所承担的教育功能也被减弱。再者，管理权力的分散也带来了管理部门权责不清晰的问题，学校和后勤集团双方容易出现相互推诿或不作为的情况。在这样的情况下，宿舍制度在实施过程中容易出现管理混乱的局面，“以生为本”的管理理念也未能落到实处。

3. 宿舍管理人员不足，素质不高

国内高校的宿舍管理人员大都是实行轮流值班制，一个时间段一般只配备一到两个管理人员对整栋宿舍进行管理。人员不足导致他们没有足够的精力和时间去了解大量

---

① 张幼香.浅析高校学生宿舍管理存在的问题[J].科技情报开发与经济，2006(16)：234-235.

② 王荔园.陕西高校学生宿舍管理研究[D].西安：陕西师范大学，2016.

学生的宿舍生活状态和问题，通常只能对学生宿舍的进出人员、舍内设施报修、宿舍区卫生、水电等简单的日常事务进行管理。大部分高校在聘用学生宿舍管理人员时，要求较低，学生宿舍管理员隶属后勤集团，工资待遇一般，文化层次不高，年龄大多数在中年。[①]他们自身素质不高，缺乏专业的学生管理知识，服务意识淡薄，学校对这些管理人员也没有进行专门训练，因而他们在对学生宿舍进行管理时容易出现应付了事、把关不严等问题。此外，宿舍管理人员与学生的交流并不多，对学生的了解不够，也未掌握学生教育相关理论知识，所以，当学生违背制度时，他们只会采取简单的处理方式，不能很好地对学生起到教育、引导的育人作用。

（二）学生层面

1.价值观多元，追求个性发展

随着市场经济的推进和全球化进程的加快，多元文化的浪潮涌入中国，冲击了当代大学生的价值观，呈现出了后现代主义倾向，其中之一的表现即为有反叛和解构权威的价值观，[②]同时，大学生群体有着追求个性、标新立异的特点。学校宿舍管理采取整齐划一的方式，制定统一的要求，重共性而轻个性，使用强制性的规范来约束学生，带有高高在上的权威意味，这些都与大学生自身的特点发生了冲突，因而大学生对制度的认同度和遵从性都不高。并且，宿舍管理的一些制度没有考虑到大学生们在家庭背景、个性特点、兴趣爱好等方面有着较大的差异，这不利于大学生的个性化发展。

2.生活水平提升，需求更多样

当代大学生出生于生活水平较高的幸福年代，其中有大部分是独生子女，在家里享受优渥的待遇，因而他们对宿舍生活有更多样的需求和更高的要求，具体表现为，他们期待宿舍的物质条件良好，期望宿舍能满足他们娱乐、休息、学习等要求。比如有些同学希望能自由选择宿舍的类型、宿舍的成员，希望在宿舍里自由使用一些必要的电器，如电吹风、电饭煲、烧水壶，希望能自己决定关灯的时间，不希望学校过早断电断网……而学校认为学生的一些需求存在安全隐患问题，不相信学生自我管理的能力，以扼杀学生们需求的方式来降低宿舍事故、方便宿舍管理，而不是以提高相关服务系统的安全度来满足学生需求，虽然学校的顾虑存在合理性，学生的需求也不全都是合理的，但学生需求和学校管理的冲突表明了宿舍管理未把服务学生放在第一位，制度的人性化意识不够。

3.自我意识强，主体性被抑制

大学生群体有较为强烈的自我意识和主体意识，他们渴望独立，希望一切事情按照自己的意愿进行，具有很强的能动性。而学校在制定宿舍管理的相关制度时，并没有对学生的需求进行调查，没有广泛征求学生的意见和建议，而是直接自上而下地发布制度，然后要求学生必须遵守上级要求。在这个过程中，学生完全是被动的一方，其主体性被严重抑制，很难发挥出自身在制度文化建设方面的积极性和创造性。当学校制度不能顺应他们的意愿时，他们必然会产生抵触情绪。大学生教育、管理、服务的最终目标是充分调动学生的积极性和主动性，而当前高校的宿舍管理成效与实现学生“自我管理、自我服务”的目标差距较大。

---

① 黄高静．大学生宿舍文化建设研究[D]．绵阳：西南科技大学，2016.

② 吴鲁平，杨飒．从流行音乐看青年的后现代价值取向[J]．青年探索，2013(01)：6-13.

四、高校宿舍制度文化建设路径

在分析了高校宿舍制度文化建设存在的问题及其产生的原因之后，笔者针对这些问题，提出了以下相应的建设路径，以期为高校宿舍制度文化建设提供有益的参考。

（一）建立健全规章制度，落实“以生为本”的理念

高校宿舍有一系列的规章制度为规范学生行为和促进宿舍良性发展提供制度保障，但是多数制度都指向学生日常生活的管理，而针对宿舍管理人员的工作管理、宿舍文娱活动、学生学术活动等的相关制度规定还很是贫瘠，①且已有制度存在不够人性化、强制性突出、整齐划一等问题。为此，学校应当健全制度，制定出更丰富、更实用的宿舍规章制度，以《宿舍管理规范》为主，延伸出具体的安全管理、文娱活动管理、学术活动管理、宿舍管理人员的工作管理等完备的规范体系，除了有规范制度，还要有相应的教育制度以及一套落实、监督、考核、反馈、激励的机制。② 学校在制定宿舍管理制度时，要调查学生的需求，收集建议和意见，站在学生的角度进行换位思考，尽力改善学校的条件，努力在制度内容中满足学生的合理诉求。比如在宿舍分配制度上，事先调查学生的兴趣爱好、家庭背景、作息习惯，并将收集到的学生的兴趣爱好和作息习惯信息反馈给学生，让学生们根据自身情况选择宿舍的类型和舍友；废除一些不合理的限电制度、熄灯制度、断电断网、门禁制度等，让学生能使用一些必要的生活电器，根据宿舍情况决定关灯时间，以此来方便学生的生活，促进自我管理。此外，在制度规定上，不能“一刀切”，应当考虑对象的差异性和特殊性，对不同的对象做出不同的规定，或是在制度规定上留有变通的空间，让执行者根据具体情况做出不同的决策。总而言之，就是要将“以生为本”、“服务育人”的思想理念在制度中切实体现，争取做到制度充分体现学生意志，只有学生满意的制度，他们才愿意积极主动自觉遵守和践行。

（二）加强管理队伍建设，增强管理人员的“服务”、“教育”意识

随着高等教育市场化的发展，高校学生管理部门与学生之间已由过去单纯的管理与被管理的关系逐步转变为服务与被服务的关系，③制度文化也应当从强调“以管为主”转变为“服务育人”。但由于高校宿舍管理人员的缺乏和类型的单一，使得现有管理人员分身乏术，宿舍管理质量有所下降，并且管理人员素质不高，对制度的理解和认知还很不透彻，缺乏管理、服务、教育能力，导致制度实施过程中形成“以管为主”，轻视“服务”和“教育”的文化。因此，建立一支高素质、高责任感的宿舍管理队伍迫在眉睫。加强管理队伍建设可以从以下几方面入手：第一，在宿舍管理人员队伍建设方面，增加宿舍管理人员的数量和类型，每一栋宿舍可增添几名管理人员同时对宿舍进行分工管理。要提高宿舍管理员的招聘门槛，学历要求要在高中及以上，设立宿舍管理员持证上岗制度，④要求他们掌握管理学、教育学、心理学相关知识，通过考核取得宿舍管理员证书才能上岗。在宿舍

---

① 郭文瑾．影响大学生宿舍文化的因素研究[D]．太原：山西大学，2016．

② 吴建强．论新形势下的学生宿舍管理[J]．镇江高专学报，2002(04)：73-75．

③ 吴建强．论新形势下的学生宿舍管理[J]．镇江高专学报，2002(04)：73-75．

④ 郭文瑾．影响大学生宿舍文化的因素研究[D]．太原：山西大学，2016．

管理人员入岗之前，学校相关部门应当对其进行入职教育，设置宿舍管理相关课程，通过培训提升他们的责任感、职业道德感和服务育人意识。第二，在辅导员队伍建设方面，可以组建一支经验丰富的辅导员队伍入驻宿舍，承担宿舍思想政治教育的工作，建立宿舍辅导员办公室，专项负责学生宿舍的管理与教育工作，在平日里与学生保持沟通和交流，随时随地全方位地了解学生，及时发现问题、解决问题，对学生进行教育。

（三）完善管理工作的反馈监督机制，不断改进宿舍管理

任何事物都处于不断的变化发展之中，没有一项制度是具有普适性的，需要在实践的过程中对其不断地进行检验和修改，才能达到尽可能的完美。制度的生命力在于执行，如果制度得不到很好的落实，即便它再完美、再理想，它的存在也失去了意义。为此，学校应当建立完善的反馈机制来对现有制度进行修订，建立完善的监督机制来确保制度的执行，让高校宿舍管理做到有章可依、有章必依。一方面，要设立良好的反馈机制，通过调查学生和宿舍管理人员对当前宿舍制度、宿舍管理方式的态度、评价和建议，根据这些反馈，找出宿舍制度和宿舍管理过程中的漏洞和不妥之处，并结合实际情况来修改相关规章制度，不断改进宿舍管理方式方法，以确保制度本身和制度实施过程的科学化、合理化、人性化；另一方面，要对宿舍管理人员和辅导员队伍进行监督，跟踪考察他们在实际工作中的表现，对他们进行严格的绩效考核评定，并进行相应的奖惩，以此来杜绝他们敷衍了事、不作为的情况。让学生对宿舍管理人员、辅导员进行打分，或是建立微信、微博、信箱等平台让学生发出自己的声音，并把学生的评价也纳入为绩效考核的一部分，这样既能积极发挥学生群体的主人翁精神，又有助于切实提高管理人员的责任感和服务学生的意识。

（四）发挥学生的主体性，实现学生“自我管理、自我服务、自我教育”

宿舍制度文化建设的最终目标是要充分调动学生的积极性和主动性，使学生达到“自我管理、自我服务、自我教育”，因此，发挥学生在高校宿舍制度文化建设过程中的主体性显得尤为重要。其一，让学生参与制度的制定，广泛收集学生群体对宿舍制度的建议和意见，尊重学生的意愿，以生为本，建立人性化、科学化的宿舍制度，这样才能提高学生对宿舍规章制度的理解、感受和认同，在此基础上学生才会自觉遵守宿舍规范，进而内化为自身的行为准则，外化为自动化地表现出符合社会、学校要求的行为。其二，让学生参与宿舍管理，监督制度的执行。比如创建学生宿舍管理组织，选拔一批责任心强、素质过硬的学生担任组织领导干部，吸纳广大同学参与其中，学校给予适当的指导和一定的财力和物力支持，让学生们承担宿舍管理任务、开展各种宿舍文化建设活动，对同学们的宿舍生活进行监督。在这个过程中，学生们被赋予了“管理者”的身份，突出了他们的主体性地位，让学生自己发现问题、解决问题，能够激发他们的创造性，强化自我管理、自我服务、自我教育的意识。其三，制定激励机制，调动学生积极性。制度的功能除了规范之外，更重要的是导向、教育和激励功能，高校在进行宿舍制度文化建设时往往忽视了这一点，只突出了制度的约束作用，并时常采取惩罚的方式来处理违反规范的学生，这样很容易打击学生的积极性，以奖励为主、惩罚为辅，才能更好地激发学生的主动性和积极性。所以，在宿舍制度文化建设的过程中，高校应当制定相应激励机制，对自觉遵守宿舍制度、主动参与宿舍文化建设活动并且表现优异的个人或宿舍集体授予荣誉称号，并给予一定的物质奖励，通过奖励与表彰来激发调动学生的积极性。

宿舍生活是大学生校园生活的重要组成部分，高校学生宿舍管理的建设直接影响着大学生的全面发展，间接影响着学校的工作质量。随着我国高校招生不断扩大，高校宿舍管理问题不断涌现，大学生宿舍文化建设的重要性凸显而出。制度文化涵盖了高校实现宿舍管理目标的保障体系和措施，对大学生宿舍文化的发展有着引导作用，宿舍制度文化建设是大学生宿舍文化建设中必不可少的重要一环。对高校宿舍进行有效的管理，为大学生宿舍生活提供更优良的服务，充分发挥学生宿舍管理的育人功能，是当前高校宿舍制度文化建设的目标和方向，需要我们不断地进行探索。

伯顿·克拉克"三角协调模型"与高等教育"管办评"新三角模型分析

张纯坤*

(厦门大学教育研究院 福建,厦门 361005)

摘要: 伯顿·克拉克提出的国家权力、学术权威、市场三角协调模型,是认识和比较各国高等教育系统的重要理论工具,而我国提出的高等教育"管办评"分离改革与之存在着较高的相似度和可比性。本文基于三角协调模型,并从理论上尝试构建管办评新三角模型,用以分析我国高等教育"管办评"改革政策与实践,以期为"管办评"分离改革提出针对性的建议。

关键词: 三角协调模型;高等教育;管办评

教育领域"管办评"分离最先是在 2013 年《中共中央关于全面深化改革若干重大问题的决定》中提出,深化教育领域综合改革"深入推进管办评分离"。张力(2014)对于中央这项政策的解读是:"我们的理解,就是构建政府管教育、学校办教育、社会评教育的治理新格局。"①随后在 2015 年出台的《教育部关于深入推进教育管办评分离促进政府职能转变的若干意见》出台,明确提出:"到 2020 年,基本形成政府依法管理、学校依法自主办学、社会各界依法参与和监督的教育公共治理新格局,为基本实现教育现代化提供重要制度保障。"②综合我国上述权威政策文本可以发现,教育领域内"管办评"分离改革的提出,不仅是政府转变职能简政放权的改革政策,更是国家全面深化高等教育综合改革、推动高等教育进一步发展的重要举措。高等教育"管办评"相分离的实质在于理顺政府(国家权力)、高校(学术权威)和社会(市场)之间的关系,然而这三者的关系是怎么样的,与伯顿·克拉克提出的三角协调模型有哪些异同,三者能否建立一个新的三角模型,本文后续将一一对这些问题进行分析和解答。

* 作者简介:张纯坤,厦门大学教育研究院博士研究生。

① 张力.教育领域深入推进管办评分离的探索[J].中国机构改革与管理,2014(4):15-17.

② 教育部.教育部关于深入推进教育管办评分离促进政府职能转变的若干意见[EB/OL].(2015-05-04)[2018-07-10].http://old.moe.gov.cn/publicfiles/business/htmlfiles/moe/s7049/201505/186927.html.

一、“三角协调模型”解构分析

为了揭示“权力”这一基本要素在各国高等教育系统中的分配与运行状态，伯顿·克拉克提出了“三角协调模型”用来解释国家权力、学术权威、市场三者是如何影响不同国家高等教育系统运行。一个国家高等教育系统的运行是不同权力共同作用相互博弈的结果，有着较为复杂运行逻辑，在其《高等教育系统：学术组织的跨国研究》一书中明确指出：“考察各学科和院校如何协调一致，从严密的官僚统治到专业寡头统治到松散的市场。系统作为系统乃是三者的融合，协调远比通常所描绘的情况更加复杂，各国高教系统提供不同的融合。”[①]伯顿·克拉克通过描述国家权力、学术权威与市场三者权力关系的作用与博弈，来认识各国高等教育系统的整合与变革。三角协调模型中每一个角都代表着一种权力的极端和另两种权力的最低限度，三角形内部的各个位置代表了三种权力不同的程度的结合，图1三角协调图清晰地展示了不同国家是如何来组织本国的高等教育系统。

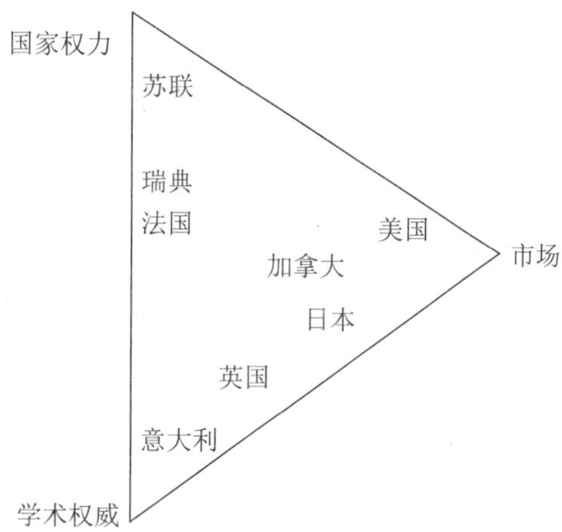

图1　三角协调图

资料来源：伯顿·R.克拉克.高等教育系统：学术组织的跨国研究[M].王承绪，徐辉，等译.杭州：杭州大学出版社，1994：159.

在复杂而现实的世界中，清晰而准确地抽象描述每个国家的高等教育系统无疑是困难的，伯顿·克拉克通过建立三个理想的高等教育类型即国家体制、市场体制和专业体制，为各国高等教育制度的比较提供了三个基点，将三点相连接可以从不同维度来分析每个国家的高等教育制度，各国在三角模型中的位置清晰直观地表现出了各国高等教育系统中政府、学术、市场三者的相互作用与博弈，以及哪一种权利在起主导作用，让学术研究者和公众更好地认识一个国家的高等教育系统。

伯顿·克拉克三角协调模型的提出，对于我们认识高等教育和改革高等教育有着重要意义。首先，三角协调模型让研究者和公众对于不同国家的高等教育系统有了更为准

① 伯顿·R.克拉克.高等教育系统：学术组织的跨国研究[M].王承绪，徐辉，等译.杭州：杭州大学出版社，1994：7-8.

确、明晰的认识,更好地开展跨国际的比较研究;其次,三角协调模型抽象概括出了影响高等教育教育最重要的三个权利关系,即政府、学术和市场的关系。我国高等教育“管办评”分离改革提出的政府、高校、社会三者各司其职,最终形成政府观教育、学校办教育、社会评教育的治理新局面。高等教育“管办评”相分离的实质在于理顺政府(国家权力)、高校(学术权威)和社会(市场)之间的关系。本文将基于对伯顿·克拉克三角协调模型的分析和研究,进而阐述这三者的关系是怎么样的,比较新旧三角模型有哪些异同,尝试构建一个新的三角模型,用于分析和研究我国高等教育“管办评”分离改革,以期提出具有针对性的政策建议。

二、高等教育“管办评”新三角模型

(一)高等教育“管办评”新三角模型的建构

构建高等教育“管办评”新三角模型,需要厘清政府、高校、社会三者的关系。纵观改革开放后的高等教育改革和发展,我国高等教育机制、体制改革已取得明显的进步,但应当看到我国高等教育领域仍存在一些深层次的矛盾,政府职能在高等教育各个领域均显现出不同程度的越位、缺位与错位现象。当前我国高等教育逐渐步入改革的深水区,“管办评”分离改革势在必行。推进高等教育管办评分离,理顺政府、高校与社会的三者治理的关系,对于进一步转变和优化政府行政职能、明晰政府在高等教育中权责有着重要的意义。然而如何去改,“管办评”分离的改革进程、改革目标都不甚清楚,本文基于伯顿·克拉克三角协调模型和已出台“管办评”分离政策,尝试去构建高等教育“管办评”新三角模型,以便于社会和公众更为准确、明晰地认识高等教育管办评分离改革的目标与进程。

政策文本中“管办评”的初步描绘。梳理《教育部关于深入推进教育管办评分离,促进政府职能转变的若干意见》政策文本,可以发现有三项主要政策:一是推进依法行政,形成政事分开、权责明确、统筹协调、规范有序的教育管理体制;二是推进政校分开,建设依法办学、自主管理、民主监督、社会参与的现代学校制度;三是推进依法评价,建立科学、规范、公正的教育评价制度。上述三项政策分别从管(行政)、办(学校)、评三个方面展开。综合已有政策文本以及相关文献,笔者尝试构建我国高等教育“管办评”新三角模型,在这个模型中假设三角形的三点分别代表政府行使管理职能、高校发挥办学职能、社会履行评价职能的三个极点,三角形内部代表三种权力的不同结合(如图2所示)。然而理论上的模型仅仅是从理论分析的需要进行构建的,与现实情况不尽相同。譬如纯粹的政府管教育、学校办教育、社会评教育是不存在的,“管办评”每一个部分当中都不可能只有一种权力的存在,现实中一般都是多种权力的融合。那么,“管办评”新三角模型应当如何去解读和理解,该模型将如何帮助我们认识和促进“管办评”相分离改革。解答上述问题,仍需要将该理论模型放到我国高等教育的历史和实践中去分析。

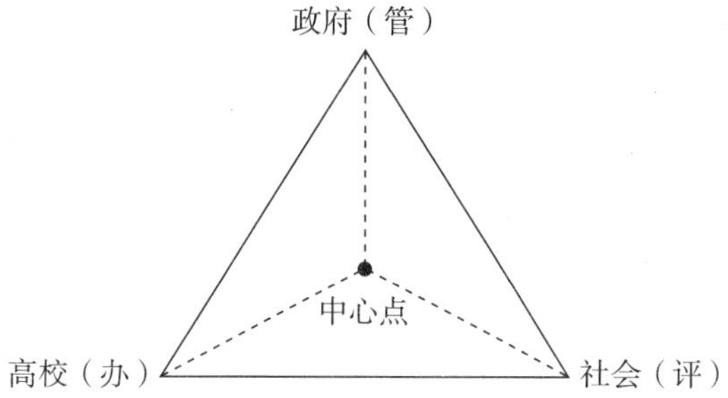

图2　“管办评”新三角模型

（二）新三角模型与“管办评”改革政策的分析

第一，政府在“管办评”相分离改革中处于主导地位。2015年5月8日，教育部政策法规司负责人就《关于深入推进教育管办评分离，促进政府职能转变的若干意见》（以下简称《意见》）答记者问时明确强调：在教育治理模式的构建过程中，政府发挥着决定性作用。推进高等教育“管办评”相分离是政府简政放权、促进政府职能转变的重要手段。理顺政府、高校与社会的关系是重中之重，而与高校相比较，政府的作用更加突出，政府管理教育职能的主动转变，是解决上述问题的基础，也是高等教育改革得以推进与实现的关键点和突破口。具体而言，“管办评”分离是政府转变管理教育职能、有效治理高校的基本思路。结合“管办评”新三角模型，政府在管教育的过程中，应该从政府（管）的极点向三角形内部的中心点移动，逐渐简政放权，促进政府职能转变，给予高校依法、自主办学一定空间，同时也让社会评教育成为可能。

第二，实现高校依法自主办教育，需要政府的放权和社会的参与。推进政校分开、建设现代学校制度是《意见》中明确提出的目标，这就要求在解放一切对学校不该有的束缚同时，在学校内部建立起科学合理的制度体系，规范办学权力的行使，形成既自主又自律、开放的局面。基于“管办评”新三角模型图可以发现，高校实现依法自主办学需要从政府管教育极点逐渐向高校办教育极点移动。从这里我们可以发现，要实现高校办教育的职能，需要政府给予高校自主办学的空间，这是前提所在；更需要高校加强自身的内部治理结构建设，这是关键所在。与此同时，结合《意见》中提出五项措施：一是依法明确和保障各级各类学校办学自主权，二是加强学校章程和配套制度建设，三是完善学校内部治理结构，四是健全面向社会开放办学机制，五是完善校务公开制度。高校办教育不仅仅需要政府的放权与其自身的建设，更需要社会的参与。无论是政策中提出的要健全面向社会开放办学机制，还是完善校务公开制度，都需要社会力量的广泛参与。

第三，建立科学、规范、公正的教育评价制度，离不开学校、政府、社会的共同参与。评是做好管和办不可或缺的环节，评应当包括学校内部评价的自我监督评价和政府、社会外部评价三种主要评价相结合的科学系统的教育评价体系。从《意见》中提出的主要政策措施有以下几点：一是推动学校积极开展自我评价，二是提高教育督导实效，三是支持专业机构和社会组织规范开展教育评价，四是切实保证教育评价质量，五是切实发挥教育评价结果的激励与约束作用。从前面三点来看，学校的自我评价是高校自身所进行的评价，高校督导是政府对高校进行的监督评价，专业机构和社会组织开展教育评价是社会开展评价。实践中"评"具有复杂性，史秋衡教授在《高等教育大众化阶段质量保障与评价体系研究》中提出，高等教育大众化背景下的质量观体现为：只有让各利益相关者在高等教育质量保障中共同承担责任，才能保障高等教育质量和高等教育利益相关者的利益。① 由此可见，做好社会评教育职能，需要高校、政府、社会三方的共同参与和共同努力。

综上所述，结合"管办评"新三角模型我们可以发现：政府在"管办评"相分离的改革中起主导作用；管、办、评任何一项职能的科学有效的行使，都需要政府、高校、社会三种权力的融和参与，单纯的政府管教育、高校办教育、社会评价教育是不可行的，只是在三项职能行使的过程中，三种权力应该各占主导地位。

三、分析结论

（一）当前我国高等教育管、办、评领域均由政府主导，国家权威模式明显

结合当前我国管办评的实际情况和"管办评"新三角模型，可以发现，我国当前是出在三角形中靠近政府管教育极点的位置（如图 3 所示）。

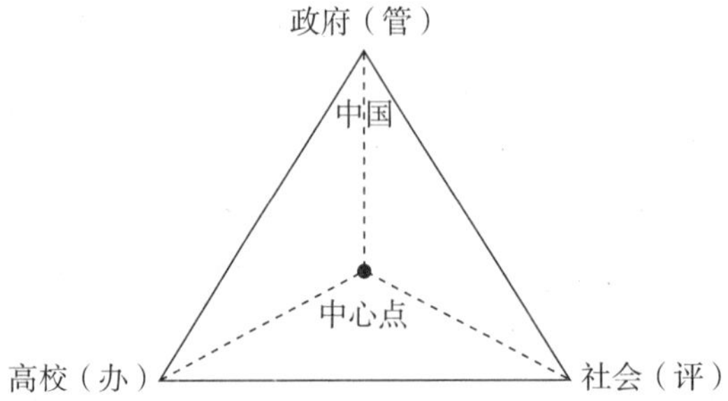

图 3 "管办评"新三角模型

当前我国高等教育是二级管理三级办学的管理模式。我国《高等教育法》第 13 条规定："国务院统一领导和管理全国高等教育事业，省、自治区、直辖市人民政府统筹协调本行政区域内的高等教育事业。"毫无疑问，政府是我国高等教育的管理者。根据法律授权，政府对高校的主要管理模式是外部行政管理，其代表的利益是社会公共利益，具体可通过制定法律、资格审批、财政拨款、评估监测、政策修订、行政管理、行政处理等实施对高等教育的管理，具有较为明显的强制性与合法性特征。改革开放之后经过一些教育行政体制改革措施，目前已基本形成高等教育"二级管理、三级办学"的管理模式。三级办学则是指分别由中央、省（自治区、直辖市）以及地级市的三个层次办学模式，我国高校可大体划分为部属高校、省属高校和地市属高校三个类别。各级政府及其教育主管部门对高校的管理模式可概括为以强制性行政命令为主，辅之以政府协调统筹与支持的集权管理模式。

党委领导、校长负责的办学模式。建国初期，基于社会、经济、历史等原因，政府对高等教育的具体办学过程实行以集权型的统筹、规划和管理为主，在当时的历史背景下，充分发挥政府职能，调动了社会各方面对发展高等教育的积极性，为我国初期各个领域的

① 史秋衡，吴雪，王爱萍. 高等教育大众化阶段质量保障与评价体系研究[M]. 广州：广东高等教育出版社，2012.

发展发挥了重要的积极作用。随着市场经济的深入发展，政府在高校具体办学过程中的职能作用大幅度减少，但仍然没有摆脱政府及其相关部门集中领导、分级管理的局限性。具体表现如下：一是政府将高校视为其附属单位，在人事、财务、科研等诸多方面进行直接管理；二是政府管理机构庞杂、繁多，各部门间职能存在交叉或缺失。《高等教育法》第39条规定："国家举办的高等学校实行中国共产党高等学校基层委员会领导下的校长负责制。"2014年，中央办公厅又专门印发了《关于坚持和完善普通高等学校党委领导下的校长负责制的实施意见》，先后从法律和公文的层面强调了高校最基本、最核心的管理模式，并充分肯定了这一办学模式的重要意义。

政府主导的评估模式。政府不仅在高校管理和办学的过程中充当管理主体与办学主体的角色，事实上在高校评估中也亲自履行了评估主体的职能。《高等教育法》第44条规定："高等学校的办学标准、教育水平，接受教育行政部的监管考核，并由其组织监督评估。"因此，我国高校评估模式也可概括为以政府为主导的评价模式。现有的评价机构主要有两类，均体现出浓厚的政府主导特征。第一类是由教育部成立的两大机构"学位与教育发展中心"和"高等教育教学工作评估中心"。第二类是由省或直辖市成立的评估机构，属于"事业"性质单位，例如：上海教育评估院、辽宁教育评价事务所等。上述评价机构是我国目前最为活跃的两类，分别隶属国家级和省市级，二者初步构成我国的二级评价网络。在相关法律的授权下，我国目前的高校评估运行机制基本完全处于政府主导之下，具有较强的行政行为特征。具体表现为由政府的相关机构和教育主管部门负责聘请各大高校及主管部门的评估专家，并由教育评估主管部门牵头制定评估体系和评估标准。专家受聘后按照教育行政部的日程安排，赴高校进行实地评估，并结合标准给出评估意见。

无论是我国高等教育发展的历史来看，还是当前的"管办评"实践来看，政府在"管办评"当中都发挥着主导作用。按照伯顿·克拉克三角协调模型看来，我国与苏联情况相似，均属于国家威权模式。由此可见，我国高等教育"管办评"分离改革，主要是政府简政放权，在新三角模型中逐步从政府管理极点向高校办学、社会评价极点移动，新三角模型中的中心点应当是我国"管办评"相分离改革的理想目标点。

（二）政府简政放权，应当是我国高等教育教育管办评分离改革的主攻任务

基于上文所述，我国处于"管办评"新三角模型中靠近政府的极点，属于国家权威模式，而"管办评"相分离改革的目标应当是从政府这一极点逐渐向处于三角形的中心点移动，如图4所示，逐步放权给高校和社会，实现"管办评"相分离，从而实现政府依法管理、学校依法自主办学、社会各界依法参与和监督的教育公共治理新格局。

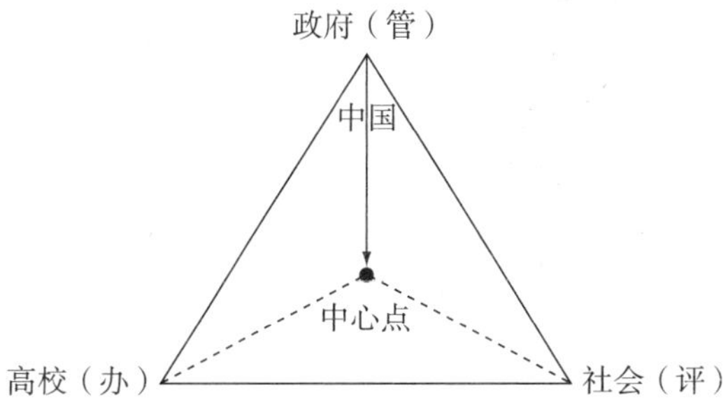

图4　"管办评"新三角模型

当前的高等教育领域，政府在某种程度上既是“管理员”又是“运动员”，同时还兼“裁判员”。这种评价与被评价“一肩挑”的结果难免导致政府公信力与说服力的缺失。同时，由于缺乏相互监督和相互制约，无论哪个环节出了问题都难以问责和及时改进，容易陷入僵化、固化的泥潭，弱化改革动力和发展活力。因此，管办评分离首要的任务是将这种“三合一”的角色叠加转化为三方独立、主体分离的格局。《中共中央关于深化党和国家机构改革的决定》中提出，转变政府职能，是深化党和国家机构改革的重要任务。深入推进简政放权。减少微观管理事务和具体审批事项，最大限度减少政府对市场资源的直接配置，最大限度减少政府对市场活动的直接干预，提高资源配置效率和公平性，激发各类市场主体活力。

政府履行管理职能和肩负监管责任。政府作为“管理员”，是最具统筹性的力量。教育部和地方各级教育主管部门根据分级管理、分工负责的原则，领导和管理教育工作，统筹规划、协调管理高等教育事业。中央政府统一领导和管理国家教育事业，制订发展规划、方针政策和基本标准，优化学科专业、类型、层次结构和区域布局，整体部署教育改革试验，统筹区域协调发展。地方政府负责落实国家方针政策，开展教育改革试验，根据职责分工负责区域内教育改革、发展和稳定。政府应有所关注、有所不为。政府的职责主要在于，创造高等教育健康发展的良好环境，为学校提供必要的办学条件和稳定的办学经费；保证国家教育方针的贯彻落实，保证学校正确的办学方向；规范各类高校办学条件标准和办学行为，保证教育的公正性和学生平等的受教育权；维护学校、教师和学生的合法权益。

学校担当办学职能和守护质量责任。学校作为“运动员”，拥有法人资格的大学及其他高等教育机构在民事活动中依法享有民事权利，承担民事责任，依法自主办学。作为办学主体的学校应不依附于政府，大胆突破“等、靠、要”的思想禁锢，按照国家法律法规和宏观政策，充分行使办学自主权；学校应当切实贯彻国家的教育方针，执行国家教育教学标准，全面保证教育教学质量；健全完善依法办学、自主管理、民主监督、社会参与的现代大学制度，依照章程自主管理学校；自主设置和调整学科、专业，制定并组织实施学校规划；依法接受主管部门与社会公众监督。自主设置教学、科研、行政管理机构，提高内部管理绩效；积极维护受教育者、教师及其他职工的合法权益；自主开展教学活动、科学研究和社会服务，培养各种人才，支持创新型国家建设。

社会专业组织担负评价职能和尽到监督责任。社会专业组织作为“裁判员”，最满足适合评价监督的特性，在评价中保持中立性，突出“评”在“管”和“办”互动中的相对独立，并充当连接政府与学校的桥梁；保持专业性，建立科学规范的评估制度；保持公平、公正、公开，增强评估的公信力。《国家中长期教育改革和发展规划纲要》强调应积极培育专业教育服务机构，发挥行业协会、专业学会、基金会等社会组织在教育公共治理中的作用。社会组织承担教育督导评估、决策咨询、信息管理、考试认证、资格评审等功能，提供管理咨询、监督和评估服务，为政府决策提供参考，为高校改进教学提供依据，为社会监督提供信息来源。

本科教育质量政策变迁:脉络、特征与趋势

汤　建*

(厦门大学 教育研究院,福建 厦门,361005)

摘要: 本科教育质量是高等教育质量中最基本的议题。我国关于本科教育质量的政策之窗自开启之后,便逐步细化并完善。几次关键性的会议以及配套政策的出台,推动本科教育走向质量提升之路。我国本科教育质量政策变迁体现出以政府主导下的自上而下的政策变迁路径、政策变迁总路线兼顾质量建设和质量保障以及政策体系纵横交错的特点。未来,本科教育质量政策将沿着以下趋势变迁:本科教育质量话语权向多主体变迁,本科教育质量政策工具向混合型政策工具变迁,本科教育质量政策设计向多元价值方向变迁。

关键词: 本科教育;本科教育质量政策;政策变迁

一、我国本科教育质量政策之窗的开启

我国对本科质量问题的关注由来已久。本科教育质量问题为何会进入政策议题?从开始的关注本科教学问题到现今关注本科教育问题,产生变化的原因是什么?政策的产生一般归结于问题的存在,问题是政策过程的逻辑起点。多源流理论认为政策过程中存在三种源流对政策议程产生影响,即问题源流、政策源流和政治源流。三种源流在关键点的结合开启“政策之窗”,进而将公共问题推上政策议程。提高本科教育质量之所以会引发广泛关注,尤其是这一“问题”不断进入新的政策议程中,其原因在于关键事件引导和多种信息反馈。首先,就问题源流而言,提高本科教育质量是对人才强国战略的回应。尤其是高校扩招后,高校毕业生就业形势愈发严峻,社会公众将原因归咎于高等教育人才培养质量的下降。本科教育质量政策也正是在此背景下出台的。其次,就政策源流而言,政府顶层设计直接影响政策变迁的主要方向。政府对提高本科教育质量的定位以及领导人发表的重要讲话对政策变迁方向起到直接的作用。同时,理论界的声音影响政策变迁的侧重点。理论界的学者通过发表论文、撰写专著、学术会议等形式围绕本科教育质量发表观点。而且,大众传媒的持续关注影响政策变迁的速度。媒体的广泛报道和倾向性对政策问题产生不可或缺的影响。就 2018 年新时代的本科教育工作会议而言,各个高校通过视频学习会议要旨、各微信公众号主推、铺天盖地的媒体传播直接加速

* 作者简介:汤建,厦门大学教育研究院博士研究生。

了政策变迁。最后,就政治源流而言,执政党的意识形态关系政策变迁的原则。三种源流在关键时刻汇集在一起,政策之窗便得以开启,这个关键时刻便是触发机制。触发机制实际上便是历史分期中的"变点",通过"变点"可以观察历史的"质变"与"量变"。这里,触发机制便是几次关于高等教育质量和本科教育教学工作会议。因此,以下的分析将以几次会议为主线,贯穿整个本科教育质量政策的变迁。

二、我国本科教育质量政策变迁历程

本科教育质量政策在形式上既包括党和政府发布的各种法律、法规、文件,也包括本科教育质量方针、路线、规划、决策乃至领导人的重要讲话,还包括为本科教育质量采取的行动。本科教育质量政策从蹒跚起步到形成完备的体系,经历了不平凡的道路。追寻本科教育质量政策的发展轨迹,解读不同历史时期重大本科教育质量政策的内涵和意义,探寻本科教育质量政策背后的各种历史线索,分析本科教育质量政策与本科教育发展的互动关系,评估各个时期本科教育质量政策的实际效益。

(一)确立本科教育基础地位,增强质量意识阶段

世纪之交,我国经济体制改革和科技发展的需求为高等教育发展提供了重要推动力。新的历史时期下,我国高等教育进入了发展的关键时期。1992 年 11 月,国家教委召开了第四次全国高等教育工作会议,会议专门讨论了教学改革工作,通过了《关于进一步深化普通高等学校教学改革的意见》。针对我国高等学校本科教学工作存在专业过窄、人文教育薄弱、教学内容陈旧、教学方法过死等一系列问题,颁布了一系列政策,实施了一系列措施。1993 年,开展专业目录修订工作,公布《普通高等学校本科专业目录》,该文件对加强高校专业建设、拓宽专业口径,增加专业的社会适应性,以及提高本科教育质量起到了积极作用。1994 年,开展了关于教学改革的一项重要工作,即"高等教育面向 21 世纪教学内容和课程体系改革计划",该计划取得了巨大反响,全国各地教育行政部门和高校热烈响应并积极参与,全国近 600 所高校的 2300 多位校长、院长、教授等申报了 3000 多个改革研究项目。1997 年,出台《关于深化文科教育改革的意见》,开展大学生文化素质教育试点工作。

1998 年 3 月,新的教育部刚一成立,旋即召开了第一次全国高等学校教学工作会议。会议围绕"转变教育观念、深化教学改革、加强教学建设、提高教学质量"的主题,强调了增强质量意识、加强素质教育等方面,通等过了《关于进一步做好普通高等学校本科教学工作评价的若干意见》、《关于深化教学改革,培养适应 21 世纪需要的高质量人才的意见》等系列改革文件。这些文件强调本科教育的基础地位,坚持本科教学的核心地位。实际上,从 1985 年至 1993 年《中国教育改革和发展纲要》的颁布期间,我国高等教育政策的重点一直都是体制改革。该纲要颁布后,教学改革开始受到广泛关注。1993 年,《关于进一步深化普通高等学校教学改革意见》第一次明确提出了"在高等教育的改革和发展过程中,体制改革是关键,教学改革是核心"的基本政策,在我国高等教育政策史上首次明确了教学改革在高等教育改革和发展中的核心地位。

从第四次全国高等教育工作会议到至第一次全国普通高等学校教学工作会议这一时期来看,本科教育政策的重点在于增强质量意识,确立本科教育的基础地位和教学改革的核心地位。主要工作是进行思想发动,在学术界、管理界等各个方面形成高等教育

改革和发展思路的一致思路，主要内容在教学内容和课程体系改革方面发力。出台的系列文件主要是为了针对性地解决本科教育的系列问题，比如专业改革政策、课程改革政策等配套政策。这一时期，体制改革可以说是我国高等教育改革的重头戏，相较于体制改革鼎盛之风，本科教育的质量意识有所冲淡。虽然，对于我国本科教育质量的忧患意识和紧迫感尚未成为舆论的热点，[①]但是，教学改革已成为全国性的热潮，加大教学改革力度也已成为高等教育政策热点。

（二）定性描述与定量标准相结合，确立质量提高的内容框架阶段

1999 年扩招后，为了协调规模与质量的关系，加大教学改革力度再一次成为高等教育政策的一大重点。2000 年，教育部高教司实施了"新世纪高等教育教学改革工程"，这一工程和以往的教学改革相比，突出了教学改革的整体性、综合化和实践运用。2001 年，教育部发布《关于加强高等学校本科教学工作提高教学质量的若干意见》，这份文件从宏观上强调了本科教育的基础地位和本科教学的关键性。同时对本科教学工作提出了详细的规定，比如学费收入用于日常教学的经费不低于 20％，部分专业的外语教学课程得占所开课程的 5％～10％，国家重点建设高校的必修课程使用多媒体授课的课时比例应超过 30％。2003 年，《2003—2007 年教育振兴行动计划》高度重视教学改革，提出实施高等学校教学质量与教学改革工程。从第一次全国普通本科高等学校本科教学会议召开至第二次会议期间，本科教学改革一直是政策中的重头戏。

2004 年，第二次全国普通高等学校本科教学工作会议召开，围绕"大力加强教学工作，切实提高教学质量主题"，研究进一步加强教学工作的政策和措施。《普通高等学校本科教学工作水平评估方案（试行）》（2004）、《关于进一步加强高等学校本科教学工作的若干意见》（2005）先后颁布，对进一步深化本科教学改革、提高本科教学质量做出了安排。通过不断地完善、延续和升级，本科教育质量政策在 2007 年出台的《关于实施高等学校本科教学质量与教学改革工程的意见》文件中得以进一步完善和深化。该文件决定启动"高等学校本科教学质量与教学改革工程"，该工程从专业结构、课程建设、人才培养、师资建设、教学评估等六个方面确立了本科教育质量的基本框架，并将定性描述方面和定量数据指标结合，清晰地呈现细致的标准。在定性方面，提出了六大举措、七大系统、九大目标等。在定量方面，提出十组数字，如"学费中的 25％用于教学、实践环节"、人文社会科学类和理工农医类专业的实践教学环节累计学分分别不低于总学分的 15％和 25％。同时，强调教学评估，建立监测体系和问责制度，如教学基本状态数据年度统计和公布制度，课堂教学评估制度等。同时，配套文件《关于进一步深化本科教学改革全面提高教学质量的若干意见》（2007）出台，这份文件的目标十分明确，就是为了进一步推动本科教学工作，提高本科教育质量。

这一阶段，本科教学改革的地位尤被重视，同时开始注重教学工作评估。如果说前一阶段政策重点在于增强意识阶段，那么，这一阶段的政策重点则转向搭建质量提高的内容框架上，完整而严密的质量控制机制已经形成。而且我们可以看出，这一阶段为提高本科教育质量政策"订立标准"并"监测问责"的工作框架，本科教育质量政策正逐渐走

---

① 周远清.质量意识要升温 教学改革要突破——在全国普通高校第一次教学工作会议上的讲话[J].高等教育研究，1998(03)：1-11.

向系统化。

（三）本科教育质量政策体系基本形成，本科教育质量标准化阶段

2010 年，"本科教育质量报告"政策试点，39 所"985 工程"高校实行后，"211 工程"高校也开始编制并发布，随后，各高校陆续发布质量报告。2011 年，继续深化"质量工程"项目，颁布《教育部财政部关于"十二五"期间实施"高等学校本科教学质量与教学改革工程"的意见》，聚焦质量标准建设等 5 个方面。2012 年，教育部召开全面提高高等教育质量工作会议，并研制了《教育部关于全面提升高等教育质量的若干意见》，提出完善人才培养质量标准体系、拔尖创新人才和卓越人才的培养计划等综合性改革方案。至此，本科教育教学质量的政策体系基本形成。

2018 年年初，首个国家标准《普通高等学校本科专业类教学质量国家标准》出炉，该文件的出台意味着本科教育质量标准体系的建立。我国本科教育质量标准也从最初的"培养规格和要求"、"专业规范"走向今天的"国家标准"。2018 年 6 月，教育部召开新时代首次全国本科高等学校教学工作会议。新时代会议是在本科教育中理念滞后、投入不到位、评价标准和政策机制的导向问题下召开。会议强调高校的重点应该聚焦本科，资源配置、教师精力、教学条件等向本科倾斜，办学理念、核心竞争力、教学质量、发展战略等要在本科中体现并实践。并讨论了新的"高教四十条"，即《关于加快建设高水平本科教育全面提高人才培养能力的意见》，推出"六卓越一拔尖计划"的升级版。同时，强调了"一流本科"的建设目标。这一阶段的本科教育质量政策不仅确立了基本"底线"，同时瞄准"卓越"目标，追求"一流本科"、"一流专业"和"一流人才"，政策的重点不仅关注本科教学，还对整个本科教育做出了系统规划。

三、我国本科教育质量政策的变迁特征

（一）以政府政策形式促使本科教育质量提升成为常态化做法

政策本身不具备"生命力"，只有依附于政治系统，成为政策措施和行为，才有实际意义。我国本科教育质量的提升是在政府政策的推动下不断前行的，政府对本科教育质量自始至终的关注，使得本科教育质量政策一直在议程上，政府对本科教育质量政策的把控决定了本科教育质量政策的地位。我国本科教育质量提升一直是一种政府行为，相应的政策通常由教育部及省级教育部门制定，高校仅是扮演执行者的角色。高校一方面缺乏资源扩展能力，一方面缺乏行政权力优势。由于提高本科教育质量长期以来成为政府的外部要求，而非源自高校的自发动力，因此高校并没有完整地参与到本科教育质量提升的政策中，在政策压力下，对政策信息的理解可能被"旧常识"所替代或混淆。[①] 而且，以指标体系评价本科教育质量效益的政策做法愈发成为常态，生均成本、学生满意度、就业率等指标成为本科教育质量的评价标准。所以，在政策导向下，本科教育质量提高很容易被政策的指标体系捆绑。本科教育质量政策延续着供给主导型的制度逻辑，本科教育改革也是政府权力主导下的本科教育改革，而非大学组织的自发行为。政府成为本科教育质量的核心决定力量，质量合乎的是政府制定的标准，政府主导的和规定性的单向

① 孟浏今.教育治理背景下的本科教学质量信息公开：基于政策证据视角的分析[J].教育发展研究，2015，35(03)：22-29.

度的本科教育质量观一定程度上制约了本科教育质量政策的制定和发展。

（二）政策变迁总路线兼顾质量建设和质量保障

从变迁的总体路线来看，本科教育质量政策已经实现从具体化到系统化再到综合化的变迁过程。从具体内容来看，本科教育质量政策从提高质量意识到确立质量标准，再到确立“卓越教学”、“一流本科”的卓越目标，基本轨迹遵循从“质量建设”到“质量保障”，从“问题导向”到“目标导向”的路径。同时，注重定性和定量标准的结合。目前，本科教育质量政策已经从大众视野进入政策层面，并向更高的目标迈进。如本科教学评估政策，围绕提高本科教育质量为中心，学校评估、专业评估、课程评估等政策纷纷出台，并逐渐从试点探索向规范化乃至制度化方向发展。本科教育质量政策制定的措施更具体，也更富有操作性，这同时也反映了政府驾驭本科教育质量水平能力的提高和成熟。

（三）本科教育质量政策体系纵横交错

纵观整个本科教育质量政策，各个政策文本间相互呼应与肯定，呈现出对话性的特点。① 完善的本科教育质量政策体系应该纵横交错，横向上，应该针对不同类型高校制定不同的标准；纵向上，应该包括质量建设、质量保障、质量评价等不同环节。但是，一方面，目前我国本科教育质量政策的横向体系上还不够完备。作为因变量，本科教育质量所处的社会环境已经并正在发生根本性的变化，但众多高校对这些重大变化若明若暗，仍按照固有惯性运行；作为自变量，本科教育自身也产生了重大甚至是质的变化，从精英教育到大众化教育乃至即将到来的普及化阶段，高等学校的教育对象更为多元化和差异化了。也即是说，本科教育质量政策的针对性还较弱，政策夸大了不同高校本科教育问题的趋同性，并没有针对同一层次不同类型高等学校的质量标准进行界定。以本科教学工作水平评估为例，其一套指标面向所有类型高校。由此，政策的针对性被弱化了，而且容易出现高校的同质化。另一方面，纵向体系上仍有待进一步更进。我国在本科教育质量建设、质量保障方面均已出台了系列政策，但本科教育质量政策本身缺乏评估。总体看来，本科教育质量政策体系横向上不够严密，纵向上不够完备，需要针对纵横两个方面不断完善。

四、本科教育质量政策变迁趋势

（一）本科教育质量话语权向多主体变迁

本科教育质量实际上是外部世界赋予本科教育的一种规定性表达。对于本科教育质量而言，不同的评价主体可以对其产生不同的观点和判断，但是只有拥有本科教育质量话语权才能对本科教育质量产生实质性影响。也就是说，谁拥有对本科教育质量定义的话语权，谁就能够确立质量标准。在本科教育质量政策的变迁历程中，不难发现，政府意志把持和掌握着本科教育的话语权。政府是本科教育质量政策的绝对主体，本科教育质量政策是政府对本科教育质量观的外化与反映。我国本科教育质量政策是政府主导下的单向度的本科教育质量观。可是，一方面，随着高等教育普及化过程中，学习者的消费者地位越来越突出，学习者本身发生的变化使其拥有本科教育质量话语权成为可能。

---

① 吴兰平.改革开放以来我国高等教育质量政策的文本分析[J].合肥工业大学学报(社会科学版)，2010，24(01)：116-120.

在政策文本中，诸如“满足适应经济社会发展需要的拔尖创新人才”、“建立与经济社会发展相适应的课程体系”等话语占据主导地位。本科教育质量内涵本应是多元的，以人才培养为例，不仅要体现对社会服务的工具性目的，还应体现对个体自由发展的促进，可在目前的政策文件中体现不足。也就是说，在本科教育质量政策的发展中，学生应该成为政策主体之一。另一方面，就提高本科教育质量而言，政府问责是必需的。但是，有两个必要的前提是需要关注的，一是对本科教育质量内涵的多样化理解，对质量评价的多样化操作；二是明确本科教育质量的责任主体是各级各类高等院校，质量评价的主要形式应该是面对政府问责、社会问责和学生问责做出的自我评价，其价值和意义在于自我改进和自我革新。恰如德里克·博克在《回归大学之道》中所言：“政府应该扮演监督者而非评价者的角色，即鼓励大学进行自我评价，并在此基础上自我完善。”[①]也就是说，在本科教育质量政策方面，高等学校同样需要成为政策主体之一，并拥有实质性的话语权。

（二）本科教育质量政策工具向混合型政策工具变迁

在本科教育质量政策的初始阶段，主要的政策工具是鼓励号召、权力下放、经费支持等诱因型工具。同时，辅之以一定的强制性政策工具，如“教授、副教授每学年至少要为本科生讲授一门课程”。初始阶段，政府对提高本科教育质量所运用的政策工具，主要是给予高校自主权，鼓励号召高校重视本科教育质量，对具体的本科教育质量标准并未作出明确规定和要求。当进入第二阶段时，政府则以强制性政策工具为主，侧重于权威性工具，对本科教育质量提升的政策选择以规制为主，比如在教学评估政策中对高校采取命令式、权威式工具。在第三阶段时，由于强制性政策工具过于刚性，因此需要更多地选用混合型政策工具。这一阶段，本科教育质量政策的工具选择更多地增加了诱致型工具，如权力下放、程序简化等。可见，每个阶段的政策工具类型基本一致，但是具体工具的选择偏重上有很大差异。在本科教育质量政策的进一步跟进中，需要综合发挥各个政策工具的效用，优化本科教育质量政策之间的组合配置，发挥各自间的互补功能。更重要的是，要考虑不同水平和层次高校间的差异性，针对性地选择并运用政策工具。

（三）本科教育质量政策设计向多元价值方向变迁

我国本科教育质量政策中我国本科教育质量政策发展历程中更多体现的是社会价值，国家十分重视本科教育质量之于高等教育强国，乃至经济发展的重要意义，高等学校要培养的也是“建设者”和“接班人”。然而，本科教育政策在体现个体价值方面略显不足，尤其是对“以学生为本”理念的关照缺失，即必须做一个“维度补缺”工作，[②]这一维度的缺失是本科教育质量政策价值取向的单一化表现，本科教育质量政策对个体价值关照不够。而且在政策制定过程中，强调效率逻辑的工具理性价值取向明显，本科教育本身成为国家宏观战略计划的工具，教育本身的育人价值被弱化。实际上，这也是人才培养多样化、个性化与政策统一性间的矛盾。我国本科教育质量政策文件将渐渐地透射出国家在本科教育质量的要求方面对个体的关注，对个人的成才和身心健康的重视，在要求强调对国家和人民服务的同时更要注重个人自我价值的实现和个体的健康发展。由此，

① 德雷克·博克.回归大学之道 对美国大学本科教育的反思与展望[M].侯定凯，梁典，陈琼琼，译.上海：华东师范大学出版社，2008：199.

② 余小波.大众化背景下高等教育质量保障与研究[M].长沙：湖南大学出版社，2013：6.

以人的全面发展为宗旨，推进本科教育质量政策从可量化的、法规型的硬性政策走向复合化、法理型的软性政策设计将是未来政策的走向。在未来的本科教育质量政策中在关照社会价值的同时，将更多地体现对学生个体价值的关照。

我国大学生心理健康教育现状探究：问题·方向·对策

耿　素*

（厦门大学 教育研究院，福建 厦门 361005）

摘要： 大学生心理健康教育在我国起步较晚，目前还处于重要的探索期和发展期。本研究分析指出大学生心理健康教育中存在的方向性问题——“问题意识”过强，“发展意识”不足，并具体分析相应的具体教育理念的偏差、教育目标的失衡、教育模式的固着，进而有针对性地进行对策探究，为教育工作者和管理者提供有益的建议和思考，提高大学生心理健康教育质量，为大学生心理资本的积累、心理素质的提升和美好生活的追求创造更加良性、科学和可持续的机会和资源。

关键字： 大学生心理健康教育；“问题意识”；“发展意识”

一、大学生心理健康教育的意义——“充分必要条件”

社会的不断进步和科学技术颠覆式的发展，极大地丰富了人类的物质生活，精神生活的发展却不断堪忧。从人的发展科学来看，人的生活质量应该是身体和心理两方面发展的有机结合。同样，人的真正健康是身体健康和心理健康的和谐统一，二者缺一不可。

大学生作为成年初期的特殊群体，多数处于人生发展的迷茫期，各类价值观还未完全定型，生活充满各种不确定性；加上生活作息不稳，情绪起伏较大，心理发展易受外界因素影响，因此心理状态波动较大，心理问题出现较频繁。另一方面，相比较中小学生，大学生更大程度上脱离了原生家庭的束缚，自我觉察意识，问题意识和求助意识更强，大学宽容包容的环境为大学生心理素质建设提供了更多的机会和资源，因此这一时期也是大学生良好心理素质和健全人格重要的发展期和纠正阶段，是修补原生家庭缺陷和创伤的黄金期。

大学生心理健康教育的重要性在于它是教育这一活动的本质要求。教育是培养全面发展的人，培养社会需要的人，培养健全人格的人的活动。健全人格的培养和综合全面的发展需要心理健康教育的介入和补充。心理健康教育是大学生综合全面发展的重要一环。特定的专业知识和技术的获得是大学生步入社会，获得工作和满足物质生活需

* 作者简介：耿素，厦门大学教育研究院硕士研究生。

求的敲门砖，相比之下，良好的心理教育成果或质量可以作为对大学生心理素质和人格发展的积极补充或矫正，因此是满足其之后一生美好生活需要的必要条件。此外，信息社会的发展现实需要高质量的综合性人才。目前社会中的信息爆炸、共享文化和众筹机制等，使得掌握一门或多门知识和技术已经不足以成为优势，掌握全面的沟通技巧、良好的合作能力和积极主动的观察理解能力等才是立足社会中工作生活的优势所在，而这些通用能力的获得和发展都需要以良好的心理素质作为基础。近年来，心理健康教育也获得党中央各级教育部门和各高校越来越多的价值认同和重视，几乎所有高校都设有心理咨询中心和配备了专业的心理咨询人员，已经并且一直在心理健康教育方面做大量探索和尝试。

大学生心理健康教育的必要性体现在，大学阶段之前，学生都深受应试教育气氛的熏陶和应试机制的管制，学校重视高考动员和文化课建设，忽视心理素质培养。大多数家长也灌输“好好学习，其他事情不要想”这一观念，忽略了学生青春期可能出现的心理问题，给之后心理问题的出现埋下隐患。值得注意的是，高考过后，大学阶段依然重视外在技能锻炼而忽视内心修炼。心理素质差、心理问题频发可以说是应试教育的遗留问题之一。生活节奏加快，学习追求高效率，生活追求方便快捷，与此同时生活压力也不断增大，心理问题频发。社交媒体将社会群体性焦虑和不良价值观扩散，大学生是社交媒体使用的主力军，也深受网络不良信息和网络暴力的消极影响。

本研究分析指出大学生心理健康教育中存在的方向性问题——教育理念的偏差、教育方式的固着，并且有针对性地进行对策分析，对比分析已有的实践理念或理论，完善大学生心理健康教育理论体系。

不同地区和类型的高校心理健康教育存在的具体问题不尽相同，本研究为教育管理工作者提供教育理念转变等方向性的思考，其可以根据实际情况具体问题具体分析，反思心理健康教育存在的问题，促进政策制定的科学化和管理工作的改善。教育师资队伍可根据教育理念的转变相应地完善教学内容，提高教学质量和师生关系质量。

提高大学生心理健康教育质量，与培养高素质人才促进其综合全面发展的教育目标相一致，与社会发展需要的复合型人才标准相一致，与国家建设人才强国、提高国际竞争力的目标相一致。

二、大学生心理健康教育现状——起步晚，势头足，发展空间大

心理健康的内涵有广义和狭义之分。狭义的心理健康是指人基本的心理活动的过程与内容完整协调一致，没有变态心理或心理疾病。广义的心理健康指的高效而满意的、持续的心理状态。[①] 根据世界卫生组织的观点，所谓心理健康教育，是指促进人们身心和谐与人格完善的一种教育活动。消极的教育取向是维持人们的心理健康水平；积极的教育取向是促进个人潜能发挥，学会与人和谐相处，并养成良好的心理品质。[②]

我国大学生心理健康教育起步于20世纪80年代中期，至今已有30年的发展历史。

---

① 王道阳.大学生心理健康教育课程原理与操作[M].合肥：安徽师范大学出版，2014：5-6.

② 佘双好，卢爱新.探索基于思想政治教育的大学生心理健康教育模式[J].学校党建与思想教育，2008(5)：13-16.

相较于西方，我国大学生心理健康教育还是一个新生事物，也在不断引起各级教育部门和各高校的重视。目前我国大学生心理健康教育还处于重要的探索期和发展期，本土化过程中也不断出现一些问题，需要教育管理者和参与者在正确的理念方向的指导下具体问题具体分析。

三、大学生心理健康教育中存在的问题——“问题意识”

当前大学生心理健康教育的着手点和切入点是发现心理问题，最终目标是解决心理问题，整个教育过程具有强烈的“问题意识”。

（一）教育主体

大学生着眼于自身已经出现或潜伏的负面情绪和心理问题，由“问题意识”引发对自身心理潜质的质疑甚至是全盘否定，情况乐观的结果也只是懂得如何避免负面情绪却不知甚至没有意识到该如何提升自己的积极情感体验能力，结果就是“问题学生”的数量越来越多。心理健康教育工作者忙于事后补救，不堪重负。“问题意识”并没有减少“问题学生”的数量，反而引发了更多问题学生的出现，“治标不治本”的方式会不断增加心理咨询师等心理教育工作者的工作量，量的不断增加会渐渐造成质的下滑，结果违背了心理健康教育的初衷。

（二）教育模式

大多遵循“分析心理现象—解决心理问题—总结应对策略”的单一思路，这一思路围绕着“发现问题并解决问题”这一核心，结果强化了学生对自身心理问题的审视和担忧，而非启发和鼓励学生对自身心理资源和心理能量的肯定和挖掘。另外，大学生的日常心理大多属于亚健康状态，一些心理问题或障碍潜伏性较强，这一教育思路的筛选模式会忽略一些具有普遍的但隐蔽性较强的心理状态。

（三）教学内容

大学生心理健康教育的主要内容往往以解决大学阶段学生容易出现的心理问题为导向，侧重于教授零散碎片化的心理学知识和即时有针对性的心理调节方法，缺少长远的指导意义和普遍的适用意义。学生掌握特定的心理调节方法解决当前的问题算是完成了学习任务或者停止了学习或反思。然而学生在不同的学习生活环境和成长发展阶段会出现不同的心理困扰或问题，当下所教授的知识和方法如果不再适用，学生就无法利用零散的知识进行系统和长远的自我训练和提升。

在“问题意识”的引导下，大学生心理健康教育的目标是解决学生的变态心理或治疗其心理疾病，较少考虑实现广义的心理健康这一目标。教育工作者和管理者也往往忙于处理学生异常的心理状态，维持学生正常的心理健康水平，忽视了激发学生潜能并发展其人格等积极的教育取向。消极取向下的教育理念或教学模式使得大学生的参与度不高，积极主动性不强。“问题学生”或学生的心理问题接连不断地出现或更新，教育咨询工作者忙于事后补救，不堪重负。单一的教育模式加重了师生的“问题意识”，教育内容也缺乏提升学生心理素质促进其自我发展的长远意义。

四、大学生心理健康教育的方向及对策——“发展意识”

龚玲、张大均等学者用修订的《大学生心理素质量表》抽取全国五大区大学生有效样本1931人进行调查，结果显示：大学生心理素质整体上偏属于积极正向范畴。[①] 这说明我国大学生心理健康状况不属于消极范畴，整体并不适于用“问题意识”来看待，大学生群体蕴藏的心理资源还有待肯定、挖掘和利用。此外，在学习型社会的氛围下，终身学习和发展的理念越来越深入人心，也是融入社会适应社会的必然要求，自我学习和自我发展是一生的命题，也是大学生心理健康教育的正确方向。

（一）教育理念

近年来，在大学生心理健康教育的研究中涉及积极心理学思想的讨论较多。积极心理学(Positive Psychology)作为心理学界一个较新的研究领域，兴起于20世纪末，这一时期也是我国大学生心理健康教育开始起步的阶段。

积极心理学研究关注的是如何使具有各类天赋的人更大程度地发挥其潜能，如何使普通人通过更好地发展自己进而生活得更加幸福。积极心理学的视角可以引导人们用一种更加包容、开放和欣赏的眼光去看待自己和他人的潜能。积极心理学强调研究人性的积极方面，以此来帮助更多的人不断地发现自身的闪光点，肯定、发展和完善自我。人们通过发现自身美德和力量的这种积极体验，可以拥有更多能量的积累，从而自然地将美德和能量散发出去并感染身边的人，实现美美与共的良性生态循环。积极心理学之所以受到人们的关注和支持还在于积极心理学主张发挥人性的优点与价值，每个人作为主体都是被关注、被尊重的，每个人的智力、潜能和创造力都受到尊重。

积极心理学更多地关注个体或群体积极的情绪、体验、个性特征和心理过程等方面。接触积极心理学本身就是一种积极的体验和过程。积极心理学恰当地诠释了什么是基于人的主体性和对人的基本尊重的“发展意识”。心理学家在20世纪末期的研究中发现，某些积极的心理要素有助于心理疾患的预防和消除。将积极心理学思想应用于大学生心理健康教育是基于“发展意识”而非“问题意识”，是发掘能量而非发现问题，是发现优势而非揭露短板。

大学生正处于重要的人格塑性期和潜能发展期。由于生长环境和个人遭遇的不同，每个学生的性情和潜能也各有差异，当然也存在各自的缺陷，心理健康教育不是要放大这种缺陷，而是要借助积极心理学思想的引导，在发现缺陷的情况下去弥补缺陷，在没有发现缺陷的情况下去尊重学生的个人独特性，肯定学生的主体价值，强化学生的优势，增加其心理能量，发展其人格中积极的方面，以减少心理问题或心理障碍出现的可能性。

（二）教育目标

在积极心理学思想的指导下，大学生心理健康教育不仅要关注大学生的外在知识和技能，还需要挖掘其内在动力和潜能，增加大学生心理资本的积累。心理资本是指个体的积极心理状态，主要包括四个方面的积极心理能力：自信或自我效能感、乐观、希望和心理弹性。[②] 大学生心理健康教育的目标应该是在量上减少问题学生的数量，在质上促进学生心理资本的积累和心理素质的发展。主流价值观下，社会和个人较为看重物质资

---

① 龚玲，张大均，王金良.我国当代大学生心理素质的调查与评估[J].西南大学学报(社会科学版)，2014，40(03)：86-92，183.

② Luthans F, Youssef C M, Avolio B J. Psychological Capital[M]. New York: Oxford University Press, 2007.

本的创造和积累。物质资本是有形的可视化的，能够当即改善生存条件和提高生活质量。物质资本效用的及时性使得人们对其分外看重甚至趋之若鹜。相较于物质资本，心理资本是无形的并且回报周期较长，其效用却大于物质资本，并且影响长远，甚至长达一生。充足的心理资本是一个人追求美好生活的坚强后盾，也是大学生心理健康教育目标的应有之义。

（三）教育模式

有学者进行了大学生心理健康教育课程体验式教学的实验研究，结果表明，与心理专题讲座相比，体验式教学在优化大学生心理素质、提升心理健康水平上更有效，教学效果更好。① 体验式教学的形式有团体辅导、朋辈辅导等。体验式教学的显著特征是尊重学生的主体性，在教学过程中，学生在与教学情境的有机互动中激发学生对自身更多的认识。由于个体的差异性，每个学生在教学过程中产生的认识是不同的，教学情境是开放的、包容的和充满暗示的，学生在教学过程中得到的反馈随着对自身认识的加深也是动态发展着的。

个体辅导一般开始于学生出现心理问题或被发现存在心理问题，因而更侧重于在"问题意识"下展开对个体的心理辅导，辅导内容也面向问题的解决这一目标。没有其他个体的比照，参与个体辅导的学生对自身的认识容易有失偏颇，往往加重自我"问题意识"。与个体辅导不同的是，团体辅导是在团体情境中进行的一种心理辅导形式，是学生基于认识自我、发展自我的初衷主动参与的辅导活动。个体通过在团体交互中的体验、观察和学习，认识和接纳自我，发现自身优势和不足，在对话和肢体语言的碰撞中学习新的态度与行为方式，以发展良好的心理素质和行为状态。有学者采用实验的方式考查团体辅导在大学生心理健康教育课程中应用的有效性，结果表明：与传统的心理专题讲座相比，团体辅导在提升大学生心理健康水平、优化大学生心理素质方面更有效。②

朋辈心理辅导模式是一种更为新颖的辅导模式，包括朋辈支持模式和朋辈示范模式两种。相比团体辅导，朋辈心理辅导起源于高校心理健康教育实践，是大学生心理健康教育发展和完善过程中的产物，与大学生心理健康教育的联系更为密切。20 世纪 60 年代，美国高校心理咨询与辅导服务由于缺乏专业人员，因此难以满足学生的需求，这一现实问题催生了朋辈心理辅导模式。在我国，朋辈心理辅导最先出现于台湾、香港地区，并在这些地区开展较好；大陆地区则起步较晚，到 20 世纪 90 年代中后期才开始受到关注。

"朋辈"包含"朋友"和"同辈"的双重意思，"朋友"是指有过交往、相互了解且值得信赖的人，"同辈"则是指同龄者或年龄相近者，他们通常具有相似的成长经历、生活方式、价值观念等特点。③ 朋辈心理辅导强调"朋友"和"同辈"的重要角色和作用，充分发挥学生的主体性，深入挖掘学生自身的潜力，促进学生互帮互助，最终实现学生自助。朋辈心理辅导代表着大学生心理健康教育对生活的回归，辅导过程并没有脱离日常生活的情

---

① 邱小艳，宋宏福.大学生心理健康教育课程体验式教学的实验研究[J].湖南师范大学教育科学学报，2013，12(01)：95-98.

② 邱小艳，唐君.团体辅导在大学生心理健康教育课程中运用的实证研究[J].湖南师范大学教育科学学报，2011，10(01)：115-117.

③ 陈国海，刘勇.心理倾诉——朋辈心理咨询[M].广州：暨南大学出版社，2001.

境。朋辈心理辅导面向的是全体学生，淡化了“问题意识”。每个学生都有机会在朋辈辅导中发挥作用，贡献力量，参与辅导过程的学生之间没有人格优劣和素质高低之分，彼此都是对方提升心理素质、发展心理资本和完善人格的榜样和助攻。朋辈之间的榜样作用可以增强辅导结果的实效性，朋辈的共同成长可以促进心理素质的可持续发展。学生的广泛参与增强了学生的参与感和主观能动性，加强了学生之间的沟通意愿和互动意识。

大学生心理健康教育本身就是面向学生，由学生参与，为学生服务的，只是在现实教育实践中，学生参与度并不高，进而造成学生主体意识欠缺，主观能动性不足，“发展意识”更无从谈起。团体辅导和朋辈心理辅导都可以实现学生的高度参与和积极配合，启发和鼓励学生主动地寻求发展自我，而非被动地成为或被视作“问题学生”。团体辅导和朋辈心理辅导作为体验式教学的两种模式都是对大学生心理健康教育的有益补充，可以作为主要的心理教育模式。

“问题意识”引发更多“问题学生”进而加重“问题意识”，大学生心理健康教育要脱离这一恶性循环，在教育实践中以积极心理学思想为指导，培养和增强师生的“发展意识”，本着对学生主体性的尊重和个性潜能的肯定，通过以团体辅导和朋辈辅导为主的体验式教学，促进学生的自我觉察和自我认识，实现心理资本的积累和心理素质的提升，为大学生美好生活的需要奠定坚实的心理基础。

中外大学章程内容要素的比较与启示

吴婷婷*

(厦门大学教育研究院,福建厦门 361005)

摘要: 章程是一所大学的灵魂,明示着大学使命,是当代大学制度的建设核心,对于推动高校改革发展有重大意义,加强高等学校章程建设是教育规划纲要在完善中国特色现代大学制度部分提出的一项重要任务。文章通过大学章程的历史沿革与典型举要,归纳出现代大学章程内容的基本要素,比较我国大学章程与国外大学章程的内容差异,阐述当前我国大学章程内容上存在的主要问题,并对我国大学章程内容提出建议。

关键词: 大学章程;内容要素;比较;启示

我国《教育法》规定,制定章程并依据章程自主管理是学校的法定权利,《高等教育法》专门规定了高校章程的内容。教育发展规划纲要在完善中国特色现代大学制度一节,提出:"加强章程建设。各类高校应依法制定章程,依照章程规定管理学校。"近些年,我国高等教育改革发展的实践表明,促进高校科学发展,基本的经验就是依法治校,依法办学。高等学校章程不仅是高等学校依法自主管理、实现依法治校的必要条件,而且是明确高等学校内外部权利义务关系,促进高校完善治理结构、科学发展,建设现代大学制度的重要载体。

一、大学章程的起源

中世纪的欧洲,教皇或国王通过向大学授予特许状赋予大学开办、课程设置、招收学生及聘请教师等权力,如剑桥、牛津等一批古老大学都是通过特许状准许设立的。英国的大学很多是通过皇家特许状准许建立的,美国大学最初源于英属殖民地开办的学院,它们也获得英皇室或殖民地议会颁布的特许状,如哈佛学院在 1650 年获得马萨诸塞议会为其颁发的特许状。特许状与当今的政府批文或牌照相类似,是界定关系框架的法律文件,具有很高的权威性,但特许状在内容上较之更详细,通过详细细致的规定细则,保证大学自治。西方大学设立之初大都来源于特许状授权,因此其大学的章程是在大学特许状基础上演化而来的。

在中国,如果将缘于唐、盛于宋的书院视为高等教育机构,那么书院的学规作为大学

---

* 作者简介:吴婷婷,厦门大学教育研究院硕士研究生。

章程在我国已存续了千年；如果从现代意义上的大学——京师大学堂开始，则大学章程在我国也断续了100多年。近现代以来，中华大地饱经劫难，从没落的清王朝到民国，到新中国成立后，我国高等教育不断调整方向，大学章程在不同时期也展现不同的面孔以存续。

在英文里，对大学章程的定义表达方式有很多，例如Statutes of the University（大学章程）、University ordinance（大学条例）、University Charter（大学特许状），以及Bylaws、Legislation organic－law等称法，但是，在英美、加拿大、澳大利亚等英语语言国家关于章程最常见的表述是“statute ”，并且是用其复数形式“statutes”表达的。中国大学章程自晚清以来有许多名称，如近代的“学堂章程”，五四运动前这段时间也有过“章程”、“组织大纲”等叫法。而现在中国大陆地区基本都称之为“大学章程”，中国港、澳、台地区则一般称为“大学条例”、“大学组织规程”。名称的进化，也反映了不同时期和历史背景下不同文化体系之间的差异，并且随着时代的变化而变化。这种差异实质上没有什么太大区别，实质内容上存在一致性，也有相似之处。其实质是一个大学的纲领性文件，是大学权威的管理法。在本文中，作者对于大学章程的定义是：大学章程是为保证大学依法办学，自治管理及接受外部监督而设立的一系列有关大学正常运行的具有法律效力的组织规程。①

二、大学章程的内容要素

美国学者伯顿·R.克拉克把世界高等教育系统分为两种类型：“一元的结构”和“社会选择的结构”。②我国学者周光礼在综合考量政府与大学之间的权力关系的基础上，把世界高等教育强国分为两大体系：罗马传统的高等教育体系（主要指法国、德国、日本等）、盎格鲁—撒克逊传统的高等教育体系（主要指美国、英国等）③。按理想类型法，将大学章程划分为三种类型：盎格鲁—撒克逊传统大学章程、罗马传统大学章程和社会主义传统大学章程。

国外大学章程起步早，而且比较成熟。我国大学章程的建设起步较晚，从严格意义上讲，最早的大学章程始于2003年，较国外的历史差之甚远。我国大学章程的制定应充分参考借鉴国外大学章程成熟案例，在通过国内外高等教育系统大学章程总结、归纳的基础上，大学章程包含的基本内容应如下：

1.确定大学目标，阐述大学使命

大学章程的第一部分，通常都会直接表明大学的办学宗旨。大学章程非常关注“学校使命”的阐述。大学不仅是一个公共组织，更是一个追求真理的学术机构。

2.大学内部管理体制及运行机制

大学内部管理体制包括行政组织和学术组织的设立，以及相关人事的安排。国内外

① 姜思媛.中美大学章程文本比较研究[D].哈尔滨：哈尔滨师范大学，2015.

② 伯顿·R.克拉克.高等教育系统——学术组织的跨国研究[M].王承绪，徐辉，殷企平，等译.杭州：杭州大学出版社，1994：154-156.

③ 周光礼.走向高等教育强国：发达国家教育理念的传承与创新.高等工程教育研究，2010(3)：66-77.

大学章程都非常重视大学内部管理体制及运行机制，一般都用较大的篇幅记载学校各类管理人员特别是校长、各级各类委员会的职责与权限。

3.教职员工的权利和义务

教职员工的基本权利、义务基于教育活动产生，由教育法律规范设定，是一种职业特定的法律权利和职业特定的法律义务。它们之间是对立统一、相互依存的关系。“没有无义务的权利，也没有无权利的义务。”大学的运行离不开教职员工的共同努力，这需要在大学章程中对教职员的权利和义务予以明确规定。东京大学提出，要尊重基本的人权，排除因为国籍、信仰教义、性别、身体障碍、门第等缘由而导致的不正当歧视、区别对待及压制，旨在创造公正的教育、研究、劳动环境，谋求全体组成成员都能够完全地、充分地、尽善尽美地发挥个性与能力。这不仅包括教职工，而且包括学生。

4.学生的权利和义务

学校最根本的任务是培养人，因而大学章程要涉及对学生合法权益的规定。这方面的内容一般不多。在大学章程中，关于学生权益的可以与学生录取、纪律方面、学位授予、平等内容联系在一起。很多大学章程都有学生代表参加学校决策管理机构的规定。康奈尔大学章程中专门规定了“学生生活委员会”的职责，并规定56位董事会董事中有2位董事由学校伊萨卡校区学生团体成员自身选举产生。① 德国《柏林洪堡大学章程》提出：学校反对歧视，并致力于消灭学校中存在的歧视现象，尤其是保护在职或在校学习的女性。校方还应考虑学校外籍成员的特殊利益。

5.章程的修改原则与程序

大学章程是大学运作的基本依据，但是随着时代的发展，学校的管理要有所创新更替，因此大学章程并不是一成不变的，需要及时做出修改和更新。但是，这并不意味着大学章程可以随意更改，修改需要遵循一定的原则，履行一定的程序。大学章程在制定时，通常会对以后的修改有明确规定。

6.财务、经费管理

大学是一个相对独立的学术组织，开展的每一项事务都离不开财务和经费的支持。作为一个庞大的系统，大学必须在章程中明确对财务和经费的管理。英国《曼彻斯特大学章程》专设“法人、财务与财产管理”一章，对大学的合同、财产管理、收费、接受捐赠、投资、担保、酬金管理体制及财务控制体制等都有详尽说明。日本《东京大学宪章》提出：东京大学秉持高度的自觉，深刻认识到为了支持和不断发展教育、研究活动，所需的必要的基础性经费和保持扩充设施设备的可能性经费，都是被国民所赋予的资源。我们大学对此资源定会进行妥善公正的管理，并且力求做到最大限度地有效使用，达到最优效果。②

① 康奈尔大学章程[EB/OL].(2012-03-18)[2018-06-06].http://www.cornell.edu/trustees/.

② 刘刚.大学章程内容要素研究[D].金华：浙江师范大学，2012.

二、中外大学章程的内容比较

（一）董事会（理事会）领导下的校长负责制

境外大学章程中，无论公立高校抑或私立高校，大都规定学校实行董事会、理事会或议事会领导下的校长负责制。美国大学一般实行"董事会对学校有最高控制权"。英国大学普遍实行顾问委员会和理事会的"两院制"，其中，顾问委员会主要由校外人士组成，对外代表大学的权威机构；理事会根据章程规定，是处理大学内部事务的最高权力机构。德国大学章程则多规定学校的最高权力机关是校参议委员会，可以推荐校长候选人，表决学校经费预算等。

在我国，依据高教法规定，我国大学的章程一般确认的都是党委领导下的校长负责制。《吉林大学章程》与《上海交通大学章程》等都呈现了相同的规定，即"本校实行党委领导下的校长负责制，实行党委领导、校长行政"。[1]由章程可见，中国特色的高校内部领导体制就是党委领导下的校长负责制，校长是大学的法定代表人。

（二）教授治校与学术自由

西方国家将对民主、自由和平等三大价值的追求同样体现在了对大学的管理中。在国家层面，通过立法确定大学自主办学的地位，在大学章程内容上，普遍强调大学自治和学术自由。与行政权力不同，学术权力是非职务性权力，它掌握在拥有高级知识的学术人员手中，强调追求学术真理。西方大学的管理理念中一贯倡导"教授治校"，这在大学章程内容中都有明确记载，如康奈尔大学的章程规定有表决权的治校群体成员中要包含名誉退休教授、在职教授级各个院系的教授等。[2]

（三）内容安排上存在较大差别

内容丰富详细、规定全面、具体细致是总结国外大学章程文本得出的三大特点，各个大学章程在内容安排的侧重点上略有不同。耶鲁大学章程侧重于规范对校长、教务长等行政管理人员的职权划分，康奈尔大学章程侧重于规定董事会及其下属各委员规则。我国大学章程在内容安排上，因《高等教育法》第三章第 28 条对大学章程内容做了明文规定，所以一直以来在该条款的影响下，我国现已制定的大学章程在内容安排上基本沿袭了这一政策规定，结构上呈现大同小异。

三、启示与建议

与西方大学章程相比，我国大学章程在内容上过于关注原则，对细节规定不足，尚未明确规定大学与外部的关系，部分文字表述还需进一步规范。

我国的《高等教育法》对高校章程内容做了规定，作为现行的法律法规，有很强的指导意义，我们应该大体上遵循。在总结国内外大学章程内容的基础上，我国大学章程在结构上宜采用"序言＋总则＋正文＋附则"的体例，"大学使命"宜放在总则中，"大学的内部管理机制与运行机制"、"财务、经费管理"、"教职员工的权利与义务"、"学生的权利与义务"四部分宜放在正文部分，"章程修改的原则和程序"宜放在附则中。除以上六部分内容外，结合我国相关法律规范和大学章程的实际，还有一些必须规定的内容，一一呈示。

---

① 湛中乐.大学章程精选[M].北京：中国法制出版社，2010.

② 马陆亭，范文曜.大学章程要素的国际比较[M].北京：教育科学出版社，2010.

序言部分主要内容应该包括:①制定大学章程的缘由。在序言中可以说明制定大学章程的缘由,或者制定大学章程要体现什么样的目标。②大学的发展史及建设成就。以序言的形式将大学自成立以来的发展历史及取得辉煌成就在章程中体现出来。

总则部分的内容包括:①学校名称、校址。中英文名称要规范,校址要详细。②办学目标。结合高校自身实际,办学宗旨既要响应国家要求,又要彰显学校内涵与发展特色,起到引导学校发展的作用。

正文部分必须具备的内容包括:①学校标志。这在目前章程中都普遍作了规定,包括校徽、校歌、校训等,彰显学校文化底蕴和历史积淀。②规定大学对社会服务与外部关系。社会服务是新时期大学的重要职能之一。国外著名大学东京大学章程在处理东京大学与社会关系上的经验值得我们学习,要保证大学与外部组织之间形成良好的关系。③明确党委和行政之间的职权。如何界定“党委领导”和“校长负责”之间的关系,是我国教育界应当注重的问题。④进一步规定教授委员会、学术机构的职权。充分发挥教授在各级各类委员会中的成员作用,大学章程还应规定学校学术委员会、学位委员会、职称评定委员会等学术机构的职责与权限。⑤明确校、院、系管理体制。通过章程规定扩大学院层面自主管理权限与范围,充分发挥学院的积极性。

改革开放40年我国教育中介组织发展历程、困境及出路

杨　忠*

（厦门大学教育研究院，福建 厦门 361005）

摘要： 改革开放40年来，我国教育中介组织发展缓慢，以政策文本为标志，教育中介组织发展可分为起步阶段（1978—1993年）、探索阶段（1994—2009年）、发展阶段（2010年至今）三个阶段。教育中介组织的发展面临着名实不符的困境，体现在缺乏独立性、专业性和制度化。为了使教育中介组织走出困境，必须加快政府职能转变、加强中介组织建设、完善立法与规制。

关键词： 改革开放；教育中介组织；政策

改革开放以来，我国高等教育快速发展、不断深化，政府开始重视并推动教育中介组织建设，试图发挥教育中介组织作为“调节器”的作用，协调政府、市场和大学之间的关系。改革开放40年来，教育中介组织是如何发展起来的？其面对怎样的困境？缘何会产生这样的困境？如何解决困境？本文拟对这些问题进行一些初步讨论。

一、改革开放40年来教育中介组织政策发展历程

根据中华人民共和国教育部政府网站发布的教育中介组织的有关政策，将改革开放四十年来对教育中介组织发展产生过重要影响的政策进行整理，表1为教育中介组织发展过程中具有重要影响的政策概览。

表1　改革开放四十年来教育中介组织发展的重要政策概览

时间	名称	重要观点
1994	《中国教育改革与发展纲要》	为保证政府职能的转变，使重大决策经过科学的研究和论证，要建立健全社会中介组织，包括教育决策咨询研究机构、高等学校设置和学位评议与咨询机构、教育评估机构、教育考试机构、资格证书机构等，发挥社会各界参与教育决策和管理的作用。
1995	《中华人民共和国教育法》	国家鼓励企业事业组织、社会团体及其他社会组织同高等学校、中等职业学校在教学、科研、技术开发和推广等方面进行多种形式的合作。

* 作者简介：杨忠，厦门大学教育研究院硕士研究生。

续表

时间	名称	重要观点
1998	《中华人民共和国高等教育法》	教育行政部门负责组织专家或者委托第三方专业机构对高等学校的办学水平、效益和教育质量进行评估。评估结果应当向社会公开。
1999	《中共中央国务院关于深化教育改革，全面推进素质教育的决定》	在高中及其以上教育的办学水平评估、人力资源预测和毕业生就业指导等方面，进一步发挥非政府的行业协会组织和社会中介机构的作用。
2010	《国家中长期教育改革与发展规划纲要(2010—2020)》	推进专业评价。鼓励专门机构和社会中介机构对高等学校学科、专业、课程等水平和质量进行评估。建立科学、规范的评估制度。探索与国际高水平教育评价机构合作，形成中国特色学校评价模式。建立高等学校质量年度报告发布制度。 培育专业教育服务机构。完善教育中介组织的准入、资助、监管和行业自律制度。积极发挥行业协会、专业学会、基金会等各类社会组织在教育公共治理中的作用。
2013	《中共中央关于全面深化改革若干重大问题的决定》	强化国家教育督导，委托社会组织开展教育评估监测。
2015	《关于深入推进教育管办评分离促进政府职能转变的若干意见》	通过发挥各类教育中介组织在专业化评价中的作用，推进教育管、办、评分离，形成教育公共治理的有效合力。

依据教育中介组织相关重大政策颁布的时间与重要教育中介组织的设立时间，以1994年《中国教育改革与发展纲要》及2010年《国家中长期教育改革与发展规划纲要(2010—2020)》为界，从理论上看，教育中介组织的发展过程可分为起步阶段(1978年—1993年)、探索阶段(1994年—2009年)、发展阶段(2010年至今)。

在起步阶段(1978年—1993年)，一批官方性质的教育中介组织成立，为教育中介组织的建设发展做出了有益的尝试。如1979年成立的中国教育学会，1983年成立的中国高等教育学会，1986年成立的国家教育发展研究中心等。在此阶段，教育中介组织发展较为零散，教育中介组织也未有在政策文本中独立、明晰地被提及，其具体内涵亦未被阐明。

随着1994年《中国教育改革与发展纲要》的颁布，教育中介组织发展迈入探索阶段。文件强调："要建立健全社会中介组织，包括教育决策咨询研究机构、高等学校设置和学位评议与咨询机构、教育评估机构、教育考试机构、资格证书机构等，发挥社会各界参与教育决策和管理的作用。"①此时期，政府逐渐重视教育中介组织的作用，且在政策文本中

① 中共中央、国务院印发.中国教育改革和发展纲要[EB/OL].(1993-02-13)[2018-07-07].http://old.moe.gov.cn//publicfiles/business/htmlfiles/moe/moe_177/200407/2484.html.

有着较为明确的表述。同时，逐渐形成了一批承担评估、决策、咨询、评价、信息管理和资格评审等功能的教育中介机构，分担由政府分离出来的教育职能，但仍然属于事业单位，政府由直接管理转为间接管理；与此同时，半官方或民间性质的教育中介组织也得到了发展，如福建省邓子基教育基金会。此时期，教育中介组织表现出多元化特征。

2010 年，《国家中长期教育改革与发展规划纲要(2010—2020)》的颁布和国家教育咨询委员会的成立标志着教育中介组织迈入新的发展阶段。在此时期，国家对教育中介组织的重视有所加强，政策文本中对教育中介组织进行了较为独立表述，指出并强调完善教育中介组织的制度建设。政府一方面希冀教育中介组织能够在专业化评价中发挥作用，另一方面又对教育中介组织发展水平不够自信。总体而言，教育中介组织在此期间的认识和权威得到了加强，但总体发展水平较低，作用不充分，制约了政府职能的有效转化。

总的来说，我国教育中介组织发展缓慢，变化较小，阶段性不够明显。以政策文本及教育中介组织机构的变化为标志可微微窥见我国教育中介组织发展历程，若想把握改革开放以来教育中介组织整体发展脉络，必须再结合教育中介组织实践开展情况进行讨论。

二、改革开放四十年来我国教育中介组织发展困境

从上述发展历程可以看出，教育中介组织经过四十年的时间，在“名”上已逐渐受到关注和重视，教育中介组织的意义亦已逐渐为人所认可。而在实践中教育中介组织又是怎样的图景呢？与教育中介组织之“名”是否相符呢？第二个问题的答案是否定的。事实上，教育中介组织“名”不符“实”的情况时有发生。由于部分教育中介组织其组织成员为政府官员出身，其活动经费为政府拨款，故其政府性十分浓厚，常以“民间”之名，行“官方”之实。长此以往，教育中介组织难以立于“中”，其指导、监督、服务等职能亦无法行使，当教育中介组织失去公平、公正、公开，那教育中介组织存在的必要性和意义就值得商榷。教育中介组织“名”“实”不符主要表现为“名”高“实”低，包括以下三个方面。

(一) 独立性缺失

独立性是教育中介组织的发展基础，是教育中介组织功能发挥的重要条件。所谓教育中介组织的独立性，即“中介组织活动既不属于政府行为，也不是个人行为，其活动范围介于两者之间。政府不能随意干涉中介组织的日常活动”。①

目前，我国教育中介组织十分缺乏独立性。受我国传统教育管理体制影响，在教育中介组织的实际运行过程中，绝大多数教育中介组织都挂靠于政府，受政府管理，用政府所拨经费运营，这也使得教育中介组织离政府越来越近，而离市场与高校越来越远。当教育中介组织与市场、高校的距离逐渐变远时，教育中介组织的无法保证不偏不倚，无法发挥其功能。教育中介组织若想“名”“实”相符，必须摆脱对行政的路径依赖，谋求自身的独立。

需要声明的是，有部分民间教育中介组织有着较强的自主性，但由于其专业性不强、与政府联系不紧密，从而导致权威性大打折扣，在社会上也很难产生影响。独立性与权

---

① 盛冰.教育中介组织：现状、问题及发展前景[J].高教探索，2002(03)：81.

威性二者如何兼顾、如何平衡,值得进一步思考。

(二)专业性缺失

正所谓“打铁还需自身硬”。教育中介组织“名”“实”不符的重要原因在于其自身不够硬,也就是说,其专业化程度不高。有学者认为,教育中介组织专业化程度不高的原因在于:“一方面,由于教育中介机构经费有限,故多数无力聘请专业人员从事项目的研发和跟进研究;另一方面,由于政府对服务的专业性要求不高,使中介机构某种程度上成为‘中介的中介’,使评估、管理、咨询等专业服务成为一种事务性工作,而不是研究性工作。”①

笔者认为,可以从整体与局部两个视角切入对教育中介组织专业性不强的原因进行分析。从整体上看,多数教育中介组织本身缺乏专业的管理体制、系统的运行机制、健全的规章规制,使得组织在运转的时候呈现出的是一种松散的、非专业的姿态,而非紧密耦合的状态。从局部上看,教育中介组织缺乏优质的管理人才,内部多为专业素质不够硬的行政人员,当组织内部人员无法满足组织需求时,教育中介组织亦没有能力承担起该承担的责任。

(三)制度化缺失

“我国教育中介组织的兴起是教育转型所带来的教育结构变化以及随之产生的制度选择的结果,制度在其中起资源配置和规则重构的作用。”②制度建设是教育中介组织发展的关键一环,良好的制度设计将为教育中介组织的发展创造良好的制度环境。

目前,我国教育中介组织制度化程度不高,缺乏系统的法律规定。至今,只有《社会团体登记管理条例》、《民办非企业单位登记管理暂行条例》、《中介服务收费管理办法》等几部较为宽泛的文件对教育中介组织进行了法律规定,内容主要涉及了教育中介组织的准入制度、程序规定等,对教育中介组织的地位、规范、权力等尚未进行规定,教育中介组织法律亟待完善。此外,教育中介组织相关制度的缺失,也造成了教育中介组织“名”不符“实”的后果,亟须制度建设以保障教育中介组织发展。

三、改革开放四十年来我国教育中介组织发展出路

(一)转变政府职能,增强独立性

改革开放以来,政府一直谋求职能的转变。“政府要从无所不包的全面管理向有选择的管理转化,从以直接管理为主转向间接管理,从过程管理为主转向目标管理,从以行政统控为主转向法律、行政手段并行,从短期管理为主转向中长期管理,从微观管理为主转向宏观管理。”③

教育中介组织的发展与政府职能的转变相辅相成。如果没有政府职能的转变,政府可以直接对高校进行管理,也就没有教育中介组织的产生了。在政府职能转变的过程中,必须明晰政府与中介组织之间的权责关系,将教育中介组织应有的权力让渡出来,通过教育中介组织对大学进行评估、规划,以保证评估的公正性,力图为教育中介组织的发

① 李彦荣.我国教育中介组织发展的特点与对策[J].教育发展研究,2007(19):10.

② 刘耀明.教育中介组织失灵及制度变革[J].教育理论与实践,2012,32(34):25.

③ 毕国军.深化教育改革与教育中介组织[J].教育研究与实验,1998(03):24.

展，为高等教育的生长提供更适宜的政策土壤和良好环境。当然，转变职能并非意味着采取“放养”模式，政府可以通过合理的监督、评价机制与高校一同对教育中介组织进行考核。

（二）加强组织建设，提升专业性

教育中介组织既被称为组织，其必然是专业的、专门的、具有权威的。组织建设是教育中介组织改革的重要举措，是教育中介组织提升综合实力的必经之路，对提升教育中介组织的专业性有着积极的影响和作用。

具体而言，为提升教育中介组织的专业性，首先要加强教育中介组织理论与实践的研究。教育中介组织在我国尚未发展成熟，缺乏深厚的理论积淀，亦缺少运行良好的时间模板，亟须学者、实践者进行研究。在理论上明晰国内外教育中介组织发展的前世今生，在实践上厘清国内外各教育中介组织的发展模式，扎实组织理论基础，构建组织实践模型，有利于提升教育中介组织的专业水平。其次，提高教育中介组织素质。所谓教育中介组织素质，包括组织素质和组织人员素质两大部分。教育中介组织应努力提升自身业务水平，加强诚信建设，增强自律，主动自觉地接受社会各界的监督。同时，应注意吸纳高素质的专业人才，对本组织的成员进行在职培训以提升组织成员的专业性，从而提升整个教育中介组织的专业性。

（三）完善法律规制，加强规范性

我国社会是法治的社会，社会各主体都必须懂法、守法、依法。教育中介组织也不例外。法律的制定对教育中介组织发展而言，有着十分积极的规范意义，既为教育中介组织的发展提供了法理保障，又为监督教育中介组织发展提供了法理依据。我国应加快中央和地方有关教育中介组织的立法进程，抓紧时间制定诸如《社会中介组织法》、《教育中介组织发》等法案，对教育中介组织及其上位概念进行详细的规定与说明，容易引起争论的部分不应留白，应在法律文件上撰写清楚。此外，通过立法给教育中介组织提供保护和救济途径亦十分重要，唯有如此，教育中介组织在受到侵害时才有路可走，才能维护自身的权利和利益。

完善各项规制是加强教育中介组织规范性必不可少的一步。规制主要包括内部规制和外部规制。在教育中介组织内部应完善组织机构设置，加强人才选拔制度建设，注重诚信、自律等相关制度的建设，以科学、高效、灵活为原则，构建教育中介组织的内部运行机制。外部规制主要涉及教育中介组织资格审查、准入、资助、评估、审计、信息披露制度，其中，资助制度尤为值得关注，钱从哪里来，很大程度上影响着组织往哪里站，如何设置合理的资助制度值得进一步探讨。

改革开放四十年来，我国教育中介组织已取得了逐步的发展，若想走得更远、更深，就必须走出发展困境，处理好独立性与权威性、营利性与公益性的关系，进行制度改革。此外，需要说明的是，教育中介组织并非完美无缺，其亦具有发展不完善的地方，毋需将其捧到天上，也毋需将其踩到地上。总而言之，我国教育中介组织发展道阻且长，非一日之功，但未来可期。

Research on Implementation Practice of OBE System or Its Elements at the Federal Level in Curriculum of European and U. S. Higher Education Providers

Sergeev Paul *

Abstract: The problem of relevance gaps between graduates' competencies and requirement of economies and societies has been gaining importance in many countries. By means of critically analyzing and modifying curricula, educators seek to develop and implement education frameworks which will help decrease this discrepancy. Outcome-based education system is considered to be one of the possible solutions. Numerous countries have recently implemented OBE systems or some of its elements into curricula at different levels. This study examines different forms of such an implementation at the federal level — either voluntary or imperative — in Europe and US. The study suggested, that OBE and any type of curriculum design is not set as an imperative system in the countries of Europe and US. That's being said, some of the elements of OBE systems are regulated by the legislation and must be applied by all the education providers in a number of countries.

Keywords: OBE system, Curriculum, European and U. S. higher education

1. Background of Research

1.1 Introduction

Research① of 185 faculty members from 11 colleges in the U.S. showed that in the education providers see their role as the one which combines academic preparation with social development of students. Basing on this role institutions design their curriculum and teaching programmes. Braslavsky ② states that "the term curriculum is mostly used to refer to the existing contract between society, the State and educational professionals with regard to the educational experiences that learners should undergo during a certain

---

* 作者简介:Sergeev Paul,俄罗斯人,厦门大学教育研究院国际博士生。

① Jaschik S., Making Sense of the College Curriculum, Inside HigherEd[EB/OL].(2018-06-05)[2018-07-07]. https://www.insidehighered.com/news/2018/06/05/authors—discuss—new—book—faculty—role—curricular—change.

② Braslavsky C. Curriculum. Santillana Press, Madrid,2003.

phase of their lives". The curriculum defines: why; what; when; where; how; and with whom to learn. Wiles and Bondi ① suggest that curriculum should be considered as a development process. This process mainly assesses student abilities, suggests possible methods of instruction, implements teaching strategies, selects assessment devices and should be continually adjusted. Ornstein & Hunkins② state that curriculum can also be defined as a plan for achieving goals and a plan for providing sets of learning opportunities and experiences for students.

Ornstein & Hunkins③ argue that in the process of designing curriculum, the following questions should be addressed: What should be done? What subject matter should be included? What instructional strategies, resources, and activities should be employed? What methods and instruments should be used to appraise the results of curriculum? It means that design and development of curriculum plays a very important role in achieving the teaching goals as well as these processes may significally differ in various countries.

1.2 Curriculum Design and Dvelopment

Curriculum design is the way educators conceptualize the curriculum and set its major components or elements (subject matter or content, instructional strategies and materials, learner experiences or activities) to provide direction and guidance as the curriculum is developed.④ Nowadays the most popular curriculum designs are subject designs, discipline designs, broad field designs, learner — centered and Problem — centered designs. Subject—centered designs are by far the most known and widely used. In this design knowledge and content are regarded as integral and central parts of the curriculum. The subject design focuses on the content of subjects and often ignores students' interests needs, experiences. It is considered that in case of using such a curriculum, student passivity is cultivated in students. That is why Morrison⑤ argued that the subject centered curriculum should be mainly the focus of the elementary curriculum, but not in the area of the Higher Ed.

① Using Learning Outcomes. Background Report for the Edinburgh Bologna Seminar, 2004, 1-2 July, section 1.2.

② Ornstein A., Hunkins F. Curriculum Foundations, Principles, and Issues[M]. 7th ed., Pearson, England, 2018.

③ Ornstein A., Hunkins F. Curriculum Foundations, Principles, and Issues[M]. 7th ed., Pearson, England, 2018.

④ Ornstein A., Hunkins F. Curriculum Foundations, Principles, and Issues[M]. 7th ed., Pearson, England, 2018.

⑤ Morrison H. The Curriculum of the Common School[M]. Chicago: University of Chicago Press, 1940.

Ornstein & Hunkins① state that the discipline design is primarily based on content's inherent organization. The main difference between this approach and subject—centered design is the fact that later does not specify the major basis on which it is built or established. At the same time, the discipline design's orientation does make it clear that it focuses on the academic disciplines which is specific knowledge that has the characteristics such as a "community of persons, an expression of human imagination, a domain, a tradition, a mode of inquiry, a conceptual structure, a specialized language, a heritage of literature, a network of communications, a valuative and affective stance, and an instructive community".

The broad—fields design — often called the interdisciplinary design — aims to correct the fragmentation and compartmentalization caused by the subject design. Broad—fields design major focus and goal is to provide students with an understanding of all content areas which are supposed to be studied. This design tries to integrate content that fit together logically and brings together commonly—used content fields. Broad fields may include conceptual clusters or segments rather than subjects or disciplines combined in interdisciplinary formation. These clusters can be connected by themes or ideas or problems and tasks.

If learner—centered designs are used, then with the guidance of teachers, students get engaged in an activity to actually build their own experience. In the learner—centered designs, students are the designers of curriculum and the makers of what they are experiencing. At present though the situation is changing, at the secondary level, the focus is made more on subject matter designs, largely because of the influence of textbooks and the colleges and universities at which the discipline is a major block for the curriculum. But as we will see below, this approach is starting to gain popularity.

Problem—centered design focuses on real—life problems and tasks of individuals and society. Ornstein&Hunkins (2018)② state that "problem—centered curriculum designs are intended to reinforce cultural traditions and address unmet needs of the community and society". Problem—centered designs put the student within a social setting, but they differ from learner—centered designs in that they are designed before the students' start learning. The content often extends beyond subject boundaries. It should be noted that it must also address students' needs, concerns, and abilities. This dual focus on both content and learners' development distinguishes problem—centered design from the other major types.

Development is the second layer of building the curriculum and it is the steps and

① Ornstein A., Hunkins F. Curriculum Foundations, Principles, and Issues [M]. 7th ed., Pearson, England, 2008.

② Ornstein A., Hunkins F. Curriculum Foundations, Principles, and Issues [M]. 7th ed., Pearson, England, 2008.

procedures that are taken by individuals to enact changes to what is taught in a learning environment. This is different from curriculum design which is how a person views the subject or concept of curriculum. First, a person needs to design or conceive the curriculum in their mind. Second, they use an existing development model to actually create the curriculum.

There are several models of developing curriculum. The most popular and famous is arguablythe Tyler model. It is the "way" of developing curriculum for most of the past 70 years. It includes the following steps:

——461676044—Determine the school's purposes (objectives)

——461676043—Identify educational experiences related to purpose

——461676042—Organize the experiences

——461676041—Evaluate the purposes

One variation of the Tyler model is the Backward Design model by Wiggins and McTighe. The model is backward because it changes the order of the steps in the Tyler model. The Backward Design model simplifies the already simple Tyler model (Wiggins&McTighe, 1998). The steps are below:

——461676040—Develop objectives (learning outcomes)

——461676039—Determine evidence that objectives are met (this is step four in Tyler's model)

——461676038—Identify learning experiences related to objectives (this is step two in Tyler's model)

Though most of curriculum designs can be used in the transformation phase in OBE systems, however Spady① states that broad - field, learner—oriented and problem—oriented designs fit the system best. As it can also be seen from the development process, the backward curriculum development stages of curriculum totally copy the stages of so—called Outcome - Based education system [OBE].

1.3 OBE Theoretical Basis

OBE approach was further developed by Willam Spady. Spady② states that in OBE environment it should include the three major stages. The starting point is determining so called Learning Outcomes [LOs]. According to Spady③, learning outcomes are "clear learning results that we want students to demonstrate at the end of significant learning experiences." The author attaches importance to the fact that LOs are not

---

① Spady W. Outcome-based Education: Critical Issues and Answers [J]. American Association of School Administrators, 1994.

② Spady W. Outcome-based Education: Critical Issues and Answers [J]. American Association of School Administrators, 1994.

③ Spady W. Outcome-based Education: Critical Issues and Answers [J]. American Association of School Administrators, 1994.

values, attitudes or beliefs. Instead they are tangible performance capabilities, involving actual doing, rather than just knowing. The first stage in developing learning experiences is setting LOs and Determine evidence that objectives are met, which correspond to the first and the second stages of curriculum development by Grant Wiggins and Jay McTighe.

The second stage, is related to determining content, teaching methods and timing which will help the student to accomplish learning "ends" defined at the first stage. As LOs are considered the culminating points of learning period, it is emphasized that only after the final LOs are set, tutors proceed to designing curriculum back from that point, where the students are required to end up①. This basically means that tutor needs to choose those teaching methods, activities, content and timing, which will*enable* students to acquire necessary skills and knowledge to achieve the LOs. Spady② calls this reverse designing process a "golden rule" of the education system. This process corresponds to the third stage of curriculum development by Grant Wiggins and Jay McTighe.

Having decided on content, teaching and learning activities appropriate to learning outcomes, the third step is designing assessment. The purpose of assessing students' competence in OBE context should be in line with student—centered approach. Spady③ describes assessment in OBE as an instrument for students to demonstrate their competencies successfully and for teachers to "make sure learning ultimately happens". This process also corresponds to the third stage of curriculum development by Grant Wiggins and Jay McTighe.

1.4 Research questions

——461676037—What curriculum design and development models are mostly used in Europe and US?

——461676036—In case OBE approaches are not fully implemented, what elements of OBE systems are used in curriculum in these countries?

2. Discussions: Implementations of OBE in curriculum

OBE in a Higher Education context started to gain popularity in the beginning of the 21st century. Learning outcomes were implemented in many HE institutions in

---

① Tam M. Outcomes-based approach to quality assessment and curriculum improvement in higher education.[M]. Quality Assurance In Education, 22 (2):158-168. Spady W. Outcome-based Education: Critical Issues and Answers [J].American Association of School Administrators, 1994.

② Spady W. Outcome-based Education: Critical Issues and Answers [J]. American Association of School Administrators, 1994.

③ Spady W. Outcome-based Education: Critical Issues and Answers [J]. American Association of School Administrators, 1994.

Europe, the US, Australia and several Asian and African countries. Today many higher education providers all over the world are actively engaged in applying learning outcomes and curriculum, based on desired students' proficiencies.

In Europe the implementation of OBE standards got the impetus about 15 years ago, when the majority of countries under Bologna process carried out number of activities associated with learning outcomes①. Recently European Commission has rethought education approaches for countries of Bologna process, with even more focus on learning outcomes②.

The Framework for Qualifications of the European Higher Education Area③ is built on an intergovernmental agreement within the Bologna Process. The Framework's aim is to arrange and put national higher education qualifications into an overarching European —wide qualifications framework. Within this Framework, qualifications are defined according to levels of complexity and difficulty.

FQEHEA identify four main purposes of higher education. It is important to note that these purposes directly influence on curriculum in European higher education providers:

——461676035—Preparation for the labour market

Preparation for the labour market is the trend that has over the past generation been most important in public debates on education. Employers have complained that the current education systems of many European countries do not provide students with sufficient basis for them to become labour force.

——461676034—Personal development

It is considered that personal development may have been a bigger goal of higher education in past. But it is still an important assumption of education in Europe which at the same time may be challenged through the development of mass education, but it should nevertheless be mentioned that it remains its importance and influences on the curriculum of European educator providers.

——461676033 — The development and maintenance of a broad, advanced knowledge base

It is important to have access to advanced knowledge in a broad range of subjects. This in particular refers to research and research training but, however, not limited to

---

① Adam S. Using Learning Outcomes: A consideration of the nature, role, application and implications for European education of employing learning outcomes at the local, national and international levels[R]. Report on United Kingdom Bologna Seminar, Herriot-Watt University, 2005.

② ESG. Standards and Guidelines for Quality Assurance in the European Higher Education Area [J]. 2015, Brussels, Belgium.

③ Framework for Qualifications of the European Higher Education Area. Ministry of Science, Technology and Innovation, Bologna Working Group on Qualifications Frameworks, 2005.

research, as advanced knowledge.

Considering the major purposes of FQEHEA it is difficult to say if any specific curriculum design or development procedure is used in the universities in Europe. On one hand, the formulation of goals is rather general, on the other hand, there are indicators of the higher education based on real competencies of students in order to prepare them for the labour market. It is unclear from the purposes if any element of OBE is recommended or implemented in education system in Europe. However, FQEHEA recommends using unified learning outcomes to determine the qualification of students.

"Learning outcomes represent one of the essential building blocks for transparency within higher education systems and qualifications Learning outcomes have been defined above as: statements of what a learner is expected to know, understand and/or be able to do at the end of a period of learning". (Using Learning Outcomes, 2004)①

According to FQEHEA, learning outcomes can be used in many areas such as:

——461676032— the individual higher education institution (for course units/modules and programmes of study).

——461676031— nationally (for qualifications, qualifications frameworks and quality assurance regimes).

——461676030—internationally (for wider recognition and transparency purposes). They are important for the understanding of qualifications in society, for example by learners and employers.

Learning outcomes statements are typically formulated by the use of active verbs expressing knowledge, comprehension, application, analysis, synthesis and evaluation, etc. With OBE, they have importance for qualifications, curriculum design, teaching, learning and assessment, as well as quality assurance. According to FQEHEA, "LOs are thus likely to form an important part of 21st century approaches to higher education and the reconsideration of such vital questions as to what, whom, how, where and when we teach and assess" as learning outcomes are important tools in determining the results of learning for the student and other stakeholders.

In terms of curriculum design and development, learning outcomes are at the major power and impetus of educational change. They make a focus on the linking knowledge with aims of the qualification, the assessment of those who design them and how the qualification fits within the borders of the discipline. According to FQEHEA, LOs play the role of a changer of emphasis from "teaching" to "learning" determined by student—centered approach, as opposed to the more traditional, teacher—centered practices. Student — centered learning makes an emphasis on the teaching — learning —

① Wiles J., Bondi J. Curriculum Development: A Guide to Practice[M]. 9th ed., Pearson, Boston, 2014.

assessment relationships and the fundamental links between the design, delivery, assessment and measurement of learning.

According to FQEHEA "It is important to the development and implementation of a European framework that the broad connections between learning outcomes, levels, level descriptors and credits, and teaching, learning and assessment are recognized". Learning outcomes have been described as a fundamental educational building bricks and they have direct and powerful relations with a number of other teaching and assessment tools. When learning outcomes are being defined they should created in the context of the institutional/national/international reference points that help the control and regulation of quality assurance systems. The development of curricula in terms of learning outcomes does not, therefore, happen in a vacuum. Appropriate reference points which are determined by FQEHEA guide the use of module/unit and programme learning outcomes.

It is important to note that LOs in Europe are qualification—based and are divided into Bachelor, Mater and PHD levels in the Higher Education Area. The situation is different in Russian Federation in this sense. Learning outcomes and some other requirements which influence on curriculum design and development are determined in the federal standards. Federal state educational standard (FSES) is a set of mandatory requirements for the achievement of a certain qualification or requirements to the profession, specialty and direction of training.

The standard is the basis for:

——461676029 — development of approximate basic educational programs and curriculum;

——461676028 — development of programs of educational subjects, courses, educational literature, control and measuring materials;

——461676027 — organization of educational process in educational organizations that implement the basic educational program in accordance with the standard, regardless of their organizational and legal forms and subordination;

——461676026 — development of standards of financial support of educational activities of educational organizations implementing the basic educational program, the formation of the state (municipal) tasks for educational institutions;

——461676025 — control and supervision of compliance with the legislation of the Russian Federation in the field of education;

——461676024 — conducting state (final) and intermediate assessments of students;

——461676023 — other goals not related to curriculum

There are about 200 different standards for different occupations. Each standard includes: structure of the education program for each occupation (General education part, major part, practice, etc.); credits for each part of the program; appropriate competencies and learning outcomes for each part of the program and the list of compulsory and elective courses for each part of the program; some requirements to teachers, material recourses and curriculum design of the program. The standards do not contain the requirements to: exact objectives of the program and courses, final curriculum (there are many elective courses), courses content, teaching methods, assessment methods, literature.

As the result, though Russian Federation has joined the Bologna process, the approaches to developing and designing curriculum in Russia has similarities and differences with the countries. First of all, education providers have less room for maneuver. It means that LOs are predefined not only for qualification levels, but also for programs. Moreover, the list of subjects is mostly determined for each occupation.

The approach in the US is totally different. There are no centralized requirements to either curriculum design or even learning outcomes. However, there are attempts to build a system or a framework which will satisfy the needs of all the stakeholders while staying voluntary. One of such successful attempts is called Degree Qualification Profile.①

DQP is one of the most comprehensive and scientifically grounded classifications in the education industry. Key stakeholders — policymakers, employers and more than 400 education providers — have been experimenting with and contributing into the existing classification for more than 3 years. DQP and Association of American Colleges & Universities have developed the assessment framework for these proficiencies. The application of this framework will enable researchers to effectively measure students results in both isolated and comparative studies.

DQP suggests five basic areas of learning including knowledge, skills and applications that enable graduates to succeed in today's economy and civil society. The elements of the DQP classification range from specialized and broad knowledge to the wide range of interpersonal and transferable skills. The idea behind it raised from the problem that while some colleges and universities have set their own expected student learning outcomes, what they have done has been largely invisible to students, policy leaders, the public and employers and other stockholders. Moreover, colleges and universities have frequently practiced assessments of samples of students in ways or by means of that say too little about learning. Most often than not such assessments do not say much about what all students should know and be able to do.

The DQP responds to these concerns by describing concretely what is meant by each of the degrees addressed and, what is most important, by describing what learning outcomes should be met to achieve each of qualification or degree. DQP focuses on broad

① Adelman C. Ewell P. Gaston P. Schneider C. The Degree Qualifications Profile[J]. 2d edition, 2014.

areas of conceptual knowledge and essential proficiencies/competences and their applications. DQP shows how students are expected to perform at different levels of learning. In order to earn credits students must demonstrate this performance. Demonstrated performance at these levels is the foundation on which students earn credentials.

The DQP provides three profiles for three higher education degrees by describing five areas of learning and the proficiencies related to them. It is important to note, that like in Europe, it is done regardless of field of study. Because learning takes place most often through courses or disciplines/fields of study, and teachers typically evaluate student learning outcomes according to the standards of their fields, the DQP states that proficiencies will be illustrated in regards to such fields of study, courses or disciplines. It is done by means of defining LOs in the process of tuning them. Through tuning DQP encourages teachers and faculty members in multiple education providers to collaborate and discuss with one another within their respective fields of study — and with employers — in order to define learning outcomes appropriate to different stages of progress toward degrees in those disciplines. The DQP process encourages educator providers to form the LOs statements in order to match their student populations. They could even develop differential challenge level learning outcomes for each proficiency as DQP is not a fixed model. As a result, no form of curriculum design or education system related to OBE is imperative in the educators of US. Moreover, learning outcomes, as a part of OBE system, are not compulsory for institutions of Higher Education.

3. Conclusion

As it was discussed above, OBE is not set as an imperative system in the countries of Europe and US. That's being said, some of the elements of OBE systems are wither regulated by the legislation and must be applied by all the education providers in a number of countries. For example, institutions in Russia must use the system of learning outcomes which are separately determined for each of majors. Bologna countries insist on integrating LOs and learner-centered approaches into assessment and content parts of curriculum but determine LOs at the qualification level. At the same time, frameworks which are developed in the US only recommend to use the elements of OBE frameworks, such as learning outcomes approach and designing curriculum basing on them. This demonstrates the tendency of educators applying such models of curriculum design and development as discipline or broad-field based and backward design model described above.

我国大学生评教有效性的问题及对策研究

寇　瑜*

（厦门大学 教育研究院，福建 厦门 361005）

摘要： 学生评教制度自引入我国高校后，已经历了三十多年的发展历程。在国家政策层面，规定学生评教应该作为高等教育教学质量管理和提升的重要组成部分；在学术理论层面，学生评教是体现“学生中心”教育理念的重要举措；在高校管理层面，学生评教是帮助教师提升教学质量、帮助学校管理教学质量的重要标准。但是，在实际中，学生评教的有效性仍然存在一定争议。因此，应从学生评教有效性的已有研究出发，发现影响学生评教有效性的因素，构建学生评教有效性的科学衡量标准，在借鉴国外先进经验的基础上，提升我国高校学生评教结果的有效性。

关键词： 大学生评教；有效性；对策

一、 研究背景

学生评教制度于20世纪20年代最早源起于美国，在我国，学生评教制度的建立已有30多年的历史。教学与科研是高校教师肩负的两项主要任务，评价教师的科研水平的主要指标是学术发表，而评价教师教学质量的重要指标则是学生评教。目前，学生评教已经是各高校教学管理的重要手段和教学质量监控的必要手段和重要环节。然而，学生评教能否达到或者多大程度上能够达到预期的管理目标，学生评教如何服务于高校的教学质量管理，如何帮助教师提升教学水平，取决于学生评教结果的有效性。

《普通高等学校本科专业类教学质量国家标准》中明确规定：“建立和实施院系负责人听课制度、专家督导制度、同行评议制度、学生评教制度。”教育部司长吴岩表示，《普通高等学校本科专业类教学质量国家标准》首先遵循的是“突出学生中心”的原则，强调高校建立持续有效的教学质量评估体系。由此可见，在教育政策层面，国家在不断地强调学生在教学质量评价体系中的重要主体性地位，学生评教也应该成为高校教学质量管理的重要组成环节。

但是，目前在我国学术界，学生评教是否能够有效反映教师的教学质量还尚存争论。在我国对学生评教的现有相关研究中，付八军认为评价一位大学教师的教学效果，学生

* 作者简介：寇瑜，厦门大学教育研究院硕士研究生。

最具有发言权。[①] 但同时,对于学生评教的有效性持怀疑态度的学者也有很多,潘艺林认为当前学生评教已经被滥用,学生意见不仅不能是唯一的,也不能是最重要的。[②] 隋春玲认为当前学生评教的结果并没有真正反映教师的教学水平,评教体系超出了学生能够评价的能力范围。[③]

综上所述,在国家政策层面,学生评教制度被作为凸显"以学生为中心"教育理念的重要制度;在本科教学质量评估国家标准中,学生评教制度也被规定为高校教学质量评估的重要组成部分;但是在相关理论研究层面,对于学生评教结果是否有效地评价了教师教学水平还存在争议。而反观现实情况,虽然学生评教制度在各校都基本建立,但是对于高校管理者,学生评教结果处于一个"既想用,又不知道如何用"的尴尬境地,如何科学合理地运用学生评教结果成为一个难题。也就是说,学生评教还未能达到其预期的服务于教学质量管理的目的,其背后的原因是什么?这种三个主体之间的矛盾引发了笔者的思考:为什么学生评教作为教学质量评价的重要组成部分,却在实际中没有发挥应有的作用呢?现有的学生评教制度与结果是否能够真正反映教师的教学效果和教学水平?学生评教制度是否在高校教学质量保障和提升体系中发挥了应有的作用?学生评教结果又如何能够科学合理地运用到高校实际的教学质量管理工作当中?本文建立在以上研究背景的基础之上,对国内外已有研究进行梳理,探讨我国学生评教有效性现存的问题,并进一步尝试探讨如何提升我国大学生评教的有效性。

二、概念界定

(一)学生评教

学生评教的概念是从西方引进的,表达为 Students' evaluations of teaching effectiveness,简称为 SET。学生评教最早可追溯到 1915 年美国教育研究协会(American Educational Research Association)面向社会公布的教学等级评价量表。[④]

《中国教育大辞典》将"学生评教"称为"学生评价",是学生评价教师教学质量的简称。[⑤] 根据总结已有研究的概念界定,可以将学生评教界定为:"高等院校在其所认可的教育评价理论和评价理念的指导下,选用特定的评价体系和评价工具,由学生根据学校制定的课堂教学效果评价指标体系,通过评教系统或评教量表对任课教师的课堂教学效果予以评价并给出不同等级分数的一种动态历程。"

(二)有效性

有效性(Validity),它是指测量工具或手段能够准确测出所需测量事物的程度。有

---

① 付八军,冯晓玲.大学生评教客观度的调查研究[J].大学教育科学,2011(01):35-40.

② 潘艺林.教育怎能"学生说了算"——从学生评教看师生关系的合理定位[J].江苏高教,2006(01):92-95.

③ 隋春玲,张爱珠.高校学生评教的问题、原因与优化[J].现代教育科学,2011(07):148-151.

④ 徐丹,熊艳青.多元·科学·规范:美国高校学生评教制度管窥[J].大学教育科学,2016(03):102-107.

⑤ 顾明远主编.教育大辞典[M].上海:上海教育出版社,1990—1992.

效性是指所测量到的结果反映所想要考察内容的程度，测量结果与所要考察的内容越吻合，则有效性越高；反之，则有效性越低。Marsh(1997)认为，有效的学生评教具有以下的特征：对教学质量的测量是多维度的；评教结果是可信并且稳定的；评教能测量教授课程的教师而不是课程本身；评教结果不受已知干扰因素的影响(如：课程规模、课程任务量、学生对课程的兴趣等)；评教结果能有效帮助教学质量的提高。①

三、我国高校学生评教体系中存在的主要问题

学生评教是一个动态的历程。首先是评教量表的设计；其次是施测，施测之后会得到学生评教的数据结果；最后，各高校的管理部门会针对此结果进行分析和反馈，最终将学生评教结果运用到实际管理工作中。因此，本文将围绕以上环节展开，探讨目前我国学生评教体系中存在的主要问题。

(一)评教量表的内容与设计

学生评教量表的内容和指标设计是学生评教的基础，也是学生评教是否具有有效性的决定性因素。美国各高校的学生评教量表指标设计也各有不同，例如：Frey(1978)在美国西北大学采用的评教量表是从教师教学技能(如表达能力、课程计划设计能力等)和师生关系(如教师热情)两个维度来进行学生评教量表的设计。② Marsh(1984)在南加州大学提出学生评教量表(SEEQ)的九个维度，分别为教师热情、教授知识的宽度与广度、课程组织、课程作业、学习效果、考试与成绩、小组合作、师生关系和课程工作量。③ Feldman(1976)提出的学生评教量表共有二十个维度，分别是：(1)对学生学习兴趣的激发；(2)教师热情；(3)知识能力；(4)扩展能力；(5)课程准备与组织；(6)解释与澄清能力；(7)演说能力；(8)对学生学习进度的感知；(9)教学目标清晰；(10)教学材料的价值；(11)有补充教学材料；(12)学生的感知结果；(13)公平公正；(14)课堂管理能力；(15)课程反馈；(16)课堂讨论；(17)课程内容挑战性；(18)对学生的尊重；(19)课外帮助；(20)课程工作量与难度。④

在我国，与美国最大的不同之处在于，学生评教量表由各高校自己制定，不同高校之间的量表存在着一定的共性特征。顾琴轩(2013)对九所高校的学生评教量表进行案例分析后指出，高校评教量表虽然各有特点，但都是围绕教学态度、教学内容、教学方法、教学技能以及教学效果这五大方面展开的。教学态度主要是从教师备课、授课、答疑、批改

---

① Marsh H. W., Roche L. A. Making students' evaluations of teaching effectiveness effective: the critical issues of validity, bias and utility[J]. American Psychologist, 1997, 52(11): 703-710.

② Frey P. W. A two-dimensional analysis of student ratings of instruction[J]. Research in Higher Education, 1978, 9(1): 69-91.

③ Marsh H. W. Students' evaluations of university teaching: dimensionality, reliability, validity, potential biases and usefulness[J]. Journal of Educational Psychology, 2007, 76(5): 707-754.

④ Feldman K. A. Grades and college students' evaluations of their courses and teachers[J]. Research in Higher Education, 1976, 4(1): 69-111.

作业态度、师德、上课迟到早退等方面进行评价；教学内容主要从授课内容与教学大纲的关系、内容丰富性、理论联系实际情况及重难点突出程度来进行测量；教学方法方面侧重评价教师是否采用多样性、启发式和互动式的教学方式；教学技能主要从语言表达能力、教学材料使用能力、评价学生能力和课堂管理能力等方面进行评价；教学效果评价则从学生能力提升、学习内容的掌握和理解，以及教学目标的实现程度对教师进行测评。①

虽然我们国家的学生评教量表设计与制度体系建设大多是借鉴美国、澳大利亚等国家的经验，但是在实际操作中，也出现了各种各样的问题。孟庆茂(2003)提出，我国各高校现行的学生评教量表都是由各高校自己设计，由于缺乏相应的学习理论支持以及缺少心理测量学的测量指标，因此对评教测量结果的可靠性难以做出解释。② 马国建、王海军等(2006)采用定性研究的方法，认为学生评教信度与效度低，其直接原因之一是当前高校评价主体参与不足、评教量表内容设计合理性和灵活度不够，因而导致学生评教制度不完善，不能够真正反映教师的教学水平与教学质量，并就此提出了提高学校评教信效度的建议。③ 孟凡(2014)在对某大学评教指标体系的实证研究中指出，我国现行学生评教的指标体系设计的出发点是教师或教学管理者，未能尊重和体现学生评教中学生的主体地位，部分评价内容脱离学生能够评价的范畴，问题设计表意不够清晰，导致学生评教指标体系的可测性和可信度不强，弱化了学生评教指标的科学性。④

综合已有对学生评教指标内容的研究进行总结，可知，目前我国高校学生评教指标内容体系主要存在以下问题：首先，评教体系的设计没能体现“以学生为中心”的教学理念；其次，评教指标体系内容较为死板僵硬，与美国高校的评教体系相比，缺乏依据不同专业、学科进行变更的灵活度；最后，评教量表内容表述不够清晰明了，未能站在学生的角度进行内容设计，超出学生可以评价的能力范畴。

(二)评教过程的组织和实施

学生评教如何进行施测，也是影响学生评教结果有效性的重要因素。如何能够在评教数据的收集过程中，最大程度地避免由于施测形式和环境给评教结果所带来的影响；并在此基础上更进一步，采用何种施测形式能够更有效地收集学生评教数据，提升学生评教结果的可信度和有效性，是非常值得关注和探讨的问题。

首先，在施测主体方面，美国高校的学生评教工作不是由高校的行政管理部门负责，而是由专门的教学指导中心机构负责实施，例如普渡大学的教学卓越中心(Center For Instructional Excellence)、加利福尼亚州圣马克斯大学的教学规划与分析办公室(The

---

① 顾琴轩，俞明传.高校学生评教量表内容及其改进研究——以9所高校为例[J].复旦教育论坛，2013，11(05)：53-57.

② 孟庆茂，刘红云.大学教师教学效果评价维度结构及影响因素研究[J].心理科学，2003，26(4)：617 619.

③ 马国建，王海军，王娟.对高校学生评教信度和效度的反思[J].黑龙江高教研究，2006(03)：38-40.

④ 孟凡，王远伟，黄巧俐.影响我国大学生评教结果的因素研究——基于H大学的调查[J].教育发展研究，2014，34(03)：30-35.

Office of Institutional Planning and Analysis)等。①

其次，在施测形式方面，美国大学的学生评教在实施过程中主要分为三种：一种是随堂评价，一般不需要正式的量表，只是教师在课堂上随机进行对学生意见的征询。第二种是期中评价，期中评价的形式较为多样，教师可以向教学指导中心索要评教问卷对学生进行调查，也可以自己组织学生进行讨论，这种期中评价的目的是促进教师改进教学，帮助其提高期末教学评价。Centra 对 400 名教师的学生评教结果进行研究表明，学生在期中评价中给教师反馈的意见被采纳后，教师的期末评价结果会有显著提升。② 第三种是期末评价，即总结性教学评价，一般在课程结束的前两周进行，由教学指导中心进行量表的发放和施测。期末评教需要全体学生参与，所有课程都需要进行评价，所有课程任课教师都要接受评价。而且，评教采用匿名的形式，不允许任课教师在场，教师必须在学生课程成绩提交之后才能够获得自己的评教结果。③

在我国，关于学生评教施测形式的研究主要是针对网络评教的形式对学生评教结果的影响，以及对学生评教的强制性规定所产生影响的研究。在以学生为对象的研究中，陈磊(2012)通过问卷调查学生对评教制度的认识和态度，结果发现有相当比例的学生在评教过程持有是"走形式、走过场"的心态，现存的学生评教的组织形式和过程，确实容易导致学生对评教态度的不认真，从而降低评教结果的可信度和有效性。④ 王悦(2015)在问卷中调查学生对评教的态度和看法，结果表明有超过 20%的学生在参与评教的过程中是"急于查看课程成绩，应付了事"，这也就表明强制、统一的网络评教给学生参与评教的态度产生消极影响，从而会影响学生评教结果的可信度与有效性。在以教师对象的相关研究中，王悦对教师对于评教的态度进行调查，结果发现有超过 30%的教师更愿意采取"与学生交谈"这种评教方式，将近 30%的教师愿意采用"随堂测评"的形式，⑤由此可见，教师对于当前的学生评教形式也存在一定的质疑，且普遍认为与学生直接的接触能够帮助他们更有针对性地发现教学中存在的问题。

综合以上研究可以发现，不论是对于学生、教师还是高校，目前学生评教的组织形式、实施过程都存在着一定的不足与不合理性，主要体现在施测形式单一、施测过程强制性较强且针对课程评价的时效性低等方面。与美国高校的学生评教实施形式相比，我国高校学生评教形式较为单一，且施测形式主要以网络测评、期末的终结性评价为主，且大多高校的评教系统都是要求学生在学期结束时对所有课程进行统一评价，容易影响学生对评教态度，从而降低了学生评教结果的可信度与有效性。

---

① 徐丹，熊艳青.多元·科学·规范：美国高校学生评教制度管窥[J].大学教育科学，2016(03)：102-107.

② Centra J. A. The influence of different directions on student ratings of instruction[J]. Journal of Educational Measurement，1976，13(4)，277-282.

③ Centra J. A. Effectiveness of student feedback in modifying college instruction[J]. Journal of Educational Psychology，1973，65(3)，395-401.

④ 陈磊，倪天倪.学生评教差评教师的有效性研究[J].高教探索，2012(01)：84-90.

⑤ 王悦，马永红.从师生视角看高校中的学生评教——以北京航空航天大学为例的实证分析[J].现代大学教育，2015(03)：98-103.

（三）评教结果的分析与运用

对学生评教结果的分析和运用是学生评教体系中的重要一环，是否能够科学合理地分析和解读学生评教数据结果，一定程度上决定了学生评教结果服务于教师教学质量提升的效果，同时也对高校对教学质量的管理产生一定的影响。在实际工作中，学生评教结果的分析与反馈主要针对三个主体，分别是教师、学生和高校管理者。对于教师而言，学生评教的结果主要对教师教学质量的改进和提升有帮助作用；对于学生而言，学生评教结果的反馈可以用于课程选择；对于高校管理者而言，相关研究主要集中在讨论学生评教结果在高校教师人事管理中的地位。

1.学生评教结果在提升教师教学中的应用

(1)学生评教结果反馈的作用

国外的相关研究中，有一大部分是分析将学生的评教结果给予教师反馈，是否能够帮助教师提升教学质量。Murray(1987)对教师的研究支持了以上观点，他在对7所大学的教师对学生评教的态度进行调查后发现，约80%的教师认为学生评教的结果有助于自己提升教学。[①] Cohen(1980)通过实验研究的方法，对比了收到"期中学生评教"结果反馈的教师(实验组)和没有收到反馈的教师的"期末评教"(控制组)结果之间差异，结果发现，那些收到"期中学生评教"反馈的教师的"期末评教"结果要显著好于那些没有收到的教师，同时，这些收到过反馈的教师在期末评教的各项指标中都得到了更高的分数。[②] 对于学生评教是否能够在教师教学、高校管理中起到积极作用，国外学者基本达成共识，认为学生评教能够帮助教师提高教学水平、改进教学质量，也能为高校管理的决策方面提供依据。Marsh 和 Dunkin(1997)认为，学生评教的结果对于高校管理主要有以下四个方面的作用：一是为发现教师教学中的优点和缺点提供依据；二是可以促进教师提升教学；三是为高校的教学管理和人事决策提供科学依据；四是在教师职位的认定和晋升中起到作用，以此保证优秀的教师被认可。[③]

由此可见，学生评教结果的反馈有助于教师反思、提升自己的教学。

(2)学生评教结果反馈的方式

与此同时，针对学生评教结果的科学合理使用，也有不同学者对不同形式的学生评教结果反馈效果提出了自己的见解。Menges 和 Brinko(1990)在研究中强调，学生评教结果的反馈首先要基于科学标准的评教量表的设计，其次要注重结果分析的结构性，同时要将期中反馈与期末反馈相结合。[④] 对于学生评教结果的反馈形式，Marsh(1987)认

---

① Murray H. G. Impact of student instructional ratings on quality of teaching in higher education[J]. Nature Communications, 1973, 6(40): 1051-1064.

② Cohen P. A. Effectiveness of student－rating feedback for improving college instruction: a meta－analysis of findings[J]. Research in Higher Education, 1980, 13(4): 321-341.

③ Marsh H.W., Dunkin M.J. Students evaluation of University teaching effectiveness[J]. Science & Public Policy, 1997, 35(3): 146-158.

④ L'Hommedieu R., Menges R. J., Brinko K. T. Methodological explanations for the modest effects of feedback from student ratings[J]. Journal of Educational Psychology, 1990, 82(2): 232-241.

为简单的告知教师评价分数并不会有太大的帮助，如果将各个评价因子的分数与其他同类型课程可比较的教师评教结果之间的对比结果也反馈给教师，能够让学生评教结果更大地发挥其功效。① McKeachie(1996)也支持以上观点，他认为由于不同教师评教分数之间差异的绝对值并不高，因而只有给予教师具有比较性质的评教分数反馈，才能让教师清晰并且真实地了解自己的教学在学生心目中的位置。② 但是，也有学者认为这种具有比较性质的结果反馈，会对教师日后的教学产生消极影响，更好的方式是将相关的评教结果反馈公布在网络平台，让所有教师都能够去查询，而不是将这种比较的结果纳入到给予教师的个人反馈当中(Gillmore，1998)。③

Menges 和 Brinko 对比了三种不同的反馈形式，第一种是直接给教师反馈评教量表(SET)的结果；第二种是反馈评教量表结果以及伴有相应指标的解释、讨论和建议；第三种是具有教学顾问性质的反馈，即给教师反馈量表结果以及相应专业性的提升和改进建议。结果表明，第三种结果反馈形式对教师教学的帮助要显著好于前两种。④ 他们认为，具有咨询性质、建议性质以文字形式进行的评教结果反馈，会给教师形成更大、更积极的影响，从而促进其教学水平的提升和改进。Penny 和 Coe(2004)的研究也支持以上论点，他们发现在评教反馈中给予教师具体的、有指导性的提升建议和方法，比单纯地解释评教分数结果更有帮助。⑤

2.学生评教结果在人事决策中的应用

学生评教结果除了对教师提升教学质量有借鉴和参考价值，对高校管理的人事决策也有一定的价值，尤其是与其他评价主体相比，学生评教的结果更多地被运用到高校人事决策的实际工作中(Marsh&Dunkin，1997)。⑥ 同时，也有学者指出，学生评教的结果可能会在人事决策中被不合理地解释或使用(Franklin，1989)。⑦ 我国学者王悦(2015)分别对教师和学生对评教结果的态度调查中发现，只有10%左右的教师和15%左右的学生支持将评教结果与教师考核挂钩，而在一些高校的实际管理工作中，评教结果都被

---

① Marsh H. W. Student evaluations of university teaching: research findings, methodological issues, and directions for future research[J]. International Journal of Educational Research，1987，11(3)：253-388.

② Mckeachie W. J. Do we need norms of student ratings to evaluate faculty[J]. Instructional Evaluation & Faculty Development，1996(3)：342-350.

③ Greenwald A. G.，Gillmore G. M. How useful are student ratings? reactions to comments on the current issues section[J]. American Psychologist，1998，53(11)：1228-1229.

④ L'Hommedieu R.，Menges R. J.，Brinko K. T. Methodological explanations for the modest effects of feedback from student ratings[J]. Journal of Educational Psychology，1990，82(2)：232-241.

⑤ Penny A. R.，Coe R. Effectiveness of consultation on student ratings feedback: a meta—analysis[J]. Review of Educational Research，2004，74(2)：215-253.

⑥ Marsh H.W.，Dunkin M.J. Students evaluation of University teaching effectiveness[J]. Science & Public Policy，1997，35(3)：146-158.

⑦ Franklin，Jennifer Theall，Michael. Who reads ratings: knowledge，attitude，and practice of users of student ratings of instruction[J]. College Faculty，1989：29.

直接纳入教师考核的标准中,与教师的奖惩、职称、聘任等问题挂钩,[①]由此可见这种实际运用与参与主体态度之间的矛盾,也能够说明只有将评教结果合理科学地运用,才能够在学生、教师和高校管理者之间取得最佳的平衡。刘云红(2002)认为,我国各高校将学生评教结果的平均值直接作为教师教学效果的评价分数,这种数据处理方式做得出的结果既不具有可比性,也失去了合理性。[②]

3.学生评教结果在学生选课中的应用

目前,关于学生评教结果在学生选课中的运用的相关实证研究较少。Marsh(1987)对美国加利福尼亚大学洛杉矶分校的在校生进行调查发现,"教师和课程的评估报告"的阅读量仅次于"校园日报",此研究侧面反映了评教结果对于学生的重要意义。[③] 在Jacob(1987)的研究调查中发现,在印第安纳大学,超过半数的学生会在选课之前去查看对应课程教师的评教结果。[④] Perry和Leventhal(1975)的研究发现,教师的评教结果确实会影响学生对课程的选择。[⑤] 更进一步的相关研究发现,如果学生的选课是基于对教师以往评价结果的了解,那么学生在期末调查中对这门课程的满意度会更高(Centra,1976)。[⑥] 在Coleman和McKeachie(1981)的实验研究中,实验组学生在选课前接收到教授同一门课程四位不同老师的以往评教结果,结果发现实验组的学生会更倾向于选择评教结果较好的那位老师的课程,而控制组则没有体现出明显的差异。[⑦] 综上所述,已有相关研究表明,学生评教结果能够帮助学生在选课阶段选择课程和任课教师。

由以上文献分析总结可知,现在我国高校学生评教结果的运用主要存在两大问题:一是对评教结果的处理不科学,在分析处理评教结果时没能进行更细致、更科学的二次分析就简单地将评教结果公布或应用;二是在评教结果的运用时没有考虑到不同主体间的不同需求,特别是与美国大学之间做对比,我国高校忽视了学生在选课时可能出现的对评教结果的需求。

---

① 王悦,马永红.从师生视角看高校中的学生评教——以北京航空航天大学为例的实证分析[J].现代大学教育,2015(03):98-103.

② 刘红云,孟庆茂.教师背景变量对教师教学效果影响的多层线性分析.心理发展与教育,2002,18(4),70-75.

③ Marsh H. W. Student evaluations of university teaching: research findings, methodological issues, and directions for future research[J]. International Journal of Educational Research, 1987,11(3): 253-388.

④ Jacobs L. C. University faculty and students' opinions of student ratings[J]. Indiana studies in higher education,1987(55):19.

⑤ Perry R. P., Abrami P. C., Leventhal L.. Educational seduction: the effect of instructor expressiveness and lecture content on student ratings and achievement[J]. Journal of Educational Psychology,1979, 71(71):107-116.

⑥ Centra J. A. The influence of different directions on student ratings of instruction[J]. Journal of Educational Measurement, 1976,13(4): 277-282.

⑦ Coleman J., Mckeachie W. J. Effects of instructor/course evaluations on student course selection[J]. Journal of Educational Psychology,1981, 73(73): 224-226.

四、大学生评教的有效性研究

学生对教师的教学效果进行评价是高校教学质量管理中重要的一环，也是最难科学地运行和实现的一环。Marsh(1987)认为，我们之所以难以对学生评教的有效性进行判定，是因为对于教学效果来说，没有一项独立的指标或单一的评价主体具有足够的科学性和说服力。[①]。因此，对于研究学生评教的有效性，在结构效度方面，要对学生评教的稳定性和差异性进行分析，即研究学生评教结果在时间和空间上的稳定性。对于学生评教的外部效度，就需要找出科学的外部效标，从不同评价主体与学生主体之间的评价结果的相关性及差异性分析入手，进行多维度地讨论与研究。

目前在国外，对学生评教有效性的研究主要分为两大部分。一是对学生评教的稳定性和差异性的研究，这部分研究主要是分析学生评教是否真正测量的是教师的教学质量，以及对比不同教师之间的差异，同时分析不同教师个人背景对学生评教的影响；二是对学生评教效标关联效度的研究，这部分研究主要进行学生评教结果与外部效标之间的相关性分析，在此基础上探究学生评教的有效性。Marsh(1997)作为广泛使用的 SET 学生评教量表的提出与设计者，他认为，有效的学生评教具有以下的特征：对教学质量的测量是多维度的；评教结果是可信并且稳定的；评教能测量教授课程的教师而不是课程本身；评教结果不受已知干扰因素的影响(如：课程规模、课程任务量、学生对课程的兴趣等)；评教结果能有效帮助教学质量的提高。[②] Cohen(1981)指出，学生评教的效度主要可以将下五个方面的外部评价作为参考衡量标准，分别是：学院同事的评价；管理者评价；教师自评；毕业生评价以及学生成就。[③] Marsh(1987)也在研究中提出，学生评教可以把以下主体的评价作为参考，进而评价其有效性，分别是：正在修课的学生；曾经修过此课程的学生；教师自己；同行或同事；管理者以及受过训练的外部观察者。[④]

(一)评教结果的内部有效性

在 Marsh (1987) 的研究中，他认为没有一种现有的教师教学效果评估标准是完全有效且完美的，学生评教结果在时间和空间上的稳定性，即在不同课程中对同一教师的评价的一致性，在修课程学生和曾修过此课程的学生、在校学生与毕业生之间的评教结果的稳定性，都能够在一定程度上说明学生评教的有效性。学生评教与学生学习成绩、教师自评、同行和专家评议等其他的教师教学效果的评估标准相关，其中，最被广为接受的标准是学生的学习成绩。同时，他还提出这些评价标准是否能有效反映教师的教学效

---

① Marsh H. W. Utility of student ratings[J]. International Journal of Educational Research, 1987(11):111-118.

② Marsh H. W., Roche L. A. Making students′ evaluations of teaching effectiveness effective: the critical issues of validity, bias, and utility[J]. American Psychologist, 1997,52(11): 703-710.

③ Wendung W., Cohen J. Education resources and student achievement: good news for schools. Journal of Education Finance, 1981,7(1), 44-63.

④ Marsh, H. W. Utility of student ratings [J]. International Journal of Educational Research, 1987(11):111-118.

果，直接影响了评价结果能否指导学校的实际教学和管理工作。①

在对学生评教效度的已有研究中，有大量研究都是围绕学生评教结果的稳定性和展开的。已有研究通过分析同一教师在不同课程、不同教师在同一课程以及同一教师用不同教学方式教授同一课程的学生评教结果之间的相关性，以此来论证学生评教结果在时间上和空间上的稳定性，从而说明学生评教结果是否具有有效性和可信度。

关于学生评教结果在时间上的稳定性的已有研究也有很多。Costin（1968）调查了心理学、社会科学、人类学和物理学这四大学科的课程评教分数之后发现，学生对教师中期和期末分别进行评教的分数之间存在着显著相关。② 由此可知，评教分数在时间上具有稳定性和有效性。Marsh（1980）的另一项研究同样表明了学生评教在时间上具有稳定性，他对学生在课程结束时的评教结果与课程结束一年后再测的评教结果之间进行相关分析，结果发现两者之间的相关系数达 0.83，存在显著相关，③由此说明学生对一门课程教师的评教结果不会随着时间的推移而变化，所以学生评教在时间维度上具有有效性。

Howard（1985）对比研究了在修课程学生、曾经修过此课程的学生、同事和八位受过训练的观察者之间对同一门课程的教学效果评价，结果发现在修和曾修过此门课程的学生的评教分数之间的相关程度更高，更好地反映了教师的教学效果。④ 关于评教发生时间与评教分数之间的关系研究，Frey（1976）在另一项研究中探讨学生评教分数是否与评教发生的时间有关，他分别在课程考试前和考试后收集了学生评教的数据，结果表明，评教先于考试或后于考试不会影响学生对教师的评价，⑤也就说明考试时间的差异不会影响学生评教的结果，评教分数具有一定的稳定性。

（二）学生评教结果的外部有效性

目前，国内外关于学生评教有效性的研究中，主要通过学生课程成绩、教师自评、同行评议和专家评价这四个外部指标作为学生评教有效性的外部效标，通过分析这四者与学生评教结果之间的相关关系，来验证学生评教结果的有效性。

1.学生课程成绩与学生评教

学生课程成绩是学生在课程中学习成果的直接反映，也是教师教学质量的重要指标。在 Marsh 的研究中发现，学生在课堂中收获的知识越多，学习效果越好，学生的课程成绩也就会越高，学生则倾向于给老师的教学效果更高的分数。教师的教学效果与学生

---

① Marsh H. W. Utility of student ratings[J]. International Journal of Educational Research, 1987(11):111-118.

② Costin F. A graduate course in the teaching of psychology: description and evaluation[j]. Journal of Teacher Education, 1968,19(4): 425-432.

③ Overall J. U., Marsh H. W. Students′ evaluations of instruction: a longitudinal study of their stability[J]. Journal of Educational Psychology,1980,72(3):321-325.

④ Howard G. S., Conway C. G., Maxwell S. E. Construct validity of measures of college teaching effectiveness[J]. Journal of Educational Psychology,1985, 77(2):187-196.

⑤ Frey P. W. Validity of student instructional ratings: does timing matter? Journal of Higher Education, 1976,47(3): 327-336.

的学习成绩呈正相关关系，学习成绩越高，则说明教师的教学效果越好。[①] 也就是说，学生的课程期末成绩确实能够作为衡量教师教学效果的有效标准之一。Cohen(1981)指出，学生成就是衡量教师教学效果的五大标准之一，而最有效且最直接能够衡量学生成就的途径之一，就是学生的课程成绩。[②]

Cohen(1981)的实验研究控制了学生进入课程之前的相关学习能力之后，比较学生在课程结束后的能力进步，结果发现学生在这门课程中的学习进步和能力提升与评教结果之间呈显著正相关关系，也就是说学生给予教师更好的评教结果，也就意味着他们在这门课程中取得了更高的学习进步和学习成就，学生能够基于自己在学业中取得的收获与进步来区分教师的教学水平。[③]

2.教师自评与学生评教

关于教师自评能否作为学生评教有效性的外部标准，已有的研究有不一致的结论。Marsh (1982) 在对教师自评和学生评教的相关关系进行多重分析之后，发现教师自评与学生评教分数之间具有高度一致性，相关系数为 0.49。[④] Feldman(1989)的研究对教师自评与学生评教结果之间的相关关系进行分析，结果发现两者之间存在显著的相关关系。[⑤] Webb 和 Nolan(1955)对一所军事院校的研究表明，学生评教分数与教师自评之间存在着显著的正相关关系。[⑥] Howard(1985)在一项对比研究中发现，教师自评与学生评教之间存在有一定的相关关系，但相关系数不高(0.34)。[⑦]

3.同行或同事评价与学生评教

同行评价是否能够作为一项衡量学生评教分数有效性的指标，在相关研究中有着支持与反对这两种不同的声音。

部分研究者都认为，同行评价能够作为评判学生评教有效性的一项标准。教师教学效果的同行评价主要包括同事评价和专家评价，其中同事评价主要是来源于学生给予的反馈，因此与学生评教结果之间联系更为紧密；而管理者评价则是基于不定时的听课，所

---

① Marsh H. W., Bailey M. Multidimensional students' evaluations of teaching effectiveness [J]. Journal of Higher Education, 1993, 64(1): 1-18.

② Cohen P. A. Student ratings of instruction and student achievement: a meta—analysis of multisection validity studies[J]. Review of Educational Research, 1981, 51(3): 281-309.

③ Cohen P. A. Student ratings of instruction and student achievement: a meta—analysis of multisection validity studies[J]. Review of Educational Research, 1981, 51(3), 281-309.

④ Marsh H. W. Factors affecting students' evaluations of the same course taught by the same instructor on different occasions[J]. American Educational Research Journal, 1982, 19(4): 485-497.

⑤ Feldman K. A. Instructional effectiveness of college teachers as judged by teachers themselves, current and former students, colleagues, administrators, and external (neutral) observers[J]. Research in Higher Education, 1989, 30(2): 137-194.

⑥ Webb W. B., Nolan C. Y. Student, supervisor, and self — ratings of instructional proficiency[J]. Journal of Educational Psychology, 1955, 46(1): 42-46.

⑦ Howard G. S., Conway C. G., Maxwell S. E. Construct validity of measures of college teaching effectiveness[J]. Journal of Educational Psychology, 1985, 77(2), 187-196.

以与学生评教结果之间的关联程度不是那么可信(Marsh,1987)。[①②]

相反,基于课堂走访和课堂观察的同事及管理者评价是不具有可信度的,不能够作为判断学生评教有效性的参考之一,[③④]同事和专家评价都是基于不定时听课的评价,因此均不是可参考的教师的教学效果评价标准。Howard(1985)通过对八位受过训练的外部观察者对某门课程的评价之间进行相关分析,结果发现八位观察者之间的评价不具有显著的相关关系,因此得出外部观察者评价不能够准确且稳定地反映教师的教学效果,可信度、有效性较低。[⑤]

4.外部观察者评价与学生评价

受过一定训练的外部观察者是能够在某些特定的、可观察的教学表现上反映出教师教学质量的好坏的。[⑥] Murray(1986)将教师在学生评教中的得分分为高、中、低三组,并请观察员进入这些教师的课堂进行观察总结,结果发现,不同得分的教师在评教体系的各个因素中确实表现出了不同特质。例如,教师在课堂中夸奖学生、提问和回应学生较多时,这些教师在学生评教的"师生互动"因素中的得分也相对较高。也就说明,外部观察者的评价能够一定程度上支持学生评教分数的有效性。[⑦]

(三)学生评教有效性的影响因素研究

如前文所述,教学是教师与学生之间的交流,是知识传输的过程,是人与人之间的沟通。因为教学的这种独特性,所以教学效果是一个很难评价和测量的项目。而学生评教的主体是学生,不同学生拥有不同的特质,同时教学是发生在校园中的活动,周边的环境变化都有可能对教学效果产生影响。戴璨、苗璐(2017)在他们的研究中指出,影响学生评教结果的因素具有复杂性,例如:教师年龄、性别,课程性质以及学生所处年级等,由于这些非教学因素的存在,不能用学生评教结果简单、原始地对教师进行评价,甚至作为奖惩教师的依据。因此,他们提出应该对学生评教结果进行二次统计分析,对于影响显著

---

① Maslow A. H., Zimmerman W. College teaching ability, scholarly activity and personality [J]. Journal of Educational Psychology,1956,47(3):185-189.

② Marsh H. W. Utility of student ratings[J]. International Journal of Educational Research, 1987(11):111-118.

③ Centra J. A. Determining faculty effectiveness. assessing teaching, research, and service for personnel decisions and improvement[J]. International Journal of Educational Research, 1979: 204.

④ Erdle S., Murray H. G. Interfaculty differences in classroom teaching behaviors and their relationship to student instructional ratings[J]. Research in Higher Education,1986, 24(2): 115-127.

⑤ Howard G. S., Conway C. G., Maxwell S. E. Construct validity of measures of college teaching effectiveness[J]. Journal of Educational Psychology, 1985,77(2):187-196.

⑥ Marsh H. W. Utility of student ratings[J]. International Journal of Educational Research, 1987(11):111-118.

⑦ Erdle S., Murray H. G. Interfaculty differences in classroom teaching behaviors and their relationship to student instructional ratings[J]. Research in Higher Education, 1986,24(2):115-127.

的因素进行系数校订，从而最大限度地减少非教学因素对学生评教的影响，进而将其运用到高校实际的教学管理工作中去。①

总的来看，会对学生评教有效性产生影响的因素主要来源于三个主体，分别是：教师、学生和环境。其中来源于教师的影响因素主要有教师的个体特征：如教师职称、②③④年龄、⑤教龄、⑥性别等；来源于学生的影响因素主要有：学生对课程的兴趣、⑦选课的目的、⑧对评教的认知以及人格等；来源于环境的影响因素较多也较为复杂，如：课程类别、学科类别、评教环境⑨和评教形式等。

五、提升学生评教有效性的对策

（一）评教工具设计层面

1.完善学生评教工具的指标及内容设计

评教工具设计的合理性，从根本上决定了学生评教的有效性。针对上文提到的我国各高校在学生评教工具设计中存在的问题，本文提出以下改进方向：首先，评教工具的设计要从学生出发，不论是在指标设计还是在内容表达等方面，都要能够贴近学生的评价能力和理解范围；其次，在借鉴美、欧等高校的评教工具时要考虑我国的国情，结合我国大学生的特点进行改良；最后，不同类型的院校要根据自身情况，结合自身的教学质量发展目标，建立符合自身情况的评教工具内容与体系。

2.提升学生评教量表的灵活性

要提升学生评教量表的灵活性，主要从以下三个维度入手：第一，学生评教量表的设

① 戴璨，苗璐，朱恒，于婧，汪正祥.非教学因素对高校课堂效果的影响及其启示——基于学生评教数据的实证分析[J].高等教育研究，2017，38(05)：72-80.

② Downie N. M. Student evaluation of faculty[J]. Journal of Higher Education.1952(8)：411-420.

③ Ting K. F. A multilevel perspective on student ratings of instruction：lessons from the chinese experience[J]. Research in Higher Education，2000，41(5)，637-661.

④ Aleamoni L. M.，Yimer M. Graduating senior ratings relationship to colleague rating，student rating，research productivity and academic rank in rating instructional effectiveness[R]. Research Report no. 352. Academic Rank，1974：13.

⑤ Mcpherson M. A.，Jewell R. T.，Kim M. What determines student evaluation scores? a random effects analysis of undergraduate economics classes[J]. Eastern Economic Journal，2009，35(1)：37-51.

⑥ Spooren P. On the credibility of the judge ：a cross－classified multilevel analysis on students' evaluation of teaching[J]. Studies in Educational Evaluation，2010，36(4)：121-131.

⑦ Marsh H. W. Students' evaluations of instructional effectiveness：relationship to student，course and instructor characteristics[J]. Journal of Educational Psychology，1974，45(5)：115-123.

⑧ Marsh H. W. Utility of student ratings[J]. International Journal of Educational Research，1987(11)：111-118.

⑨ Feldman K. A. An afterword for "the association between student ratings of specific instructional dimensions and student achievement：refining and extending the synthesis of data from multisection validity studies"[J]. Research in Higher Education，1990，31(4)：315-318.

计应考虑不同学科之间的差异，不同学科之间的教学质量标准具有差异，因而学生评教量表的内容也应该根据学科差异进行调整，从而提升学生评教的有效性；第二，学生评教量表的内容也应针对不同课程类型有所调整，例如对于必修课和选修课而言，教学质量的要求不同，评教量表的内容也应做出改变；第三，要实现学生评教量表的灵活性，就需要在各高校层面或国家层面建立起一个完整的学生评教量表体系，针对不同学科、不同课程类型甚至是不同院校类型，高校可以根据自身需要在这个量表体系中提取出适合自身需求的评教工具，为学生评教量表的有效性提供宏观层面的支持。

（二）施测层面

1.科学施测，最大程度地避免无关因素的影响

由前文的分析可知，学生评教结果的有效性受到多种因素的影响，其中环境因素是不可忽视的一部分。要想提升学生评教结果的有效性，在施测的过程中就应该尽量避免干扰因素的影响，例如：为了避免强制性评教规定的负面影响，在施测中要尽量取消强制性的规定，或者将强制性与非强制性评教相结合，以此提升评教结果的有效性。

2.多种施测形式相结合

不同的施测形式，不论是对于学生还是对于高校管理者，都会产生不同的影响。目前我国各高校的学生评教形式较为单一，以期末评价等终结性的评价为主。提升学生评教的有效性，建立日常评价与期末评价相结合、过程性与形成性评价相结合的形式入手，将访谈、问卷等评价形式融入现有评教体系中。合理和科学地运用多种形式的评教形式，能够减少无关因素对学生评教结果的影响，进而提升学生评教的有效性。

（三）评教结果分析与反馈层面

1.科学处理学生评教数据结果

对于学生评教结果的分析与处理，很大程度上影响了其有效性。对于教师而言，直白的评教均分或排名，并不能为自己未来的教学工作提供参考，因而结果就丧失了其有效性；对于高校管理层而言，对数据不加科学分析地运用，既不利于管理工作的开展，也不利于对学校整体教学的把握。因此，对于学生评教数据结果，应考虑不同学科、课程类型的差异，同时给予教师具有比较性质的详细的反馈报告，让教师能够通过反馈报告清晰地明了自己在教学中所存在的长处和不足，进而改进自己的教学。对于高校管理层而言，在排除学生评教有效性的影响因素的基础上，形成不同学科、不同课程类型的具有宏观、横向比较性质的分析结果，也有利于高校对教学整体情况有更好的把握，为进一步的管理工作提供指导。

2.建立完善的外部评价与学生评教相结合的综合评价体系

用外部指标来衡量学生评教结果的有效性，既能反映出学生评教是否有效，也能完善教学质量评价体系，建立全面、多维度的教学质量评价标准。我国《普通高等学校本科专业类教学质量国家标准》中明确规定要将三个外部评价标准与学生评教相结合，建立教师自评、同行评议、专家评价与学生评教相结合的综合评价体系。在此基础上，不仅能够提升学生评教的有效性，同时也能对教师的教学质量形成一个全面的评价体系，更有利于提升高校整体的教学质量。

3.营造“质量文化”氛围

从已有的研究中可以看出，当前在我国高校，不论是学生还是教师，对于学生评教并不是持有完全积极的态度，而对待学生评教的态度，很大程度上影响了学生评教结果的有效性。因此，在学生营造出一个“质量文化”的氛围就显得尤为重要。当然，“质量文化”的氛围也需要建立在一个科学的教学质量评价体系的基础之上，同时，“质量文化”的建立也能够促进教学质量评价体系的完善，两者相互促进、相辅相成。

大学排名的内涵与方法论述评

——兼论德国CHE大学排名系统

杨玉婷*

(厦门大学 教育研究院,福建 厦门 361005)

摘要: 德国高校历来以均衡均质发展为特征,并不存在大学排名。1998年,德国高等教育中心发布了CHE(Center for Higher Education)排名,德国CHE大学排名正式推出。现今各国大学排名蓬勃发展又备受质疑之际,起步较晚的CHE大学排名却受到众多好评,并成为各国排名争相效仿的目标。从德国CHE大学排名的历史梳理以及与其他国家排名的对比分析中,探讨大学排名的内涵与方法论,并结合德国大学排名,对大学排名的意义、趋势做相关述评。

关键词: 大学排名;CHE;内涵;方法论

一、对大学排名的认识

在一个以市场为主导的世界里,一个低级的等级制度将会产生很大威胁。将排名结果作为一种"客观"的营销和公关工具,这种效应将成倍放大。国际排名可能会迅速拉大少数享有越来越多特权的高校与其他高校之间的差距,优势高校由政府和私人项目资助,而其他高校则只是为当地社区提供教育。排名可能最终会产生去均衡性的影响,尤其是在几乎完全由国家资助的欧洲高等教育系统之中。

还应该认识到,在排名指标体系中,一个大学的质量不仅取决于学术和研究表现,教育质量、图书馆管理、特殊地区或国家任务、校园文化和生活质量也应该被考虑在内。

在全球范围内,应该意识到,排名肯定会改变世界大学的格局。它们是在国家或区域一级建立的传统质量评估工具(报告、外部访问)的补充,但迄今为止是一种更容易、更便宜、更快速、最终更受欢迎的工具。正如最近强调的,"全球视野确保有效竞争"。①

---

* 作者简介:杨玉婷,厦门大学教育研究院博士研究生。

① THES World University Rankings. Who's up? Who's down? The Times Higher Education Supplement [EB/OL]. (2006-12-06) [2018-07-18]. http://www.thes.co.uk/worldrankings.

二、大学排名的方法论问题

大学排名的明确性掩盖了一系列方法上的问题和异常。这些内容在这里仅作简要概述，但它们深刻地影响特定排名的有效性水平（尤其是《泰晤士报高等教育增刊》），并且在讨论排名的实际含义时应考虑这些内容。

第一，排名是高等教育定义的核心问题。有学者研究了来自世界各地的19个排行榜和大学排名系统，指出不同的排名系统是由不同的目的驱动的，并且与构成大学质量的不同概念有关。每个等级制度规范高等教育的特定概念及其效益和作用。在上海交大的排名系统中，高等教育即科学研究。它不是教学或社区建设或民主，也不是解决地方或全球问题的办法。在《泰晤士报》系统中，高等教育主要是为了自己的名声，威望和权力是大学本身的目的，也是为了从外国学生那里赚钱。它不涉及教学，仅仅是研究。接受这些等级制度，就是默认这些高等教育的定义及其目的。①

第二，整体排名制度规范促成一种具有一套制度性质和目的的高等教育机构，在这样做的同时，以牺牲所有其他类型的制度和其他性质和目的为代价来加强其权威。交大的排名不仅规范了综合性研究型大学，他们的蓝图更是英美传统中一种特殊的科研强大型大学。在世界范围内，主要研究型大学的规模、范围和功能都有很大的差异。墨西哥城和布宜诺斯艾利斯的20万至30万名学生的国立大学，结合了国家研究领导力、专业准备和广泛的社会准入，必然有大量的非研究人员，不利于它们在交通指数中的地位。

此外，在研究型大学中，也没有跨国家职业教育体系或机构绩效指标。② 虽然在大多数国家，职业教育比研究型大学的地位要低，但德国的Fachhochschulen（应用科学大学）具有较高的国际地位。关于芬兰、瑞士和法国的职业规定也可以提出类似的评论。另一个受到高度重视的模式是印度理工学院（IITs）。但如果没有通过其他手段来支持多样性的政策举措，对全球研究排名的关注可能会削弱非研究机构的地位，并引发更单一但垂直分化的体系的演变。没有理由认为，激烈的竞争本身将产生更多样化的国家或全球专业化格局。

第三，因为大多数系统声称"评估大学作为一个整体"，任意权重的不同元素用于构造复合索引覆盖质量或性能的不同方面："事实上，可能还有其他合法的指标或指标的组合通常是未能体现。对于读者来说，作者的判断实际上是最终的。"③"各种方法，以及使用的标准，表明任何单一、客观的排名都不可能存在。"④复合方法削弱了有效性。使用任意权重组合不同的目的和相应的数据是可疑的，目的和数据之间的关联性会丢失。同样，将主观的声誉数据与客观的资源或研究产出数据相结合，就像《泰晤士报高等教育增刊》所做的那样，也是无效的。

---

① Usher A., Savino M. A world of difference: A global survey of university league tables [EB/OL].(2006-04-02)[2018-06-18].http://www.educationalpolicy.org.

② Simon Marginson. Global University Rankings: Implications in general and for Australia [J]. Journal of Higher Education Policy and Management, 2007(2):131-142.

③ Usher A., Savino M. A world of difference: A global survey of university league tables. [EB/OL].(2006-04-02)[2018-06-18].http://www.educationalpolicy.org.

④ Rocki M. Statistical and mathematical aspects of ranking: Lessons from Poland[J]. Higher Education in Europe, 2005, 30(2):173-181.

第四，排名本身就是一个目标，而不考虑它们具体衡量了什么，也不考虑它们是否有助于制度和制度的改善。“排行榜”在被视为总结性时变得非常简单，但通常情况下确实如此。对等级排序的渴望压倒一切。一个常见的问题是，在排名系统中，机构是按等级排序的，即使数据上的差异在统计学上并不显著。

第五，排名转移了人们对高等教育某些核心目的的注意力。没有一个排名或质量评估系统能够基于教育过程中“增值”的衡量来生成比较数据，也很少有比较集中在教学和学习上，尽管这些数据可能对未来的学生有用。① Altbach 指出：“事实上，没有被广泛接受的衡量教学质量的方法，评估教育对学生的影响到目前为止也是一个未被探索的领域。”②相反，有各种各样的教学“质量”指标，如数量资源指标、学生选择性和研究绩效。但实证研究说明，研究生产力与本科教学之间的相关性很小，教学与研究似乎是独立活动。③ 而学生选择性的数据只是提供了声誉的衡量标准。大学排名的基本原理应该是为学生这一“消费者”提供信息。然而，这些数据并没有说明实际的教学情况，只是略微涉及教育资源。事实上，有一个严重的危险是，由排名引发的激励措施将使大学远离教育学和课程的革新，而这些将不会在排名中出现。

第六，像《泰晤士报高等教育》(Times Higher Education)这样的声誉调查产生了大量的空白和不良影响。当机构的整体排名以衡量和建立声誉为中心，而衡量标准源自对入学和研究状况的选择时，机构间竞争的条件是文凭主义，而不是高等教育形成的结果。这意味着学生唯一关心的是他们的学位状况，而不是他们学到的东西。他们偏爱那些早已名扬天下的大学，而不考虑学校的长处，这就退化为“人气竞赛”。④ 大学是开放的，只是回收和增加现有的声誉。⑤ 不管它是否建立在真正有效的机构，评估机构已发现主要是多达三分之一的项目达到他们的要求。⑥ 知名大学品牌产生光环效应。例如，一项针对美国学生的调查显示，普林斯顿在全美排名前十，但普林斯顿没有法学院，⑦它是由光环效应创造的。

更普遍的是，不管是否基于声誉数据，任何全球排名系统都倾向于作为一个声誉创造者，将竞争作为该行业的主要方面，并产生循环的声誉效应，这些效应往往会重现预先给定的等级制度。声誉排名是最糟糕的排名形式，因为它们产生最少的公共产品和最公开的广告，以及最具选择性的私人物品分配。与此同时，它们是可访问的、看上去可信

---

① Dill D., Soo M. Academic quality, league tables, and public policy: A cross－national analysis of university rankings[J]. Higher Education,2005(49): 495-533.

② Altbach P. The dilemmas of ranking[J]. International Higher Education, 2006(42): 1-2.

③ Dill D., Soo M. Academic quality, league tables, and public policy: A cross－national analysis of university rankings[J]. Higher Education,2005(49): 495-533.

④ Altbach P. The dilemmas of ranking[J]. International Higher Education,2006(42): 1-2.

⑤ Guarino C., Ridgeway G., Chun M., Buddin R. Latent variable analysis: A new approach to university ranking[J]. Higher Education in Europe, 2005,30(2):147-165.

⑥ Brooks R. Measuring university quality[J]. Review of Higher Education, 2005,29(1): 1-21.

⑦ Frank R., Cook P. The winner－take－all society[M]. New York: The Free Press,1995: 121-124.

的、易于生成的。

三、德国 CHE 大学排名

鉴于全球大学排名是在全球范围内构建高等教育的有力工具，似乎最好是参与而不是回避有关大学排名的辩论。确保“公正”排名需要保证透明、无私利、方法连贯，这样能够产生全面的改进动力。①

由德国高等教育发展中心②开发的（http:// www.che.de），并与出版商 Die Zeit 联合发布③的排名体系是符合这些要求的。该系统包括德国所有高等教育机构的数据，目前还包括瑞士和奥地利。荷兰和比利时（佛兰德斯）正准备加入。一些北欧机构也表现出了兴趣，CHE 的排名系统也得到了英语世界学者的积极回应。④ CHE 的排名对高等教育的竞争形式有着深远的影响，它的主要优点是摒弃了机构虚假的整体排名排序，在特定领域（包括单一学科）提供了一系列数据。它指出，在所有领域都没有“一所最好的大学”，而在整体排名系统中，随机波动产生的最小差异可能被误解为真正的差异。最重要的是，CHE 数据是通过交互式的支持 web 的数据库提供的，这使得未来的学生可以根据他们所选择的标准来检查排名确定的项目和/或机构服务，并决定如何衡量不同的目标。它提供了一种定制的比较，这种比较完全针对学生的目的，而不是针对大学的利益或出版公司的议程。

近年来，大多数著名的商业大学排名由于其概念和方法上的缺陷而受到严重的批评。⑤ 排名最基本的缺点之一是目标不明确。当排名的目的不明确时，排名也没有具体说明排名的具体内容：是大学声誉、研究质量、教学质量，还是别的什么？然而，这种模糊性导致了一个根本问题：当排名的目的没有定义时，指标的选择仍然是任意的，通常还存在聚集的问题。大多数商业排名都包含几个指标，每个指标都根据总体排名进行加权。问题不在于为每个指标确定适当的权重的方法，而在于是否有一组唯一的权重来反映用户的偏好。不可能所有的用户都对一所大学的不同方面一视同仁，因此综合排名不能反映个人偏好。⑥ 大学排名还有一个额外的聚合问题。尽管学生们不断地证明学术项目是

---

① THES World University Rankings. Who ' s up? Who ' s down? The Times Higher Education Supplement. [EB/OL]. (2006-12-06) [2018-07-18]. http://www. thes. co. uk/worldrankings.

② Center for Higher Education Development (CHE). Study and research in Germany. University rankings, published in association with Die Zeit.[EB/OL].(2006-03-16)[2018-06-10]. http://www.daad.de/deutschland/studium/hochschulranking/04708.en.html.

③ Ischinger B. Higher education for a changing world[J]. OECD Observer,2003(6): 3.

④ Van Dyke N. Twenty years of university reports cards[J]. Higher Education in Europe, 2005,30(2):103-124.

⑤ Bowden R. Fantasy higher education: University and college league tables.[J]. Quality in Higher Education,2003, 6(1):41-60.

⑥ Ehrenberg R.G. Tuition Rising: Why College Costs so Much[M]. Cambridge: Harvard University Press:2002.

他们的主要决策标准之一,[①]但机构层面的聚合掩盖了一所大学项目之间的差异。因此,对院校的排名并没有显示出最好的大学一个特定的领域或在一个特定的领域做研究。综上所述,综合指标和/或学科领域的排名假定存在一种独特的大学层次结构,这种层次结构适用于所有目的、所有用户和所有学科领域。然而,这种假设是不合理的。

CHE 的排名不同于大多数商业排名,因为这些概念问题已被仔细考虑。最重要的是,这个排名清楚地定义了它的目的,这个定义是选择指标和开发方法的一个坚实基础。排名的意义在于为学生服务,该排名预计会影响到新学生和计划改变学习计划的学生的决定。排名的形式和指标的选择反映了学生在选择大学时所考虑的方面。

CHE 排名建立在四个核心原则之上,这些原则代表了排名的概念基础。这些原则将排名与世界上大多数其他商业排名区分开来,并解决了大学排名的主要概念问题。

CHE 排名是一个学科级别的评估,而不是一个大学级别的评估。在一所大学的学习领域中,质量、表现和期望可能会有很大的差异,而大学水平的平均评估并不能为到某一特定领域学习的学生提供有用的信息。目前有 35 个学科领域,占所有新生的 80%。

CHE 的排名是多维的。与许多其他流行的排名不同,CHE 排名并没有试图在每个领域建立一个独特的大学等级。人们认识到,不同的方面不能有效地结合成一个整体度量——例如,研究度量或教学度量可以揭示非常不同的层次。人们还认识到,学生有不同的优先级,他们应该有机会根据自己的标准对大学进行排名。因此,制定一个能够满足所有学生需求的普遍排名是一项不可能完成的任务。

CHE 排名结合了不同的性能视角。该排名客观地反映了项目特点,但也反映了学生和教授对项目满意度和总体表现的看法。

与大学的线性排名不同,它将大学分成三组——第一组、中间组和最底层组。一般来说,25%的大学属于顶尖学府,50%属于中间学府,25%属于最底层学府。在每个团体中,大学是按字母顺序排列的。这种方法比按顺序排列所有大学要准确得多,就像大多数大学排行榜一样。已经证明,大学之间的差异往往是微不足道的,基于统计上不显著的差异来分配排名是毫无根据的。[②]

所有科目每三年重新评估一次。到目前为止,大多数受试者都经历了三轮评估:1998 年—2001 年、2001 年—2003 年和 2004 年—2006 年。一个评估周期需要三年。大约三分之一的受试者在一年内接受评估,当周期结束时,下一个周期将再次开始。这意味着每年大约有三分之一的结果在排名中更新。

教员调查包括在学科领域的所有长期学术人员。学术人员调查包括有关工作条件的问题:设施、基础设施、人力资源和中央政府的支持。这项调查还对其他大学的质量和声誉提出了两个问题。第一个问题是:你会推荐德国、奥地利和瑞士的哪五所大学进行本科课程,只考虑课程的质量?第二个问题是:在你看来,德国、奥地利和瑞士的哪五所大学被认为是你所在领域的顶尖大学?在上一轮的评估中,发放了 3.1 万份问卷,约有一

---

① James R., Baldwin G., McInnis C. Which University? The Factors Influencing the Choices of Prospective Undergraduates. Canberra[M]. Australian Government Publishing Service,2003.

② Clarke M. Some guidelines for academic quality rankings[J]. Higher Education in Europe, 2002, 27(4):443-459.

半的学术人员做出了回应。在医学(26%)和大众传播(31%)中应答率最低,在药剂学(66%)和生物化学(65%)中应答率最高。

研究成果的评估不仅基于教师调查,而且还基于客观的、可量化的数据。文献计量分析包括出版物的数量和引用数量。一般来说,这一数字包括三年期间在国际公认的学术期刊上发表的所有出版物,这一信息是从学科特定的数据库中提取出来的。不同学科的出版行为不同,书目计量标准也相应改变。例如,在社会学领域,被认为是该领域顶尖期刊的出版物被重复计算。经济学、社会科学和美国研究领域的出版物是根据作者的长度和数量来衡量的。例如,在数学中,只有出版物的数量,而不是引用的数量,因为平均引用次数很低,而且在学科领域之间差别很大。科学数据库不能在所有领域都得到同等的信任。由于方法上的局限性,文献计量分析没有应用于许多领域:计算机科学、德国研究、地理与地质、建筑、政治科学、工业工程和其他一些领域。在工程和一些自然科学领域,研究成果还包括专利数量,这些数据来自德国专利局(PATDPA)。

如果学生必须通过国家认可的考试,排名也会收集考试结果的信息。例如,医学专业的学生必须通过资格考试,每个国家负责考试的办公室都提供考试次数、成功率和成绩的数据。

数据的准确性对于排名的可信度至关重要。数据错误会对大学的排名产生致命的影响,也会破坏整个排名过程的合法性。有证据表明,由于数据错误,排名出现了严重错误;美国一所领先的商学院被完全从排名中除名,因为它被错误地与另一所同名的商学院联系在一起。为了确保数据的可靠性,该中心制定了完善的质量保证程序。统计工具用于检测数据中的异常值和不一致。作为初步保证,所有收集到的数据将被送回大学进行校对,然后再计算指标。作为额外的保证,每个被评估的主题领域都有其咨询委员会。委员会就指标和方法的选择提出建议,也分析结果的合理性。

大学排名对大学行为的不良影响是大学排名最令人关注的问题之一。为了提高自己在排名中的地位,大学很可能会篡改自己的成绩数据,甚至改变自己的学习程序,而实际上并没有改善学校的学习状况。来自美国大学的证据表明,功能失调的影响并不罕见。例如,一些大学将标准化考试成绩(SAT)作为一项可选的申请要求,以显示更高的平均 SAT 分数。[①] 其他大学已经将国际学生的分数从 SAT 平均数据中剔除,以便更好地将他们所在的学校列入排名。依赖自我报告数据的排名特别容易受到这种数据操纵的影响。CHE 有意识地避免了刺激大学做出如此不正常反应的指标。尽管排名是基于自我报告的数据,但数据操作的问题在某种程度上被排名的性质所缓解。由于排名只涉及单一学科,而不是全部学科,学术界对其他高校的情况有了较好的概述,从而起到了社会控制的作用。CHE 曾遇到过一些情况,一些部门试图操纵学生调查,告诉他们的学生,从排名靠前的大学毕业符合他们的利益。对这样的场合有严格的规定,如果有任何理由怀疑某所大学试图操纵结果,这些大学将被完全排除在排名之外,它们的分数也不会公布。

---

① Ehrenberg R.G. Tuition Rising: Why College Costs so Much[M]. Cambridge: Harvard University Press,2002.

四、未来走向建议

在欧洲共同的高等教育领域和学生流动性的背景下，更需要有关欧洲大学的国际可比数据。CHE 排名已被视为此类国际努力的潜在基础。近年来，CHE 排名已扩展到其他德语国家。自 2005 年以来，奥地利和瑞士的大学都已完全融入总体排名过程。在这些国家的排名是在与当地伙伴合作，完成质量控制机构在奥地利 Qualitatssicherungsagentur（AQA）和一个瑞士的私人基金会 swissUp。2006 年，欧盟委员会资助了一项试验项目，以研究 CHE 是否也可以将排名扩大到荷兰和佛兰德斯。在 2007 年末，所有的合作伙伴将决定荷兰和弗兰德斯大学是否会定期纳入到 CHE 排名系统中。

如前所述，CHE 方法并不是世界上大学排名的主导模式。例如，上海交通大学和《泰晤士报》增补排行榜都对大学进行排名，而不是对学科进行排名，并对所有大学进行排名。这两个排名都严重偏向研究声誉。最重要的是员工的质量、出版物的引用和大学资源。然而，现有的研究证据表明，研究质量和大学投入对一级学位课程的教学质量没有显著影响。①

排名同样强调研究和声誉。从大学排名表中所采用的衡量标准我们可以推断出，优秀的研究机构提供的教育是最好的，尽管我们可以更准确地得出结论，列出的绩效指标在评估大学的研究质量方面比它的教学质量要好得多。② 排名表上的排名严重偏向于与研究业绩相关的指标，包括财务资源、教员数量和研究资助，以及大学声誉。即使是根据 USNWR 衡量学校对教学的承诺的教师平均工资，也更有可能反映出教师对研究的导向，并且在美国的研究中发现与学生学习呈负相关。对澳大利亚、加拿大、英国和美国的五项排名的分析表明，排名也严重偏向于输入措施——员工质量和学生选择性。③ 教学产出措施的重要性明显降低。最常用的产出衡量指标是学生与员工的比例、毕业率和保留率，以及一些就业能力指标。然而，除非产出衡量标准针对的是入学学生的质量——这种情况很少发生——即便是这些有限的教学结果衡量标准，也无法反映出教育过程的质量。此外，声誉偏见不仅通过强调研究指标，而且直接通过声誉调查。许多排名包括对大学声誉的调查结果，这些调查是由对大学实际学术质量了解明显有限的教师、管理者或雇主收集的。因此，他们的观点更可能受到大学现有声誉的影响。④ 尽管 CHE 排名在其组成部分中包含了几个声誉指标，但与大学排行榜不同，这些指标是单独列出的，不合并成加权总分，也不用于提供机构或项目的顺序排名。最近的一项研究⑤强调了校

① Terenzini P.T.，Pascarella E.T. Living with myths：Undergraduate education in America [J]. Higher Education ，1994，26(1)，28-32.

② Yorke M. A good league table guide? [J]. Quality Assurance in Education，1997，5(2)：61-72.

③ Dill D. D.，Soo M. Academic quality，league tables，and public policy：A cross-national analysis of university ranking systems[J].Higher Education，2005，49(4)：495-533.

④ Clarkc M. Some guidelines for academic quality rankings[J]. Higher Education in Europe，2005，27(4)：443-459.

⑤ Berghoff S. ，Federkei G. Reputation Indicators in University Rankings [C]. Paper presented at the Consortium of Higher Education Researchers (CHER) 19th Annual Research Conference，Kassel，Germany，2003.

级排名中声誉指标的不足。声誉是特定群体或利益相关者的一种社会判断,随着时间的推移,这种判断是高度稳定的。同一所大学或项目的声誉评价在教授、学生和雇主之间存在显著差异,表明他们的判断基于不同的认知和兴趣。可以预见的是,教授的声誉判断与研究成绩相关,但即便是在一所大学内,不同学术课程的教授的声誉评分也存在显著差异,从而证实了整个大学的声誉评分毫无意义。最后,根据来自奥地利、德国和瑞士的调查对象发现,大学的声誉存在系统性差异,表明调查样本的地区分布影响机构声誉得分,这种偏差可能也会影响全球大学排名。

更严重的是,基于声誉的排名不仅不能表明大学的教育质量,而且鼓励了一场代价高昂的"学术军备竞赛"。英国和美国的研究认为,参与这场竞争的大学越来越多地投入更多的财力和时间来争取声誉相关的因素,例如研究博士项目,研究设施,和"明星"研究人员和投资较少的资源在已知的与改善学生学习相关的活动中。此外,由于大学排名是一个零和博弈,投资声誉是一个无止境的过程,因此,设计糟糕的大学排名产生的不良影响正在成为一个严重的社会问题。

与大多数国家和国际商业排名相比,CHE 排名有很多优势,它具有完善的概念基础,遵循严格的方法,并提供丰富的数据。由于它的设计,它似乎也避免了排名的一些潜在功能失调的影响。还有一些排名的例子旨在提供可靠的数据,而不是简化的声誉等级。

Part 4

第四部分

案例分析

深化综合改革，助推“一流”民办高校发展

——以西安外事学院为例

刘明维 耿 素 赵祥辉 杨 忠 吴婷婷

摘要： 在我国不断推进高等教育改革的过程中，深化综合改革是民办高校获得持续健康发展的重要保障。西安外事学院作为陕西民办高等教育的“排头兵”，在国家和地方政府对民办高等教育进行改革的背景下，在内部治理体制、人才培养模式、创新创业教育、人事及科研管理等方面持续开展了整体协同的改革，在办学过程中注重对民办教育发展问题和规律进行探究，成效明显，人才培养获得社会广泛认可，学校在国内民办高校中具有一定影响力。“十三五”期间，学校在与陕西省多所高校的激烈竞争中获得“一流民办高校建设单位”项目。在“一流学院”建设方案的引领和带动下，西安外事学院继续深化综合改革，不断优化治理制度，提升人才培养质量，加强教师队伍管理与建设，朝着高水平民办大学的目标迈进。

关键词： 民办高校；综合改革；“一流学院”；西安外事学院

自改革开放以来，经过 40 年风雨历程，民办教育逐步成为教育事业发展的重要增长点和促进教育改革的重要力量。伴随着经济体制改革的逐步深化，社会生产对人才的需求迅速增加，国家为解决教育财政投入经费短缺的问题开始积极提倡和鼓励社会力量办学，人民物质生活水平逐步提高，对教育的消费需求日益增长，促使民办高等教育获得新的发展机遇，民办高等教育在我国推进高等教育大众化过程中发挥了重要作用，为社会培养了大量人才。在民办高等教育的发展过程中，民办高校的数量明显增加，办学水平明显提升。根据《2017 年全国教育事业发展统计公报》数据显示，截至 2017 年，全国共有民办高校 747 所（含独立学院 265 所），占全国普通高等学校的 28.39%，其中普通本专科高校招生 175.37 万人，在校生 628.46 万人。① 由此可见，民办高等教育已经具有一定规模，从高等教育的补充逐步成为重要组成部分。当前，民办高等教育正处于转向内涵发展的关键时期，只有不断改革，优化结构，完善内部治理体系，才能在今后一定时期内获得长足发展。

党的十八届三中全会通过了《中共中央关于全面深化改革若干重大问题的决定》，对全面深化改革的重要领域和关键环节做了重大部署，提出要坚持和完善社会主义制度、

① 2017 年全国教育事业发展统计公报[EB/OL].(2018-01-10)[2018-07-19].http://www.moe.edu.cn/jyb_sjzl/sjzl_fztjgb/201807/t20180719_343508.html.

推进治理体系和治理能力现代化。① 为了落实国家战略部署，教育领域也提出开展综合改革、构建现代化的教育治理体系和治理能力。《国家中长期教育改革和发展规划纲要（2010—2020年）》明确提出："教育要发展，根本靠改革。"高校综合改革成为当前高等教育领域的热点问题，它对高等教育的持续健康发展具有重要意义。截至2017年，我国高等教育毛入学率达到45.7%，②在高等教育即将由大众化步入普及化阶段的关键时刻，高校综合改革更是推进我国由高等教育大国向高等教育强国发展的重要举措。党的十八大、十九大报告都明确提出"优先发展教育事业，办好人民满意的教育"，这是国家和社会对各级各类教育提出的殷切期望与要求。由于办学经费紧缺和生源等诸多因素，民办高等教育质量在较长时期内饱受社会质疑。当前，民办高校仍然面临办学经费紧缺以及生源逐步减少的严峻考验，只有不断深化综合改革，提高人才培养质量和办学水平，才能赢得社会的广泛认可。

一、高校综合改革概述

（一）高校综合改革的概念

"改革"，从词义解释上，是指改掉事物中陈旧的、不合理的部分，使之合理、完善，更加适合需要。③ 在现实社会中，"改革"指对包括政治、经济、文化在内的各种组织所做出的改良革新，对旧有的生产关系和上层建筑做出局部或根本性的调整，废除体制机制障碍。④ 教育改革的目的是促进教育发展。高校综合改革是在高等教育综合改革框架下进行的，是高等教育领域综合改革的重要组成部分。主要指高校自身根据社会对人才培养的需求和政府对学校的管理要求，在学校内部进行制度、人才培养、人事以及科研等方面进行的综合改革。

（二）高校综合改革之要义

高校综合改革是高等教育综合改革的重要组成部分，笔者认为，吴康宁教授对"教育领域综合改革要义"的观点可以帮助我们理解高校综合改革的要义。吴康宁教授认为，综合改革的第一层要义必须是"改革"，只有通过改革才能解决教育内部的深层次问题，才能在规模和数量增长的过程中提升教育品质和提高教育质量。改革是教育稳固发展的基础，也是教育持续发展的保障。第二层要义，综合改革的关键在于"综合"，综合改革应当是"整体"改革，应当整体设计、整体推进，并从整体进行评价。第三层要义，教育领域的综合改革并非教育领域的独家事务，必须得到其他"社会领域"的合力支持，才能取得成功。⑤ 高校综合改革相对于教育领域的综合改革而言，主要是在高校内部所进行的综合改革。首先，只有通过改革才能确实有效提高人才培养质量和办学水平，促进学校

---

① 袁贵仁.深化教育领域综合改革加快推进教育治理体系和治理能力现代化[J].中国高等教育，2014(5):4-10.

② 2017年全国教育事业发展统计公报[EB/OL].(2018-01-10)[2018-07-19].http://www.moe.edu.cn/jyb_sjzl/sjzl_fztjgb/201807/t20180719_343508.html.

③ 商务印书馆辞书研究中心.新华词典(第4版)[Z].北京：商务印书馆，2013:304.

④ 姜朝巧.大学综合改革：内涵、特征及实践路径[J].高校教育管理，2015(5):18-23.

⑤ 吴康宁.改革综合教育领域——简析教育领域综合改革之要义[J].教育研究，2014(01):41-46.

持续健康发展；其次，综合改革涉及现代大学制度建设、教学改革、人才培养改革、人事改革、科研改革等方面的整体和协同改革；最后，高校改革是在学校所处的内外部环境下进行的，必须立足于社会对高校人才培养的要求和高校组织自身结构优化的内在要求而进行，改革需要社会力量的积极支持。

二、民办高校综合改革的动因分析

我国民办高校是伴随着社会经济改革开放的历程而兴起和发展起来的，民办高校从无到有、从少到多、从粗放到内涵发展，与民办高校对社会需求的回应以及自身寻求持续发展的内在动力是密不可分的。总体来看，民办高校综合改革的动因可以从以下三个层面进行理解：

（一）宏观层面："办好让人民满意的教育"促使民办高校从规模和数量增长转向内涵式发展，必须通过健全和完善制度建设提高教育质量

我国高等教育在20世纪90年代末期，随着高等教育大众化进程的启动而得以在短期内获得较快发展。1990年，我国高等教育毛入学率为3.4%，2017年，高等教育毛入学率达到45.7%，在近三十年时间里，高等教育规模增长迅速，增长了42.3%，见图1。高等教育在数量和规模上有了重大突破，社会公众获得高等教育的机会逐渐增加。习近平总书记在党的十九大报告中指出："中国特色社会主义进入新时代，我国社会主要矛盾已经转化为人民日益增长的美好生活需要和不平衡不充分的发展之间的矛盾。"①随着社会经济的持续发展，物质生活水平得到显著改善和提高，人们对高等教育的需求从获得机会开始转向高质量的高等教育的热切期望。党的十八报告明确提出："努力办好人民满意的教育。"②党的十九大报告再次明确提出："建设教育强国是中华民族伟大复兴的基础工程，必须把教育事业放在优先位置，加快教育现代化，办好人民满意的教育。"③由此可见，"办好人民满意的教育"已经成为国家政府和社会公众对提高教育质量的强烈要求，甚至是一种敦促。我国民办高等教育由于前期起步晚、发展历史较短、办学资源紧缺、生源质量相对较差等原因，教育质量在一定时期内饱受社会质疑。当前民办高等教育逐步发展成为我国高等教育的重要组成部分，提高民办高等教育质量是全面提高高等教育质量的不可回避的问题。要提高民办高等教育质量，不仅需要国家政府自上而下的综合改革作为保障，还需要众多民办高校内部深化改革，建立和健全现代大学制度，从追求规模转向内涵式发展，通过不懈努力，才能确实提高教育质量和人才培养质量，赢得社会的广泛认可。

---

① 决胜全面建成小康社会 夺取新时代中国特色社会主义伟大胜利——在中国共产党第十九次全国代表大会上的报告[EB/OL].(2017-10-28)[2018-07-19].http://cpc.people.com.cn/n1/2017/1028/c64094－29613660.html.

② 中国共产党十八大报告全文[EB/OL].(2012-11-26)[2018-07-19].http://www.mj.org.cn/zsjs/wsxy/201211/t20121126_145927.html.

③ 决胜全面建成小康社会 夺取新时代中国特色社会主义伟大胜利——在中国共产党第十九次全国代表大会上的报告[EB/OL].(2018-01-10)[2018-07-19].http://cpc.people.com.cn/n1/2017/1028/c64094－29613660.html.

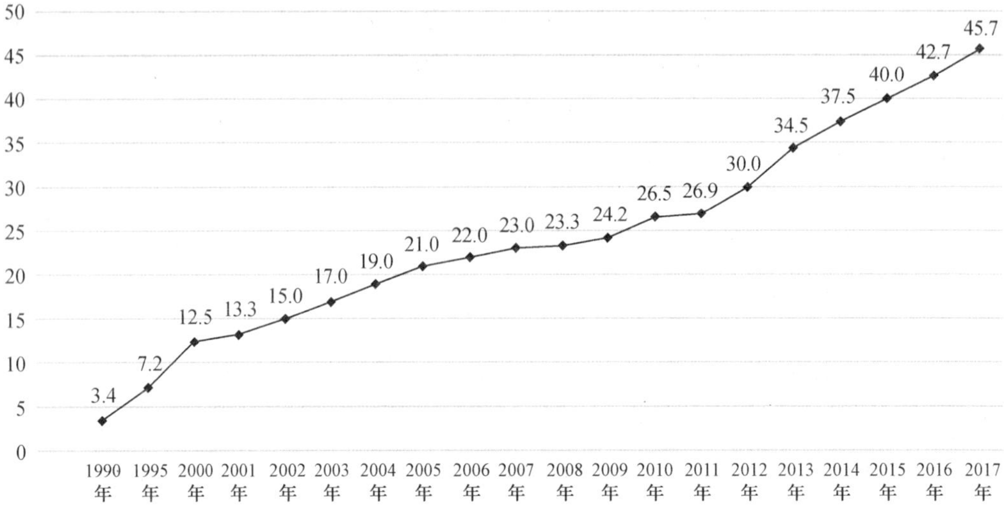

图1　1990—2017年全国高等教育毛入学率（单位：%）

数据来源：根据历年《中国教育统计年鉴》以及《全国教育事业发展统计公报》整理。

（二）中观层面：国家和地方政府对民办高等教育进行依法治教，稳步推进管理体制改革

民办高等教育是伴随我国高等教育体制改革出现的新生事物，支持和规范是政府对民办高等教育政策的两个重要方面。规范是支持的前提，支持是规范的力量所在。[①] 法律法规的健全与完善是国家对民办高等教育进行依法治教的有效手段。自20世纪70年代末80年代初，随着民办高校的逐步创建，国家政府为了规范和引导民办高校规范办学，陆续出台了一系列法律法规，其内容主要集中于办学体制改革和规范办学两个方面。1987年颁布的《关于社会力量办学的若干暂行规定》为民办高等教育的发展开启了政策之门。1993年出台的《民办高等学校设置暂行规定》标志着民办高校必须按章办学。1997年颁布《社会力量办学条例》开始关注民办高校内部的领导和管理体制。2002年底《民办教育促进法》及2004年初《民办教育促进法实施条例》相继颁布，对民办高校内部的领导和管理进行了明确规定。《民办教育促进法》首次明确提出“民办学校应当设立学校理事会、董事会或者其他形式的决策机构”，并对民办学校理事会或董事会的人员组成及其职权范围等作了较为细致的规定。《民办教育促进法实施条例》要求民办学校章程应当对“理事会、董事会或者其他形式的决策机构的产生方法、人员构成、任期、议事规则等”作出规定，还要求民办学校明确决策机构负责人的任职资格、理事会或董事会的议事规则。2006年，针对江西、河南、山西等少数民办高校因学籍、学历、收费等不规范办学问题导致的学生闹事和个别民办高校因为违反挪用办学经费而导致学校破产事件造成极大的负面影响，国家有关部门发出了《关于加强民办高校规范管理引导民办高等教育健康发展的通知》和《关于加强民办高校党的建设工作的若干意见》，进一步加强对民办高校的规范管理，同时开始关注民办高校的党建工作。2016年11月，新修订的《中华人民共和国民办教育促进法》第一章专门增加一条，明确规定：“民办学校中的中国共产党基

① 徐旭卿.新时期中国民办高等教育理论研究[M].杭州：浙江大学出版社，2010：7.

层组织，按照中国共产党章程的规定开展党的活动，加强党的建设。”这是对民办高校党的建设工作的更进一步强调。相较于2002的《民办教育促进法》，新修订的《民办教育促进法》将第18条改为第19条，规定“民办学校的举办者可以自主选择设立非营利性或者营利性民办学校”，并且同步出台了《民办学校分类登记实施细则》，开始推进民办学校的分类管理改革。分类管理是新时期我国民办高等教育的主要议题。国家和政府对民办高等教育管理与发展所出台的一系列法律法规，在不同发展阶段侧重点有所不同，分类管理、法人制度、内部管理体制以及党建工作是当前民办高校的重要改革领域，民办高校也必然在其框架之下作出相应改革。

（三）微观层面：组织内在动力驱使民办高校自身不断改革，保持组织发展活力

民办高校是一个典型的社会组织，改革是组织进行优化、保持活力的重要途径。一个组织要长远发展，其改革动力不仅受到外在因素的驱使，更重要的动力应该来自组织的内在驱动。首先，改革是确保民办高校能在剧烈竞争中保持活力的重要途径。民办高校作为高等教育机构的类型之一，在整个发展过程中充分体现了人才培养职能。当前我国民办普通高等学校数量为747所，在我国高等教育由大众化迈向普及化阶段的过程中，民办高校还将继续发挥为社会培养人才的重要作用，因此在一定时期内民办高校的数量可能还会有所增加。由于起步较晚，民办高校一直处于组织制度建设和组织环境营造的不懈努力之中，面对与当前“双一流”高校以及众多公办性质的应用型高校的激烈竞争，民办高校自身必须持续不断地进行内部治理制度的优化并努力提高人才培养质量，保持组织的活力，才能赢得市场获得继续发展的可能。深化综合改革，是促进民办高校内涵建设和特色发展的重要保障。其次，民办高校综合改革是民办高等教育创业家的志业与情怀得以传承和延续的必然选择。民办高等教育是在社会公众对高等教育需求增加和国家政府给予大力支持的基础上发展起来的，民办高等教育从改革开放后持续发展至今四十载，与一批民办教育创业家的锐意进取精神和梦想情怀更是密不可分的。我国当前大部分民办高校主要是于20世纪90年代初期创办起来的，在第一代民办高等教育创业家的开拓进取和辛勤耕耘近三十载之后，很多民办高校当前正面临接班人的问题。部分民办高校选择培养自己的子女成为接班人，以寻求更好地传承父（母）辈的办学理念和情怀。腾讯教育就此问题专门撰文《年轻的中国民办大学二代“女掌门”》讲述民办高校接班人选的问题。[①] 第一代民办教育创业家一方面深知办学事业的艰辛和不易，一方面又希望自身辛劳创办的学校能够持续开办下去，更强烈期望终有一朝成为名校，因此更加明白改革的紧迫性和重要性，唯有通过深化综合改革，才能避免单凭主观经验办学的问题和矛盾，提高学校管理和发展的科学水平。

三、西安外事学院综合改革的实践探索

（一）民办高等教育的“陕西现象”

西安外事学院是陕西省民办高等教育的亮点。陕西省是全国民办高等教育最发达的地区之一。民办高等教育是陕西教育事业发展的亮点，在全国很有代表性。陕西民办

---

① 年轻的中国民办大学二代“女掌门”[EB/OL].(2018-03-08)[2018-07-09].http://edu.qq.com/a/20180308/017688.html.

高等教育发轫于1984年，主要经过复兴期、成长期、规范期和发展期四个阶段。① 21世纪初期，由于国家和陕西省有关政府部门对民办高等教育给予热切关注和积极支持，以及区域内丰富的高等教育资源，再加上一批热心高等教育事业的民办教育家，同时经济体制转轨和产业结构调整也为当地民办高等教育提供了条件，陕西民办高等教育在全国处于领先地位，有人将它称为我国高等教育发展中的“陕西现象”。② 民办高等教育领域之所以产生“陕西现象”，与其他教育现象一样，是基于当时的历史原因和政治背景双重作用的结果，在计划经济和不完全的市场经济并存的前提下，任何一种教育现象都不是自发形成的。③陕西省政府给予民办高校积极的政策支持与科学规范的管理，以及创办者对民办高等教育的热忱奉献是“陕西现象”形成的主要原因。截至2017年5月31日，陕西省共有民办普通高等学校30所，其中普通本科高校21所(含独立学院12所)，高职院校9所。④ 陕西省民办高等教育至今在全国仍保持着强劲的发展势头。

(二)西安外事学院概况

西安外事学院是陕西省民办高校的典型代表之一，位于历史古都西安，创建于1992年，其前身是西安外事服务培训学院。2000年5月，经陕西省人民政府批准，成为普通高等职业院校。2005年3月，经教育部批准，升格为普通本科高校，并更名为“西安外事学院”。2009年6月，获得学士学位授予权。发展至今，西安外事学院已成为一所以本科教育为主的国际化、应用型、综合性、高水平民办非营利性普通高校。目前共有本科专业42个、高职专业27个，涵盖经济学、管理学、文学、医学、工学、艺术学、农学、教育学8个学科门类，形成了以经、管、文、医为主，工、艺、农、教多科协调发展的学科专业体系，在创新创业教育、国际化教育、德育教育方面体现出一定的办学特色，逐步形成以“鱼化龙”精神为核心的大学文化。由于其办学水平不断提高，人才培养质量和特色显著，在历次中国校友会网的中国民办大学排行榜中，西安外事学院均排行前列位置，具有较高的社会声誉。通过长期的不懈努力，西安外事学院获得良好发展。在“十三五”期间，学校结合国家和陕西省对民办高等教育的发展政策与方向，立足区位优势与自身特色，不断深化改革，力争上游，学校获得了陕西省“一流民办高校建设单位”项目，学校发展再上新台阶。

(三)西安外事学院综合改革实践

《中共中央关于全面深化改革若干重大问题的决定》提出：“深化教育领域综合改革”。⑤ 在新时期，高等教育领域正在深化综合改革，以此推动其内涵式发展和可持续发展。陕西省于2016年7月出台了《关于全面深化高等教育综合改革的意见》，明确提出：“深化分类指导管理改革，优化高等教育资源配置。探索民办高等教育分类管理，促进营利性与非营利性民办高校分类发展。‘十三五’期间，省级每年安排4亿元支持非营利性

---

① 夏季亭.民办高等教育的发展与创新[M].济南：山东大学出版社，2011：3.

② 梁克荫.“陕西现象”与民办高等教育发展[J].高等教育研究，2002，23(04)：38-39.

③ 徐德龙，刘子实，吴渝.中国高等教育的“陕西现象”：由来、困惑和出路[J].西安建筑科技大学学报(自然科学版)，2009，41(2)：149-153.

④ 中华人民共和国教育部公布2017年全国高等学校名单[EB/OL].(2017-06-14)[2018-07-19].http://www.moe.edu.cn/srcsite/A03/moe_634/201706/t20170614_306900.html.

⑤ 中共中央关于全面深化改革若干重大问题的决定[EB/OL].(2013-11-15)[2018-06-20].http://politics.people.com.cn/n/2013/1115/c1001-23559207-12.html.

民办高校提升办学水平。"[①]在国家和陕西省对民办高等教育的政策支持下，西安外事学院作为全国和陕西省民办高校的"排头兵"，在内部治理结构以及教学科研管理制度等方面也开展了综合改革的实践与探索。

1.完善学校治理结构，推进现代民办大学制度建设

（1）进一步加强党的建设，确保党委发挥政治核心和监督保障作用

党的建设是民办高校坚持社会主义办学方向以及培养社会主义建设者和接班人的政治保障。《国家中长期教育改革和发展规划纲要（2010—2020年）》明确指出："加强民办学校党的建设，积极探索党组织发挥作用的途径和方法。"[②]新修订的《中华人民共和国民办教育促进法》第9条明确规定："民办学校中的中国共产党基层组织，按照中国共产党章程的规定开展党的活动，加强党的建设。"[③]西安外事学院从加强党建入手，完善体制机制建设，建立董事会与党委沟通协商、交叉任职、党政联席会议等八项制度，形成党委参与决策机制、党委监督保障机制、利益协调机制和加强党组织自身建设的工作机制，形成了党组织从决策到实施全过程、全方位参与学校管理的有效形式，既强化了党委参与决策的地位和作用，也加强了基层党组织的作用，党委政治核心和监督保障作用得到全面发挥，为学校人才培养、科学研究、服务社会、文化引领传承和加快跨越发展提供了坚强的政治保障。

（2）健全董事会制度，确保董事会和校长权责明晰

健全的法人治理机制是遏制民办高校营利冲动，民办高校要寻求新时期的治校方略，必须重视构建科学的管理决策机制，注重向管理要水平、要效益，追求科学性、规范性，实现科学治校、依法治校。[④] 新修订的《民办教育促进法》将第19条改为第20条，修改为："民办学校应当设立学校理事会、董事会或者其他形式的决策机构并建立相应的监督机制。"西安外事学院建立了"董事会决策、校长负责、党委监督、教授治学、民主管理、依法治校"的现代民办大学治理模式，形成了决策、执行和监督分工合理、和谐高效的管理体制。学校建立了举办者亲属回避制度，强化了办学的公益属性。通过健全董事会制度，进一步明晰董事会和校长及其他利益相关者的权利与职责，提高科学领导与决策的水平，建立并完善监事会制度，对决策执行过程进行监督。

（3）完善组织架构设计，优化管理结构，提高管理效率与服务水平

在民办高校规模不断扩大的过程中，结构优化对于组织健康发展显得尤为必要。西安外事学院建校26年，始终根据学校的发展战略和目标定位对内部结构进行调整和优化。首先，学校通过实施校级行政管理"大部制"改革，优化组织结构，提升管理效率与服

---

① 中共陕西省委陕西省人民政府关于全面深化高等教育综合改革的意见[EB/OL].(2016-07-10)[2018-07-19].http://pinggu.xjtu.edu.cn/info/1003/1049.html.

② 国家中长期教育改革和发展规划纲要(2010—2020年)[EB/OL].(2010-07-29)[2018-07-22].http://www.gov.cn/jrzg/2010－07/29/content_1667143.html.

③ 全国人民代表大会常务委员会关于修改《中华人民共和国民办教育促进法》的决定[EB/OL].(2016-11-07)[2018-07-19].http://www.npc.gov.cn/npc/xinwen/2016－11/07/content_2001583.html.

④ 杨树兵.民办高校发展战略和政策需求研究——基于核心竞争力理论之视角[M].镇江：江苏大学出版社，2009：152.

务水平。撤销原处级、科级等干部行政级别及相应行政机构，组建教学与研究部、学生工作部、保障部、行政部、国际部等5大工作部门，管理呈现“横向大部制，纵向扁平化”的新格局，逐渐实现权责明确、集中指导、统一决策、以服务为主的转变。其次，以优势学科为重心整合教育资源。进一步夯实商科、文科、工科、医科四大优势学科的建设发展之基，重新整合教育资源，全力打造商科、工科、医科实验中心，持续强化创业教育和国际合作教育两大特色教育板块，倾力建设全省首家大学生创业孵化基地。最后，建立“大学院制”，管理重心下移，权责匹配，促进学科间的交叉融合。通过实行以二级学院为核心的大学管理体制，推动将人才培养和教育教学工作的责任、权力、重心向二级学院下移的工作进程。除学校统筹规划和统一管理的事项外，教育教学管理环节的人、财、物及学科、专业、课程改革和教材建设等具体事项，皆由二级学院负责，这充分激发了院系教学基层单位的工作活力。

2.深化教育教学改革，提高人才培养质量和水平

(1)根据学校转型发展需要建立多样化人才培养模式

伴随着民办高等教育的力量与贡献突显，民办高校的人才培养模式一度成为学界的研究热点。作为高等教育组织的职能而言，人才培养是其基本职能，这一职能也将长期成为民办高校发展的重心工作。人才培养模式是在一定教育思想和教育理论的指导下，为实现一定的培养目标，在培养个过程中采取的某种能够稳定培养学生掌握系统的知识、能力、素质的结构框架和运行组织方式。[①] 西安外事学院根据学校转型发展需要，积极探索多样化的人才培养模式，优化“3+1”、“2+1”人才培养模式，进而形成多层次、多元化、开放型、个性化的人才培养体系，为学生个性发展提供多元化选择，实现由独立培养向开放式联合培养的逐步转变。针对学生就业、考研、创业、出国等不同意愿，进行专业化的教育辅导与服务，为学生的自主选择提供支撑；在实践教学上，学校实行专业与行业对接，积极开展产教融合、校企合作，建立优质的实践教学基地和平台，让学生在上学期间就拥有较强专业实践能力和丰富从业经验；在教育教学方法上，学校高度重视创新，积极推广在线课程、翻转课堂和研讨式、互动式教学，注重培养学生批判性、创造性思维，还将教书与育人紧密结合，注重培养学生的品德教育，通过浓厚的“鱼化龙”精神博雅教育和校园文化建设，引导学生塑造高尚的品格。

(2)积极推动完全学分制改革，提升人才培养质量与水平

学分制是一种以选课制为基础、以学分为单位计算学生学习量和学习成效的教学管理制度，学生修满学校规定学分，即可毕业。学分制包括学年学分制和完全学分制两种。在学年学分制之下，学生学习弹性有限，学习计划的进度相对统一。完全学分制是选课制、弹性学制的有机结合，在完全学分制环境下，学年和行政班的概念逐渐模糊，更有利于激发学生的学习主动性和积极性，学习计划更为人性化和个性化。[②]《国家中长期教育改革和发展规划纲要(2010—2020年)》高度关注人才培养质量和培养体制改革，明确指出：“推进和完善学分制，实行弹性学制，促进文理交融。”“注重因材施教。关注学生不同特点和个性差异，发展每一个学生的优势潜能。推进分层教学、走班制、学分制、导师制

---

① 陈新民.民办高校人才培养模式改革的理论与实践[M].杭州：浙江大学出版社，2007：4.

② 于翊平.完全学分制背景下高校教学管理的改革路径[M].教育评论，2016(07)：48.

等教学管理制度改革。"[①]2015 年,西安外事学院借鉴国际高等教育人才培养的成熟经验,在全校推行完全学分制改革,把"以生为本,发展个性"落实到教学管理之中,逐步完善以选课制为基础,以学分计量制和学分绩点制为核心,包括弹性学制、主辅修制、导师制、重修制等构成的具有外事特色的完全学分制教学管理体系。学校通过实施学分制改革,从管理观念、管理制度、管理技术层面上全面支持人才培养模式改革。

3.深化科研体制改革,提升应用学科建设水平

(1)确立"以教学为中心,以科研为先导"的指导方针,重视科研对民办高校发展的作用

科研作为高等学校的重要职能,对学校的学科建设以及人才培养具有积极的支撑作用。西安外事学院作为民办高校在科研方面取得斐然成绩,与学校重视科研的远见不可分。为加快实现综合性、国际化特色的国内一流民办大学目标,西安外事学院高度重视学科建设,将科研工作放在学校可持续发展的战略高度和专业建设的支柱地位来认识,确立"以教学为中心,以科研为先导"的指导方针。从教学研究起步,教学研究与学术研究并重,以应用性研究为主,逐步形成学科基础研究、应用基础研究和应用技术研究协调发展,相得益彰的合理格局。同时结合学校的办学定位和人才培养特色,不断加大面向地方经济建设和社会发展应用型研究的力度和比重。

(2)完善科研制度建设,提高教师开展科研的积极性与主动性

为了确保"以教学为中心,以科研为先导"指导方针的充分落实,学校出台《西安外事学院专任教师岗位聘任与考核实施办法》,配套《西安外事学院教职工科研工作量计算与考核办法》和《西安外事学院教学工作量计算办法》两个文件进行实施,明确了各级岗位教师教学、科研数量和质量的考核要求,加大对教师科研和教学成果的奖励力度,教师科研水平大幅度提升。"十二五"期间,全校教师共承担校级以上各类纵横向研究项目 375 项,其中纵向项目 343 项,横向项目 32 项。纵向项目中,省部级以上项目 36 项,厅局级项目 270 余项。发表学术论文 3700 余篇(其中,EI、SCI 及南京大学中国社会科学研究评价中心、全国中文核心期刊 550 余篇)。申请实用新型专利 37 项,计算机软件著作权 8 项。科研经费投入近千万元以上。依托成绩斐然的科研成果,学校于 2014 年获批为国家自然科学基金依托单位(A 类)。2015 年 10 月与西安市社会科学院签订了合作协议,拓宽了项目申报平台。学校利用较强的国际化办学优势,进一步推进与已经建立的匈牙利、马来西亚、美国等高校的科研合作,力争早日建成省级"国际科技合作基地",并争取冲刺国家级基地,拓展高等教育科研的国际合作与交流,提升民办高校科研的国际化水平。

西安外事学院在积极探索民办高等教育实践的同时,始终重视对办学活动从经验教训到理论概况的总结,重视把教育的基本规律与民办高等教育活动的特殊规律相结合,通过扎实的学术研究,努力推进学校办学体制机制的改革和创新,在特色办学、为社会服务,促进民办教育事业科学发展等方面做出积极的贡献。学校于 1996 年创建七方教育研究所(2016 年 12 月升格为七方教育研究院),以"汇南北之气,凝东西之髓,顺乾坤之理,立民校之魂"的办所理念,自发、自觉地赋予自己为中国民办学校"立魂"的历史使命

① 国家中长期教育改革和发展规划纲要(2010—2020 年)[EB/OL].(2010-07-29)[2018-07-22].http://www.gov.cn/jrzg/2010—07/29/content_1667143.html.

和责任，该研究机构作为实体性、专业性的民办教育研究机构，通过对民办高等教育展开扎实的理论与实践研究，至今已经在学界产生了较强的影响力。由于学校在人力、物力和经费等方面给予大力支持，七方教育研究院不负重托，自成立以来已完成政策咨询报告近 40 篇，其中 10 多篇被全国人大采用；承担厅局级以上科研项目 60 多项；出版专著 20 多本；公开发表论文 100 余篇，其中中文核心 50 多篇；先后 30 多次获奖，曾被教育部评为“全国教育系统先进集体”称号，2005 年、2008 年、2014 年、2017 年先后 4 次被中国高等教育学会授予“全国优秀高等教育研究机构”荣誉称号。在学校进入陕西省“一流学院”建设的新时期，七方教育研究院还将继续发挥民办高等教育研究的智库作用与服务社会的功能。

4.深化改革用人制度，完善人才选拔聘任机制，提高师资队伍建设水平

科学合理的人才选拔和聘用机制是确保民办高校的持续健康发展的重要基石。西安外事学院持续深入人事制度改革，对包括校长在内的行政干部实行“全球公开招聘”、“校内竞聘”和“董事会、校党委、校务会联席会议任命”等聘用方式。建立教学、科研分类管理与考评制度，提高师资队伍建设的科学性与水平。同时注重中青年教师的成长与发展，积极鼓励和支持教师参与国内外的培训与学历提升，对稳定师资队伍、优化师资结构发挥了重要作用。学校组织新入职教师岗前培训、科研骨干专项课题培训、中青年教师高校网络课程培训、微课慕课技术制作培训及省内外专业建设研讨会等活动，教师业务素质得到不断提升；同时，学校还充分发挥本校的国际合作优势，为教师搭建国际学术交流平台，选派优秀教师赴国外学习交流。为提升人才培养过程中学生的职业素养和专业能力，学校高度重视“双师型”教师队伍建设工作。学校制定了“双师双能型”教师的基本要求和标准。聘请优秀企业技术人员和管理人员担任兼职教师，推荐教师到行业企业挂职锻炼。学校在“十三五”期间继续深入实施“人才强校”战略，进一步推进人才队伍建设，努力提升人才引进层次和水平，积极培养青年教师，促进教师的可持续成长与发展，更好地为学校实现办学目标提供人才和智力保障。

5.以实体学院推动创新创业教育改革，提升学生就业质量和水平

就业质量是检验民办高校人才培养质量的重要标准。民办高校毕业生的就业质量在很大程度上决定了生源和社会声誉，对学校的持续发展具有深远意义。大学生是“大众创业、万众创新”的主力军，也是“创业带动就业”的指向所在。西安外事学院秉承“鱼化龙”的办学理念与精神，将创新创业的精神厚植于学校的文化土壤之中。西安外事学院领全国高校风气之先，于 2009 年率先成立创业学院这一实体性机构，并于 2010 年和 2014 年分别创设全国高校首家创业基金——“陕西鱼化龙创业基金会”和大学生创业孵化基地。2015 年 6 月 3 日，《人民日报》第 6 版以《创业教育营造氛围自前行》为题，专栏宣传西安外事学院创业实践教育的事迹。2016 年 8 月，西安外事学院作为西北首家同样也是唯一一家高校成为教育部 2016 年度 50 所全国创新创业典型经验高校。作为具有典型经验、在全国具有较大影响、专门统筹协调西安外事学院创新创业教育工作的创业学院，其在办学理念、组织架构、办学特色上都有所创新、有所突破。

(1)明确以创新创业教育促进就业的办学理念

西安外事学院把创新创业教育作为最主要的办学特色，将其贯穿在整个教学体系中，把为区域经济振兴培养创新创业应用型人才、打造西部地区中小企业家的“黄埔军

校”作为创新创业型人才的培养目标。在办学理念方面，创业学院积极符应国际高等教育创新创业趋势、国家“双创”政策号召以及社会对创新创业人才的迫切需要，提出了“创为起点、新为灵魂、业无大小、恒之必果”的办学理念，其中“创为起点”即是指在开展培养学生勇于挑战的企业家精神，掌握创业活动的基本知识，制定人生创业计划，积极投身创业实践，迈出创业第一步；“新为灵魂”指培养学生善于思考、敏于发现、敢为人先的创新精神，不断探索，挑战自我，产生创意，为企业发展不断注入新的活力，从而更多地创造价值，更好地服务社会，造福人民；“业无大小”指培养学生树立科学的创业观，脚踏实地，充分认识中小企业在促进国民经济发展、构筑市场经济主体、解决人民就业、富裕民生中的重要作用，做有社会责任感的中小企业家；“恒之必果”指培养学生承受挫折、坚持不懈的意志品质，树立承受压力、不畏困难、百折不挠的创业者风范，通过持之以恒的努力，收获创业成功的丰厚成果。创业学院秉持着这种独特的办学理念，经过多年的实践探索，结合国内外高等教育的发展趋势，适应国家创新型人才战略的实际需要，形成了自己独树一帜的创新创业人才培养模式和办学特色。

(2)形成创业实体学院的组织架构

创业学院是学校直属的独立于其他二级学院的成建制的实体学院，2018 年 3 月又和就业办合署办公，成立创业就业指导中心，一套“人马”、两块牌子，既承担协调管理全校各专业、院系创新创业教育和实践及指导毕业生就业的宏观管理的职能，又具有创办多层次创业教育、组织大学生创新、创业实践活动、进行创业孵化的特色教学单位的职能。创业学院设院长和名誉院长各一名，其中院长由原教务处处长担任，名誉院长由董事长兼任。院长连同创业教育指导委员会对创新创业教育的各项工作进行统筹协调，并分管综合办公室、鱼化龙基金以及校友会的相关工作。设置一名副院长，分管创业教育系和大学生创业研究中心。此外，创业学院包括四大实践基地，分别是陕西省大学生创业孵化基地、大学生创业街区、大学生创业实践广场、阿里巴巴服务站。

(3)在创新创业教育实践中探索形成“三大模块、三个层次、三个结合”的办学特色

创业学院本着独特的办学理念，在长期的实践探索当中逐渐形成了“三大模块、三个层次、三个结合”的办学特色。其中三大模块是指以理论教学模块、技能培养模块和实践锻炼模块构成创新创业教育的科学体系，融管理学、心理学、应用经济学和金融学为一体，以强化实践教学为突出特色，实现培养创新创业型应用型人才的目标；三个层次是指普适教育层次——点燃学生的创业梦想；重点培养层次——让学生走进创业梦想；精英教育层次——辅助学生实现创业梦想；三个结合一是点面结合，通过三个层次的创新创业教育，适应学生的具体需要，分类施教，提高培养力度。二是专业与创业结合，融创新创业教育于专业教育之中，在专业教育中开发和培养创新创业能力。三是教学与实践结合，重点强化实践教学工作，辅助学生成功进行创业活动。

(4)构建独具特色的“一二三四五六” 创新创业教育体系

创业学院于 2015 年 11 月被评为“全国创新创业教育研究与实践先进单位”，与 2016 年 8 月入选教育部“全国高校创新创业 50 强”，成绩斐然。能取得如此成就，与其独具特色的创新创业教育的“一二三四五六”模式密不可分。

① 一个核心理论：黄氏创业理论

经过对国内外创新创业教育理念的深入研究，基于西安外事学院创新创业教育的实

践，黄藤董事长提出了独具特色的黄氏创业理论，即“不是人人都适合创业；影响创业的主要因素涉及心理、人际关系、管理、投融资等方面；在创业过程中形成的价值观影响最终的创业结果”。黄氏创业理论是创业学院开展创新创业教育的核心，指明了学院创新创业教育发展的基本方向。

② 双管齐下：建设双元双师型队伍

创新创业教育师资队伍建设是影响创新创业教育质量的重要因素。为解决高校双创教育不够接地气、缺乏真正的创业导师等问题，创业学院提出要建设双元双师型队伍。所谓“双元”，即“理论教学体系＋实训实践体系”；所谓“双师”，即“课堂理论教师＋企业家导师”。双元双师型队伍建设强调理论与实践双管齐下，尤其重视在实践中使创业教育真正落地。

③ 三个着眼点：教学、心理、基金

创业学院实施创业教学、创业心理、创业基金三位一体的教育模式。创业教学包括三个“三”。一是“理论教学、技能培养、实践训练”三个模块；二是“创业知识普惠教育、创业人才重点培育、创业精英提高教育”三个层次”；三是“点面结合、创业理论与创业实践结合、校内外创业教育资源相结合”三个结合。这三个“三”共同构成了西安外事学院的创新创业教育体系。在这种教育体系下，每一个学生都有机会接受创业教育，每一个学生也都有机会进行创业实践。

仅仅为学生提供创业理论和实践的指导是不够的，创业者必须具备较高的心理承受能力和良好的心理状态。为此，创业学院使用心理评估软件对学生的心理进行测评，以此判断学生是否适合进行创业。此外，学院还有一个心理咨询方向，负责为学生提供心理咨询服务。创业心理的建设和养成是学院进行创业教育的着眼点之一。

创业基金是进行创业的重要基础。俗话说：“巧妇难为无米之炊。”若没有基金的支持，学生的创业难度会变得更大。为了更好地为学生创业、为学校创业教育服务，激发学生的创业热情，西安外事学院于2010年成立了“鱼化龙创业基金会”，通过无息贷款和股权投资等方式，先后为10余家学生创业企业提供了资金帮助。

④ 四个抓手：德创融合、专创融合、科创融合、产创融合

“德创融合”、“专创融合”、“科研融合”、“产创融合”是学校进行双创教育的四个重要抓手。“德创融合”强调将大学生的理想信念教育、思想政治教育、革命精神教育、心理素质教育、传统文化教育与创新创业教育融合，既创新了思政教育方式，又丰富了创业教育的形式。其目的在于点燃大学生创新创业激情，培养大学生创新创业意识，培养大学生谋篇布局、人际交往、危机应对等综合素质。“专创融合”即把创新创业教育融入专业教育。这是高校创新创业教育的最主要渠道，专业与创业二者并非是分开或者对立的，学院通过“商创”、“文创”、“医创”、“科创”、“农创”等专业与创业相结合的教育，培养大学生想创、会创、能创、众创的创新创业能力。“科创融合”将科技活动、科研成果同创业相融合，将创新和创业紧密结合。同时，注重师生同创，突破了以往教师只指导不参加的困境，有利于激发学生的创新创造思维，提高学生的科研和创业能力。“产创融合”指的是将社会产业发展需求与创业创业教育结合，通过研发合作、技术转让、技术许可等形式，将研究成果进行转化，使科研成果与市场的对接，发挥科研成果的市场价值。

⑤ 五位一体：创业教育、技能培训、园区孵化、基金扶持、政校企联手

为推动学生创新创业项目健康发展，西安外事学院创立了"创业教育＋技能培训＋园区孵化＋基金扶持＋政校企联手"五位联动创业孵化模式。2013年，占地12000平方米的西安外事学院创业学院大学生创业孵化园区正式投入使用，由线上陕西省大学生创联云平台和线下大学生创业孵化基地组成，大学生创业孵化基地包括创业教学区、大学生创业模拟训练和成果展示区、大学生创业孵化区组成。截止到2017年底，已经有51家大学生创业项目孵化成功。同时，创业学院还为学生提供专业技能培训，涉及电子商务、外语、商业等各个方面。学校充分利用政府提供的政策支持和孵化支持，利用企业提供的实践指导和资源，形成了自己的品牌，同时反哺政府与企业，形成了政府、高校、企业三位一体的局面。

⑥ 六个支撑：教、学、训、研、投、赛

创新创业教育的六大支撑是教、学、训、研、投、赛。"教"包括创业课程教学、项目综合教学、在线资源库、如其岗位学习等内容，主要采取代入式的教学方法，与传统教学方法有所区别，强调将学生带入真实的商业场景进行体验和思考，提高学生实践能力。"学"指的是案例式学习、代入式学习、团队式学习和探究式学习，主要采取项目小组式的学法，致力于提升学生的团队合作能力。"训"包括创办虚拟企业项目路演推广和创建企业实体项目运营两大部分，提供SYB创业培训项目、实验课程、模拟训练。"研"强调的是教学科研一体化、科研成果转化、创业政策研究和产权协同创新，注重将研究能力与创新创业教育结合。"投"指知识投入、政策投入、资源投入和成果投入。"赛"主要指竞赛，包括"互联网＋"大赛、中美创客大赛、"创青春"创业大赛等各类创新创业大赛、

从整体上看，西安外事学院创新创业教育以黄氏创业理论为核心，逐渐向外辐射，从"一"到"六"，内在联系紧密，不仅是创新创业教育的西安外事学院模式，还是西安外事学院整个创新创业工作的顶层设计。

四、力争上游，"一流学院"建设项目助力西安外事学院打造高水平民办大学

推进高水平民办大学建设是我国全面提高高等教育质量，从高等教育大国向高等教育强国转变的重要举措，同时也是民办高校创办初衷的体现。《国家中长期教育改革和发展规划纲要(2010—2020年)》明确提出："民办教育是教育事业发展的重要增长点和促进教育改革的重要力量。……支持民办学校创新体制机制和育人模式，提高质量，办出特色，办好一批高水平民办学校。"①《教育部关于全面提高高等教育质量的若干意见》明确指出："加强民办高校内涵建设，办好一批高水平民办高校。"②在国家政府强力统筹推进世界一流大学和一流学科建设的总体背景下，陕西省省委、省政府决定在全省普通高校实施"一流大学、一流学科，一流学院、一流专业"(以下简称"四个一流")建设计划，该计划将民办高校也纳入建设行列。普通高校"一流学院"建设是陕西省全面深化高等教育综合改革，推进高水平大学建设，实施"四个一流"计划的重要组成部分。陕西省教育

① 国家中长期教育改革和发展规划纲要(2010—2020年)[EB/OL].(2010-07-29)[2018-07-22].http://www.gov.cn/jrzg/2010－07/29/content_1667143.html.

② 教育部关于全面提高高等教育质量的若干意见[EB/OL].(2013-01-20)[2018-07-22].http://old.moe.gov.cn/publicfiles/business/htmlfiles/moe/s6342/201301/xxgk_146673.html.

厅于2017年5月印发了于印发《关于建设“一流大学、一流学科，一流学院、一流专业”的实施方案》，其中明确在全省普通民办高等学校中遴选6所进行“一流学院”建设，主要建设标准包括人才培养、科学研究、社会服务、文化传承、师资队伍、教学资源与综合实力、学校规划与建设共7个一级指标和职业能力培养的措施、产学研合作等15个二级指标及其28个观测点。2017年7月启动了陕西普通高校“一流学院”申报工作，共有17所本科高校(包括9所公办高校和8所民办高校)和22所高职院校上报了申报材料。经过激烈竞争，西京学院、西安翻译学院、西安外事学院三所民办高校获得“一流民办高校”建设项目，西安欧亚学院、西安培华学院和西安医学高等专科学校获得培育项目。

西安外事学院通过30余载的用心耕耘，经过不断的改革与优化，形成了以“多元集纳、自强创新，爱岗敬业、感恩奉献”为核心的“鱼化龙”校园文化，围绕“鱼化龙”精神，形成了创新创业教育、国际化教育和德育教育三大办学特色，综合办学实力不断提升，在全国民办高校排行榜中多次位列榜首，具有较高的社会声誉。西安外事学院在激烈竞争中获得“陕西省一流民办高校建设单位”立项是政府和社会对其办学贡献和水平的肯定。2018年5月，西安外事学院针对学校存在问题和未来发展目标，经过民主参与和科学论证，形成了《一流学院建设方案》，为2020年迎接省教育厅的验收工作而做好行动规划，力求把“一流学院”建设真正落到实处。伴随着26年的辛勤耕耘，西安外事学院当前正处于转向内涵建设与发展的重要时刻，综合改革为学校的持续健康发展发挥了重要作用。在“一流学院”的建设过程中，学校还将围绕“鱼化龙”精神继续深化改革，促使学校在机制体制完善、师资队伍建设、人才培养质量、科研成果产出以及国际化办学等方面更上一个新的台阶。

随着经济社会和教育事业的发展，民办高等教育已经成为我国高等教育事业发展的重要增长点和促进高等教育改革的重要力量。高等教育的改革必然深刻影响民办高等教育的改革及其民办高校的内部改革，民办高校综合改革是全面提高高等教育质量的重要保障，同时也是推动学校能够持续健康发展的必要措施。综合改革在一定程度上提升了民办高校的综合实力与办学水平，学校在更高水平的发展阶段仍然需要继续深化改革，建立科学合理的内部治理体系，不断完善现代大学制度，改善办学条件，加强教师队伍建设，创新人才培养模式，提高人才培养质量和水平，提升学校品牌效应。总体而言，西安外事学院通过综合改革在办学层次和水平方面取得了明显成效，但在我国高等教育从大众化步入普及化阶段，内涵发展进入关键时期，民办高校面临着传统生源锐减、高校之间竞争加剧、办学资金来源单一、学校收入与办学经费支出矛盾突出的困境，加之“双一流”建设加剧了人才竞争和办学竞争的压力，师资队伍建设任务依然艰巨。因此，在新时期，西安外事学院还需巩固前期办学成果，秉承创办者对民办教育事业的深切情怀与智慧，顺应国家改革新形势，充分利用特色优势，继续深化改革，在新的发展阶段寻求新突破，保持民办高等教育的强劲生命力。

五、结语

综合改革是民办高校持续健康发展的重要保障。民办高校综合改革既受到社会对提高民办高等教育质量的期望的强烈驱使，也受到国家和政府对民办高等教育的法律法规的影响，更为重要的是，民办高校综合改革应当是来自于学校自身的内在驱动。民办高校综合改革是为了解决在发展过程中出现和存在的问题和矛盾,也是为了更好地实现学校的发展战略与目标,因此综合改革于民办高校而言显得任重道远。西安外事学院在26年的办学过程中,创办者及其团队秉承"鱼化龙"精神,积累了丰富的经验,在制度建设方面取得了一定成效,在人才培养方面做出了一定贡献,但是仍然存在一些问题有待解决。学校通过在内部治理体系、人才培养模式、人事管理、科研管理以及创业教育等方面进行了综合改革的有益探索与实践。通过不懈努力,西安外事学院在国家和陕西省政府部门的积极支持下获得"一流学院"建设项目,为建设高水平民办大学奠定了重要基础。只有持续推进综合改革,民办高校才能在内涵建设和特色发展方面取得更大的进步,才能在现代大学制度建设以及组织结构优化方面取得实质成效。

我国民办高校办学特色建设

——以西安外事学院为例

汤　建　袁东恒　胡艳婷　刘玲姗　李虹瑾

摘要：我国民办高校在新的历史时期面临着新的际遇。办学特色是维持其核心竞争力的关键要素。西安外事学院在长期办学实践中，探索出一条值得推广被借鉴的特色之路。其办学特色基本可以归结为六大特点：以分类发展为指导理念，走应用性本科教育之路；以国际化办学理念为龙头，汲取国内外优质资源；以创新创业教育为基础，打造本科教育升级版；以“书院＋学院”的德育体系为核心，置“育人”于办学首位；以学科专业建设为抓手，打造专业集群。

关键词：民办高校；办学特色；西安外事学院

我国社会正经历着经济结构调整和发展方式转变，对教育结构和质量的要求将会更高。我国高等教育经历着从大众化向普及化跨越的同时，也开始转向内涵式发展，转型的多重维度考验着高等教育与社会的关系。社会对人才的需求更加多元。从而，趋同的办学模式已无法适应新的时代，由此，不同高校需要实现各自的科学定位和特色发展。我国民办高校正走向分类管理的新时代，办好多元化的民办高校是适应社会需求的必需。这对于民办高校的特色发展来说，既是机遇，又是挑战。一方面，对以市场为导向配置资源的民办高校而言，科学的定位和明确的办学特色是其形成具有竞争优势的关键。另一方面，由于市场发育的缺陷和政策的不完善等多方因素，致使我国民办高校办学特色的竞争优势尚未形成，而且存在一定程度定位的盲目和过度竞争等问题。

一、民办高校的办学定位与办学特色

（一）民办高校办学定位

民办高校应该定位何处，应当培养什么样的人才，这是民办高校在办学实践中在努力探索的问题。民办高校的办学定位需要考虑两个因素：一是社会需求，二是学校自身优势。即必须充分考虑区域性因素，结合学校所在地高等教育的布局和结构出发，贴近市场发展和社会进步的需求，认识自身在区域高等教育中的位置和优势，明确学校发展方向。检验民办高校办学定位是否科学的重要标准是学校能否吸引学生，是否有充足的生源，毕业生能否顺利就业、是否受社会认可。民办高校大多属于教学型高校或者教学服务型学校，侧重教学，培养应用型人才，为地方经济发展服务。

从办学层次上看，民办高校主要是定位于教学型或教学服务型。从服务面向上看，民办高校应定位于新兴产业等新经济增长点，为地方经济和社会发展培养市场适需的人才。从人才培养定位来看，民办高校应立足于培养基础较厚、口径较宽、注重实践的应用型人才。一般而言，民办高校更加侧重教学，强调培养应用型人才，注重为地方经济发展服务。

（二）民办高校办学特色之内涵

民办高校办学特色是“在民办高校之间形成的具有鲜明异质性（个性化）、极具竞争力的比较优势”。进一步说，办学特色是一种比较优势，具有战略意义，是内涵发展的重要体现。办学特色是共性与个性的统一，是建立在共性基础上的个性。从外部来看，民办高校办学特色受国家和地方政治制度、行政体制、经济发展水平、文化传统、人口规模等因素的影响。从内部看，学校的生源质量、师资队伍状况、办学经费收入水平、历史积淀、地理位置等也对办学特色的形成具有重要影响。民办高校需要遵循教育发展规律，积极主动根据社会发展需求，从自身条件出发，确定一条高效而有特色的发展道路，充分发挥自身优势，找准自己的位置，获得社会发展空间，以求在高等教育系统中形成竞争优势。

（三）民办高校办学特色之基本特征

1.办学特色不是一朝一夕形成的，具有稳定性

办学特色不是一蹴而就的，它需要一个探索、实践、成熟和完善的过程。在这个过程中，教育者的办学宗旨和最终目标应该是稳定且清晰的。它不是一朝一夕贴标签，也不是一时的广告宣传和口号，也不会因领导换届而消失，它是一个动态稳定的传统。特色一旦成熟，就会转化为一种常规或模式并被巩固下来，成为学校的优良传统。办学特色不仅对学校具有重要意义，甚至对整个国家高等教育发展具有深远意义。

2.办学特色的内容是动态变化的，具有创新性

虽然“办学特色”是一个静态的概念，但是办学特色的内容是动态发展的。时代的变迁可能会导致有的特质变得落后和不合时宜，也可能会赋予原有特质以新的时代精神和内涵。因此，特色的形成是一个筛选、积淀的过程。一方面，高校具备的办学特色是传承和创新原有特色的产区，另一方面，它会不断创新。现有办学特色是对原有特色的保留与继承，也是对未来特色发展的开拓与创新。通常情况下，新的办学特色具有承前启后的作用，它与原有特色的内容有所交叉，且发展了原有特色内容，更适应时代需求。

3.办学特色不是个别独特的，而是具有整体性优势

办学特色虽然多指一所学校在办学实践活动中所表现出来的某几个方面的独特之处，但它的内涵能辐射和渗透到学校的各个方面：既包括办学理念，又包括办学实践；既包括学术活动，又涵及管理活动；既包括物质层面，又包括文化层面。如果说某个高校仅仅在某一特色项目上表现优异，但总体办学水平差、质量不高，也不能称之为“特色”。特色是一个整体性的概念，整体性是特色的基础。要形成特色，一定要找准突破口，以点带面，形成整体优势。

二、西安外事学院的办学特色实践

坐落在古都西安的西安外事学院创建于1992年，在26年的办学实践中，探索出以办学特色引领学校走向辉煌的路径。其极具竞争优势的办学特色主要体现在以下几个方面。

（一）以分类发展为指导理念，走应用性本科教育之路

为了规避办学同质化问题，西安外事学院培养应用性本科人才。根据社会有不同的需求，从分类发展的视角，以应用性本科教育为主线，重在培养一定学习能力和创新能力，重视工程实践的应用性专门人才。所以，我们基本很少看到西安外事学院各学院的人才培养方案中会出"设计"、"研究"的字眼，他们更偏重产品的应用。在办学思路上，从知识、能力、素质三方面进行综合培养，确立职业适用性广的人才培养目标。在实际教学中，强调自我学习、自我创新、自我管理、自我实现。同时重视深度融合的校企合作和优势互补，进行资源共享和实习基地。

（二）以国际化办学为龙头，汲取国内外优质资源

西安外事学院的英文名称"Xi'an International Institute"。"international"表明了西安外事学院的核心办学理念。从建校至今，国际化发展一直在路上且无处不在，形成了西安外事学院鲜明的办学特色。

1.国际化一直在路上

自1992年建院起，西安外事学院董事长黄藤就提出"育无国界"的教育理念，国际化成为学院首位品牌特色，秉承"学无长幼，校无大小，教无高下，育无国界"的办学指导思想，走国际化、小而精的办学路线，积极拓展国际合作办学空间，利用多元国际优质教育资源，实行小班教学、精细化管理，培养具有国际视野及素质的应用型人才。

学校作为"高等教育国际化发展联盟"的发起单位，广泛参与国际学术交流，吸引了众多的国际政商界精英、知名学者来校访问。作为陕西省最早获准开展国际合作教育和留学生教育的民办高校，学校与英国、加拿大、匈牙利、韩国、日本、克罗地亚等国家的一百余所知名大学建立各种形式的合作与交流，开设中美预科班、中法、中加、中泰、中韩、中马国际班等国际合作项目，学生留学独具快捷通道。来自世界各国的数百位留学生来校就读，五洲学子同堂砥砺；每年定期输送教师出国学习，提高教师的国际化视野，在教学中渗透国际化精神；学校在国际化方面的规划也在不断更新完善，近期拟在国外设置西安外事学院的交流合作机构。

2.国际化无处不在

在不同学院、不同课程、不同学生层次都有国际化发展的资源与理念，国家化在西安外事学院的规划发展中无处不在。学校先后与美、加、法、日、韩、俄等国家的40多所高校建立了合作关系。按照不同国家教育标准，为学生提供"1＋1＋2"、"1＋3"、"2＋2"、"3＋1"、"特色人才培养专班"等多条优质高效的出国求学途径；通过对外交流，开展对外汉语教育，先后接收并培养了来自美国、澳大利亚、英国、法国、日本、韩国、比利时、津巴布韦等15个国家的留学生。定期举办中外高校校长论坛，经常性组织国外高校教师和学生来校交流互动，全方位营造外语学习环境。商学院的旅游专业设置有中法班，物流专业与美国的物流与运输协会、中美国际物流班开展计划，同时是韩国中央大学的长期访

学交流基地。下一步围绕国家的"一带一路"战略在中亚、东亚开展国际合作交流工作。

国际合作学院和国际交流中心是西安外事学院开展国际合作和交流的基地和窗口。国际交流中心先后与世界各国近60所大学建立了交流与合作的关系，实现学分互认，开展各类合作项目，可以根据学生具体情况，为学生提供一对一的细致化方案咨询设计，更有针对性和更合理的留学方案和学业指导，满足学校各类学生的出国留学愿望。国际合作学院拥有一支具有国际视野的教师和管理团队，90%以上的成员具有海外教育背景。在日常教学中实施"外语＋专业"的人才培养模式，培养具有国际视野和人文素养、熟练掌握外国语言、国情文化知识的复合型人才。

（三）以创新创业教育为基石，打造本科教育升级版

西安外事学院一直把培养应用型人才作为办学的方向，把创新创业教育作为最主要的办学特色，作为实现民办高校应用型人才培养目标的一个重要举措，贯穿在学校的整体人才培养中，在创业教育推行中主要形成以下特色。

1.创业教学：渗透创业理念

创业课程体系分为四个层次逐步进行：第一层级是设置创业基础课，普惠式创业基础课程，为学生了解创业知识，萌生创业想法奠定了基础。第二层级是专业创业课程，以"X＋创业"、"X＋创业管理"的形式，可以由院系专业教师单独授课，或者由专业教师和商科教师合作授课，将创业知识与专业相结合，专创融合。第三层级是在教学课堂中渗透创业知识，在创业知识的基础上融入创业理念、创业意识、创业精神的教育，深化学生对创业的感性认知。第四层级是专业实践课程。经过专业知识和创业理念的学习，为学生提供理论与实践相结合的平台，为创业学院学生创业实践活动提供了孵化和资助，同时借助产学合作形式建立校内外创业实践基地，为学生提供多渠道实践平台。

2.人才培养：制定创业人才培养方案

通过"创业知识普惠教育＋创业人才重点培育＋创业精英提高教育"三个层次的培养模式，以各二级学院为依托的"专业＋创业"的创业人才培养辅助模式。针对本科生设计"3＋1"培养模式，针对高职高专学生设计"2＋1"培养模式，"3" 和"2"是指3年或者2年的专业教育教学培养，"1"是学生在最后一年选择考研、出国、就业、创业四个发展方向上提供针对性指导。最后的"1"可以选择创业教育方向。通过"点面结合、创业理论与创业实践结合、校内外创业教育资源相结合"的三个结合，调动校内外一切创新创业教育资源与手段，全方位为学生点燃创业激情，营造创业氛围，提供创业环境，搭建创业平台。这样，通过上述"区分三个层次，构建三个模块，注重三个结合"的全程教育，使在校学生、应届毕业生和已毕业的校友接受不同层次的创业教育，从基础到提高，从提高到拔尖，全程辅助学生的创业之路。

3.以赛促创：提升创新创业能力

西安外事学院创业教育在推行过程中，积极组织学生参加创业竞赛活动。人文艺术学院依托学科竞赛，把创新创业嵌入到课程中，在课程设计中以作业的形式来帮助学生形成作品，同时很多课程推行课程改革，以课程作品设计的形式进行课程考核。将课程作业中形成的作品去参加创业科技竞赛，在竞赛的过程中培养学生的创新创业能力、团队协作能力、动手操作能力。鼓励学生从作业到比赛再到毕业设计发展长线化、系统化作品，在此过程中辅导老师提供的指导是一条龙的。在科技竞赛促进创新创业教育的过程中也遇到一些困难，人文艺术类的比赛数量少且分散化，需要多学科的合作，辅导教师要做大量的协调工作，鼓励老师学生参加。通过学院层面的鼓励和宣传推广，跨学科组队动员了10个系左右，指导老师全面全方位指导，广告设计专业的学生第一次参加全国大学生广告大赛就拿了27个奖，成绩斐然。

4.双元双师：组建双师型师资队伍

让从未离开过校园的理论性教师去教学生怎样去赚人生第一桶金是一件困难的事情，西安外事学院通过实行“双元双师”型教学模式，引进和聘任一些经验丰富的企业家、成功创业者、技术专家做兼职教师，充实实践性教师队伍，同时为具备创新创业教育精神的教师提供进修和培训的机会，提高实践教学能力。实现理论教学体系和实训实践体系的“双元”与课堂理论教师与企业家导师的“双师”。

5.创业学院：孵化帮扶创业想法

2009年，西安外事学院在全国民办高校中率先成立了创业学院，形成了西安外事学院独具特色的创新创业教育与创业实践为一体的创业孵化链：即“创业教育＋技能培训＋园区孵化＋基金扶持＋政校企联手”五位联动创业孵化模式。设立“鱼化龙创业基金会”，通过无息贷款和股权投资等方式，为学生的创业活动提供资金帮助。创业学院的组建，为有创业意向和创业想法的学生提供了实践的平台，将创业想法落地，推动理论与实践相结合，落实国家“大众创新、万众创业”的政策导向，为新生企业、创意企业的萌生和发展克服了很多现实的社会阻力，较大程度提升了学生的创业意向，为学生发挥自身才能提供了空间和平台。

（四）以德育体系为核心，置“育人”于办学首位

1.文化育人：打造“鱼化龙”校园精神文化

校园文化是学校发展的生命之源，而校园精神文化是校园文化建设的灵魂，对塑造学生的人生观、价值观、世界观、行为习惯等起着潜移默化的深远影响。西安外事学院将所在地鱼化寨流传的“化鱼成龙”的民间传说融入其办学理想，选取其中“望子成龙、心想事成”的美好寄托和“志存高远、不甘人后”的奋斗精神，提出“处鱼化龙之地，寄鱼化龙之望，为鱼化龙之事”。在“鱼化龙精神”的指引下，“化鱼成龙”成为学院上下全体师生的共同使命，以“多元集纳，自强创新”为校训，形成了“爱岗敬业、感恩奉献”的校风，《鱼化龙之歌》作为其校歌，浓缩了学院的创业史和全院师生的高远情怀，连校园建筑中都处处体现“鱼化龙”的精神意蕴。一系列以“鱼化龙精神”为核心的校园文化特色，铸就了西安外事学院独特的校园风尚和环境风貌。学院立足于培养学生高尚的道德品质和健全的人格精神，大力弘扬“鱼化龙精神”，将这一特色校园精神渗透进立德树人的方方面面，形成了“一体两翼、五个着眼点、N个着力点”的德育教育体系，即始终秉承“立德为先、化鱼成龙”的思想理念，以“思想教育”和“行为养成”为抓手，从“爱党爱国、爱母校、爱文明、爱学习、爱创造”五个着眼点发力，通过入学教育、升旗、公寓自治、爱心公益、文明校园、绿色校园、考研升学等多种途径来实现立德树人。

2.管理育人：构建“学院+书院”管理模式

宿舍是育人的重要阵地，许多高校将宿舍和学院割据开来进行管理，把管理与育人相分离，这不利于对学生进行有效的思想道德教育。西安外事学院通过探索学院制和书院制的长处与弊端，研究国外高校住宿经验，扬长避短、去粗取精，开创了特有的“学院＋书院”学生教育管理模式：在各个宿舍楼设立书院，由不同的二级学院来分管，学校层面成立“七方书院”统管各个书院，由此建成“学院为第一课堂，书院为第二课堂”的全方位育人体系，前者主要负责教学工作，后者负责除第一课堂外的所有活动，包括组织党团主题活动、文体竞赛活动、社团活动、博雅教育、心理健康教育、考研辅导、公益活动……书院的管理队伍由专业老师、辅导员老师、学生组成，形成协同育人机制。专业教师需率先学习中国传统文化，通过选拔之后进书院，担任学生的“正蒙导师”，帮助学生规划学业和职业发展、进行学术交流引导；辅导员充当“宿舍管理员”的角色，帮助学生解决实际问题，引导学生树立正确的世界观、人生观和价值观，养成良好的行为习惯；学生通过加入自理组织参与书院管理，在发现问题、解决问题的过程中，实现自我管理、自我服务、自我教育。“学院＋书院”的管理模式的亮点有以下几个方面：第一，学生混住打破了地域、专业、班级等限制，给予不同学生之间广泛接触交流的机会，有助于扩大学生的交际圈和眼界；第二，辅导员比起普通宿舍管理人员，有着更高的综合素养，掌握一定的专业知识，同时辅导员入驻书院办公，能在学习和生活上更有效、更及时、更有针对性地发现和解决学生的问题，对学生进行教育；第三，赋予学生“管理者”的身份，突出了他们的主体性地位，有利于激发学生的创造性和“三自主”的积极性。总而言之，这一管理模式将管理、服务与育人紧密结合，把“以生为本”的理念和“鱼化龙精神”融入其中，营造出了“全员、全过程、全方位”的管理育人氛围，切实促进学生成才成长。

（五）以学科专业建设抓手，打造专业集群

为了避免和重点大学的直接竞争，民办高校主要培养服务于地方经济发展、满足企业需求的应用型人才。学科建设和专业设置是高校培养人才的重要载体，面对市场的变化和经济的变动，如何建设和调整学科专业设置以保证人才的质量显得尤为重要。当下，把学科建设作为学校建设的龙头，把专业集群作为地方高校加强专业建设的重要突破口已经形成共识，西安外事学院在这一方面也做出了自己的特色。以人文艺术学院为例，人文艺术学院由四个学院合并而成，学科分类跨文学、艺术学、管理学、教育学等五个学科门类。学院按照“板块式建设、集群化发展、特色化培育、个性化管理”的理念，着力聚合中文与教育、传媒、外语、戏剧与音乐、艺术设计与园林等五个专业集群，以专业建设为核心，以学科建设为支撑，以师资队伍建设为关键，不断深化教学改革，提高教育教学质量，努力建设一流学院，打造一流专业，致力于培养基础实、素质高、视野宽的传媒技术、中文写作、外语交际、美学设计、表演艺术、教育教学领域的应用型复合性人才。学院重视学科建设特别是学科交叉建设，并基于学科专业一体化和交叉发展来布局专业集群，推动了学院和学校的发展，其特点和优势在于：其一，学科之间资源共享，专业之间互相支持，当面临市场变化而需要进行废止某一专业时，可以将资源转移，避免资源浪费，同时一定程度上规避了市场风险；其二，学科交叉之后能够进行优势互补，课程打通、教师合作、活动多元都有利于培养跨学科的复合型人才，这也是社会的迫切需求；其三，现实问题往往是复杂、综合的，需要跨学科的知识和能力才能解决问题，学科之间的融合更有助于学生全面素养的发展，更有利于培养出拔尖创新人才、产出创新成果。坚定不移地抓好学科专业建设，是学校提升内涵的必由之路。

（六）以校企合作为平台，探索人才培养新模式

应用型人才的培养离不开真实的职业环境，西安外事学院将深度的校企合作作为其人才培养的重要手段。校企合作的方式之一是企业本身开展职业培训，校企双方有合作平台，如德国大型企业一般都设有实训的生产岗位和企业培训中心，中小型企业则提供实际的生产岗位，为学生企业实践教学提供切实可靠的保障。同时，校企合作能够给企业带来利益，学校能够帮助企业解决许多实际问题，从而形成了双向互惠的机制，企业成为学校生存的基础和发展的源泉，学校成为了企业创新的人才库和技术革新的思想库。

西安外事学院在校企合作育人方面走出了一条可持续的可推广之路。以工学院为例，学院加强与校企的深度融合，与陕西中联集团和陕西汽车贸易总公司合作，建有多个校外实习基地。在长期办学实践中形成了“一系一协同，一课一支撑”的基本理念，把专业和企业融合在一起，探索人才培养新模式。首先，在人才培养目标方面，和企业共同修订人才培养方案，制定实施方案，一起做订单班。学校主要针对企业需要什么样人，来定标培养什么样的人是，而且专业划分清楚。在和企业对接确定人才培养目标后，将人才培养目标分解为各个可操作的点，以“两个结合、两个对应”的方式形成一个闭环，即结合企业需求，对应学校人才培养，结合课程，对应企业实践。其次，在教材方面，选教材看教材结构，不看出版社怎么样。对单一课程进行改造，引进企业师资和课程。最后，在实习方面，学生从大二开始，要在企业服务一年。大一学习基础课，大二进入订单班上课，大二下学期才定方向，企业通过选拔，学生自愿对学生进行分流，大二下学期真正进入订单培养，每个班设 40 个人左右。形成后，按照企业需求来做。最近新送出两个订单班 70 人。他们在入职一个月后企业会进行回访。学生在企业的表现也得到了肯定。比如有一个学生入职汽车公司，一个月卖了三台林肯，月工资上万。另外，企业会进行案例教学。在合作的过程中也对老师进行培养，安排老师挂职。再比如，医学院强调实践教学，要求学生各项操作都能达到熟练的程度，专科到医院要实习八个月，本科要四个月。校内也有建立实训基地，比如医学院有 13 个护理系实验室。小学期的设置可以让学生到卫生院见习。与校外企业的紧密合作使西安外事学院培养出的学生具有很强的技术应用与创新开发能力，学生毕业后就可投入到实际的工作岗位中，节约了企业聘用新员工的培训费用，因此受到企业的普遍欢迎。

总体来说，西安外事学院推行的是一套完整的应用性人才培养模式和开放的实验教学体系，即“一个目标、两个建设、三个层次、四个结合”：一个目标是指应用性人才培养；两个建设是指师资队伍建设和实验实训条件建设；三个层次为基础层、专业提高层、科技创新层；四个结合为理论教学与实践教学相结合、实验内容与工程背景和科研项目相结合、大众教育与精英教育相结合、课内实验与课外科技活动相结合。

三、西安外事学院办学特色的发展与启示

西安外事学院经过二十多年的艰辛发展，形成了独特的办学特色，成为我国民办教育的一张亮丽的名片。通过访谈和文献资料分析，可以发现，西安外事学院办学特色的形成离不开以下三个方面。

第一,以黄藤董事长为首的领导者的艰苦创业。西安外事学院由黄藤董事长创建于1992年,前身为西安外事服务培训学院。创立之初,学校仅有几千人,主要是为大学毕业生提供培训。虽然按照这个定位可以一直发展下去,但黄藤等领导者并不满足于此。创立之初就提出“用尽毕生精力,为中国办一所3000人的民办大学”的口号。尽管这一目标在一年后就得以实现,但创立至今,西安外事学院的发展并不是一帆风顺的,而时刻充满挑战和风险,面临着资金不足、教师短缺、政策变化等发展问题。在风险交织伴随的过程中,基于学校人数和经济社会等内外部条件的发展变化,黄藤董事长等领导者审时度势,积极扩大学校规模,加强对外交流合作,阐明学校核心理念,实现了学校升本、争创一流等目标,学校也由此不断发展壮大为拥有二万多名学生、一千多名教师的一流民办高校。在艰苦创业、躬行实践的同时,黄藤董事长还不忘加强理论学习和研究,曾经在华东师范大学研究生院就读三年,在北京大学教育学院做了一年的访问学者,后又在国外留学三年,创立民办教育研究机构——七方教育研究所,发表《民办教育引论》、《学校教育基本功能研究》等多篇学术著作。可以说,以黄藤董事长为首的领导者为西安外事学院的师生做出了表率,其艰苦创业的历程内在地塑造了西安外事学院的办学特色。

第二,以市场为导向的灵活的办学举措。作为一所民办高校,在公立大学占主导的情况下,其所得到的政府支持是微弱的,难以借此发展成为一流的民办高校。民办高校的这一“先天不足”决定了要“后天造血”。正所谓“好风凭借力”,所以民办高校要积极寻求社会支持,促进自我发展。西安外事学院创立之初的主要任务就是为大学毕业生提供外事服务培训,而当时“出国潮”正急剧涌动,大量人员需要了解外事,学习外事,西安外事学院提供的这一培训正好满足了市场需求,所以吸引大量学生报名,创立伊始迅速发展。访谈过程中,汽车专业的负责人也谈到,汽车专业目前按照企业用人需求调整其人才培养方案,安排企业人员进入课堂教学,有效解决了之前存在的毕业生不能满足企业用人需求的问题,为企业提供了所需人才,也使汽车专业成为校企合作的典范,促进了学校办学特色的形成和发展。

第三,以政策为背景的有利的发展环境。西安外事学院成立于1992年,彼时正是改革大潮风起云涌之际,国家层面颁布实施了许多有利于民办教育发展的政策和举措。比如,邓小平南行解决了困扰人们已久的制度和政策问题;中共十四届三中全会通过了《中共中央关于建立社会主义市场经济体制若干重大问题的决定》;1997年,国务院颁布《社会力量办学条例》;紧随其后的大学扩招则为民办高校扩大规模提供了有利契机;2002年实施的《民办教育促进法》为民办教育发展指明了方向。此外,各个省市也大力发展民办教育。就陕西省而言,该省一共有三十多所民办高校,其中不乏一些一流民办高校。据了解,陕西省每年拿出四亿资金支持民办教育的发展,西安外事学院能够从中拿到几千万。在政策的大力支持下,再加上陕西省民办高校的竞争合作,促使各民办高校找寻特色,以特取胜,促进了办学特色的形成和发展。

事实上,除了以上三个方面,西安外事学院办学特色的形成还离不开教师、学生和校友等利益相关者的共同努力。从这个角度上来说,西安外事学院的办学特色是多方面因素共同作用的结果。也正是因为这个原因,在访谈过程中,各个学院的教师都对学校的办学特色比较认同,能够说出“鱼化龙精神”的内容,并对学校的一些办学特色进行阐释说明。

当前，西安外事学院已形成了自身独特的办学特色。接下来，需要认真思索的问题是：如何进一步深化办学特色？如何更加有效地发挥办学特色的引领示范作用？如何长期坚持办学特色……如果说创建办学特色是学校初建期一件十分困难又重要的事情的话，那么新的阶段坚持和弘扬办学特色更是学校发展期一件非常困难和重要的事情。因此，做好办学特色的宣传和深化工作应当成为西安外事学院未来一段时期的工作重点。我们认为，西安外事学院应当继续以"外事"等内容为特色，积极开展与国内外大学和相关机构的合作，不断重视校内师生和毕业校友的呼声和诉求，大力宣传以"鱼化龙精神"为核心的办学特色，在发展过程中深化办学特色，在师生合力中传承办学特色，在开放交流中传播办学特色。

附录一：西安外事学院办学特色与分类发展研究 调研计划

一、调研主要日程安排

7 月 20 日上午：

8:20—9:10　访谈商学院院长和商学院 3 位专业负责人

9:15—10:05　访谈人文艺术学院院长和人文艺术学院 3 位专业负责人

10:10—11:00　访谈医学院院长和医学院 3 位专业负责人

11:05—11:55　访谈工学院院长和工学院 3 位专业负责人

7 月 21 日全天：高等学校综合改革、分类发展与质量提升研讨会

7 月 22 日：汇总调研报告。

二、调研对象

西安外事学院创建于 1992 年，是一所国际化、应用型、综合性、高水平、非营利性民办本科普通高校。学校占地面积 126.4 万平方米，建筑面积 66 万平方米，设有商学院、人文艺术学院、医学院、工学院、国际合作学院、创业学院、七方书院和继续教育学院 8 个二级学院，开设本专科专业 69 个，涵盖经济学、管理学、文学、医学、工学、艺术学、农学、教育学 8 个学科门类，形成了以经、管、文、医为主，工、艺、农、教协调发展的学科专业体系，创新创业教育、国际化教育、德育教育三大办学特色，主要培养服务陕西经济社会发展的应用型人才。

（一）商学院（标杆学校：哈佛商学院）

商学院是全校重点建设学院。现有学生近万名，教职工 411 名，具有省级教学名师、省级教学团队、企业双师型教师组成的教学团队，其中教授、副教授 188 名，硕士以上学历 296 名，师资力量居同类学院之首。学院现涵盖经济学、管理学两大学科，设置 12 个本科专业：会计学、财务管理、工商管理、人力资源管理、国际经济与贸易、国际商务、物流管理、旅游管理、电子商务、市场营销、经济与金融、会展经济与管理；7 个高职专业：工商企业管理、电子商务、资产评估与管理、旅游管理、物流管理、国际商务、会计电算化。其

中物流管理专业为省级“一流建设专业”和省级特色专业，市场营销专业为省级特色专业。见图1。

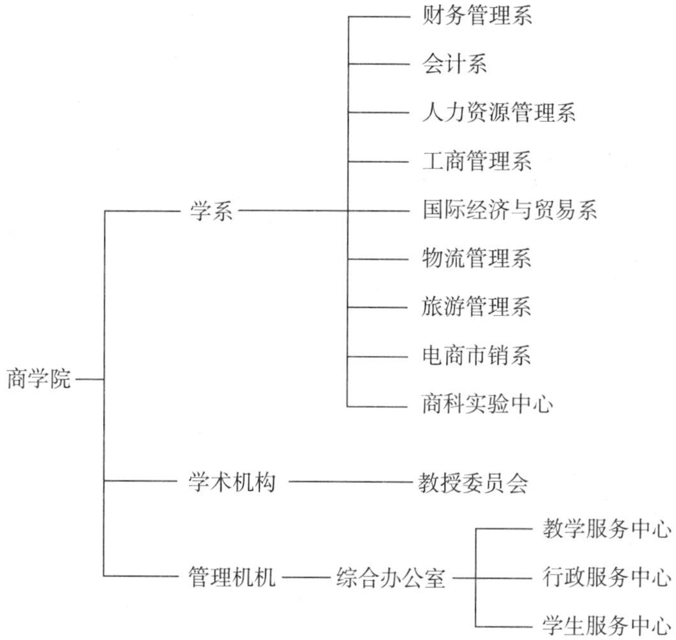

图1　商学院结构图

学院定位：商学院面向区域经济发展，服务于国际陆港、国际空港、国际物流、自由贸易区、“一带一路”沿线国家与地区的经济贸易发展，培养战略决策、规划、经贸、管理及创业的高层次人才。学院以学生为本，因材施教，培养学生德品根基深厚、专业知识扎实、会经营、懂管理而且具有创新性可持续发展能力的商界优秀经营管理人才和创业精英，注重“立德树人、发展个性、注重养成、创新为先”。学院成立了17个学生社团，校园文化生活异彩纷呈，在全国和省级大赛中屡获殊荣。

学院特色：学院自成立以来，始终走国际化的特色办学道路，已经和加拿大圣文森特山大学、维多利亚大学、匈牙利布达佩斯城市大学等15所院校签署了联合培养协议，在美国、英国、澳大利亚、泰国、韩国等20所国外高校建立了海外实习、海外体验研究、学术互访、交换生、双学位、微留学、暑期带薪实习等合作项目，赴海外留学、实习、就业的学生逐年增多。创业教育是商学院的另一办学特色。除保障学生就业外，学院为有创业意愿的商科学子提供包括创业培训、创业教育、创业指导和创业基金支持在内的全方位创业支持。学院在重视学生综合素质、能力培养的同时，尤为重视学生的学历提升教育。对专升本、考研、考公务员的学生提供集中辅导，为意愿出国的学生开通留学、海外实习的绿色通道。

学院条件：学院配备有现代化的教学与实践场所，有专业实验实训室30个，教学软件60种，设有校内综合仿真实训基地20个，校外实习实训基地36个，充分满足各专业学生培养的需求，并向校内外全天候开放，实现全链人才培养，服务地方经济发展。学院建有省级精品资源共享课7门，省级教学团队2个，省级人才培养示范区1个，省级商科实验教学中心1个，省级商科创新创业虚拟仿真实验教学中心1个，省级获奖教材3部，省级教学成果奖2项。学院承担教育部项目1项，省部级以上课题40项。近年来，在主流学术期刊发表论文350余篇，出版学术著作6部。学院以12个研究中心为载体，构建科研团队，搭建学术平台。每周举办学术报告、学术讲座、学术沙龙，聘请一批国内著名经济学家和管理学家作为学院兼职教授，指导学生的学习和毕业设计；邀请国内外知名的企业家、学者和政府管理人员进入讲堂，与师生进行面对面的沟通和交流，提高学生职业能力和就业竞争力。目前我院已在西安、三亚、上海、北京和广州等城市建立了商科实践教学基地，先后与西安国际港务区、西安陆港大陆桥国际物流公司、西安曲江国际会展集团等91家单位建立了密切的产学研合作关系，学院已形成集教育、管理、指导和服务于一体的就业工作体系，为学生提供强有力的实习就业保障，连续多年荣获陕西省高校毕业生就业创业工作目标责任考核先进集体奖，近年来的就业率一直保持在96%以上。

发展愿景：西安外事学院商学院以哈佛商学院为标杆，彰显中国特色，持续加强内涵建设，在教育教学模式、方式与方法、教师队伍建设、科研与教学水平提升、教学软硬件设施改善等方面引入哈佛大学商学院的发展理念与管理模式，以培养国际化、应用型、高水平的优质商科人才为目标，构建面向"一带一路"、服务区域经济发展、支撑大流通行业的全链条优质商科人才培养高地。

本科专业：工商管理、人力资源管理、市场营销、财务管理、会计学、电子商务、旅游管理、国际经济与贸易、国际商务、物流管理(一流建设专业、省级特色专业)、旅游管理、电子商务、市场营销、经济与金融、会展经济与管理

专科专业：会计、资产评估与管理、工商企业管理、电子商务、国际商务、物流管理、旅游管理

（二）人文艺术学院

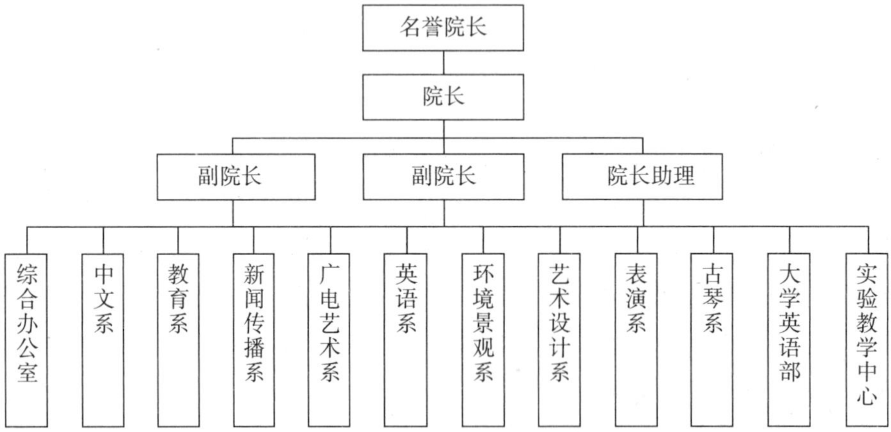

图2 人文艺术学院结构图

学院简况：西安外事学院人文艺术学院是2018年2月由原文学院、影视艺术学院合并成立。学院含10个系(部)，1个综合管理办公室，1个实验教学中心。学院设置本科专业15个，高职专业6个。所设专业分属文学、艺术学、教育学、管理学、农学等5个学科门类，涉及新闻传播学、中国语言文学、外国语言文学、艺术设计学、教育学、林学、戏剧与影视学、音乐与舞蹈学等8个一级学科。

学院现有省级一流培育专业1个：表演专业。该专业自编自导自演话剧的《白鹿原》

荣获“教育部全国高校优秀校园文化一等奖”、“陕西省第六届校园艺术节优秀剧目奖”等荣誉，被省委宣传部列入“陕西省2016年精品文化扶持项目”。

学院现有省级重点专业2个：新闻采编与制作专业、应用英语专业；校级特色专业1个：新闻学专业；校级专业综合改革试点专业2个：新闻学专业、园林专业；校级重点学科1个：新闻与传播学科。

学院现有省级精品资源共享课3门：“中国古代文学”、“英美文学选读”、“经济法”；校级资源共享课6门：“新闻采访”、“园林树木栽培学”、“新闻采访学”、“基础英语”、“现代汉语”、“英语国家概况”；校级教学名师5人：李培元、杨云峰、杜瑞清、杜德鱼、刘山河。2016年被陕西省教育工委评为师德建设先进集体。

学院现有陕西省普通高校实验教学示范中心1个：新闻传播教学实验中心。学院建有实验室80余个，实验室面积6000余平方米。学院建有校级学科竞赛基地5个，与百余家企事业单位签订了合作协议，建立了战略合作关系，为学生的实习实训搭建多元化平台。

“十三五”期间，人文艺术学院将密切服务于国家“一带一路”发展战略、陕西省追赶超越发展战略和西安国际化大都市建设战略，汇聚中西方深厚人文底蕴，按照“板块式建设、集群化发展、特色化培育、个性化管理”的理念，着力聚合中文与教育、传媒、外语、戏剧与音乐、艺术设计与园林等五个专业集群，以专业建设为核心，以学科建设为支撑，以师资队伍建设为关键，不断深化教学改革，提高教育教学质量，努力建设一流学院，打造一流专业，致力于培养基础实、素质高、视野宽的传媒技术、中文写作、外语交际、美学设计、表演艺术、教育教学领域的应用型复合型人才，为实现学校“赶世界水平、创百年名校”的战略目标做出应有的贡献。

专业设置：汉语言文学、学前教育（本、高职）、新闻学、网络与新媒体、广播电视编导、播音与主持艺术、英语、翻译、园林、环境设计、视觉传达设计、表演、音乐表演、文化产业管理、广播电视学、新闻采编与制作、应用英语、远离工程技术、环境艺术设计、广告设计与制作

（三）医学院

学院概况：医学院是西安外事学院二级学院，学院设护理学、生物医学工程、药学、口腔医学技术四个本科专业，护理、药学、口腔医学技术、医学美容技术、医疗设备应用技术五个高职专业。

中国科学院院士高福教授担任医学院、生命科学应用研究院名誉院长；中国工程院院士吴天一教授担任医学院、生命科学应用研究院顾问、学术学科带头人。医学院现有博士硕士生导师10人，专任教师中多人是陕西省教学名师、校级教学名师。护理专业被评为校级特色专业，“急救护理学”、“生物化学”课程被评为陕西省精品课程，老年护理、社区护理及心理护理被评为校级重点学科，护理系获得“省级优秀教学团队”、“五一巾帼标兵岗”，基础医学教学团队被评为“校级优秀教学团队”。

医学实验中心是“省级实验教学示范中心”和“省级医学护理人才培养模式创新实验区”。医学院与西安交通大学一、二附属医院、第四军医大学西京医院、唐都医院、陕西省人民医院等三级甲等医院建立实习关系，注重培养职业道德好、实践操作能力强、适应岗

位需求的应用型医药卫生人才，毕业生深受医疗卫生单位和医药企业的欢迎。

医学院设有涉外护理班，培养赴日本、美国等国家就业的护士。

（四）工学院

工学院是西安外事学院建立最早的工科类二级学院。现有计算机科学与技术、物联网工程、电气工程及其自动化、电子信息工程、交通运输、产品设计六个本科专业；计算机信息管理、建筑工程技术、工程造价、汽车检测与维修技术、汽车营销与服务、智能控制技术、电气自动化技术七个高职专业。拥有现代教育技术中心、信息工程实验实训中心、汽车工程实验实训中心、土木工程实验实训中心和工程训练中心；学科竞赛基地 17 个。学院下设信息技术研发中心、汽车工程技术研究所和省科技厅授予的“鱼化龙创客空间”等多个大学生创新创业平台。

学院本着“多元集纳，自强创新”的办学理念，坚持“专家治院，质量建院”的办学思想，围绕“高技能＋学历教育”的培养模式，把让学生“学好本领、学会做人、学会做事”作为工作的第一目标。学院现有专职教师 106 人，其中高级职称人员 58 人；在校学生 3500 余名。

学院既注重基础理论教学，更注重实践能力培养和实验实践技能训练。在教育过程中“以服务为宗旨，以就业为导向、以质量求发展”，不断创新人才培养模式，加大实习实训力度，加强校企合作，已经形成比较完备、特色鲜明的应用型、技能型、创新型人才培养体系。

专业设置：计算机系、物联网工程系、自动化工程系、电子信息工程系、交通工程系、产品设计系、建筑工程系

三、调研任务

任务一：办学特色

1.了解什么是办学特色。

2.可以从哪些维度进行考察？

3.根据办学特色的几个维度设计访谈提纲。

任务二：分类发展

1.何谓分类发展？

2.分类发展的具体路径是什么？

附录二：访谈提纲

1. 我们知道贵校从开始的两间教室、数十名学生发展至今，可以说无论在规模、速度还是质量上都是奇迹。那么，在办学的过程中，主要有哪些特色呢？您所在学院的具体情况是怎样的呢？

2.请问学院的办学定位和人才培养定位是怎样的？

3.请问学院的创新创业教育是如何开展的？

4.请问学院是如何开展国际化办学的？

5.请问学院的通识教育体系、德育体系(鱼化龙)有何不同之处?
6.请问学院在“书院＋学院”制度上是如何践行的?
7.请问学院毕业生的优势在哪里?
8.学院科研工作具体如何开展的?教师考评等工作是如何做的?
9.请问您认为学院办学目前受哪些方面约束?在实践中有哪些问题有待解决?
10.请问您对学院未来的发展有什么期待?

民办高等教育质量建设的现状与展望

——以西安外事学院为例

黄芳　Pavel Sergeev　王佳兴　李安迪　曹莛蕾

摘要： 质量是民办高校发展的生命线。西安外事学院作为民办高校发展的典型案例之一，在质量建设方面有独到之处：以质量目标引领学校发展；构建民办高校质量保障体系；以人才培养为中心，切实提高人才培养质量；大力加强师资队伍建设。在未来发展中，西安外事学院在质量建设方面应重视：确保经费投入，拓展筹资渠道；树立品牌意识，打造民办院校品牌；引进优秀人才，提升教学科研竞争力；重视质量提升，全员参与质量建设。

关键词： 高等教育；质量建设；西安外事学院

一、引言

民办教育是我国教育事业的重要组成部分，是满足人民对教育多元需要的重要力量。在党的十八大、十九大等多次重要会议及习近平主席的重要讲话中，多次指出要"优先发展教育事业，支持和规范社会力量兴办教育"，民办教育无疑迎来新的发展时期。《民办教育促进法》的修订、《民办学校分类登记实施细则》的颁布都为民办教育的发展提供了更为坚定的政策支持，解决了部分民办教育面临的难题。在这样积极的政策指引下，民办教育对规模发展的需求转化为以特色取胜的竞争，但引起争议的、本质性的问题并未改变。教育质量作为教育永恒的主题，是民办教育发展的生命线，也是当下高等教育内涵式发展的重中之重。如何沿着这条线走稳固的特色发展之路，对当下民办院校的发展具有重要的战略意义。

在过去的教育事业发展中，陕西民办高校在我国民办教育市场中占有重要地位，甚至形成了"中国民办看陕西，陕西民办看西安"[①]的共识。西安外事学院作为一个以本科教育为主的国际化、应用型、综合性、高水平的民办非营利普通高校，以"鱼化龙"的特色校园文化为先导，将自身打造成了西安民办高校中一个不可或缺的特色院校形象，在质量保障建设方面也有着独到之处。因此本文在对西安外事学院进行实地调研的基础上，试图分析当前民办本科高校在质量建设现状，并为未来民办本科教育提出切实可行的建设路径，以期对民办教育质量保障和提升有所启示。

---

① 陈兴德．从陕西看我国民办高等学校师资队伍建设[J]．西北大学学报：哲学社会科学版，2005，35(3)：78—83.

二、文献综述

质量问题一直是国内外高等教育领域最为关注的问题。在大多数国家，评估教育提供者质量的主要方法是外部和内部评价，包括由政府机构、公共或专业组织或高校自身进行的方案或机构认证、认证或审计。在欧洲国家，主要存在两种不同的高等教育质量保证模型，即"英国"模式和"法国"模式。① "英国"模式的核心是机构内部的评价。Campbell 指出，在英国，高等教育提供者是被承认的，但不是由高度自治和独立的政府所有，大学和学院对自己的质量和标准负责。② 在美国，私立高校可以灵活确定自己的教学目标及质量评估的方法，学术优先事项是在内部确定的，机构本身也会评估它们是否成功地实现了这些优先事项。③

教育质量包含着教育活动质量的方方面面，是进行教育管理的重要目的。国内学者在对民办教育质量进行研究时既包含对保障机制、外部监管的分析，也包含对教学质量的探究，或是将教育教学质量看作一个词进行研究。总体来说，当前民办高校的招生规模快速扩张，不仅办学逐渐规范化，办学层次也在不断提升。以潘懋元先生提出的高等教育内外部关系为划分，在民办教育外部因素中：我国民办高校的教育质量通过高等教育质量管理体系的统一监管得到了基本的保障，但质量特色变成变相地降低成本、质量管理较为封闭等问题也很严重。④ 柯佑祥从教育的产出角度来考虑，认为民办教育质量的获得在于对教育资源的合理、优化配置。⑤ 虽然经过近几年的发展已经具备了市场化运作的特征⑥，但目前民办高校资源总量严重短缺，核心资源配置率和核心资源比重严重偏低。⑦ 其他研究多是从政策支持、质量监控等方面进行分析，外部因素中可以掌握在民办教育手中的选择性太少，因此局限很大。民办教育只得将精力更多地集中于内部，利用较为自由的管理优势如何在有限的空间和经费中取得更多机遇。

在内部因素方面，民办高校的质量问题较为突出表现在教学质量上。宋晓洁在进行民办本科院校教学质量保障体系研究时，基于 2015 年度的教学质量报告总结出如下问题：师资队伍稳定性低素质不够、人才培养模式和专业设置趋同、教学经费有限、科研能力相对薄弱、信息化水平低以及质量体系待健全等。⑧ 杨金蕾对教育质量问题进行分析

---

① Maslova L. QA systems in higher education[J]. International Research Journal, 2012(3): 125-134.

② Campbell C. National Workshop on Quality Assurance and Accreditation [C]. QAA, UKIERI.2013, May12-13.

③ Brown J., Kurzweil M., Pritchett W. Quality assurance in U.S. higher education: the current landscape and principles for reform[M].ITHAKA, US, 2017.

④ 石邦宏，戴霞. 有效监管民办高校教育质量[J]. 中国高等教育，2008(24):41-42.

⑤ 柯佑祥. 试析民办高校资源配置的充足性[J]. 高等教育研究，2006(9):79-83.

⑥ 曾智飞，黄卫军，喻国英. 民办高校追求经济利益与提高教学质量的平衡分析[J].教育与职业，2007(23):48-50.

⑦ 柯佑祥. 试析民办高校资源配置的充足性[J]. 高等教育研究，2006(9):79-83.

⑧ 宋晓洁. 民办本科高校教学质量保障体系研究[D].桂林：广西师范学院，2017.

时指出了民办高校自我定位不清这一问题。① 该见解同“多元质量观”的理念，期望能够以符合民办本科教育的质量标准来评判衡量整体民办教育质量相互应和。尤其对于民办教育而言，教育质量的直接体现在培养对象的质量上，因此抱有多元化的观念培养人才是民办教育的质量特色之路。潘懋元先生认为，民办高校一方面应努力提高应用性质量，另一方面也不排除学术性质量的提升。② 实际上随着民办教育的规模扩大和层次的提升，不少民办院校开设学报，起步虽晚但成效显著。有关民办教育质量保障体系如何构建的研究花样繁多，多是从理论的推导进行学理性的建议和规划，可谓是“面面俱到”，但得以在实践中提炼出的精要涉猎较少。本研究试图通过西安外事学院的调研工作对其经验进行从理论至实践的分析，以对民办高校的质量建设问题尽可能有更全面的认识和思考。

三、民办本科教育质量建设现状分析——以西安外事学院为例

（一）以质量目标引领学校发展

1.准确定位，明确战略发展目标

西安外事学院是以本科教育为主的国际化、应用型、综合性、高水平民办、非营利性普通高校。以培养高质量人才和弘扬陕西本地和优秀传统文化为目标，坚定且脚踏实地向目标而制定了发展战略和发展路径。学校让师生共同学习王阳明和儒家的思想，在校内了解、推崇，也向社会进行推广。在定位准确的基础上，依托现在陕西省一流学院建设单位的基础，从一流学院方面，教学科研、就业创业和三大特色来打造品牌、明确战略发展，形成了以经、管、文、医为主，工、艺、农、教协调发展的学科专业体系，创新创业教育、国际化教育、德育教育三大办学特色，主要培养服务陕西经济社会发展的应用型人才。

2.树立品牌，切实提升生源质量

西安外事学院的品牌特色就是弘扬“鱼化龙”的精神，学校所在地在唐朝时是进京赶考的学子们住的地方，和历史相呼应，形成学校自己的“鱼化龙”精神，将之大力弘扬。学校大力宣传“鱼化龙”精神，不断丰富其内涵，并弘扬以张载为代表的官学思想。学校发展坚持三大特色：国际化、创新创业以及德育教育。西安外事学院是最早开展留学生培训的学校；创新创业教育是陕西省民办高校中最早探索的；德育方面弘扬张载的官学思想，在良知、道德、模范教育领域成为其他高校的样板。在品牌效应下，学校的生源质量已经提升到了一个新的格局，陕西民办院校是中国民办院校发展有代表性的缩影。在跨越民办高校发展初期招生困难的阶段后，西安外事学院依靠内涵和特色取胜，将生源拓展到了全球各地。

3.质量为先，走内涵式发展战略

在步入成长期之后，学校的发展目标不再停留于扩充规模，而是重在内涵建设。在陕西省实施“四个一流”重大决策的机遇下，西安外事学院被遴选为“一流学院”建设单位。学校在一流学校建设方案中，强调以内涵建设为主线，深化教育教学和各项综合改

---

① 杨金蕾．民办高校教育质量保障体系研究[D]．西安：西安科技大学，2013.

② 姚加惠．民办高等教育：现状、对策与展望——潘懋元教授访谈录[J]．教育发展研究，2006(20)：8-11.

革，不断促进人才培养质量的提升，以彰显办学特色，增强核心竞争力。“一流学院”建设的基本思路是将人才培养作为中心，立足于加强课程建设和教学模式方法改革，努力打造特色鲜明、结构合理、质量过硬的学科专业群，全面提高教育教学质量，系统培养学生的独立思考能力、实践能力和创新创业能力，致力于让每个学生得到最好的发展，并主动对接社会需要，增进政校企协同创新与社会发展，建设具有行业竞争力的应用型人才培养体系。

（二）构建民办高等教育质量保障体系

1. 推行“大部制”改革，优化管理运行机制

学校通过推进实施行政管理体制和教学治理体系诸项改革举措，以激发体制活力，释放民办机制的优越性，为学校质量建设提供体制保障。学校全面推行大部制改革，推动管理机构向“大部门、大职能、大服务”方式转变，四个大工作部门使管理呈现“横向大部制，纵向扁平化”的新格局，以优化内部权力结构和运行机制。学校以流程再造为主线，优化整合部门职能结构、岗位设置及人员编制，简化管理层次、提高管理效能，建立全面服务“一流学院”建设、全面落实发展目标、组织文化的“管办评”工作体系。学校通过构建一套包括科学决策、沟通协调、弹性运行、综合服务、监督评估在内的行之有效的运行机制，增强决策咨询功能。同时，学校大幅度推进教育教学体系改革，释放基层教学单位活力，使质量保障在一线教学单位得以落地。

2. 防范质量风险，构建教学监控机制

学校本着“以评促建、重在建设”的原则，以“保证教学秩序的稳定、保证教学任务的完成、保证教学质量的提高”为目标，通过教学检查、领导巡查、学生评教、专项检查与评估、教学督导等措施，对各教学环节的质量进行常态监控，确保教学质量达到标准水平。同时，学校出台相关文件，将教学质量监控以制度形式确立，并得到常态化实施，常规工作主要包括教学工作定期检查、学生反馈及评教、教学状态数据填报等。学校设立了教学质量评价中心，各教学单位建立教学质量评价与督导组，构成校、系、教研室三级质量监控组织架构，通过督教、督学、督管，实行评审、反馈、通报、整改、回头望等全过程持续改进，形成完备的 PDCA 闭环质量保障体系。

3.健全绩效评价机制，推进一流学院建设

学校通过制定绩效评价指标体系，动态监测评估结果、资金使用管理等情况，以调整一流学院建设的支持力度，提高建设项目的有效性和持续性。“一流学院”建设领导小组下设督察组，在《西安外事学院一流学院建设方案》的指导下，实行监督检查、年度评估和监测制度，不断完善考核机制和问责制度，将执行情况作为部门业绩考核的重要内容，并与负责人的个人考核挂钩，使一流学院建设的各项工作都落到实处，有效保障各项建设的质量和实效。

（三）以人才培养为中心，切实提高人才培养质量

1.以“书院+ 学院”制创新育人模式，实现无死角全覆盖

在国家各高校试点“书院制”的初期，西安外事学院经过国内外大量调研，意识到育人应贯穿学生发展的所有环节，学生管理和人才培养不能截然分开，于是创设了“书院＋学院”的管理模式，使育人的阵地从课堂一直延伸到宿舍，构建教书育人和管理育人一体的“全员、全过程、全方位”育人模式。学校设立了辅导员、思政课教师、学业导师、心理教

师和正蒙导师队伍，遵行以人为本、以生为先的育人理念，形成课上学院、课下书院，线上教学、线下辅导的全覆盖，并把德育教育、思想政治教育贯穿于育人的全过程。

学校的书院包括“七方书院”及其下设的“开元书院”、“鱼化龙书院”、“龙腾书院”等八个书院。七方书院是学校进行博雅教育的首要阵地，全面探索实施“外事特色德育体系”下的博雅教育，开展古琴、书法、国画、音乐、茶艺等具有浓郁中国文化韵味的教学活动。“开元书院”等八个书院是学生学习、娱乐、生活的场所。学业导师、思政教师、人生导师进驻书院，帮助学生规划学业和职业发展，解决学生的实际问题，引导学生树立正确的世界观、人生观和价值观，养成良好的行为习惯。同时，书院注重培养学生自我管理、自我教育、自我服务的能力，通过积极健康的内容和活泼多样的形式，广泛开展各类活动和学科竞赛，丰富学生生活，提高学生综合素质。

2.强化创新创业教育，打造“五位一体”培养链

创新创业教育一直是西安外事学院的重要工作，长期的实践探索使学校形成了较为完善的体系，并已成为学校一大特色，对当地形成示范带动效应。2015 年 6 月，《人民日报》对学校创新创业教育成效及发挥的示范引领作用进行了专题报道。2015 年 11 月 30 日举行的全国高教学会创新创业教育分会年会上，西安外事学院被评为“全国创新创业教育先进集体”。创新创业教育的重要地位在学校不断得到强化，并形成了保证合理运行的长效机制。

首先，学校进一步加强创新创业发展规划设计，完善“人才培训、机制创新、产学研联盟、项目扶持、企业孵化”“五位一体”的大学生创新创业“培养链”，促进创新创业项目的成功转化。其次，学校不断完善创新创业教育人才培养模式，创新课程内容。确立以“创业竞赛＋实训实践＋创业节”为特色实践教育主渠道，以各学院为依托的“专业＋创业”人才培养辅助模式，修订创新创业教育人才培养方案和课程体系，完善创新创业教材；深化“专业教育＋创新创业教育”的人才培养模式，完善“普适培养＋重点培养＋精英培养”等多层次、多元化的课程体系，实施“创业竞赛＋实训实践＋创业节”创业实践教育。同时，学校推行创新创业学分积累与转换制度，实施弹性学制，允许在校学生休学创业，以此极大提高了学生创业的积极性。

3. 纵深开展国际化教育，搭建国际化育人平台

西安外事学院是陕西省最早获准开展国际合作教育和留学生教育的民办高校，早在办学之初就坚持“育无国界”的教育理念。作为“高等教育国际化发展联盟”的发起单位，学校广泛参与国际学术交流，吸引了众多的国际政商界精英、知名学者来校访问。学校与英国、加拿大、匈牙利、韩国、日本、克罗地亚等国家的一百余所知名大学建立各种形式的合作与交流，开设中加、中欧、中韩国际班等国际合作项目，近五年国际合作办学共培养 2900 名学生。学校十分重视留学生教育，自 2003 年起招收外国留学生来校学习汉语、中国文学与艺术、中国历史与社会等课程，至今有来自美国、日本、韩国、法国、比利时等 15 个国家近千名学生来校就读。在合作教育和留学生教育的推动下，学校集聚了丰富的国际化资源，形成了浓厚的国际化氛围。学校定期邀请境外高校师生来校访学，邀请国际著名专家学者及艺术家来校进行学术文化交流活动；来自各国的留学生也与学校学生开展紧密的交流互动，学校每年 5 月举办大学生国际文化艺术节，通过留学生的文艺表演向师生展现各个国家文化与艺术的魅力，中美文化节、中韩文化节、中韩民俗展、

中日动漫节等活动成为学校的文化品牌。

4.依托第三方评估跟踪就业质量，提高人才培养质量

学校通过第三方评估机构麦可思数据有限公司对学校的毕业生就业质量进行长期跟踪调查，每年根据调查结果反馈两次，通过数据发现人才培养存在的问题，及时调整和完善教学工作，以提升人才培养质量。第三方评估对高校的质量保障具有重要意义。高校在进行质量建设过程中，不可能既当运动员又当裁判员，而应该将对自己培养的学生质量、就业情况评价等交予第三方进行评价，以确保调查的公正客观、科学专业，更好地为人才培养改革提供依据。西安外事学院将毕业生就业质量的追踪调查交给麦可思，麦可思则根据就业竞争力、就业质量与月收入、现状满意度、校友评价、核心课程有效性、特色与优势等多项指标对毕业生展开调查。学校建立了招生、教学和就业创业多元联动机制，根据近年的就业情况及将来的社会需求，及时对招生专业、计划及教学内容进行了调整，制定了科学的招生计划，对市场急需、供不应求的专业，适当扩大招生规模；对处于就业稳定状态的专业，保持现有招生规模；对处于招生或就业单项指标较低的专业，控制招生规模；对招生和就业指标均较低的专业，适当减少招生；并确立了动态的市场化专业调整机制，建立和完善了院系间、跨学科、跨专业发展的协调机制，以确保培养适应社会需要的复合型人才。

（四）大力加强师资队伍建设

1. 大力引进优质人才，优化师资队伍结构

学校为进一步推进师资队伍建设，优化师资队伍结构，制定了各项措施制度，以构建多元机制，确保引才渠道畅通无阻。学校重点引进专业建设急需的高层次人才，着力引进教授职称的学科专业带头人、具有较强科研能力的青年博士以及具有从业经历和职业资质的“双师型”人才。近年来，学校教师通过省人社厅、教育厅获评高级职称人数是全省其他民办高校获评人数的总和，2017 年，学校在省委高教工委组织的人才工作考核中获评优秀。学校目前人才引进力度不断加大，制定“博士振兴计划”，以每年招聘 100 名博士的速度推进，且不断提高安家费、科研补助经费等资助，并以奖励形式鼓励全校教师推荐人才，多管齐下、多策并举，切实提高师资队伍的整体水平。

2.大力鼓励教师发展，提升现有师资水平

在积极引进高端人才的同时，学校积极培育已有师资，特别是中青年教师。学校通过实施青年教师发展计划，按照“项目牵引、培育为主”的要求，结合重点专业建设、教学质量与教学改革工程建设、重点实验室建设、科研项目、合作开发等，探索团队建设新模式，打造结构合理、优势互补、教学和科研能力强的团队，并充分利用学院已有的各类国际、国内合作项目资源，逐步实施“青年教师访学研修计划”。学校的教师发展中心通过建立教师发展基金，支持具有发展潜力的教师学历提升、企业锻炼、海外访学、教学改革与科学研究；组织教学经验交流，积极更新先进的教育教学理念，提升教师的教学能力，以促进教学质量的提高。同时，学校积极探索具有民办院校特色的教师职业化培养教育体系，形成有助于民办教师持续成长的长效机制，建立起科学的教师发展教育模式。此外，学校继续加强“双师型”教师队伍建设，改革教师聘任制度和评价办法，逐步使大多数教师既具有较高的理论水平，又具有较强的实践能力，并制定学校“双师双能型”教师的基本要求和标准，聘请优秀企业技术人员和管理人员担任兼职教师，推荐教师到行业企

业挂职锻炼，在教师绩效考核、职务（职称）评聘方面向“双师型”教师倾斜。

3.实行分类评价机制，动态激励教师提升

学校为充分发挥人才的能力和潜力，采取教学应用型、教学科研型岗位分类管理和分类考核的办法，建立教师分类竞聘和淘汰流动机制，强化绩效管理，深化收入分配制度改革，对具有行业能力的教师优先提高薪酬待遇水平，科学设置长期及阶段性绩效考核体系和考核机制，完善动态激励，统筹建立教职工奖励体系，使所有教师能够在制度激励下自主发展，并进一步提高优秀教师的积极性。同时，学校侧重应用型人才培养，建立应用型人才培养评估制度，对双师双能型和具有行业能力的教师，在职称评审、岗位聘任时优先晋升；在科研方面，学校建立校内教学、科研的分类管理及考评，实行科研团队带头人负责制，培养和积聚一批有创新能力的应用型科研骨干；在社会服务方面，根据社会服务的工作需要和工作绩效，将教师参与社会服务工作纳入教师绩效考评指标体系，加大横向项目支持和奖励力度，激励教师面向企业尤其是科研需求迫切的中小企业开展科学研究，为地方社会经济发展提供智力支持。

四、未来民办本科教育质量提升路径

（一）确保经费投入，拓展筹资渠道

民办高校往往具有公益性质，资金是民办高校办学质量提升的物质基础。目前高校的运作资金主要依靠创办者投资学生的学费、社会团体投资以及赞助商的赞助，然而这些资金来源是不稳定的。需要政府建立制度化的民办高校财政支持体系，民办院校应提高自身办学质量和水平，通过制度性的保障获得办学资金。① 同时，民办院校也要靠自身拓展资金来源渠道，借助市场运作的灵活机制，加强高校与企业、政府部门、科技中介机构及其他社会团体之间的联系与合作，提高内外资金资源的利用效率，提高资金管理水平，建立和完善经费筹集机制和资金运筹机制。此外，学校应提高自身水平，提高社会知名度，争取获得一定的社会捐赠。如此一来，也可减少学生学费成本，从而更好地使学校面向社会。②

（二）深化品牌建设，提升民办教育质量

民办院校的生存关键是生源，生源数量和质量的提高离不开学校自身优势和品牌的建设。民办院校要树立自身的品牌意识，进行自身优势的大力宣传。学校已形成国际化教育、德育教育以及校园文化等品牌特色。目前形成的品牌优势侧重于文化方面，是对“鱼化龙”精神和张载官学思想的传承，但就高教品牌建设而言，还应重视人才培养、优秀师资、科研创新、社会服务等方面的优势积累，充分发挥自身的学科专业优势，将提升高等教育质量作为品牌建设的内核和基准，扎实抓好内涵式发展和一流学院建设。未来，西安外事学院将依托一流学院建设单位，从教学科研、学生管理、就业创业三大特色进一步打造院校品牌，同时继续加强海外宣传力度，深化国际化办学，一方面提高本校的国际化水平和国际知名度，另一方面弘扬中国传统文化，服务学校“创百年名校”的建设目标。

---

① 刘尧. 我国民办高等教育的现状、问题与发展趋势[J]. 教育研究，2004(9):71-76.

② 罗丹. 民办高校办学质量提升的途径探析[J]. 企业家天地(理论版)，2010(11):172-174.

（三）引进优秀人才，提升教学科研竞争力

高水平、高素质的师资队伍是高质量人才培养的基石。民办院校应大力引进优秀人才，以此来提高自身的教学和科研竞争力。西安外事学院要求自身每年引进100名博士，连续引进6年。虽然目前师资内的博士率还没有达到20%，学校争取在2020年达到"升硕"的标准。引进优秀人才，也要保障优秀人才的待遇，提高薪资、提高福利待遇、提高科研启动经费、鼓励全校教师推荐博士和博士研究生，提供外来优秀人才家属安置问题等。在后期整体加大博士人才引进力度后，加强自身队伍素质的保障和培养，加强与国外院校的联合培养和访学机制，加强学科带头人的选拔，对于表现突出的教师提供破格晋升的机会，如在科研中取得重大成就的、在教学研究方面获得大奖的教师，进行学校自主职称评定后，可以破格晋升。同时也要淘汰一部分在教学、科研中起不到作用的教师，从而整体提高民办院校的师资队伍水平和质量。

（四）重视质量提升，全员参与质量建设

对于本科教育质量保障，学校首先应认识到民办院校质量提升的重要性，重视构建创新应用型人才培养模式。民办院校应重视和关注学生的不同选择，对于有志于考研、考博的学生，提供相应考试科目上的帮助，西安外事学院针对这一类学生开设了公共课的辅导，帮助学生进行升学。对创业有志向或感兴趣的学生，在大二进入创业学院进行指导和培训课程，或量身定做培养方案，进行个性化的培养，聘请"双拼导师"，即有实操经验的和理论指导的老师一同进行创新应用型人才培养。全员参与质量建设，也要重视学生满意度的调查，以学生满意度作为质量检测的重要指标之一。2017年西安外事学院毕业生中，有96.73%的毕业生对母校综合水平感到满意，96.64%的毕业生对教学总体评价感到满意，同时毕业生的就业单位对毕业生的满意程度为95%。高质量的民办高校才能够为高等教育带来更多的活力，形成公办民办高等教育和谐发展的生态环境，最终建成高等教育强国。①

附录：访谈提纲

一、访谈行政部部长和人事处、党政办、宣传办负责人

1.《西安外事学院"十三五"教育事业发展规划（2016—2020）》时间已经过半，现在已经取得了什么成果？接下来的规划会在此规划的基础上有什么新的内容？

2.学校的定位是什么？它是怎么确立下来的？战略发展目标（如学生人数增加读、社会责任、学术水平能力等）与高校质量保障的关系？如何改变或修改质量保证体系，以更好地实现高校战略目标的可能途径？

3.学校现在的招生状况如何？采取什么措施去提高生源质量？

4.作为民办高校，学校的经费来源及占比情况？目前办学投入情况如何？现在的教学条件满足了学生的需求吗？未来如何确保资金能充分满足教学科研的基本条件（可持

① 杨雪梅."倒逼机制"下我国民办高校质量提升路径探析[J].郑州大学学报（哲学社会科学版），2012(6):97-100.

续发展)?

5.目前学校师资队伍的最新情况(师生比、教师结构)怎样?引进师资有哪些阻碍?如何引进师资?师资结构怎么优化?怎么提升教师学历?

6.引进师资之后,怎么留住人才?怎么促进教师发展?在对教师评估方面有没有什么创新点、未来规划?

7.学校学科门类广,怎么保证各学科间协调发展?未来对学科专业布局的规划是什么?"十三五"规划中提出建成3～5个重点专业,目前建设情况如何?

8.党政工作在西安外事学院的战略发展规划中的地位和作用是什么?应如何体现并贯彻?

9.如何创立学校的品牌特色?未来将如何更好地打造和推广学校文化?

二、访谈学工部部长、团委、学生管理办公室负责人及主要干事

1.学生目前就业质量、创新创业情况如何?学校对提升学生就业质量和创新创业质量有什么规划?

2.大概说一下咱们学校如何培养专科生和本科生?

3.学校的社团活动与比赛如何对学生培养具有有效实际的能力提升?

4.学校对学生的管理模式的创新点在于"书院＋学院"制,在学生管理上有没有什么问题?是如何解决并优化管理的?优点体现在哪里?如何对"书院＋学院"制的有效性进行评价?

5.书院是培养专科生还是本科生的?

三、访谈国际部(国际合作学院、国际交流中心)负责人和国际化教育专业负责人

1."十三五"规划中国际部的发展特色现已完成或达到的成果有哪些(细化来说,即国际化衡量维度)?遇到了什么困难?未来的发展规划如何?

2.对国际生如何管理?如何保证国际留学生、本地学生出国的质量?

3.七方书院和其他学院(不同学科专业上的)国际化具体实时操作的差别是什么?

4.目前国际部与美国高校和韩国驻西安大使馆联系紧密,在未来的发展中有没有考虑拓宽国际交流的国家与地区并增加交流项目?如果有,有什么具体的措施和规划意见?

5.国际化对本校学生的外语能力、国际视野等能力方面有什么具体落到实处的提升?

从遥远传说到耀眼成绩：以书院为依托的“鱼化龙”校园文化建设探究

——基于西安外事学院七方书院的实地调研

田 芬 韦骅峰 季玟希 邱雯婕 王玉鑫

摘要： 西安外事学院自1992年建校之初，一直在致力于探索关系普通民办本科生存和发展的重大问题，探索如何走出属于自己的特色发展之路，如何更好地承担人才培养职能。西安外事学院发挥其独特的地理位置优势，挖掘“鱼化龙”的传说故事，通过七方书院这一实体机构，结合“学院＋书院”的育人模式，逐渐打造出独特的“鱼化龙”的校园文化，并且以“鱼化龙”精神激励着学校和学生追求更好的发展。

关键词： 书院、校园文化、“鱼化龙”、“学院＋书院”育人模式

西安外事学院是一所民办普通本科院校。该学校的发展历程：1992年建校，学校主要为外资、合资企业培养职员；1993年，举办国家高等教育自学考试助学教育。1996年，成为首批学历文凭考试试点院校，开展学历文凭教育；同年，成立全国首家民办教育研究所。2000年，进入国家统招教育系列，举办国际合作教育和留学生教育。2005年，升格本科高校。2009年，获得学士学位授予资格，创造出了被哈佛大学列为教学案例的中国民办高等教育的“外事”发展模式；①同年，率先成立创业学院，开展创新创业教育。2014年，实行“学院＋书院”制，探索德育教育新模式。2016年，启动学分制、“3＋1”学制和小学期制，推进个性化教育。

根据重要的时间节点，西安外事学院将其发展阶段划分为三个部分：第一阶段，1992—1999年，规模发展阶段；第二阶段，2000—2014年，内涵发展阶段；2015年之后，挺进一流阶段。

如何理解校园文化的内涵？民办学校中校园文化样态是怎样的？民办学校中校园文化是如何构建起来的？校园文化建设的意义何在？

一、理论基础

（一）“大学文化”与“校园文化”相近概念辨析

目前学术界普遍认同“学校文化”这一概念最早是由美国学者华勒在《教育社会学》（*The Sociology Teaching*，1932）书中使用，他将学校文化定义为“学校中形成的特别文

① 西安外事学院入选哈佛教学案例[EB/OL].(2009-05-11)[2018-08-02].http://www.cyol.net/zqb/content/2009－05/11/content_2659771.html.

化"。"学校拥有自己独特的文化，也就是，在一所学校，复杂的人际关系、行为方式、习俗和惩处等都要依据的文化。"①

大学文化内涵："二分法"是将大学文化分为物质文化和精神文化。"三分法"是将大学文化分为精神文化、物质文化和制度文化三个层面，或借鉴沙因的组织文化理论，将大学文化分为"所有显性的文化成果、成员所认同的价值观和基本的潜在假设等"。② "四分法"是将大学文化分为精神文化、制度文化、行为文化、环境文化四个层面。③ 大学文化形成机制："大学文化个性的形成是一个从自觉状态向自在状态转化的过程，分为四个阶段，即生成思想、形成制度、养成习俗和集体无意识沉淀。"④

校园文化一般包括物质文化、精神文化、制度文化和行为文化。⑤ 高校校园文化是高校在长期发展过程中形成的底蕴文化，是一种以校园为空间，以师生为参与主体，以知识的广泛交流、传播及师生特有的行为方式、生活节奏和精神风貌为基本形态的群体文化。⑥ 校园文化的内容寓于活动之中，具体来讲，包括学术报告会、讲座、演讲、辩论赛、书画展、联欢会、舞会、艺术节、体育节、科技节、由学生自己组织的社团活动、创办刊物、开辟墙报、黑板报等。⑦

校园文化有多种功能。第一点，德育功能。校园文化对学生思想道德素质的培养和提高有着重要的意义。进一步挖掘发挥校园文化的育人功能，把校园文化建设成为德育的重要载体，是新时期校园文化建设的重要任务。德育功能可以概括为以下四个主要方面：价值引导功能——引导大学生形成符合社会主义核心价值体系要求的价值观；规范行为功能——调节和规范大学生的思想与行为；品德培育功能——帮助大学生树立高尚的品德观念；提升素质功能——培育全面发展的综合型高素质人才。⑧ 第二点，认识功能。青年大学生具有旺盛的精力与强烈的求知欲。学生可以通过参与校园文化活动来更好地了解社会，理性认识我国国情与世界发展趋势，并丰富自身的人生阅历。第三点，教育功能。校园文化是一种无形的精神力量，它在潜移默化地影响和同化校园中的每一个体，每个人都在自觉与不自觉中接受着校园文化的熏陶。第四点，愉悦功能。娱乐是高校校园文化的重要组成部分，寓教于乐是校园文化教育功能的延伸。⑨

结合已有研究成果，"校园文化"强调校园这一空间中形成的氛围，范围上包括"大学文化"。"校园文化"有多种功能，德育功能、认识功能、教育功能和预约功能。校园文化

---

① Walkr, Willard. The Sociology of Teaching [M]. San Francisco: John Wiley&Sons Inc, 1932.96.

② 周华丽.大学文化建设应关注成员潜在基本假设[J].江苏高教，2011，(1)：49-51.

③ 王冀生.文化是大学之魂[J].北京大学教育评论，2003(4)：42-46.

④ 王文燕.论大学文化个性的形成[J].江苏高教，2010(4)：13-16.

⑤ 吉昌华，郑水泉.略论校园文化的德育功能[J].思想政治教育研究，2011(12)：95-98.

⑥ 刘刚，王文鹏，陆俊杰.多维大学校园文化研究[M].北京：中国书籍出版社，2013：22.

⑦ 杨阳.当前高校校园文化建设应着力把握好的几个问题[J]. 思想政治工作研究，2012(4)：120-122.

⑧ 吉昌华，郑水泉.略论校园文化的德育功能[J].思想政治教育研究，2011(12)：95-98.

⑨ 杨阳.当前高校校园文化建设应着力把握好的几个问题[J]. 思想政治工作研究.2012(4)：120-122.

的存在方式、影响范围及多重功能，都决定了研究校园文化的重要意义。

（二）我国古代书院的文化职能

我国书院有一个相当长的发展历程：起源于唐代、兴于宋代、延续于元代、全面兴盛于明清时期。"书院"这一名称最早起源于修书，是围绕"书"而进行工作的官署。书院是源自民间和官府，是书籍大量流通于社会之后，数量不断增长的读书人围绕着书，开展包括藏书、校书、修书、著书、刻书、读书、教书等活动，进行文化积累、研究、创造、传播的必然结果。① 简言之，我国古代书院为"私人创建或主持为主，收藏一定数量图书，聚众讲学和研讨，高于一般蒙学的特殊教育组织形式"②。书院在中国古代有着非常高的地位，是"我国古时最高的教育机关"，"足可比外国的大学研究院"，发扬了学者的自动研究精神。③

在不同的历史时期，书院的功能有一定的变化。唐代书院的职能包括刊印和整理书籍、辨明邦国大典、撰写文章等，由此可见，书院的起源和职能与文化密不可分。④ 两宋时期，随着社会经济的发展繁荣和印刷技术带来的丰富藏书，以书院为代表的我国古代学术事业达到空前发达的黄金时期。从此，书院与教育、学术结合，形成魅力无限的文化人格特征，影响中国一代又一代的读书人。⑤ 明代书院发展持续繁荣，形成诸多学派，涉足文化建设；读书人规范百姓，移风易俗；品评人物，讽议朝政，使书院具备平民化和社团化的倾向。⑥ 清代书院由官方和民间共同推进。官方书院成为全国各地大小不等的学术教育中心，民间的乡村和家族书院普及文化知识和基础教育。晚清时期还出现了教会书院和华侨书院，成为联系东西方文化的桥梁。⑦ 梳理我国古代书院发展的历史脉络，我们可以发现，书院与文化的关系一直紧密联系，相互促进。书院是文化发展到一定时期，基于文化传播和发展的需要而设立的，是中国士人的文化教育组织。清朝末年，清政府下令将全国书院改为大中小三级的新式学堂。但是，书院并未从此消亡，而是在现代大学中得到重生。2005 年，复旦大学和西安交通大学成立书院，此后有几十所国内大学尝试和探索了"书院制"人才培养模式的改革。书院这一古老的文化教育组织重新走入了人们的视野。有很多学者看到了书院在现代大学中的重要意义，认为书院是我国大学内部的一种组织设计，是由大学开办的学生生活与文化活动组织。从性质上看，大学书院应该是标榜明确教育理念的组织；组织开展多种活动，并基于学生自助、自我教育与自我管理的社团组织；培育学生的心灵与精神，对学科专业教育起重要辅助作用的特殊的教育组织。作为一种创新性的学生生活与文化教育服务组织，大学书院具有生活支持功能、教学辅助功能、文化教育功能、行政协助功能与社团自治功能。⑧ 书院制是办学规模日益扩大的现代大学的一种有益补充，可以弥补现代大学以学科和专业为中心培养学生的缺

① 邓洪波.中国书院史[M].上海：东方出版中心，2004：1.
② 李国钧.中国书院史[M].长沙：湖南教育出版社，1994：2.
③ 胡适.书院制史略[C]//卞孝萱，徐雁平.书院与文化传承.北京：中华书局，2009：1.
④ 丁钢.书院与中国文化[M].上海：上海教育出版社，1992：8.
⑤ 邓洪波.中国书院史[M].上海：东方出版中心，2004：60.
⑥ 邓洪波.中国书院史[M].上海：东方出版中心，2004：260.
⑦ 邓洪波.中国书院史[M].上海：东方出版中心，2004：404.
⑧ 别敦荣.大学书院的性质与功能[J].高校教育管理，2015(4)：44-49.

陷;建构不同书院的文化特色和内核是书院制建设的内在要求和价值彰显,是满足学生个性化成长、培养多样化人才的本质要求;弘扬和借鉴我国古代书院精神是现代大学实行书院制的实质所在和灵魂指向。①

综上可以看出,自唐代开始,书院就一直发挥了文化整理、文化教育、文化传播、文化发展、文化交流等重要的作用。现代大学选择书院作为打造校园文化的突破口,兼具传承和创新两重意蕴。

二、“鱼化龙”校园文化的起源及现代解读

在我国,鱼化龙的传说有很多种。相传夏禹治水,在此凿山通流。鱼化龙亦是一种“龙鱼互变”的形式,这种形式我国古代早已有之,为历代民俗、传说衍变而来,其历史渊源悠久,可追溯到史前仰韶文化——半坡类型时期的鱼图腾崇拜。《大荒西经》有“风道北来,天乃大水泉,蛇乃化为鱼”,这是“鱼变龙”的早期过渡形态。辛氏《三秦记》:“河津一名龙门,水险不通,鱼鳖之属莫能上,海江大鱼,薄集龙门下数千,上则为龙,不上者点额暴腮。”这是中国最早的“鱼化龙”文载和“鱼跳龙门”传说的渊源。

古代把获得名望大的人的帮助,称之为“跳龙门”。如《世说新语·德行》:“李元礼风格整秀,高自标持,欲以天下名教是非为己任。后进之士,有升其堂者,皆以为登龙门。”古代科举也将会试高中者称“登龙门”,如唐·封演《闻见记·贡举》:“当代以进士登科,为登龙门。”又如李白《与韩荆州书》:“一登龙门,则身价十倍。”《琵琶记·南浦嘱别》:“孩儿出去在今日中,爹爹妈妈来相送,但愿得鱼化龙,青云直上。”明朝李时珍在《本草纲目》上更形象地表述了“鱼化龙”:“鲤为诸鱼之长,形状可爱,能神变,常飞跃江湖。”可见鱼化龙的主角是鲤鱼向龙的演化。

西安外事学院校址处西安高新产业开发区,在仰韶文化遗址上的千年古镇——鱼化寨。传说当年周武王携其女儿雨花公主到此地游玩,见此地风光秀美,并有贤人之气。于是,在此地为雨花公主建筑御花园,并筑台祭天,此处得名为雨花寨。从唐朝开始,到长安城赶考的书生会在此向天祈祷、以讨吉利,以求鱼跃龙门、金榜题名、化鱼成龙。

西安外事学院董事长黄腾教授汲取优秀传统文化,在将“传说”转化为校园文化中发挥了极其重要的作用。他题写“处鱼化龙之地,为鱼化龙之事,寄鱼化龙之望”,巧妙地将一个遥远的传说与该校的办学理念结合起来。西安外事学院在内涵发展阶段(2000—2014年),构建了“鱼化龙精神”为核心的大学文化体系,并逐渐形成了“国际化教育”、“创业教育”、“德育教育”三大办学特色。大学文化包括发展愿景、校风、教风和学风,具体而言:发展愿景,即“学无长幼,校无大小、教无高下、育无国界、人人都有理想的教育”;校风是“爱岗敬业、感恩奉献”;使命是“化鱼成龙”;教风是“以生为本、立德为先”;校训是“多元集纳、自强创新”;学风是“发展个性、注重养成”。“多元集纳、自强创新”既是校训,也是办学理念和指导方针,“鱼”化为“龙”是这一理念的形成过程。

总之,西安外事学院以“鱼化龙”为核心的校园文化包括两层核心意思:第一层,学生层面的“化鱼成龙”,希望学生成为视野开阔、学有所长、知识广博、勇于创新的一代新人,使入校的鱼儿早日化为巨龙;第二层,学生层面的化鱼成龙,希望学校经过艰苦努力和不

① 范双利,彭远威.论现代大学书院制的建设[J].高教探索,2014(6):11-16.

断创新，化为巨龙，为民族振兴和人类进步做出贡献。这两个层面实质上是统一的，任何一个时代，高校的根本使命都在于人才培养。以“鱼化龙精神为核心”，学校启动、打造和形成了一系列校园文化标志，比如：鱼化龙校歌、鱼化龙徽标、鱼化龙系列建筑以及鱼化龙广场。这些校园文化的打造极具创造性，比如鱼化龙校歌的作词即黄藤董事长本人。同时，校园文化建设中，有一个重要的实体机构是七方书院，以即实施的“学院＋书院”的育人模式。

三、一个载体：七方书院在“鱼化龙”校园文化建设中的作用

西安外事学院七方书院(以下简称“书院”)成立于 2015 年，是学校董事长黄藤教授与国内著名教育专家、学者共同发起并创办的“中国特色现代教育教学理论与实践孵化基地”。“七方”的寓意来自于“汇南北之气，凝东西之髓，顺乾坤之理，立民校之魂”的理念，标志着七方所自发、自觉地赋予了自己为中国民办学校“立魂”的历史使命和责任。这一理念也是七方书院的楹联，以文化形式提示了场所的精神内涵，营造了浓厚的文化氛围，对人产生极强的规训、引导、激励的教化作用，使书院的人文精神得以代代传承、经久不衰。①

书院成立的大背景是在高等学校教学改革下推动的大部制改革。书院秉承“知行合一，乐于有用”的理念，传承我国古代书院传统办学思想，借鉴国际上牛津大学、剑桥大学、耶鲁大学的教育理念和学校精神，以及承载这种先进教育理念和教育精神的大学文化，注重研究国内西安交通大学、华东师范大学、香港大学及澳门大学四所大学书院的成功经验，积极探索出民办非营利普通本科高校中书院的独特发展模式。

书院坐落于西安外事学院南校区湖心主岛，依山傍水，佳木葱茏，墨檐青垣，古朴典雅。书院以中国古典建筑风格为主导，辅以现代建筑元素，依山临水，院墙蜿蜒，曲径通幽，亭阁棋布。在大学的历史发展中，大学文化对大学校园空间物质形态的演变产生了巨大影响，但是校园空间并不仅仅是被动地反映与传递大学文化，而是表现为二者之间的多维互动关系。②

书院负责人屈晓阳老师对书院充满很高的认同感。他在介绍书院的时候，充满情感地说：“书院是依托山水，物理空间上后面有一个假山。我们的书院是三种权力交叉的地方。这在物理空间上有利于我们书院对整个学校文化进行辐射。我们书院的衣服是比较现代一点，在视觉上提供很好的舒适感，也力图希望打造一种亲近的感觉；在嗅觉上面，我们也做了一些工作，比如燃烧檀香。”

七方书院在性质上是西安外事学院的一个二级教学单位。书院的使命是建立中国特色的博雅教育计划、考研学生升学教育和外事风格的本科人才培养模式，主要承担四方面的工作：其一，引领全校德育体系的建设，全校教职工和学生进行王阳明心学学习和张载官学方面的学习。七方书院对所有的“正蒙分院”发挥带领和指导作用。其二，组织本科生参加全国的考研，比如对所有考研学生提供配套辅导和免费宿舍。其三，开展全校性日常的博雅教育。其四，组织乐团，参加国内国外交流演出。

---

① 刘万里．大学校园空间的文化性研究[D].哈尔滨：哈尔滨工业大学，2009.

② 刘万里．大学校园空间的文化性研究[D].哈尔滨：哈尔滨工业大学，2009.

书院的人才培养具有四大特色：一是打破了传统的行政班级和专业的界限，彰显了文理渗透、学科交叉育人的功能；二是打破了传统的以专业班级为载体的学生管理模式，实现了学生管理由班级管理向社区管理的实质性转变；三是打破了传统教育中重智育、轻德育，重培训、轻培养的格局，彰显了书院教育重思想、重人文、重心智的特色；四是打破了传统教育中渐行渐远的师生关系，重构了亲密互动、教学相长、和谐相融的新型师生关系。

书院成立的重要驱动力是意识到学生在学术、科研上与其他高校学生竞争，可能存在一定的差距。因此，书院积极探索出通过推行国学的学习，促使学生在修养、修为上面有大的变化，教会学生如何生活和生存。总之，书院推行的卓越人才计划、开展的博雅教育及负责的考研升学教育，都在致力于为学生在知识、才艺及人格修养等全方面发展，最终培养具有深厚人文底蕴、爱国情怀、国际化视野、创新精神和实践能力的高素质的“鱼化龙”青年。

四、一种管理模式：“鱼化龙”文化建设过程

有学者认为，古代传统书院的生活空间和教育空间是融合的，而制度化的现代学校教育却使二者分离，现代大学书院制只是继承了传统书院的空间形式。学生更多地将书院认为是生活住宿空间，而非文化教育空间。要解决这一难题，必须理解书院的精神实质，创造性地传承古代传统书院的精神。① 七方书院承担全校德育体系建设的重要机构，与各学院的正蒙分院结合，成功地探索出生活空间和教育空间的融合。

（一）“学院＋书院”育人模式的必要性

“学院＋书院”育人模式探索的原因：一方面，自媒体时代，学生接触到更多元的文化，受到多方面的影响；另一方面，学校处于市中心地理位置，社会文化对校园文化的入侵更多。如何建设属于这个时代、属于大学本身的校园文化，成为很多大学都需要面对的一个问题。西安外事学院七方书院积极探索现代书院教育新模式，致力于在实践中打造西安外事学院独具特色的“学院＋书院”教育的育人新模式，秉持“以人为本，以生为本，立德为先”的理念，希望通过文化渗透，让学生了解文化的根基，了解自己的文化是如何影响世界，逐步树立文化自信。

（二）“学院＋书院”育人模式的总体运行框架

2013 年下半年开始探索“学院＋书院”育人模式，最直接的原因是基于学校和学生的特点。三本院校学生的问题可能不在于智力，而是在于学习的习惯、方法，需要在大学里加以纠正。书院制渗透于中国传统文化、道德教育，在这方面相较于传统课堂教育要更为有效；结合本校的办学特点，领导个人对传统文化教育的重视，本校办学的历史渊源等。2014 年上半年大多数学院成立书院。成立初，以显示各学院的专业特点，各个书院的名称是不一致。2018 年 3 月份，黄董事长对教师进行正蒙教育后，所有学院的书院都改名为“正蒙书院”。

每个学院的“正蒙书院”的大体运行模式一样，根据学院、学生特点不同，在管理上有

---

① 张应强，方华梁．从生活空间到文化空间：现代大学书院制如何可能[J]．高等教育研究，2016(3)：56-61.

一些细微的改变。以辅导员为依托，辅导员进驻学生生活区，与学生共同吃住，以楼层、宿舍为单位，方便管理。2018年3月后，正蒙导师加入对书院的管理，包括对学生的博雅教育、道德教育、生活管理、养成习惯、传统文化教育等。每个学院的书院成立各类各具特色的机构和工作室，进行包括党团组织、学生管理、学生组织、学生服务、传统文化、志愿者服务等方面的管理和服务。建立起书院运行的框架后，逐渐将各机构的运行管理的权力下放到学生手中，由学生自治，自我管理。辅导员作为指导，开展每个书院的品牌活动。每个书院建立学业导师、人生导师、朋辈互助三支队伍。学业导师主要是专业教师，要求专业教师从课堂走进书院，在书院举办小型讲座，内容以学生的专业、社科类和同学们感兴趣的话题为主，丰富学生的学业知识。人生导师主要是辅导员老师，关注学生思想政治教育，心理健康。朋辈互助主要是选择优秀的学生干部和学生党员，进入书院帮助新学生更好适应大学生活，解决学习和生活的问题。

（三）“学院＋书院”育人模式具体运行

商学院（正蒙1院）是西安外事学院最大规模的书院。该书院配备49个辅导员，其中有21人是研究生学历。管理理念上强调教育管理服务，强调知行合一。在正蒙1院，老师可以教学生传统文化、传统新学、官学基本理论的知识，更重要的是要在生活中做好。《论语》曰：“学而时习之，不亦悦乎？”“习”就是实践，孔子的意思是倡导实践。学是第二位的，先是实践。在懂得了文化中真正的内涵后去学习，这样才能事半功倍。书院通过观察学生的日常生活，重视学生细节。该书院有四大品牌活动：根据学生的特点因材施教，培养学生养成好的习惯。在大学这几年将他们以前欠缺的东西改进、弥补，从而发展得更加全面。比如，通过提供一个样板宿舍，其他宿舍到这里来参观卫生情况、物品摆放情况，培养学生的章法意识、调理意识。大学的校园空间是大学物质文化的主要组成部分，是制度文化与精神文化发挥作用的主要载体，更是大学制度文化与精神文化的“动态”建构主体。

医学院（正蒙3院），注重人文医学素养教育，传授孙思邈的大医精神、仁医仁术，了解作为医者所要具备的最重要素质是什么。成立南丁格尔志愿服务队，传承南丁格尔精神，暑期三下乡，平时进行社区医疗服务，关注弱势群体。发达文明与发展中文明的区别在于三点：第一点是强者如何帮助弱者；第二点是专注细节；第三点是关注未来。不只是医学院，整个西安外事学院都贯彻了真正的教育，是关心到学生的细微之处的教育理念心理。医学院的正蒙书院也是渗透到了学生的细微之处，关注学生学习、生活、心理的细节。

国际合作学院（正蒙5院），于2017年9月成立，时间比较短，规模人数比较小。书院位于新建的四人间宿舍，收费比较高。只负责四层楼的女生管理，本学院的学生只占四分之一，其他都是外院的学生。管理理念源自老子《道德经》的“和其光，同其尘”，意为吸收和发扬学生最好的一面，接纳包容学生不足的一面，扬长避短、相互促进。基于书院学生和老师都是女生的特点，着重加强书院环境建设。鼓励学生对宿舍环境进行改造，营造温馨舒适的居住氛围。如创作了《国合新青年》的歌曲，将管理理念寓于歌词之中。

工学院（正蒙4院），特点就是男生比例非常多。亮点一：创新创业。开展卓越人才培养，工学院的科创中心非常具有工科特点。在“学院＋书院”模式下，我们的教学场所非常广，不仅仅是教室与图书馆，整个学校校园都是我们的场地。所以我们聚集了很多动手能力强、爱好广泛的学生进行创新创造教育。亮点二：足球世界杯。工科男生比较多，世界杯也体现了工科男生体育竞技的精神。在“学院＋书院”的管理模式下，辅导员与学生是亦师亦友的关系，辅导员充当学生的心灵导师。学生在看完世界杯后马上去了球场，老师换了一套衣服后也去了球场，目的就是去与学生交朋友。这时候再去传授正确思想时，学生接受的概率会更大。这样能把第二课堂做活。

人文艺术学院（正蒙2院），注重实践活动中心与学科专业紧密结合。曾多次发起对新疆、青海、西藏的捐衣捐物号召，帮助困难地区。日常活动包括走向儿童村、敬老院、维持交通等。

（四）细节处养成“鱼化龙”精神

“在往年每个学年考试的时候，我们曝光台上都会发现许多作弊的学生。而这个学期的期末是我到外事学院八年来第一次没有人作弊。所以说通过传统文化来培养学生，可以增进他们的自强自律意识。传统文化的精神力量很强大。我们日积月累地看到了一些变化。”商学院的老师自豪地说。

“学院＋书院”模式，“正蒙导师”每周都与学生见面。相比传统模式下与辅导员沟通的频率，我们学校的学生拉进了与导师的距离，师生气氛更融洽了。学生与导师亦师亦友。作为老师，有时候会激发学生的逆反心态；但是作为一个朋友的角度，学生会更愿意接受。重视学生的细微之处，用我们的要求来更好地引导学生的行为习惯、自律性与“三观”，秉着“鱼化龙”精神去培养学生，在细节之处成就学生“鱼化龙”之梦。

五、鱼的“现实”与龙的“眺望”

作为民办普通本科高校，面临着很多“鱼”的现实状况，比如：在“双一流”高校和一流学科的评选中，缺乏与公立高校之间的公平竞争机制；办学资源单一，主要依靠学生学费；在国家课题申报过程处于劣势。

在调研过程中，一位教师代表形象地表达学校急需改变的想法：“国家想把教育搞起来，应该要靠所有人、所有学校。比如美国的一个公司要搞研发，花很多钱都没弄出来，结果有个人用了极低成本就弄出来了。所以不能把想法像押宝一样押在那几个人、那几个学校上。要全面覆盖，当然也要重点突出。国家已经瞧我们一眼了，能不能再多看两眼，现在大家一直呼吁国家给民办学校一些优惠政策。”

民办高校如何改变处于“鱼”的现实状态，最重要的突破口就是推动学生化鱼成龙，提升人才培养质量。西安外事学院在办学中摸索出的在七方书院带领下，“学院＋书院”育人模式的运行，通过以下四个方面在人才培养全过程中促进学术“化鱼成龙”。

德育优先于专业教育。学生文化基础较差，因此专业教学工作具有较大难度。囿于学校自身的性质及发展目标，学校的人才培养目标先是教会学生做人，注重使他们养成良好习惯，再去传授专业知识与技能。但是，校园文化的渗透不是一时半刻能够做到的，教师通过“学院＋书院”的教学管理模式，与学生长时间接触，了解学生的课后生活，坚定信念去改变学生的不良习惯、纠正错误的价值观，慢慢引导学生对本国文化的尊重。因为宿舍和课堂是不一样的，宿舍是一个轻松的地方，老师可以轻松地和学生交流。

灵活的授课方式满足学生的多样化需求。每个授课老师的方法到公办学校去使用都是不错的，因为都是经过千锤百炼出来的。比如上课方式沉闷，我们的学生虽然自控力不高，但是对老师的要求比较高。学生太活跃，需要老师花大量时间来备课。只要学生对老师不满意，就直接提出来，有的学生直接跟"教学办"说。"教学办"就来听课。有的时候老师还没来得及做出调整，学生就已经向"教学办"提出。但是既然学生提出来了，我们就要让学生满意，要么你改，要么就换老师。

教育爱促进师生交流。"只要和他们聊，你都会发现他们都有一颗热情的心，是有想法的。可能学生来学校，是家长逼的。我感觉有能力的人还是有的，当然不能单纯拿文化来比。可能文化课跟你们学校没法比，所以我们学校注重人文性的培养。如果学做人和一流大学能旗鼓相当，那就是一所好大学，这是一个突破的角度。"

用学习成就感激励学生参加第二课堂。学生缺乏责任感意识，意志不够坚定。如有的学生会因"培训艰辛"等理由退出大型比赛，引用一名教师的话就是"上了我的船，想下去没门儿"。比如学生参加一些创业比赛，遇到困难就退缩，想中途退赛，换人的话没有培训过，就会影响比赛成绩。所以需要对学生进行强压，让学生觉得自己是个人才，拿到证书就高兴，这就是优势加速度。

"学院＋书院"的育人模式，不仅致力于帮助学生培养好的习惯，形成好的素质，同时也促进了教师与教师之间的工作氛围发生显著变化。在访谈过程中，一位老师采用这样的比喻："以前教师就像足球运动员，将任务踢来踢去；现在像橄榄球运动员，教师主动去协调工作上的困难与问题，有时候两名教师在校园里遇上就直接边走边讨论工作，事半功倍，大大提高工作效率。"

在西安外事学院发展过程中，连接着鱼的现实与龙的期望之间最重要的就是"书院＋学院"的全员和全过程的育人模式。在这一模式下，"鱼化龙"精神促进了学校层面、学生层面和教师层面取得了局部"化鱼成龙"的成绩。

附录：

对书院负责人辅助访谈提纲：

1.请介绍七方书院的一些基本情况。

2.书院是什么时候成立的？成立的背景是什么？

3.书院的发展过程中，有哪些重要时间节点和关键事件？

4.书院有哪些基本功能？有些制度配套措施帮助实现这些功能？

5.书院有哪些自己的特色？

6.书院文化是怎么理解的？

7.书院常规管理中，坚持哪些原则？有哪些成熟经验可以借鉴？又有哪些问题需要进一步解决？

8.书院发展的最大动力是什么？（学校内、外部）

9.书院与这所学校的发展、定位的意义是什么？

10.对于书院的未来，有些什么展望？

11.书院是否与国内其他高校开办书院，有经验交流？

12.有什么我们没有交流到的话题？请再做一些补充。

对各学院书院管理人员辅助访谈提纲:

1.学院书院制从哪年开始实行?在书院制管理制度发展过程中,有哪些时间节点与关键事件?

2.请各位老师简要介绍一下各自书院平时如何管理运行的,以及有哪些常规性工作。

3.本学院的书院制不同于其他学院的特色之处在哪里?

4.书院宿舍制的管理思路从何而来?是否借鉴了国外大学的管理模式?

5.同叫书院,学院书院制与七方书院似乎有颇多不同。这两者有没有什么联系?在管理上有何借鉴?

6.书院的管理宗旨是什么?相比传统的学院式管理模式,这种书院式管理制度体现出了哪些优势?这种模式对于学生培养有哪些好处?

7.在贵校具体实施的过程中,有没有发现书院式管理制度存在哪些方面的不足?需要通过哪些方式来改进?

8.书院制的贯彻落实需要具备哪些条件?贵校在多大程度上保障了这些条件?

9.(从学生角度出发)贵校有没有做过学生调查,来了解学生对于这种书院式管理制度的满意度?在实行书院管理制度前后,有没有学生各项情况数据的对比?

10.(从家长角度)贵校的书院式管理制度在招生中是否成为一大优势?在家长中反响如何?

对教师代表访谈提纲:

1.七方书院的"鱼化龙"特色校园文化,在课程与教学方面对各学院作出哪些指导?

2.您所在的学院有何特色活动?(这些特色活动如何与校园文化相结合?)

3.您所在的学院,其书院文化与校园文化融合的过程中遇到哪些挑战?请举例说明。

4.您对学校所倡导的特色校园文化是如何理解的?

5.您认为大学应有的校园文化是怎样的?(与学校现状有何异同?)

6.您在具体的教学、科研工作中是怎样将校园文化融入其中的?请举例说明。

7.您将校园文化融入教学、科研工作的效果如何?后续会做出怎样的调整?

8.在学校《建设方案》中提到发展"双师双能型教师"队伍,此类教师相较于其他类型的教师,在校园文化建设方面起到什么独特的作用?

9.贵校倡导国际化建设,教师国际化方面有哪些举措?参与这些举措后对于教学、科研工作的影响?

10.《"十三五"发展规划》文件中提及"推行创新创业学分积累与转换制度,实施弹性学制,允许在校学生休学创业",您对其中的"弹性学制"如何界定?这种"弹性学制"如何促进校园文化建设?